Gerd Bräuer

Schreibend lernen

With compliments of the

Goethe-Institut Ann Arbor

ide-extra

Eine deutschdidaktische Publikationsreihe
herausgegeben von Werner Wintersteiner

Band 6

Gerd Bräuer

Schreibend lernen

Grundlagen einer theoretischen und praktischen
Schreibpädagogik

STUDIENVerlag
Innsbruck-Wien

Gedruckt mit Unterstützung durch das Bundesministerium für Wissenschaft, Verkehr und Kunst in Wien.

Die Deutsche Bibliothek - CIP-Einheitsaufnahme
Bräuer, Gerd:
Schreibend lernen : Grundlagen einer theoretischen und praktischen Schreibpädagogik / Gerd Bräuer. - Innsbruck : Studien-Verl., 1998
   (Ide extra ; Bd. 6)
   ISBN 3-7065-1308-0

© 1998 by StudienVerlag Ges.m.b.H., Andreas-Hofer-Straße 38, A-6010 Innsbruck

Umschlaggestaltung unter Verwendung einer Gemeinschaftsarbeit von Rachael (10 J.), Franziska (10 J.) und Florian (11 J.)

Alle Rechte vorbehalten. Kein Teil des Werkes darf in irgendeiner Form (Druck, Fotokopie, Mikrofilm oder in einem anderen Verfahren) ohne schriftliche Genehmigung des Verlages reproduziert oder unter Verwendung elektronischer Systeme verarbeitet, vervielfältigt oder verbreitet werden.

Gedruckt auf umweltfreundlichem, chlor- und säurefrei gebleichtem Papier.

Dieses Buch sei jenen gewidmet, die das Risiko des Schreibens letztlich nicht scheuen.

Danksagung

Wie schon so oft, gilt mein erster Dank für vielfältige Hilfe und Unterstützung vor allem meiner Familie in Leipzig, hier besonders meinem Vater, Helmut Bräuer, für die umfassende inhaltliche Beratung.

Ein herzliches Dankeschön geht auch nach Zwickau zu meinen FreundInnen, Monika Hähnel und Harry Riedel, die mir weit über den Rahmen dieser Arbeit hinaus beistanden.

Mitgeholfen haben auch StudentInnen der Emory University, der Universität Innsbruck und der Fachhochschule für Wirtschaft, Technik und Kultur Leipzig bzw. FortbildungsteilnehmerInnen in Georgia, South Carolina und Oregon, durch deren Hände die meisten Praxisteile dieses Buches gegangen sind.

Ganz besonders wichtig waren die Bemühungen von Jeannette Rißmann (Fürstenwalde), die dankenswerterweise erneut die Endredaktion des Manuskripts übernahm. Für das Erstellen von Sachregister und Bibliographie danke ich Joachim Mathieu (z.Z. Emory University).

Meinen KollegInnen, besonders aber Elizabeth Soilis, vom German Studies Department der Emory University bin ich für ihre Geduld beim Zuhören und für ihre vielfältige moralische Unterstützung des Projekts zu Dank verpflichtet.

Schließlich geht ein Dankeschön auch an Frau Mag. Simeaner, die das Manuskript beim Studienverlag aufmerksam betreute.

Meine wichtigste Verbündete war wieder einmal meine Tochter Franziska. Dafür sei ihr auch recht herzlich gedankt.

Inhalt

EINLEITUNG — 9
Warum schreiben? — 9

ERSTER TEIL: GRUNDLAGEN — 15
1. Was heißt Schreiben? — 15
2. Wer schreibt? — 34
3. Wie schreiben? Strategien der Schriftlichkeit — 43

ZWEITER TEIL: METHODEN, FELDER, FORMEN — 51
4. Methoden – Imitieren, Adaptieren, Improvisieren — 51
5. Lernfeld Bildlichkeit — 59
6. Lernfeld Mündlichkeit — 68
7. Lernfeld Musikalität — 75
8. Lernfeld Theatralität — 81
9. Formen – poetisches, expressives und transaktionales Schreiben — 87

DRITTER TEIL: ORGANISATION — 103
10. Schreiben „mit und ohne" — 103
    Exkurs: Bewertung von Schreibleistungen — 122
11. Journal — 130
12. Schreibzentrum & Tutorien — 141
13. Workshop & Schreibgruppe — 153
14. Computer & Netze — 166
15. Portfolio — 178
16. Theorie-Praxis-Lernen — 188

ABSCHLIESSENDE BEMERKUNGEN — 197
Schreibend lernen — 197

ANHANG — 203
Bibliographie — 203
Sach- und Personenregister — 217
Verzeichnis der Praxis-Teile — 228

EINLEITUNG

Warum schreiben?

> *"Warum schreiben Sie?",*
> *wurde ich im Büro erstaunt gefragt,*
> *als es darum ging, einer Kollegin*
> *eine Nachricht zukommen zu lassen.*
> *"Rufen Sie doch einfach an!"*
> ***
> *Und warum schreibst du nicht?*
> *Schreibe!*
> *Schreiben ist für dich...*
> *Ich weiß, du hast nicht geschrieben,*
> *denn Schreiben ist zu hoch, zu groß für dich;*
> *es ist reserviert für die Großen -*
> *das heißt, für die Großen Männer;*
> *und das ist dumm...*
> *Schreibe,*
> *laß dich von niemandem zurückhalten,*
> *von nichts aufhalten...*
> **Hélène Cixous**

Welchen Zweck erfüllt Schreiben in einer hochtechnisierten Lebenswelt, wo der Griff zur „Feder" nicht schlechthin nostalgisch, sondern angesichts der heutigen Geschwindigkeit im Datenaustausch behindernd bzw. aufgrund der Kurzlebigkeit von Informationsinhalten überflüssig erscheint? Was motiviert zum Schreiben, wenn Mündlichkeit und Bildlichkeit Kommunikation in einem schwer zu übertreffenden Maße zu erleichtern vermögen? Können beispielsweise Gefühle nicht adäquater durch mündliche oder non-verbale Kommunikation mitgeteilt werden? Sind Bilder nicht geradezu ideal, um Sprachbarrieren auf dem Wege zu einer multikulturellen Gesellschaft zu durchbrechen und eine Atmosphäre globalen Lernens zu erzeugen? Schaffen eine Flut von Fernseh-, Computer- und Video-Images bzw. die zunehmende Dominanz von bildlichen Darstellungen in Zeitungen, Zeitschriften und Lehrbüchern nicht zwingende Bedingungen für das Verschwinden des Schreibens von der *Bild*fläche des kommunikativen Alltags?[1] Ganz in der Ferne, eigentlich kaum noch sichtbar – weil vielleicht längst verdrängt von den aufgelisteten Aspekten – steht die Frage, wie es denen, die als (noch) Schreibwillige verblieben sind, gelingen kann, angesichts extensiver Lese- und Diskussionszeit in den Schulen bzw. rezeptiver Literaturstudien an den Universitäten an sich selbst als kreative Text-Schöpfer und -Schöpferinnen zu glauben. Aussichtslos mutet das Unterfangen an, die Entfremdung vom Schreiben als *Produzieren* aufzuhalten, einzudämmen oder gar umkehrbar zu machen.

Ich möchte im vorliegenden Buch die Gegebenheiten einer „Informationsgesellschaft" als scheinbare Beschränkungen für das Schreiben theoretisch und praktisch hinterfragen. Ich möchte *ausprobieren* – und dies im wahrsten Sinne des Wortes –, wieviel Spielraum geblieben ist für Alternativen zu einem deutlich rezeptiv ausgerichteten Wissenstransfer an deutschsprachigen Bildungseinrichtungen. Mich interessiert die Beschaffenheit jenes Spielraums, der *Stoff* seiner Begrenzungen und die Frage, unter welchen individuellen bzw. sozialen Umständen diese Grenzmarkierungen verschoben werden können. Ich möchte nicht zuletzt die LeserInnen dieses Buches dazu einladen, für sich selbst die Tauglichkeit der hier angebotenen Alternativen innerhalb der von ihnen täglich erfahrenen Spielräume zu ermitteln.

Ich bin der Ansicht, daß die Vorstellungen, was Schreiben bedeutet, in der deutschsprachigen Kultur- und Bildungslandschaft oft mit mehreren grundsätzlichen Irrtümern belastet sind:

1. Seinem Charakter nach ist Schreiben entweder persönlich, akademisch oder literarisch-künstlerisch;
2. Schreiben ist in seinen spezifischen Ausprägungungen institutionell gebunden. Das heißt:
    a) Persönliches Schreiben hat seine Berechtigung teilweise im Aufsatzunterricht der frühen Schuljahre, in der Therapie und im privaten Gebrauch;
    b) Akademisches Schreiben setzt sich endgültig in den späten Schuljahren durch und dominiert an der Universität;
    c) Literarisch-künstlerisches Schreiben ist professionellen Schriftstellern vorbehalten bzw. wird in Interessengruppen als sogenanntes kreatives Schreiben manchmal am Rande, zumeist jedoch außerhalb der Bildungsinstitutionen betrieben;
3. Schreiben kann als technische Fertigkeit, nicht als ästhetische Fähigkeit, gelehrt und gelernt werden. Im Sinne der Anwendung objektiver Bewertungskriterien kann es eigentlich nur in normierter Produktform (als Diktat, Aufsatz, Klausur- oder Abschlußarbeit etc.) zensiert werden.

Diese Auflistung ist so wenig vollständig wie sie aktuell ist. Werte wandeln sich ständig. Noch Mitte der achtziger Jahre haben angesichts einer erdrückenden Dominanz der Bild-Medien wohl die wenigsten daran geglaubt, daß das Schreiben in seiner Bedeutsamkeit noch einmal an Boden gewinnen würde. Die Herausbildung eines *World Wide Web* des *Internet* – als elektronische Unterlage sozusagen – läutete eine zumindest vorläufige Renaissance des Schreibens ein.

Ein zweites Defizit, das ich für meine Darstellungen eingestehen möchte, hängt mit der Ursachenergründung dessen zusammen, warum lust- und einfallslos scheinende Kinder im Sprach- und Literaturunterricht keine Ausnahmen sind, warum viele von ihnen Angst haben zu schreiben und der zähe Kampf um interessante Schreibthemen oft zum zentralen Unterrichtsgegenstand degeneriert. Ich weiß nicht genau, warum Studentinnen und Studenten oft mehr als eine gewisse natürliche Scheu vor schriftlichen Examen und Abschlußarbeiten empfinden und dieser Zustand in manchen Fällen dahin auswächst, der Universität noch vor dem eigentlichen Abschluß den Rücken zu kehren. Es entzieht sich auch meiner Kenntnis, warum viele Menschen buchstäblich aufhören zu schreiben, sobald sie ihre Ausbildung formal hinter sich gebracht haben und ins Berufsleben treten. Was dann als schriftliche Herausforderung übrigzubleiben scheint, sind Geschäftsbriefe, Memos, Einkaufszettel, Urlaubs- und Glückwunschkarten.

Ich könnte Vermutungen für die Ursachen jener Beispiele anstellen: daß Fernsehen in der dominanten Qualität die Kreativität der Kinder (und nicht nur dieser) in Mitleidenschaft zieht, daß inhaltliche und methodische Einseitigkeit im Unterricht alltäglichen Spieltrieb und die Phantasie unterdrücken, daß Schreiben hauptsächlich als Ausdruck von Wissen vermittelt und kennengelernt wird, daß das einzige, was vor den Augen von AutorInnen und JurorInnen zählt, die beschriebene Seite ist...[2]

Womit ich an einer dritten Leerstelle angelangt wäre: Ich möchte dieses Buch nur in einem solchen beschränkten Maße zum Anlaß nehmen, soziale Bedingungen für das Schreiben zu analysieren, wie sie direkt mit inhaltlichen, didaktischen und organisatorischen Aspekten des Gegenstands zu tun haben. Die tieferführende Ergründung sozialer Kontexte von komplexen Bildungsbereichen braucht den historisierenden Blick auf das Gesellschaftssystem.[3] Insofern verschreibt sich das vorliegende Buch einer Utopie im Kleinen unmittelbarer Ausbildung innerhalb einer Schulklasse, eines Universitätsseminars oder einer Interessentengruppe. Es möchte Ansammlung, Systematisierung und Diskussion von Ideen und Vorschlägen für Schreiben und Lernen sein, deren Realisierung – und davor sei an dieser Stelle ausdrücklich gewarnt – manchmal schwierig werden könnte; dies nicht so sehr praktischer Sprödheit wegen, sondern auf Grund vorhandener individueller und gesellschaftlicher Ressentiments. Dazu möchte ich einiges für den deutschen Kontext anmerken.

Der Umgang mit Schreiben im deutschen Bildungssystem ist seit dem 18. Jahrhundert von der Vorstellung des Schreibenden als Genie befangen: Schreiben kann in seinen technischen Erscheinungsformen vermittelt und angeeignet werden, nicht jedoch in seinem kreativen Potential. Ein heute kaum noch bewußt reflektierter, aber trotzdem immer noch wirkungsvoller Ausgangspunkt für diese Position ist die Definition des Schreibens durch den literarischen Sturm und Drang als imaginären Schöpfungsakt. Unmittelbarer Ausdruck dieser Konstellation ist eine hauptsächlich rezeptive Germanistik an den Universitäten und eine mehr oder weniger inhaltlich und methodisch getrennte Ausbildung im Lesen und Schreiben an den Schulen.

Mit dieser Feststellung will ich jedoch nicht die Anstrengungen einer ganzen Reihe von DeutschlehrerInnen und GermanistInnen um das sogenannte kreative Schreiben seit Beginn der siebziger Jahre an Schule und Universität vergessen machen. Diese Bemühungen setzen schreibpädagogische Ideen der humanistischen Bildung des 16. und 17. Jahrhunderts (z.B. die lyrische Imitation), des literarischen Salons bzw. der literarischen Gesellschaften des 18. Jahrhunderts (das produktive Streitgespräch um den literarischen Text), des Dada, Surrealismus und Expressionismus (die kollektive künstlerische Arbeit, der spielerische bzw. experimentelle Umgang mit Sprache) sowie die inhaltlich-methodischen Überlegungen der Arbeitsschul- & Kunsterziehungsbewegung des frühen 20. Jahrhunderts (das Schreiben als persönliches Erlebnis) fort.

Ich möchte mit meiner Arbeit an die oben beschriebenen Ansätze einer deutschen Schreibpädagogik anknüpfen und diese kritisch fortsetzen. Sie sollen in folgenden Richtungen ausgebaut werden:

1. Schreiben muß in seinen Verlaufsqualitäten theoretisch näher bestimmt werden. Dabei wird zutagetreten, daß – im Gegensatz zur Definition des „Sturm und Drang"

– Schreiben kein genialer Akt des Hervorbringens eines ästhetischen Produkts ist, sondern ein *Erkenntnisprozeß*, der im Spannungsfeld von schreibendem Individuum, Welt und RezipientIn stattfindet.
2. **DAS** Schreiben gibt es genauso wenig wie es persönliches, akademisches und literarisch-künstlerisches Schreiben *an sich* gibt. Bestimmte Erscheinungsformen des Schreibens, wie zum Beispiel die soeben ausgewiesenen, verfügen über spezifische Verläufe, die sich in der Person des schreibenden/lesenden Individuums gegenseitig beeinflussen und sich im Kontext ihrer Unterschiede weiterentwickeln.
3. Schreiben muß pädagogisch (durch Grundsätze, Prinzipien) und unterrichtsspezifisch (durch Inhalte, Methoden) in seinem Potential für individuelles, kollaboratives und gesellschaftliches Lernen neu definiert werden. Dabei wird deutlich werden, daß hervorbringendes, „kreatives" Schreiben keine Domäne des Literaturunterrichts, der Germanistik bzw. der dort im Brennpunkt stehenden literarischen Genres ist, sondern ein cross-curriculares Phänomen, das viele Diskurse und Textsorten erfaßt.
4. Schreiben als Medium und Mittel kreativen Lehrens und Lernens braucht soziale Anerkennung in Form von institutioneller Anbindung und Förderung. Dafür schlägt das vorliegende Buch Inhalte, Formen und Methoden vor, die sich vom Entwurf curricularer Strukturen bis hin zu konkreten Organisationsformen erstrecken.

Schreiben am Ende des 20. Jahrhunderts braucht eine neue Definition sowohl seines Begriffs als auch seiner praktischen Umsetzung, um als bedeutende Form menschlicher Kommunikation bestehen zu können.[4] Wer nicht schreibt, büßt Lese- und Sprechfähigkeit ein und reduziert die Qualität des eigenen kritischen Denkens und kreativen Handelns. Wer nicht schreibt, dem ist die Mär von genialen Dichtern und Texten leicht weiszumachen. Wer nicht schreibt, verliert schnell den Glauben an einen wichtigen Teil individueller Schöpferkraft.

Die vorliegende Publikation, die ich als Einführung in allgemeine Probleme einer theoretischen und praktischen Schreibpädagogik verstehe, ist ein Angebot an Lehrende und Lernende aller Bereiche und Stufen von Aus- und Fortbildung, die sich das Schreiben als Mittel und Medium vieldimensionaler Lehr- und Lernprozesse näher erschließen wollen. Dazu beziehe ich mich auf die wesentlichen Ergebnisse US-amerikanischer und europäischer Schreibforschung, und stelle sie in ihrer individuellen bzw. institutionellen Praktizierbarkeit dar. Allen denjenigen LeserInnen, die sich auf die textbegleitenden Schreibaufgaben einlassen werden, wird es möglich sein, den Grad persönlicher Brauchbarkeit meiner trotz aller Konkretisierung doch *modellhaft* bleibenden Vorstellungen zum Schreiben selbst zu ermitteln.

Das Format eines Arbeitsbuches, in dem sich theoretische und praktische Aspekte gegenseitig ergänzen, habe ich bewußt gewählt, u.a. aufgrund eines bisher beschränkt gebliebenen Angebots von Publikationen zu solchen allgemeinen pädagogischen Potenzen des Schreibens, die weit über den Rahmen des schulischen Aufsatzunterrichts hinausreichen. Durch die Bereitstellung einer umfangreichen Sammlung methodisch-didaktischer Hinweise möchte ich zur Weitergabe der gewonnenen Kenntnisse anregen und ermutigen.

Schreibend lernen gliedert sich in drei Hauptteile: Grundlagen, Methoden/Felder/Formen und Organisation.

In der **Einleitung** bin ich unter der Frage *Warum Schreiben?* bereits einigen Aspekten der individuellen und gesellschaftlichen Bedeutsamkeit schriftlicher Kommunikation nachgegangen.

Der erste Teil des Buches dient dazu, die theoretischen und praktischen GRUNDLAGEN der Schreibpädagogik zu umreißen und die Eckpfeiler dieser Publikation als Ganzes zu positionieren. Sich eines Ausdrucksmediums effektiv bedienen zu wollen, erfordert Klarheit über seine Potenzen: Dafür müssen Wesen und Charakter des Schreibens beleuchtet (*Was heißt Schreiben?*) und die Individualität der Tätigkeit (*Wer schreibt?*) ergründet werden. Beide Schritte helfen bei der Diskussion von Strategien der Schriftlichkeit (*Wie schreiben?*).

Der zweite Teil des Buches macht mit ausgewählten METHODEN, FELDERN UND FORMEN der Schreibpädagogik vertraut, die gleichzeitig meine persönlichen Vorstellungen von einem schriftlich-kreativen Schaffen verkörpern. Die Einführung in allgemeine Arbeitsmethoden (*Imitieren, Adaptieren, Improvisieren*) soll den Blick auf die Potenzen des Schreibens über die Grenzen seines direkten Tätigkeitsbereiches hinaus erweitern. Dazu tragen auch die Lernfelder *Bildlichkeit, Mündlichkeit, Musikalität* und *Theatralität* bei, die als Multiplikatoren eines Lernens durch Schreiben in das pädagogische Repertoire von Lehrenden und Studierenden eingereiht werden sollten. Aus einer Vielzahl von *Formen schriftlicher Kommunikation* möchte ich mit dem *poetischen, expressiven* und *transaktionalen* Schreiben drei näher vorstellen, von denen ich meine, daß sie das Gerüst für ein Schreiben abgeben, das durch seine organische Verbindung von intuitivem und kognitivem Lernen einen hohen Grad an persönlicher Bedeutsamkeit entfalten kann und sich damit deutlich als Alternative zu herkömmlichen, vorwiegend kognitiv orientierten und gegenstandszentrierten Schreibmodellen präsentiert.

Der dritte Teil des Buches, ORGANISATION, verkörpert praktische Konsequenzen der vorangegangenen Aussagen. Mit der Vorstellung verschiedener Lehr- und Lernformate beziehe ich mich auch hier nicht ausschließlich auf das Schreiben in Schule oder Universität: Die Antwort auf die Frage nach der Notwendigkeit eines institutionellen Rahmens (*Schreiben „mit" und „ohne"*) zeigt sich als ambivalent angesichts der angestrebten Liste, die von *Journal, Workshop & Schreibgruppe, Schreibbüro & Tutorien* über *Computernetz* und *Portfolio* bis hin zum Projekt des *Theorie-Praxis-Lernens* reicht.

Die abschließenden Bemerkungen fassen die Hauptaussagen des Buches auf dieselbe interaktive Weise zusammen, die auch den vorangegangenen Kapiteln eigen ist. Die LeserInnen werden aufgefordert, ihren, während der Arbeit mit dem Buch erlebten Schreibprozeß mit früheren Erfahrungen zu vergleichen. Ein zweiter Komplex geht über die Fragen des individuellen Schreibens hinaus. Er richtet sich an die *gesellschaftliche Praktizierbarkeit* der im Buch vorgestellten schreibpädagogischen Wege und stellt am Beispiel der Lehrerfortbildung sowohl curriculare als auch institutionelle Veränderungen zur Diskussion.

Das Buch entstand u.a. auf der Grundlage von eigenen Unterrichtserfahrungen auf dem Gebiet des Schreibens und von Ergebnissen eines Forschungsprojekts zur US-amerikanischen Schreibpädagogik, das zwischen 1993 und 1995 von der DFG gefördert wurde und dessen theoretische Resultate ich in einer Monographie unter dem Titel *Warum Schreiben? Schreiben in den USA: Aspekte, Verbindungen, Tendenzen.* (Frankfurt: Lang, 1996) vorgestellt habe.

Weiterführende Lektüre

(Unter dieser Rubrik liste ich Arbeiten auf, die mich im Umgang mit dem Schreiben als Forschungsgegenstand begleiten und die mir persönlich helfen, das Wesen dieser komplexen Tätigkeit besser zu verstehen.)

Bohn, Ralf, *Warum Schreiben? Psychosemiologische Vorlesungen über Semiologie, Psychoanalyse und Technik,* Wien: Passagen-Verlag, 1993.
Kuhnert, Günter, *Warum schreiben? Notizen zur Literatur,* München; Wien: Carl Hanser Verlag, 1976.
Kittler, Friedrich A., *Aufschreibesysteme 1800-1900,* München: Wilhelm Fink Verlag, 1995.
Kress, Gunther, *Writing the Future,* Sheffield (UK): National Association for the Teaching of English, 1995.
Wermke, Jutta, *„Hab a Talent, sei a Genie!": Kreativität als paradoxe Aufgabe,* (2 Bde.), Weinheim: Deutscher Studien Verlag, 1989.

Anmerkungen

1 Gunther Kress hat das Phänomen der Verdrängung der Schrift durch das Bild in der Bildung und die Konsequenzen daraus u.a. im folgenden Titel dargestellt: *Writing the Future: English and the making of a culture of innovation,* Sheffield (UK): National Association for the Teaching of English, 1995. Inzwischen reagiert auch die Publizistik immer wieder auf den hier angeführten Sachverhalt. Die verschiedenen Beträger verweisen besonders häufig darauf, daß die Arbeitspraxis moderner Medizin, Hirnforschung oder Geophysik (via Computer) inzwischen ausschließlich auf der bildlichen Darstellung von Problemen basiere, und die visuelle Wende in den Naturwissenschaften bereits zur Etablierung ihrer eigenen Wissenschaft, der Visualistik (*imaging science*), geführt habe.
2 Jutta Wermke hat einige der o.g. Ursachen im Zusammenhang mit empirischen Ermittlungen zu Kreativitätsparametern genauer erfaßt. Vgl. dies., *„Hab a Talent, sei a Genie!": Kreativität als paradoxe Aufgabe,* (2 Bde.), Weinheim: Deutscher Studien Verlag, 1989.
3 Für eine solche Darstellung möchte ich unbedingt auf das folgende Buch verweisen: Friedrich A. Kittler, *Aufschreibesysteme 1800-1900,* München: Wilhelm Fink Verlag, 1995.
4 Ich sehe den Anfang einer derartigen Neudefinierung u.a. im X. Symposion Deutschdidaktik gemacht. Vgl. dazu Harro Müller-Michaels und Gerhard Rupp (Hrsg.), *Jahrbuch der Deutschdidaktik 1994,* Tübingen: Narr, 1995; Kaspar Spinner (Hrsg.), *Imaginative und emotionale Lernprozesse im Deutschunterricht,* Frankfurt: Lang, 1995 und Bodo Lecke (Hrsg.), *Literaturstudium und Deutschunterricht auf neuen Wegen,* Frankfurt am Main: Lang, 1996.

ERSTER TEIL: GRUNDLAGEN

1. Kapitel: Was heißt Schreiben?

*So viel im Prozeß meines Schreibens
ist mir unerklärbar. Aber das eine
weiß ich: Schreiben erzeugt Schreiben.*
Dorianne Laux

Zusammenfassung

Aus der kritischen Betrachtung dessen, was herkömmlich *Schreiben* heißt, wird die Tätigkeit als prozeßimmanent *und* produktorientiert bestimmt bzw. als Entfaltungsraum für individuelle Bedürfnisbefriedigung *und* soziale Anerkennung definiert. Um dem entworfenen Schreibbegriff Praxisrelevanz abzugewinnen, macht sich eine Annäherung an ihn durch Schreiberfahrung nötig: Anhand eines Beispieltextes analysiere ich meinen Arbeitsprozeß und bestimme *Bildliches Vorstellen, Geschichtenerzählen, Sinnstiften* und *Spiel* als die prägenden Bestandteile. *Traumarbeit* erscheint in einer grundlegenden und verbindenden Funktion. Für sämtliche Aspekte werden Formen der eigenen Erprobung vorgeschlagen.

Schreiben ist, neben dem Sprechen und der Körpersprache, eines der Hauptmedien menschlicher Kommunikation. Es bewegt sich, im engeren Rahmen gesehen, im Spannungsfeld von Schreibanlaß und AdressatIn und korrespondiert, im weiteren Rahmen, mit dem Verhältnis von Schreibenden, Verteilungsapparat,[1] Aufbewahrungssystem[2] und Lesenden. (Abb.1) Aus dem Schnittpunkt von Textproduktion, -distribution/-aufbewahrung und -rezeption erwachsen Schreibmotivationen.

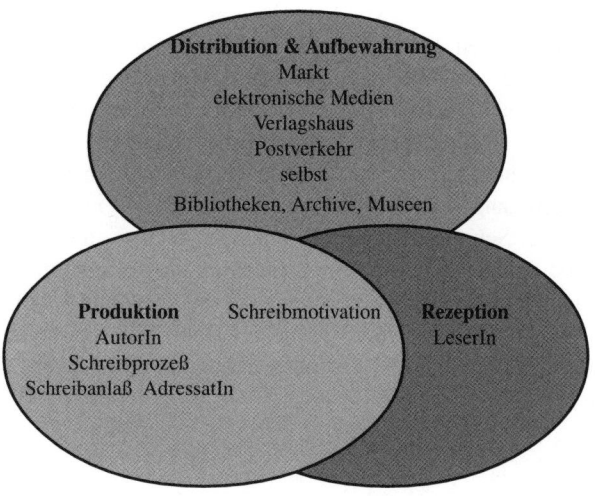

Aufgrund der Einmaligkeit und des individuellen Charakters eines jeden Schreibprozesses ist das Maß der Einflußnahme der aufgezeigten Elemente schwerlich allgemein definierbar. Einer der Anlässe für das Entstehen dieses Buches bestand zum Beispiel darin, meine eigenen Vorstellungen vom Schreiben weiterzuentwickeln. Eine wichtige Motivation, mein Lernen anderen mitzuteilen, ergab sich aus einer Marktlücke, die ich bei schreibpädagogischen Publikationen vor einigen Jahren in Deutschland erkannt geglaubt hatte. Während ich am Manuskript saß, entdeckte ich jedoch immer wieder neue deutschsprachige Titel zum Gegenstand, die mich vor allem ob ihrer hohen Qualität sehr beeindruckten und meine anfänglich euphorische Motivation drastisch dämpften. KollegInnen, Freunde und auch mir persönlich unbekannte LeserInnen meines ersten Buches zum Thema[3] haben nicht wenig dazu beigetragen, daß sich meine Lust am Schreiben schließlich wieder stabilisierte.

Vorgänge solcher Art wiederholen sich für alle, die schöpferisch tätig sind. Sie ähneln einander in ihren Verlaufsqualitäten, auch wenn sie individuell verschieden erlebt werden und nicht immer zur Weiterführung des eigenen Projekts motivieren. Beobachtungen und Untersuchungen dazu haben schließlich zu einigen verallgemeinerbaren Aussagen geführt, aus denen sich grundlegende Erkenntnisse der Schreibpädagogik speisen. Diese sollen, wie in der Einleitung bereits angedeutet, in den folgenden Kapiteln theoretisch und praktisch vorgestellt werden.

Ich empfinde es für eine Gegenstandsbestimmung wichtig, zuerst den gewählten Blickwinkel anzudeuten: Mein Standort ist der eines Schreibenden und damit naturgemäß zwiespältig. Er zwingt mich, sowohl das Verfertigen eines Textes als auch den Text als Produkt ins Auge zu fassen. Während der eine Teil (Schreiben als Prozeß), wie später noch deutlicher werden wird, mein schreibpädagogisches Interesse besonders stark dominiert, verkörpert der andere Aspekt (Schreiben als Produkt) eine Größe, die, was ihre Bedeutsamkeit betrifft, im Wandel begriffen ist.

Meine Betrachtung dessen, was Schreiben ist, vollziehe ich durch die Linse des jeweiligen Schreibprodukts. Ich frage: Welcher Arbeitsprozeß hat zum vorliegenden Ergebnis geführt? Dieser rückwärts gewandte Blick erscheint unlogisch, da er sich der natürlichen Dynamik des Schreibens entgegenzustemmen versucht, ist aber in meinem Falle folgerichtig und zwar aus zwei Gründen: Ich verfüge (noch) nicht über Begriffe für eine effektive Kategorisierung von Schreibanlässen und -motivationen, die zu bestimmten Textsorten führen. Es existiert jedoch eine historisch gewachsene Terminologie zur Beschreibung von Gattungen und Genres. Jenes begriffliche Dilemma spiegelt gleichzeitig die hinlänglich bekannte Produktorientiertheit jahrhundertelanger Betrachtungen zu Literatur und Schreiben wider. Einer solchen Tradition kann und will ich mich nicht entziehen, ich möchte, von ihr ausgehend, den Bogen spannen zum Schreibprozeß – dem lange unterbelichtet gebliebenen Teil –, um letztlich die Vorteile beider Pole moderner Schreibpädagogik füreinander nutzbar zu machen.

Ein erster produktiver Kompromiß in dieser Richtung besteht meiner Auffassung nach darin, daß ich für einen Gesamtüberblick über das Terrain in Anlehnung an Wendy Bishops *categories of written discourse'*[4] grundlegende Schreibweisen (prozeßorientiert) und deren Existenzformen (produktorientiert) zusammenführe: (Abb. 2)

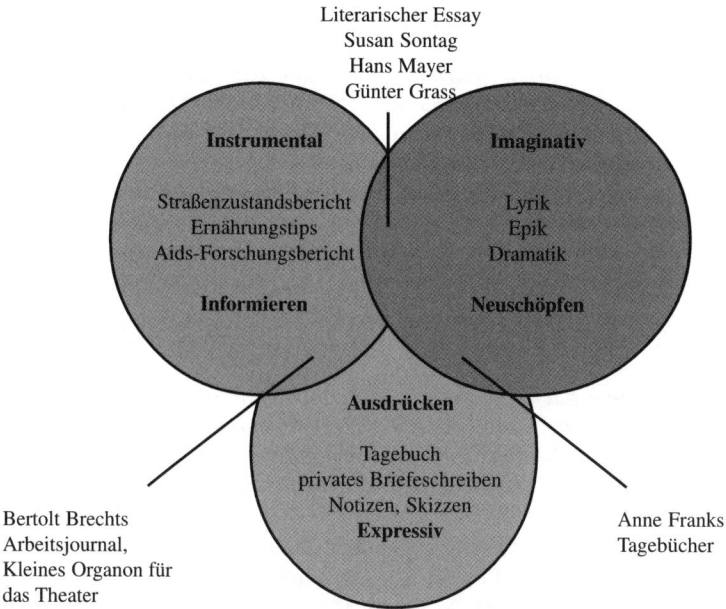

Die drei Schreibweisen leiten sich jeweils von einer dominierenden Befindlichkeit der Schreibenden ab und bestimmen schließlich Form und Funktion des Textes: *Instrumentales Schreiben* resultiert aus einem vordergründig rationalen Bedürfnis, Fakten mitzuteilen, über die äußeren Parameter eines Ereignisses, einer Tätigkeit etc. zu berichten. *Imaginatives Schreiben* speist sich mehr aus emotionalen Anlässen, sich zu äußern, was zu Darstellungen der Innerlichkeit des schaffenden Subjekts führt. *Expressives Schreiben* kommt von einem starken Ent- und Aufdeckungsbedürfnis, das sowohl rational als auch emotional begründet ist und in dieser Kombination das Erfahrene in seinen Zusammenhängen tiefer ergründen möchte. Selbstverständlich existieren alle drei Schreibweisen im Kontext äußerer Erfordernisse, die das schaffende Subjekt in seiner Eigenschaft als Zugehöriger eines Berufes, sozialen Gruppierung oder einer Hierarchie beeinflussen: Der Unterschied zwischen einer Zeitungsreporterin, die einen Artikel für die Morgenausgabe zu liefern hat und einem Mitglied einer Laienschreibgruppe ist offensichtlich.

Wenn ich sage, daß expressives Schreiben in seinem Verlauf zwischen Emotionalität und Rationalität pendelt, so soll dies keine Hervorhebung gegenüber den beiden anderen Grundformen signalisieren. Schreiben als eine komplexe Fähigkeit und Fertigkeit gründet sich sowohl auf das Zusammenspiel der drei Grundformen als auch auf deren spezifische Charaktere, welche nicht zuletzt spezielle Funktionen für die Entwicklung des Schreibens in sich tragen.

An diesem Punkt schlage ich vor, das bisher Gesagte auf seine Gültigkeit für einen selbst zu befragen. Es erscheint mir für die eigene Positionierung als Schreibender wichtig, daß sowohl der allgemeine als auch der persönliche Aktionsradius der Tätigkeit *Schreiben* näher ergründet wird.

Schreib- und Lesemotivation

1. *In welchen Genres/Textsorten (journalistische oder akademische Texte, Prosa, Lyrik oder Dramatik, Tagebucheintragungen, Alltagsnotizen, Skizzen, Impressionen etc.) fühlen Sie sich am wohlsten zu schreiben? Machen Sie auch eine Liste mit den Bereichen, die Sie gewöhnlich vermeiden.*
2. *Schauen Sie auf jeden einzelnen Posten ihrer beiden Listen und notieren Sie rasch einige mögliche Gründe.*
3. *Legen Sie zu den folgenden Fragen Listen an: Wann (unter welchen inneren und äußeren Umständen) greifen Sie besonders oft zur „Feder" und wann seltener oder überhaupt nicht? Antworten Sie so schnell wie möglich.*
4. *Von welchen Genres/Textsorten fühlen Sie sich als LeserIn besonders angezogen? Listen Sie auch hier wiederum gegenteilig wirkende Bereiche auf.*
5. *Wiederholen Sie nun auch die anderen Aufgaben zum Schreiben für das Lesen. Vergleichen Sie dann Ihre Eindrücke zum Schreiben und Lesen, und versuchen Sie, Ihren derzeitigen individuellen Standort im Umgang mit Texten auf der Abbildung 2 zu lokalisieren. Vielleicht können Sie ihn sogar farbig sichtbar machen.*

So wie die individuelle Positionierung gegenüber den drei Grundformen des Schreibens wohl kaum eindeutig ausfallen wird, gerät auch die eigene Zuordnung zu bestimmten Genres/Textsorten zum Drahtseilakt. Mit Blick auf Abbildung 2 wird nämlich deutlich, daß Genres und Textsorten ein und denselben Bedürfnisstrukturen erwachsen, die auch dem Schreiben zugrunde liegen. Daher ist nicht verwunderlich, daß zum Beispiel auch die Erscheinungsformen *Imaginativen Schreibens* – Lyrik, Epik und Dramatik – einander ergänzen bzw. in ihren Grenzen überlappen (vgl. Abb. 3).[5]

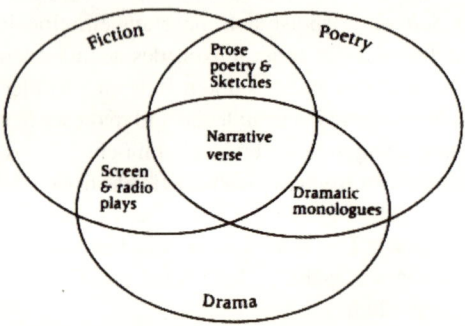

Das Gedicht, die Kurzgeschichte oder die dramatische Szene sind letztlich nichts anderes als Produkte ursprünglichen Schreibwillens bzw. darunter liegender Mitteilungsbedürfnisse. Der Schein trügt, wenn diese literarischen Gebilde im Kontext von wissenschaftlichen Erkenntnissen zu Text und Sprache die Vorstellung aufbauen, sie benötigten ein gewisses Arbeitsmaterial und bestimmte Darstellungstechniken, um das zu sein, was sie sind. Es ist der konventionelle Fokus auf das Produkt, der diesen Anschein erweckt und literaturwissenschaftliche Genre-Definitionen genauso deutlich bestimmt wie die Vorstellung vom Schreiben als geniales Texten. Auch ohne die Kenntnis davon, seit wann genau sich diese Schwerpunktlegung entwickelt (seit dem Buchdruck als technische Fetischisierung des fertigen Textes vielleicht?), ist die starke Verinnerlichung des Produktglaubens offensichtlich. Sie wird zum Beispiel in manchen Bemühungen der jüngeren Deutschdidaktik um effektivere (kreativere?) Wege der Textverfertigung[6] deutlich. Hier geht es – zugespitzt formuliert – nicht selten um Produkt*veredlung*, denn der fertige Text als dominierende Bezugs- und Zielgröße wird nicht wirklich aufgegeben. Er bleibt, trotz vielfältiger Bemäntelungsversuche, im Mittelpunkt äußerer und verinnerlichter Wertesysteme und Bewertungsmechanismen.

Schreiben, wie ich es hier diskutieren möchte, entbehrt dieser Produktorientiertheit genausowenig wie es *der* dominierende Faktor meiner definitorischen Überlegungen ist. Schreiben braucht natürlich die Kenntnis über fertige Texte, den Glauben an das Fertigstellen des eigenen Texts und nicht zuletzt daran, daß dieser zur Kenntnis genommen wird. Schreiben ist jedoch in einem ebenbürtigen Maße aus seinem Prozeßcharakter heraus motiviert. Bevor ich jenen Dualismus von Prozeß und Produkt im folgenden anhand einiger Modellvorstellungen vom Schreiben weiter aufdecke, möchte ich zu einigen persönlichen Überlegungen anregen.

Fragebogen: Schreibprozeß

1. *Worin (in welcher Tätigkeit) würden Sie den Beginn Ihres persönlichen Schreibprozesses sehen?*
2. *Welche Bezüge sehen Sie in Ihrer Art zu schreiben, zu den Tätigkeiten Lesen, Hören und Sprechen?*
3. *Überarbeiten Sie Ihre Texte? Wenn ja, warum?*
4. *Wie überarbeiten Sie gewöhnlich (neue Textfassung, Korrekturen im Originaltext, „Schneiden" und „Kleben" am Computer etc.)?*
5. *Wann und warum zeigen Sie Ihr Geschriebenes anderen Menschen?*
6. *Welche Rolle spielt für Sie fremde Textkritik?*
7. *Inwiefern beeinflußt fremde Textkritik Ihre Textüberarbeitung?*
8. *Wann sind Sie mit dem Schreiben eines Textes fertig?*

Eine Vorstellung vom Schreiben, deren (Unterrichts-)Praxis sich bis in die Gegenwart hält, sieht folgendermaßen aus:

Traditionelles Schreibprozeß-Modell

Schreibanlaß
Themenfindung-Planung-Materialsammlung-Erstentwurf-Überarbeitung
Endfassung

Fremdbestimmter Schreibanlaß (vorgegeben durch eine „Autorität" wie LehrerIn, Curriculum, Mustertext etc.) und antizipiertes Arbeitsergebnis (Vorgabe von Arbeitsschritten und angezielter Textsorte) konservieren die Auffassung vom Schreiben als produktgesteuerte Handlung.

Zu Beginn der siebziger Jahre haben britische und amerikanische PädagogInnen anhand empirischer Untersuchungen von Textentwürfen und Endfassungen festgestellt, daß es sich beim Schreiben keineswegs um einen linearen Handlungsablauf zwischen den Polen „Schreibanlaß" und „Endprodukt" handelt.[7] Besonders die Forschungen von Janet Emig auf der Grundlage von Beobachtungen an SchülerInnen, die aufgefordert waren, ihre Arbeit am Text mündlich zu kommentieren,[8] bringen Einblicke in den Schaffensverlauf, die von den herkömmlichen Vorstellungen stark abweichen (Abb. 4).

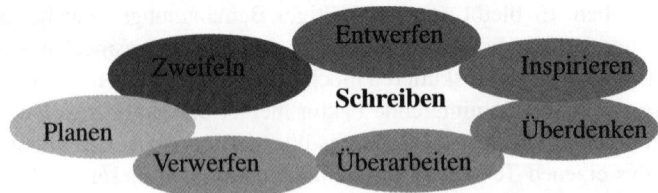

Anstatt eines linearen Verlaufs zwischen vorweggenommenem Anfangs- und Endpunkt, präsentiert dieses Modell einen fortlaufenden Schreibprozeß, auf dessen Schleife die im herkömmlichen Modell aufgeführten Arbeitsetappen in vielfältiger Gestalt auf den Ebenen von Gedanklichkeit und Gefühl, Mündlichkeit und Schriftlichkeit durchlaufen werden. Schreiben präsentiert sich hier als eine Aktivität, die sich schon allein wegen ihrer Komplexität einer Vorprogrammierung erfolgreich versperrt. Hinzu kommt die persönlich unterschiedliche Ausprägung des Schreibens, die – zusammen mit einer ganzen Palette von kontextuellen Gegebenheiten (unter welchen Umständen wird geschrieben, auf welche Adressatengruppe wird sich bezogen etc.) – eine modellhafte Darstellung des Gegenstandes als schier unmöglich erscheinen läßt.

Soll die Fixierung des Schreibbegriffs Praxisrelevanz gewinnen, so macht sich aufgrund des individuell ausgeprägten Tätigkeitscharakters eine Annäherung durch Schreib-*erfahrung* nötig. Ich werde im folgenden Abschnitt anhand eines Beispieltextes andeuten, zu welchen begrifflichen Einsichten meine Schreibarbeit geführt hat und immer wieder Aufgaben für eine eigene Entdeckungsreise vorschlagen.[9]

Schreiben beginnt lange vor dem eigentlichen Texten. Seinen tatsächlichen Beginn festzustellen, scheint mir, ob seiner Beschaffenheit aus vor-, un- und unterbewußten Vorgängen, nur vage möglich: Manchmal stellt sich nur ein diffuses Gefühl ein, das sich später verdichtet, an Stoßkraft und Gerichtetheit zunimmt und sich, vielleicht nach Tagen oder Wochen, als starkes Ausdrucksbedürfnis manifestiert. Es kann aber auch ein Wort sein, von irgendwoher aufgenommen, das mir für eine Weile im Kopf herumgeht und schließlich ein Ausdrucksbedürfnis initiiert.

Besonders stark wirken in meinem Falle sprachliche Metaphern, Bilder oder Klänge als mögliche Resultate ursprünglich unbestimmter Gefühle, die zu einer Ausdrucksform drängen. Ich werde ihrer habhaft, nachdem sie lange genug meine alltäglichen Gedankengänge „gestört" haben und ich mich endlich entschließe, sie *festzuhalten*.

Aufspüren von persönlich bedeutungsvollen Schreibanlässen

1. *Nehmen Sie sich vor, alle Schreibanregungen, die während eines Tages aus Ihrer unmittelbaren Umgebung auf Sie einströmen, in einem Notizbuch festzuhalten. Beschränken Sie sich auf einzelne Begriffe oder Wortgruppen.*
2. *Prüfen Sie dieses Material am darauffolgenden Tag auf Anregungen, die Sie ganz besonders interessieren. Entscheiden Sie sich für einige wenige, und schreiben Sie darüber. Ergründen Sie den metaphorischen Gehalt des ausgewählten Materials, indem Sie kleine Wortsammlungen zur Bedeutung ausgewählter Begriffe anlegen.*

3. Nutzen Sie eine weitere Möglichkeit, um herauszufinden, welcher der bearbeiteten Gegenstände Ihnen am meisten am Herzen liegt. Schreiben Sie dazu mehrere kleine Skizzen. Wenn Sie fertig sind, stellen Sie fest, ob und inwieweit sich Ihr Blick vom Vortage auf den metaphorischen Gehalt des Materials verändert hat.

Ein Beispiel für solcherart „Vorgeplänkel": Den *Radrennfahrer*, für einige Jahre Hauptmotiv meines Schreibens, bemerkte ich zuerst als *bildliche Vorstellung*. Ein Mann keucht, tief über den Lenker gebeugt, eine endlose Landstraße entlang. Da das Bild blieb, begann es mich zu beschäftigen. Ich fand heraus, daß es zu einem aktuellen Lebensgefühl von mir paßte. Später suchte ich nach Gründen für dieses Gefühl, genauer gesagt, wollte ich herausfinden, welche Details das Bild noch offenbaren würde. Ich erkannte inzwischen weiter, daß sich die Strecke des Fahrers durch ein Gebirge schlängelte. Die Straßenränder waren von einer johlenden und tobenden Menge gesäumt, aber, obwohl es sich ganz offensichtlich um einen sportlichen Wettkampf handelte, konnte ich keine Mitbewerber um den Sieg ausmachen. Nachdem ich begriffen hatte, daß der Fahrer allein auf der Piste war, hielt ich diese Vorstellungen zum ersten Mal schriftlich fest.

Donald M. Murray, einer der anerkanntesten SchreibpädagogInnen in den USA, nennt die Antizipation dessen, was aufgeschrieben werden will, *rehearsing*.[10] Der Begriff des Ausprobierens/Erprobens bezeichnet hier zuerst den Vorgang eines Auf-die-Spur-Kommens von Gefühlen, Gegenständen oder Zusammenhängen, die zur Artikulation drängen. Er beinhaltet aber auch ein Abwägen des vorhandenen Materials im Hinblick auf seine Gewichtigkeit: Wie sehr drängt es mich, über dieses oder jenes zu schreiben? Was habe ich mitzuteilen?

Die Möglichkeiten, *wie* jenes Ausprobieren des Materials ausgetragen wird, sind vielfältig. Die amerikanische Schreibpädagogik in ihrem *mainstream* plädiert für einen frühen Start des Schreibens (*think on paper*). Alternative Ansätze setzen auf mündliche Vorstufen. Ich selbst habe auch schon gemalt oder Muscheln gesammelt. Wichtig erscheint mir, daß die eigenen Mitteilungsbedürfnisse als solche überhaupt erlebt und identifiziert werden und schließlich, in welcher Form auch immer, vorläufige Gestalt annehmen.

Journal/Schreibanregungen

1. Versuchen Sie sich anzugewöhnen, ein kleines Notizbuch dabeizuhaben, in dem Sie bei Bedarf Schreibanregungen festhalten. Erlauben Sie sich bei der Auswahl des Notizwürdigen größtmögliche Breite: Auch ein Stein, an dessen rauher Oberfläche Sie sich gekratzt haben, kann eine solche Anregung sein.
2. Beobachten Sie, ob sich im Verlaufe der Zeit bestimmte Schreibanlässe häufen und Themen herauskristallisieren. Erkunden Sie solche Anregungen durch skizzenhafte Darstellungen.
3. Wenn Sie bemerken, daß Sie immer wieder auf ähnliche Weise Ihre Umgebung beschreiben, versuchen Sie in der Folgezeit besonders das in Ihrem Notizbuch festzuhalten, was Sie bisher für nicht besonders beachtenswert hielten.

Dieser ersten Phase meines Arbeitsprozesses am *Radrennfahrer* folgte etwas, das viel mit *Geschichtenerzählen* zu tun hat, aber nicht unbedingt zu literarischer Prosa führen muß. Ich glaube, ich mache Freunde, Bekannte und KollegInnen auf ähnliche Art und

Weise mit dem Ausgangsmaterial für Kurzgeschichten, Zeitungsartikel oder Vorträge bekannt, wie ich es mit meinen Vorstellungen für dieses Buch getan habe. Ich erzähle die Geschichte einer Idee; wo sie herkommt, über welche Kontexte sie verfügt, wohin sich die Idee momentan bewegt, und auf welche Wege ich sie gerne führen möchte. Mir ist dabei mehrmals aufgefallen, daß meine Ausführungen von einem Gesprächspartner zum anderen variieren. Inzwischen setze ich dieses Mittel bewußt ein, um meinen Ideen zuzuhören, zu lauschen, wie sie in den verschiedenen Darstellungsweisen klingen und welche Reaktionen sie beim Gegenüber hervorrufen. Ich sehe darin eine Möglichkeit, mein Material im Kontext anderer Materialien weiterzuentwickeln. Zu besonders wertvollen Erkenntnissen komme ich dabei oftmals dann, wenn ich das Risiko eingehe, meine Vorstellungen einer Umgebung auszusetzen, die so wenig wie möglich vom Gegenstand des Geschriebenen weiß.

Viele amerikanische SchreiblehrerInnen würden sicherlich auch für diese Phase den schriftlichen Vollzug raten. Ihnen geht es darum, Veränderungen am Material auf Papier zu erleben, u.a. mit der Begründung, daß daraus *gelernt* werden kann, also inhaltliche, methodische bzw. strategische Konsequenzen für den weiteren Verlauf des Schreibens erwachsen. Dieses Lernen trifft auch auf meine mündliche Erzähltätigkeit zu, jedoch mit einem Abstrich: Materialveränderungen treten oft nicht sofort in mein Bewußtsein, sie „erschleichen" sich erst nach und nach meine Aufmerksamkeit. Das ist einerseits zeit- und arbeitsintensiv, denn zwischen unbewußt eingeleiteter Materialveränderung und bewußt vollzogener Konsequenz im Schreiben können durchaus mehrere Entwürfe liegen. Andererseits baut dieses Vorgehen Filter auf, durch die nur das hindurchgelangt, was für die weitere Auseinandersetzung tatsächlich von Bedeutung ist.

Betätigen Sie sich als SchreibpädagogIn,

und entwickeln Sie aus meinen Ausführungen zum Geschichtenerzählen *konkrete Aufgabenstellungen für sich selbst und/oder Ihre SchülerInnen bzw. StudentInnen.*

Eine nächste Phase, die mir in meiner Art, am *Radrennfahrer* zu schreiben, aufgefallen ist, möchte ich mit dem Begriff der *Sinnstiftung* umreißen. Um herauszubekommen, welche Kräfte im Bild von Fahrer, bergiger Rennstrecke und johlender Menge ein Gefühl des Getriebenseins erzeugten, mußte ich den optischen Eindruck in Szene setzen, die Kerngeschichte auf- und weiterschreiben. Mit jedem Einschnitt in die Handlungsabfolge wurde mir das Zusammenspiel vieler Faktoren für jenes Lebensgefühl bewußter. Aus dieser Arbeit entwickelten sich aber auch neue Vorstellungen, denen ich wiederum erst auf einer mehr sinnlichen (intuitiven) Ebene gewahr wurde. Beim Graben in den Schichten des metaphorischen Rennfahrers stieß ich immer wieder auf weiterführendes Material. Ich entdeckte sozusagen Geschichten innerhalb der Geschichte. Diesem endlos scheinenden Vorgang sind durch eine bedingte Aufnahme- und Verarbeitungsfähigkeit bzw. starke Gerichtetheit der Schreibmotivation („Ich schreibe nur über das, was mich interessiert!") von vornherein natürliche Grenzen gesetzt. Den Rest „besorgen" Schreib- und Leseerfahrungen und die darin eingeschlossenen intuitiven und kognitiven Anteile effektiver Textorganisation.

Ganz im Sinne meiner Auffassung vom *fortlaufenden* Schreiben möchte ich *Spiel* nicht schlechthin als abschließende Phase meines persönlichen Arbeitsprozesses zum *Radrennfahrer* definieren. Ich verstehe es vielmehr als offenes Ende und Sprungbrett für nachfolgendes Schreiben. Was landläufig als Textüberarbeitung (auch die AmerikanerInnen sprechen übrigens von *revising*) von den Schreibenden erwartet wird, ist ein Basteln am Satz, ein oftmals kosmetisches Verschönern des schon festgeschriebenen Produkts – was oftmals nur unter dem Einfluß eines Regelkanons geschieht. Schreiben ist wohl in keiner Phase seines traditionellen Modells so autoritätsabhängig wie in dieser. Im Endspurt um Lehrergunst und andere Formen öffentlicher Anerkennung werden die Spuren persönlicher Mitteilungsbedürfnisse säuberlich getilgt, sofern sie nicht gerade zum Erreichen des Anerkennungsziels nützlich gemacht werden können.

Meine eigenen, oft schmerzhaften Erfahrungen mit der Umfunktionierung kreativen Handelns zu einer Krücke auf dem Weg zum „Erfolg", haben mich mehr und mehr dahin geführt, meine Arbeit an einem Text nur theoretisch zu Ende gehen zu sehen. Was tatsächlich passiert, ist kontinuierliches Lernen, das über die Fertigstellung eines individuellen Texts hinausführt.[11] Die Grundlage dafür sehe ich im spielerischen Umgang mit dem Material, das ich aus der Phase der Sinnstiftung (immer weiter) gewinne: mit der *Stimme* eines Textes (die Materialisierung des Schreibwillens); mit dem Kontext (Summe der Diskurse, die das Terrain des jeweiligen Schreibvorgangs bestimmen) und schließlich mit den antizipierten LeserInnen. In meinem Verständnis kreiert dieser Reigen aus Sinnschöpfungsmaterial, Stimme, Kontext und Publikum die innere und äußere Struktur eines Textes. Erst auf diesem Spielfeld definieren sich Textsorte und Genre.

Zum letzten Mal möchte ich auf das Beispiel des *Radrennfahrers* verweisen: Durch das Schreiben verschiedener Fassungen hatte ich herausbekommen, welche Kräfte im Eingangsbild mein Gefühl vom Gehetztsein am deutlichsten prägten: Es war nicht die Konkurrenz anderer Fahrer, auch nicht die Faszination moderner (Rad-)Technik und nur in einem geringen Maße der Reiz des Bezwingens steiler Berge. Der Druck kam vom Straßenrand, von jener johlenden und tobenden Menge, die als gesichtslose, graue Masse den Radrennfahrer zum Sieg treibt. Jenes von mir Stück für Stück entdeckte Spannungsfeld schuf schließlich den Kern der Geschichte in Form der Schilderung eines Rennverlaufs als auch ihr Ende: die absichtliche Preisgabe des Sieges durch den Fahrer. Hierbei möchte ich auf eine Veränderung verweisen, die noch einmal den offenen Charakter des Schreibens verdeutlicht. In der ursprünglich publizierten Fassung steigt der Fahrer wenige Meter vor Ziellinie und Triumph vom Rad und verschwindet in der Menge. Er leistet Widerstand gegen den Willen der Masse, indem er ihnen das Spektakel des Sieges und den Sieger vorenthält.[12] Später, in einer anderen Fassung, vertraue ich dem Mut des Radrennfahrers nicht mehr, sich gegen die Menge zu entscheiden. Er überquert brav die Ziellinie und taucht erst dann in der Anonymität unter.[13]

Was ich hier anhand meines Spiels mit dem Text geschildert habe, ist ebenso ein Hineinlauschen in das vorhandene Material, um dessen Botschaften weiter zu ergründen. Spiel bleibt somit auch dem Sinnschöpfen nahe und ist, wie bereits einmal angedeutet, gleichzeitig fester Ausgangs- und Bezugspunkt für neues Materialerproben und Geschichtenerzählen.

Träumen hat auf sämtliche Phasen des Schreibens einen nicht zu unterschätzenden Einfluß. Leider gibt es zum Ausmaß dessen bislang kaum detaillierte Untersuchungen, die vor allem auch den pädagogischen Wert[14] dieser schöpferischen Tätigkeit unbewußter Verarbeitung von sprachlichem und nicht-sprachlichem Material näher ergründen würden.[15] Träumen bedeutet nicht Stillstand der Schreibarbeit, sondern Übergang des Schreibens in eine andere Erscheinungsform. Es verkörpert eine aktive Pause von Einschränkungen und Zwängen, die in anderen Momenten des Schaffens bewußt erlebt werden. In einem gewissen Sinne öffnet dieser Zustand Tür und Tor für ungezügeltes *recycling* des bisher Formulierten und Nicht-Formulierten. Materialerproben, Geschichtenerzählen und Spiel werden sozusagen auf einer qualitativ anderen Ebene fortgeführt.

Leider wird das, was ich hier einmal als *Traumschreiben* bezeichnen möchte, von vielen Menschen entweder nicht als Tätigkeit wahrgenommen oder in ihrem Charakter als unseriös verstanden. Nicht erst seit Freud ist jedoch bekannt, daß Träume, ganz gleich wie ihnen nach dem Schlaf begegnet wird, das Wachsein – und somit eben auch jede weitere Schreibarbeit – ganz entscheidend beeinflussen. Ihre schöpferischen Potenzen könnten jedoch wesentlich stärker zum Tragen kommen, wenn Träumen sowohl von den Schreibenden als auch von der Gesellschaft als gleichwertiger und wichtiger Teil menschlichen Schaffens und Lernens anerkannt werden würde.

Nachfolgend einige persönliche Beobachtungen zum Zusammenhang von Schreiben und Träumen. Es gab eine Zeit, da war ich mit mir selbst unzufrieden, wenn ich inmitten konzentrierter Manuskriptarbeit plötzlich müde wurde. Gewöhnlich versuchte ich die Müdigkeit schnell mit einer Tasse Kaffee zu überwinden, um den Schreibfluß nicht zu stören. Meine größte Angst war dabei stets, daß ich Gedanken, die dem Aufschreiben vorausgeeilt waren, verlieren könnte.

Manchmal halfen jedoch auch die besten Tricks zum Wachbleiben nicht, und der Schlaf überraschte mich gleich am Schreibtisch. Wenn ich dann nach einer kurzen Weile aus tiefsten Träumen auffuhr, beobachtete ich meistens folgendes: Bemüht, die Gedankenkette aus der Vorschlafzeit wieder aufzunehmen, bemerkte ich, daß sich dieses Material längst verändert hatte. Gedanken waren jedoch nicht, wie ich befürchtete, verlorengegangen, sondern hatten sich weiterentwickelt. Darüber hinaus besaß ich klarere Vorstellungen vom bisher Geschriebenen und dem, was ich weiter schreiben wollte. Aus manchen solchen Situationen erwuchsen auch neue Textfassungen: Das *Überschlafen* der eigenen Positionen hatte zu veränderten Perspektiven und Einsichten geführt.

Im Laufe der Zeit habe ich aus diesen Beobachtungen eine gewisse Taktik entwikkelt. Ich beschäftige mich mit einem Gegenstand so lange, bis mein Arbeitsfluß zu stocken beginnt. Sollten auch Wiederbelebungsversuche wie Lesen, überarbeiten, Skizzieren, *brainstorming* oder *clustering* etc. nicht weiterhelfen, lege ich eine kurze Schlafpause ein. Da mir Tagesschlaf vor allem bei der Bewältigung kürzerer Arbeitsabschnitte hilft, Nachtschlaf jedoch beim überschauen komplexerer Teile oder ganzer Projekte, versuche ich meine Arbeitszeit so einzurichten, daß ich Fragen grundlegenderen Charakters abends gewissermaßen mit ins Bett nehme.

Warum sich Schlafen auf meinen persönlichen Schreibprozeß günstig auszuwirken scheint, liegt wohl u.a. daran, daß Träumen einen Transformationsprozeß zwischen den Polen *Wahrnehmen* und *Vorstellen* darstellt. Insofern geraten die bereits in Sprache geronnenen bildlich-metaphorischen Vorstellungen noch einmal in eine Art *recycling*, das sie auf ihre ursprünglichen Wahrnehmungen zurückführt bzw. neue Wahrnehmungen initiiert. Dies wiederum führt zur Bestätigung oder Variation des vorhandenen sprachlichen Materials bzw. zu einer Neuschöpfung. Hinzufügen möchte ich jedoch, daß der o.g. Prozeß auch umgekehrt möglich ist: Wahrnehmungen werden wiederaufbereitet und ihre Elemente mit vorhandenen Vorstellungen verwoben.

Es muß nun aber nicht unbedingt erst geschlafen und geträumt werden, um (auf)klärende Distanz zwischen schaffendem Subjekt und Sprachmaterial zu bringen. In einem gewissen Sinne stellt fast jedes Unterbrechen von Schreibprozessen einen solchen verfremdenden Schritt zurück dar. Dieser läßt den zu nahegerückten Gegenstand des bisher Geschriebenen in einem anderen/neuen Licht erscheinen. In den USA gibt es seit Beginn der achtziger Jahre ein zunehmendes Forschungsinteresse am Phänomen der *Stille* (des Stillseins, Innehaltens) im Lernen bzw. Schreibprozeß. Für Peter Elbow ist Stille u.a. das Warten auf das Auftauchen der eigenen *Stimme*, des unverwechselbar Eigenen im Schreiben. Ich möchte im folgenden einige Orientierungspunkte auflisten, die er für seine Tätigkeit als Schreibpädagoge im Verlaufe eines Workshops selbst aufgestellt hat:[16]

Schreibprozeß: *Innehalten*

- *Ich bringe mehr Ruhe in mein Arbeiten/Unterrichten/Lernen (etc.). Schreiben selbst bringt Stille.*
- *Ich betone freewriting als eine Übung im Hören auf die eigenen, inneren Stimmen – als ein Empfangen, anstatt eines Herausgebens oder Erzwingens.*
- *Ich arbeite mehr am Zuhören, besonders durch gegenseitiges Mitteilen (Partnerarbeit): jemand liest, jemand hört zu. Ich erinnere mich daran, daß verbale Erwiderung nicht immer notwendig ist, um als SchreibendeR/VorlesendeR Bestätigung zu erleben.*
- *Ich lausche, während ich vorlese, meinen eigenen Worten. Was höre ich? Was erzählt mir mein eigener Text?*
- *So wie ich oft fünf oder zehn Minuten lang (krampfhaft) schreibe, weil mir nichts einfällt, kann ich auch einfach nur still sitzen und warten, bis sich brauchbarere Ideen einstellen.*
- *Ich lerne Stille als ein Medium verstehen, in dem sich von geschriebenen und ungeschriebenen Texten Sinn entfaltet. Dieses Begreifen ist intuitiv, es geschieht durch mein Körpergefühl (felt sense).*
- *Ich sage immer: „Schreib, schreib, schreib!" Ich muß auch den Mut aufbringen zu sagen: „Warte, warte, warte!"*

Ich habe für mich selbst festgestellt, daß besonders das vollständige Lösen von der Aktivität *Schreiben* durch meditatives Versinken in sich und/oder die Umgebung traumähnlich wirken kann. Einige Anregungen zum Ausprobieren:

Konzentrationsübung

Schließen Sie die Augen. Atmen Sie mehrere Male tief ein und aus. Konzentrieren Sie sich dabei auf Ihren Körper, empfinden Sie, wie sich Ihr Brustkorb hebt und senkt, wie die eingeatmete Luft Sie ausfüllt und dann wieder entweicht.

Richten Sie nun Ihre Aufmerksamkeit auf Ihr Gehör: Lauschen Sie in Ihre Umgebung hinein, und versuchen Sie, aus dem vorhandenen Klangteppich einzelne Geräu-

sche herauszufiltern. Bemühen Sie sich jedoch nicht um eine Identifikation der Geräusche. Öffnen Sie sich dem jeweiligen Klang als etwas Fremden, nie Gehörten.
    Verlassen Sie jetzt Ihren Platz. Strecken Sie sich für einen Moment und beginnen Sie, sich mit geschlossenen Augen durch den Raum zu tasten. Bewegen Sie sich langsam, und übergeben Sie Ihren Händen die Aufgabe, Ihnen den rechten Weg zu zeigen. Verabschieden Sie sich ganz bewußt von Ihrer räumlichen Vorstellung und Orientierung. Verweilen Sie nun bei einigen Gegenständen Ihrer Wahl, und ertasten Sie diese genauer. Bemühen Sie sich auch in diesem Falle nicht um Identifikation, sondern nehmen Sie Material, Formen und Beschaffenheit immer wieder als etwas Fremdes wahr.
    Öffnen Sie jetzt die Augen. Schauen Sie sich im Zimmer um, als ob Sie gerade da angekommen wären. Nehmen Sie Einrichtungsgegenstände oder Personen wahr, ohne sie aber zu benennen. Stellen Sie fest, ob Sie sich durch einen Gegenstand/eine Person besonders angezogen fühlen. Betrachten Sie nun diesen Gegenstand/diese Person genauer, bemerken Sie Details, ohne wiederum Benennungen vorzunehmen. Versenken Sie sich mehr und mehr in den Gegenstand/die Person, bis das Betrachtete Ihnen fremd erscheint. Beenden Sie Ihre Beobachtungen, indem Sie dem Gegenstand/der Person letztlich einen Namen Ihrer Wahl geben.

Sondra Perl hat eine Serie von Orientierungspunkten entwickelt, die in ihrer Praxis ein treffsicheres Beispiel für meine bisherigen Ausführungen zum Schreiben als Prozeß liefert. Wer dieser Handlungsanleitung folgt, wird selbst die Komplexität einer Tätigkeit erleben, deren Charakter sich eben nicht auf die bekannte Abfolge von Schreibanlaß-Themenfindung-Planung-Materialsammlung-Erstentwurf-Überarbeitung-Endfassung reduzieren läßt. Perls Schreibmodell, das sich nur der Phase des *Materialerprobens* zu widmen scheint, trägt alle anderen von mir vorgestellten Teilhandlungen – bildliches Vorstellen, Geschichtenerzählen, Sinnstiftung und *Spiel* – bereits im Ansatz in sich. Schreiben wird hier als ein Schweben zwischen seinen Bestandteilen deutlich, das in seiner Abfolge schwerlich zu definieren ist. So wie Aktion und Pause unvermutet wechseln, so grenzenlos fließen die Phasen des Schaffens ineinander über.

Meditativer Schreibprozeß nach Sondra Perl[17]

Einstimmung: Zur Ruhe kommen

Da Schreiben genauso unseren Körper beansprucht wie unseren Geist, wollen wir uns körperlich entspannen: Wir atmen tief ein und aus. Sitzen Sie ruhig und entspannt. Seien Sie sich bewußt, daß Sie mit dem Beginn des Schreibens eine Reise in Ihr Inneres antreten. Schließen Sie die Augen oder senken Sie den Blick auf den Boden. Atmen Sie tief ein und aus und entspannen Sie sich. Hören Sie in sich hinein, und vergessen Sie alle Umweltgeräusche. Wenn Sie ausatmen, versuchen Sie, alle Verspannungen in Nakken und Schultern loszulassen. Atmen Sie tief ein und aus. Schütteln Sie die Hände aus. Werden Sie sich bewußt, wie Sie auf dem Stuhl sitzen: Ist die Sitzfläche warm oder kalt, hart oder weich? Wie ist Ihre Körperposition? Sollten Sie irgendwo Schmerzen verspüren, dann atmen Sie tief ein und lassen Sie die Luft beim Ausatmen in die Richtung der schmerzenden Körperstelle strömen. Wiederholen Sie das solange, bis sich die Verkrampfung löst.

Eröffnungsfrage: Eine Bestandsaufnahme

Ich werde jetzt einige Fragen stellen, die Sie dann im Stillen noch einmal an sich selbst richten sollen. Sobald Sie sich in Ihrem Inneren antworten hören, legen Sie dazu eine Liste an. Gehen Sie aber nicht auf Einzelheiten ein.
Wie geht es mir jetzt? Was geht in mir vor? Was kommt mir gerade in den Sinn?
Sobald sich Antworten einstellen, schreiben Sie diese nieder.
   (einige Minuten später)
Fragen Sie noch einmal: Was kommt mir in den Sinn? Was beschäftigt mich in der letzten Zeit?
Noch einmal, wenn Sie eine Antwort hören, dann fügen Sie diese Ihrer Liste hinzu.
   (einige Minuten später)
Nachdem Sie einiges niedergeschrieben haben, lauschen Sie noch einmal in sich hinein, und fragen Sie sich noch einmal: Was ist mir noch in den Sinn gekommen? Ist da etwas, das ich überhört habe? Vielleicht eine Person, die ich mag, einen Ort, ein Ereignis, irgend etwas, worüber ich vielleicht in der Zukunft schreiben werde? Ergänzen Sie das auf Ihrer Liste.
   (einige Minuten später)
Lauschen Sie noch einmal: Erinnern Sie sich dabei, daß Sie körperlich entspannt bleiben. Atmen Sie tief ein und aus und fragen Sie sich: Ist da noch irgend etwas anderes in meinem Sinn? Eine Farbe? Eine Erinnerung? Ein Traum? Irgend etwas, das ich meiner Liste hinzufügen möchte? Wenn ja, dann schreiben Sie es nieder.
   (wenig später)
Sollte jemandem überhaupt nichts einfallen, dann schreiben Sie 'Nichts' auf den Zettel, und falls jemand unsere Übung bereits mit Schreibideen im Kopf begonnen, aber diese bisher noch nicht aufgeschrieben hat, dann ergänzen Sie diese Einfälle jetzt.
   (wenig später)
Ist da irgend etwas, daß heute mein Schreiben behindert oder vielleicht behindern wird? Wenn ja, dann schreiben Sie es nieder. Schreiben Sie nieder, was auch immer sich Ihrem Schreiben in den Weg stellen will.
   (eine Minute später)
Legen Sie nun dieses Blatt Papier zur Seite. Es bleibt dort liegen, solange wir schreiben. Sie können später darauf zurückkommen.

Eingangsfrage: Konzentration nach innen

Nehmen Sie Ihre Liste zur Hand. und überfliegen Sie diese noch einmal. Fragen Sie sich selbst, welche Eintragung Ihnen besonders ins Auge fällt.
   (kurze Pause)
Schauen Sie nach, ob Ihnen irgend ein Wort, ein Satz oder eine Gruppe von Informationen besonders auffällt. Markieren Sie diese Stellen. Wählen Sie etwas aus, das für Sie von echtem Interesse ist. Wenn Sie jedoch meinen, daß Sie das Gewählte in seiner Bedeutsamkeit im Moment überwältigen könnte, dann nehmen Sie Abstand davon. Wählen Sie nicht den schwierigsten Schreibgegenstand. Sollte Ihnen jedoch überhaupt nichts wichtig erscheinen, dann wählen Sie etwas nach dem Zufallsprinzip aus.
   (kurze Pause)

Schreiben Sie das gewählte Wort auf die erste Zeile eines leeren Blattes. Heben Sie aber alle anderen Zettel auf, da diese eine Quelle für spätere Schreibideen sein könnten.

Mittelfrage: Tiefer eindringen

Wenn Sie genauer darüber nachdenken, so wird Ihnen auffallen, daß Sie bereits eine Menge über das Thema wissen, das Sie ausgewählt haben. Fragen Sie sich nun selbst, was Sie bereits darüber wissen. Welche Assoziationen, Namen, Personen, Fragen fallen Ihnen dazu ein? Schreiben Sie alle diese Informationen zum Thema schnell auf. Gehen Sie dabei nicht auf einzelnes näher ein, sondern sammeln Sie Ihre Einfälle nur. Formal kann daraus wieder eine Liste von Wörtern oder kurzen Sätzen werden.
(nach mehreren Minuten)
Ich unterbreche jetzt Ihre Arbeit. Ich möchte, daß Sie all das, was Sie bereits zum gewählten Gegenstand wissen, vergessen: Schieben Sie Ihre Ideen, Assoziationen etc. beiseite und versuchen Sie, einen unvoreingenommenen, frischen Blick auf den Gegenstand zu werfen.
(kurze Pause)
Noch einmal: Ich möchte, daß Sie alles vergessen, was Ihnen im Zusammenhang mit Ihrem Gegenstand gerade eingefallen ist. Stellen Sie sich den gewählten Gegenstand auf Ihrer ausgestreckten Handfläche vor. Schauen Sie ihn sich an, als würden Sie den Gegenstand jetzt zum ersten Mal sehen, und stellen Sie sich die folgenden Fragen:
Was ist es, das mir dieses Thema oder diesen Gegenstand so interessant macht? Was ist sein zentraler Punkt für mich?
(kurze Pause)
Warten Sie nun, bis Ihnen ein Wort in den Sinn kommt, das Ihren Gesamteindruck vom Gegenstand/Thema beschreibt. Wenn Sie einen solchen Ausdruck haben, schreiben Sie ihn nieder, und ergründen Sie ihn anschließend genauer. Lassen Sie sich überraschen, was der Gegenstand Ihnen zu sagen hat. Während Sie schreiben, erinnern Sie sich daran, daß Sie tief und gleichmäßig ein- und ausatmen und körperlich entspannt bleiben.
(während des Arbeitens)
Falls sich bei einigen von Ihnen keine Vorstellung zum Gesamteindruck des Gegenstandes einstellen sollten, dann strecken Sie noch einmal Ihre Hand aus, auf der sich der Gegenstand befindet. Schauen Sie ihn sich noch einmal in aller Ruhe an und fragen Sie sich:
Was ist das Schwierige an meinem Gegenstand? Was macht ihn so schwer beschreibbar?
(kurze Pause)
Warten Sie wieder, bis sich ein Gefühl einstellt, das Sie zu einem Wort, zu einer Phrase der Beschreibung Ihrer individuellen Schwierigkeiten leitet.
(nach mehreren Minuten)
Während Sie schreiben, vertiefen Sie das Gefühl, das Sie nun gefunden haben. Lauschen Sie, ob es Ihnen sagt, daß Sie auf dem richtigen Weg sind. Nehmen Sie auch zur Kenntnis, was Ihnen das Gefühl vielleicht außerdem mitzuteilen hat.
Können Sie eine Veränderung in Ihrem Körper spüren, die Ihnen anzeigt, daß Sie nun

auf dem richtigen Weg sind, daß Sie nun das ausdrücken, was Sie wirklich zur Sprache bringen wollten?
Sollten Sie beim Schreiben merken, daß Sie langsamer werden, fragen Sie sich selbst: Was fehlt? Ist da irgend etwas, das ich vergessen habe? Und noch einmal: Horchen Sie in sich hinein, rufen Sie erneut das Gefühl in sich wach, das sich gemeinsam mit dem Gegenstand Ihrer Schreibarbeit eingestellt hatte. Schreiben Sie immer weiter, die Fragen „Ist das richtig? Was fehlt noch?" im Hinterkopf, und schreiben Sie so lange, bis Sie sich am (vorläufigen) Ende angekommen fühlen.
(mehrere Minuten Pause)

Schlußfrage: *Coming out* und Sinnstiftung

Sie haben bis jetzt vielleicht ein, zwei oder gar mehrere Seiten geschrieben. Fragen Sie sich nun: Wohin führt das, was ich bisher geschrieben habe? Was versuche ich hier zu sagen? Schreiben Sie noch einmal eine Weile, was Ihnen zu diesen Fragen gerade in den Sinn kommt.
  (nach einigen Minuten)
Wenn Sie meinen, vorläufig am Schluß angekommen zu sein, dann fragen Sie sich: Bin ich mit meinem Text für heute fertig? Wenn ja, dann schreiben Sie die Antwort nieder. Wenn nicht, dann fragen Sie noch einmal: Was fehlt noch? Und noch einmal: Erinnern Sie sich an dieses Gefühl, das sich mit dem jeweiligen Gegenstand verbindet, und lassen Sie sich von diesem Gefühl leiten.
Wenn Sie zu spüren vermeinen, in welche Richtung das bisher Geschriebene zielt, dann fragen Sie sich: In welcher Form sollte es geschrieben sein? Ist das ein Gedicht? Ein Theaterstück? Eine Erzählung? Ein Dialog oder ein Essay? Welche Form würde die günstigste sein für das, was ich versuche, hier auszudrücken?
Fragen Sie sich außerdem: Wer spricht? Wessen point of view ist das? Wäre ein anderer Blickwinkel nützlicher/effektiver? Wer könnte diese story noch erzählen? Machen Sie sich zu diesen Fragen einige Notizen.
  (nach einigen Minuten)
Nachdem wir nun das erste Stadium unserer Schreibarbeit beendet haben, möchte ich, daß Sie zum Ausgangspunkt zurückkehren und sich alles bisher Geschriebene noch einmal anschauen. Fertigen Sie eine kurze Beschreibung Ihres Arbeitsprozesses an und verdeutlichen Sie sich, wie Sie diesen Prozeß erlebt haben. Womit und in welcher emotionalen Verfassung haben Sie begonnen? Was hat sich während des Schreibens verändert? Wo sind Sie jetzt angekommen?
Wenn Sie möchten, können Sie abschließend die Beschreibung Ihres Arbeitsverlaufes einem Partner/einer Partnerin vorstellen.

Für Manche mögen meine bisherigen Ausführungen gegenüber herkömmlichen Modellen nicht sonderlich konkret und präzise klingen, was u.U. diese Ursache haben könnte: Meine Erfahrungen, verkörpert durch alternative Begrifflichkeit wie bildliches Vorstellen, Geschichtenerzählen, Sinnstiften und Spiel, offenbaren den Kern des Schreibens in den *Wechselbeziehungen* zwischen seinen Bestandteilen und in der Kontinuität ihres Austauschs, anstatt in der Linearität und Begrenzung der Schreibhandlung. Bertolt Brechts Verständnis vom *work in progress* verkörpert diese Position für mich besonders eindrucksvoll. Hier sind die Texte auch nach ihrer „Inszenierung" (Aufsatzabgabe in der Schule, Theaterproduktion, Druck, Lesung etc.) noch nicht „fertig", sondern verweigern sich weiter erfolgreich dem Status gesicherter Erkenntnis.

Dem zum Widerspruch – aber um einer besseren Anschauung des Schreibhandlungsverlaufs willen – möchte ich nun zumindest theoretisch einen Schlußpunkt setzen. Wann scheint also ein Text abgeschlossen? Wenn die Schreibenden keine Lust mehr haben? Wenn ihnen die Ideen ausgehen? Wenn keine Zeit mehr bleibt? Wenn ein Text seine LeserInnen gefunden hat?

Als eine mögliche Beantwortung dieser Frage habe ich bei Donald Murray eine interessante Metapher gefunden, die des „Auspendelns von Ungleichgewichtigkeit".[18] Die zwei Gewichte auf der Waage des Schaffens sind für ihn Entdecken (*writing/collecting*) und Klären (*reading/connecting*), die sich, abhängig vom Stadium des Schreibprozesses, mehr oder weniger in Balance befinden. Im Moment des vorläufigen Auspendelns dieser Gewichtungen sieht Murray das Hervortreten eines Textes und ich den momentanen Abschluß eines Schreibprozesses. (Abb. 5)[19]

Ich möchte die Diskusion der eingangs gestellten Frage *was Schreiben heißt* mit einigen Stimmen von StudentInnen und LehrerInnen aus Wendy Bishops Workshops an der Florida State University in Tallahassee abschließen: Bishop baut auf diese Übung, da sie meint, metaphorische Äußerungen zu einem Sachverhalt forcierten dessen tieferes individuelles Verständnis.

Schreiben ist wie Bildermalen...(Student)

Schreiben ist wie Sprechen, und es sollte unterhaltsam sein. (Studentin)
Schreiben ist wie Therapie. Ich bringe die Dinge in meinem Gehirn in eine gewisse Ordnung...(Student)
Schreiben ist wie schnelles Fahren ohne Licht auf dunkler Straße hinab. Ich muß meinem Instinkt vertrauen, um sicher unten anzukommen. (Lehrerin)
Schreiben ist wie joggen. Am Anfang ist es schwer, sich zu motivieren. Aber komme ich erst einmal in Trab, geht's immer schneller, bis ich fast „high" bin. (Lehrer)
Schreiben ist wie das Ergründen einer dunklen Höhle. Ich stoße mir meinen Kopf am Fels und verändere die Richtung. Manchmal zeichne ich eine kleine Karte davon, wie

ich mir die Höhle vorstelle, aber schon nach wenigen Metern in der Dunkelheit zählt diese Skizze nichts mehr. (Lehrerin) [20]

Analogien

Finden Sie für Ihren persönlichen Schreibprozeß fünf Vergleiche, die mit „Schreiben ist wie..." beginnen. Wählen Sie am Schluß die für Sie bedeutungsvollste Aussage aus.

Notieren Sie für fünf Minuten, ohne zu stoppen, Ihre Gedanken und Empfindungen zur Frage: Warum Schreiben?

Sich über das Schreiben zu äußern, erfordert natürlich auch die Auseinandersetzung mit dem Lesen, Hören und Sprechen: Die Lektüre eigener und fremder Texte beeinflußt den Schaffensprozeß genauso wie Werkstattgespräche oder Lesungsdiskussionen nicht wirkungslos an Schreibenden vorbeigehen. Insofern ist dieses erste Kapitel nicht komplett ohne die nachfolgenden, in denen das Verhältnis von Lesen und Schreiben, die Beziehungen zwischen LehrerIn und Schreibenden bzw. Fragen der Organisation von Workshops, Gruppenarbeit oder Schreibbüros ob ihrer individuellen Komplexität gesondert zur Sprache gebracht werden.

Weiterführende Lektüre

1. Was ist Schreiben?
Emig, Janet, *The Web of Meaning: Essays on Writing, Teaching. Learning, and Thinking*, Portsmouth, NH: Heinemann, 1983.
Kohrt, Manfred und Wrobel, Arne (Hrsg.), *Schreibprozesse – Schreibprodukte. Festschrift für Gisbert Keseling,* Hildesheim: Georg Olms, 1992.
2. Geschichte des Schreibens
Berlin, James A., *Rhetoric and Reality: Writing Instruction in American Colleges, 1900-1985*, Carbondale: Southern Illinois University Press, 1987.
Kittler, Friedrich A., *Aufschreibesysteme 1800-1900*, München: Wilhelm Fink Verlag, 1995.
Rudloff, Holger, *Produktionsästhetik und Produktionsdidaktik*, Opladen: Westdeutscher Verlag, 1991.
3. Grundlagen zur Pädagogik des Schreibens
Bräuer, Gerd, *Warum Schreiben? Schreiben in den USA: Aspekte, Verbindungen, Tendenzen*, Frankfurt a. M.: Peter Lang, 1996.
4. Schreiben als Prozeß
Bishop, Wendy, *Working Words: The Process of Creative Writing*, Mountain View, CA: Mayfield Publishing Company, 1992.
Donovan, Timothy R. und Ben W. McClelland, *Eight Approaches to Teaching Composition*, Urbana, IL: National Council of Teachers of English, 1980.
Perl, Sondra (Hrsg.), *Landmark Essays on Writing Process*, Davis, CA: Hermagoras Press, 1994.
5. Schreiben und Träumen
Freud, Sigmund, *Die Traumdeutung*, Frankfurt a. M.: S. Fischer Verlag, 1989.
ders., „Der Dichter und das Phantasieren", in: Sigmund Freud, *Schriften zur Kunst und Literatur*, Frankfurt a. M.: Fischer Taschenbuch Verlag, 1987, 169-180.

Heise, Jens, *Traumdiskurse: Die Träume der Philosophie und die Psychologie des Traums*, Frankfurt a. M.: Fischer Taschenbuch Verlag, 1989.
Schuster, Karl, *Das personal-kreative Schreiben im Deutschunterricht*, Hohengehren: Schneider, 1995.

Anmerkungen

1. Mit diesem Begriff erfasse ich sowohl den Markt, auf dem ein Text zur Ware wird, als auch nicht-kommerzielle Verteilungsformen: das Einspeisen in literarische *on-line* Magazine, das Weiterreichen von Texten in therapeutischen Selbsthilfegruppen, das Ergreifen einer Schülerzeitschrift vom Stapel vor dem Gymnasium, das postalische Verschicken von Familienrundbriefen etc.
2. Dazu gehören Bibliotheken, Archive, Museen, private Sammlungen etc.
3. Gerd Bräuer, *Warum Schreiben? Schreiben in den USA: Aspekte, Verbindungen, Tendenzen*, Frankfurt a. M.: Peter Lang, 1996.
4. Wendy Bishop, *Working Words: The Process of Creative Writing*, Mountain View, CA: Mayfield Publishing Company, 1992, 225.
5. In diesem Falle habe ich die Graphik von Bishop (1992), 227, unverändert übernommen.
6. Zum Beispiel geht meines Erachtens im derzeit zunehmenden Bemühen, die SchülerInnen mit vorgefertigten Textbausteinen bzw. genormten Arbeitsschritten auszustatten, die Suche nach der individuellen Ausprägung des Schreibprozesses verloren. Vgl. dazu das „Orchester-Modell" der Textproduktion von Matthias Baer, Michael Fuchs, Monika Reber-Wyss, Ueli Jurt und Thomas Nussbaum, vorgestellt in: „Förderung der Textproduktionskompetenz von Schülern auf der Grundlage der Diagnose ihres kognitiven und metakognitiven Wissens über Textverfassen", Beitrag zur Sektion 12 des XI. Symposion Deutschdidaktik, Berlin und Potsdam: 1996.
7. Der wissenschaftsgeschichtliche Paradigmenwechsel in der Schreibpädagogik von Produkt- zu Prozeßorientiertheit ist überblickshaft nachvollzogen für den britisch-amerikanischen *composition*-Unterricht durch: Sondra Perl, „Writing Process: A Shining Moment", in: dies. (Hrsg.), *Landmark Essays on Writing Process,* Davis, CA: Hermagoras Press, 1994, xi-xx; und für die deutsche Aufsatzdidaktik durch: Karl Schuster, *Das personal-kreative Schreiben im Deutschunterricht,* Hohengehren: Schneider Verlag, 1995, 7-27.
8. Vgl. Janet Emig, *The Composing Process of Twelfth Graders,* 13. Forschungsbericht des National Council of Teachers of English, Urbana, IL: NCTE, 1971.
9. Ich verstehe meinen Zugriff auf das Schreiben als nur *ein* Element einer breiten Palette von Möglichkeiten. Unter folgendem Titel sind acht verschiedene didaktische Ansätze zu finden, Schreiben in seinem Prozeßverlauf zu unterrichten: Timothy R. Donovan und Ben W. McClelland, *Eight Approaches to Teaching Composition,* Urbana, IL: National Council of Teachers of English, 1980.
10. Donald M. Murray, „Writing as a Process: How Writing Finds Its Own Meaning", in: Timothy R. Donovan und Ben W. McClelland, *Eight Approaches To Teaching Composition,* Urbana, IL: NCTE, 1980, 3-20.
11. Im folgenden Artikel habe ich das Phänomen von Schreibprozessen, die sich manchmal über Jahre erstrecken, unter schreibtherapeutischen Gesichtspunkten näher untersucht: „In the Web of Creative Connections: Redefining Writing in Education and Therapy", in: *Journal of Poetry Therapy,* Vol. 9, Nr. 4, Sommer 1996, 195-206.
12. Gerd Bräuer, „Der Radrennfahrer", in: *Im Angebot,* literarische Zeitschrift der Johann Wolfgang von Goethe Universität Düsseldorf, 4 (1992), 73-75.
13. ders., „The Bicycle Racer", in: *Timberline,* literarische Zeitschrift der University of Oregon, Vol. 7, Frühling 1994, 38-40.
14. In der Pädagogik Rudolf Steiners hat das Träumen des Kindes als Stabilisierungsmoment bewußter und unbewußter Lernprozesse (Gelerntes in das Innere des Kindes während des Nachtschlafes einsinken zu lassen) bekanntlich einen festen Platz.
15. Jens Heises Buch, *Traumdiskurse: Die Träume der Philosophie und die Psychologie des*

Traums, Frankfurt a. M.: Fischer Taschenbuch, 1989, weist jedoch darauf hin, daß die Rolle des Traums und des Träumens im schöpferischen Schaffen schon seit der Antike erkannt und anerkannt wird. Auch Hélène Cixous räumt dem Träumen eine zentrale Stellung im Schreibprozeß ein. In ihrem Buch, *Three Steps on the Ladder of Writing*, New York: Columbia University Press, 1993, ist „The School of Dreams" der Ort, in dem alle anderen Elemente kreativen Schaffens zusammenfließen, und, mit neuer Bestimmung versehen, wieder aufbrechen. (55-108)

16 Peter Elbow, „Silence: A Collage", in: Alice Brand und Richard Graves (Hrsg.), *Presence of Mind: Writing and the Domain Beyond the Cognitive,* Portsmouth, NH: Heinemann, 1994, 7-20, hier: 19.

17 Sondra Perl, „A Writer's Way of Knowing", in: Alice Brand und Richard Graves (Hrsg.), *Presence of Mind: Writing and the Domain Beyond the Cognitive,* Portsmouth, NH: Boynton/Cook, 1994, 77-87. In der folgenden Handlungsanleitung handelt es sich um meine Übersetzung und Adaption des Originals von Perl.

18 Vgl. Murray (1980), 3-20.

19 Ebenda, 11.

20 Bishop (1992), 33 f. (meine Übersetzung).

2. Kapitel: Wer schreibt?

> *Sollen wir die ersten Spuren dichterischer Betätigung nicht schon beim Kinde suchen? Die liebste und intensivste Beschäftigung des Kindes ist das Spiel. Vielleicht dürfen wir sagen: Jedes spielende Kind benimmt sich wie ein Dichter, indem es sich eine eigene Welt erschafft oder, richtiger gesagt, die Dinge seiner Welt in eine neue, ihm gefällige Ordnung versetzt.*
>
> **Sigmund Freud**

Zusammenfassung

Es geht um die Notwendigkeit der Standortbestimmung des schreibenden Subjekts. Wer nicht um die eigene Biographie als SchreibendeR weiß, läßt ein Areal von Möglichkeiten ungenutzt, Schreibleistungen vorteilhaft zu beeinflussen. Ein Sich-Bewußt-Werden des *Woher?* ist auch in diesem speziellen Bereich persönlicher Entwicklung nötig für ein Sichtbarwerden des *Wohin?*. Daß Erfahrungen aus der frühen Schulzeit die Schreibleistungen von Erwachsenen beeinflussen bzw. die Schreibtätigkeit einer subtilen Steuerung durch individuelle Gewohnheiten unterliegt, wird hier praktisch erlebbar.

Wer schreibt? Diese Frage scheint einfach beantwortet: *Ich!*, und mit einer Gegenfrage der Lächerlichkeit preisgegeben: *Wer sonst?*

Daß es doch nicht ganz so simpel ist, wird mit einer Erinnerung an die Standortbestimmung des Dichters/der Dichterin durch die Literaturwissenschaft deutlich.[1] Ohne hier deren disziplininternen Streit zum Beziehungsgefüge von AutorIn, Text und Welt nachvollziehen zu wollen, möchte ich zumindest auf die Beschaffenheit jener drei Fixpunkte kurz eingehen. Im Unterschied zum Fokus der Literaturwissenschaft am etablierten Autor bin ich an dem/der Schreibenden *an sich* interessiert, was die Briefautorin genauso einschließt wie das aufsatzschreibende Kind oder den Dichter. (Abb. 1)

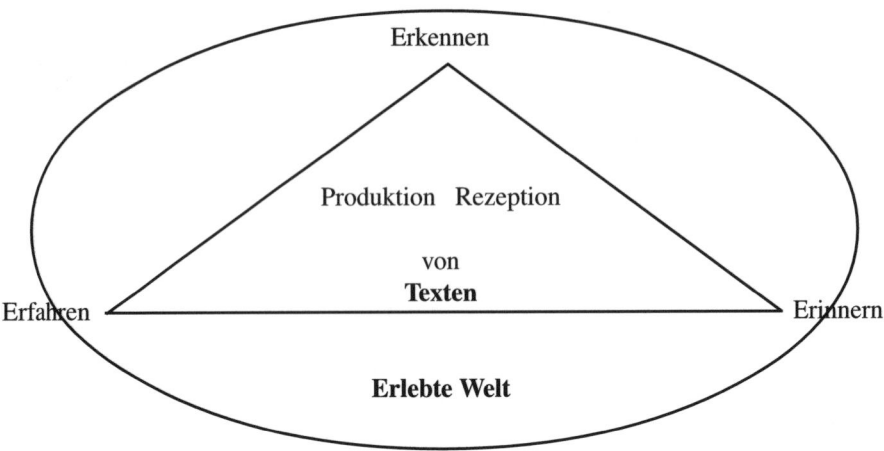

Nachdem ich im 1. Kapitel fünf verschiedene Blickwinkel (vgl. sämtliche Abbildungen) bemüht habe, um das Phänomen dieser komplexen Tätigkeit graphisch zu erfassen, muß ein einziger Versuch zur Bestimmung des Schreiber-Standorts zwangsläufig unbefriedigend ausfallen; es sei denn, er zeigte jene fünf Abbildungen wider aller optischen Einschränkungen übereinander. Meines Erachtens bestimmen tatsächlich die Elemente bzw. Einflußbereiche des Schreibens gleichzeitig auch die Daseinsqualität des schaffenden Subjekts: Im Spannungsfeld der vom jeweiligen Individuum rezipierten und produzierten Texte entfaltet sich erlebte Wirklichkeit. Anzumerken ist, daß hier die Begrifflichkeit von Produktion und Rezeption über ihre engere Spezifik des tatsächlichen Texteschreibens und -lesens hinausreicht (vgl. 1. Kapitel) und als Kodieren bzw. Dekodieren rationaler *und* sinnlicher Botschaften zu verstehen ist: Es geht also nicht länger nur um rationale Tätigkeitsaspekte von Lesen und Schreiben oder Denken und Sprechen, sondern genausogut um Sinnesfunktionen wie Hören und Sehen, Riechen und Schmecken, Bewegungsempfinden und Tasten, so daß *Texte* nicht mehr nur linguistische Gebilde darstellen, sondern auch kulinarische Gerichte, Theaterspiele, Liebeserlebnisse, Zugfahrten, Galeriebesuche, Telefongespräche, Gartenarbeit etc. – alles, was durch das Zutun des Rezipienten/der Produzentin individuelle Sinnhaftigkeit entfaltet.

Um noch einmal mein Beispiel vom *Radrennfahrer* aus dem ersten Kapitel zu strapazieren, so war das Ausgangserlebnis für eine Metapher, deren Produktion und Rezeption mich jahrelang beschäftigen sollte, eine Radtour durch Südosteuropa. In meinem damaligen Verständnis – also zum Zeitpunkt des Geschehens – war ihre Bedeutung auf Abenteuer und sportliche Herausforderung beschränkt. Erst im Verlaufe eines langen Prozesses von sich wiederholender De- und Rekonstruktion der Fahrt, von komplexer Erinnerungs-, Erfahrungs- und Erkenntnisarbeit, die mit der Zeit weit über den eigentlichen *Text* der Tour hinausreichte, entwickelte und entfaltete sich die Metapher des Radrennfahrers und mit ihr eine für mein Leben weiterreichende Sinnhaftigkeit des Ausgangserlebnisses.

Ich glaube, das Hervorheben und Bewußtmachen solcher Einsichten in die biographischen Kontexte als AutorIn kann helfen, die spezifischen Funktionen der Tätigkeit Schreiben für die Sinnsuche im eigenen Leben genauer zu bestimmen. Wie im weiteren Verlauf noch deutlich werden wird, haben autobiographische Einblicke positive motivationelle Auswirkungen nicht nur auf das Schreiben selbst. Sie erleichtern auch das Verstehen des Schreibens als Kommunikationsmedium, das mit anderen Ausdrucksformen menschlicher Existenz wie Malen, Kochen, Tanzen, Lehren, Lernen, Theaterspielen etc. eng vernetzt ist. Schreiben gibt zum einen kreatives Material in jene anderen Lebensbereiche ein, zum anderen empfängt es von dort auch Anregungen. Autobiographien von Schreibenden eröffnen über die Einblicke in das Wesen des eigenen Schaffens hinaus auch solche in die Art und Weise des Rezipierens der Welt.

Noch einmal: Schreibmotivation

Nachdem Sie bereits im 1. Kapitel viel über sich selbst als VerfasserIn von Texten geschrieben haben, möchte ich Sie in diesem Abschnitt dazu einladen, die weitergreifenden Umstände Ihres Schreibens näher zu beleuchten:

1. *Machen Sie eine Liste von Dingen/Gegenständen, von denen Sie wissen, daß diese eine starke Anziehungskraft auf Sie ausüben. Vermeiden Sie dabei, wenn möglich, positive oder negative Stigmatisierung. Gehen Sie am Schluß noch einmal über die Liste, und markieren Sie auf zwei unterschiedliche Weisen: Worüber haben Sie schon einmal geschrieben? Worüber würden Sie gerne einmal schreiben?*
2. *Stellen Sie eine ähnliche Liste für Ereignisse (Schlüsselerlebnisse) in Ihrem bisherigen Leben zusammen, an die Sie sich immer wieder erinnern. Markieren Sie auch hier wie in Frage 1.*
3. *Gibt es Tätigkeiten (Erzählen, Essen, Malen etc.), die Sie beim Schreiben behindern oder beflügeln?*

Die Schnittpunkte der o.g. Kontexte von Schreibenden prägen Persönlichkeitsprofile der Tätigen. *Wer schreibt?* zielt in die Tiefe, wenn die Frage individualisiert wird, also ein Gesicht und einen Namen bekommt: Wer ist dieses schreibende Ich? Woher kommt es? Wann hat seine Ausformung begonnen? Welche Geschichte hat es? Wo steht dieses schreibende Ich jetzt, und wohin will es? Diese Fragen zielen auf eine Tätigkeitsbiographie, die insofern ergründenswert ist, als daß sie **individuelles Schreibverhalten** tagtäglich mehr oder weniger stark beeinflußt. Dazu drei Beispiele aus meiner Unterrichtstätigkeit:

„X" hat Probleme mit der Satzgliedstellung. Das ist nicht nur frustrierend, sondern hält auch auf, den Gedankenfluß aufs Papier zu bringen. Inzwischen hat er sich angewöhnt, seine Ideen von Beginn an in Stichworten festzuhalten oder gleich einen Rohentwurf zu schreiben, bei dem die Grammatik zuerst einmal vernachlässigt bleibt.

Schreiben bedeutet für „Y" Buchstabenmalen: Sie führt den Stift nur zögernd übers Papier und zieht jedes Wort gewöhnlich mehrere Male nach. Zufrieden ist sie am Ende trotzdem nicht: „Y" kann ihre Handschrift nicht ertragen. Seit einer Weile verfertigt sie nun ihre Texte mit Computer oder Schreibmaschine. Sogar persönliche Briefe mag sie nur noch fein säuberlich gedruckt. Endlich könne sie sich darauf konzentrieren, *was* sie schreibt, kommentiert „Y" das Ergebnis dieser Veränderung.

„Z" wollte für lange Zeit am liebsten überhaupt nicht schreiben. Jeder Schreibbeginn war für sie ein Kampf gegen zwei Gespenster: das leere Blatt auf dem Tisch und die schlechte Note im Nacken. Seit kurzem bedient sie sich eines Tricks: Wenn sie einen Aufsatz schreibt, beginnt sie damit, einzelne Wörter aus Zeitungen zu schneiden und auf ein leeres Blatt zu kleben. Später gibt sie dem Ganzen eine Überschrift – „Liebe Schwester!" – und unterschreibt den „Brief". Auf der Rückseite beginnt sie dann ohne Zögern ihren Aufsatz, für den der „Brief" ausreichend Ideen und Sprachmaterial liefert.

Ich meine, allein die Konsequenzen der drei oben skizzierten Situationen verdeutlichen eine wichtige *Funktion* der Schreibbiographie: Wir lernen, mit individuellen Eigenheiten kreativ umzugehen, d.h. sie zur Verbesserung der Schreibtätigkeit einzusetzen, anstatt in ihnen Hindernisse zu sehen. Dabei kann ein langsames, aber kontinuierliches Aufdecken der Ursachen für jene Besonderheiten beim Schreiben Akzeptanz und Umgang mit diesen spürbar erleichtern: Seitdem „X" weiß, daß seine Satzbauschwierigkeiten in einer Lernbehinderung begründet sind, kämpft er nicht mehr verbissen darum, dieses Problem aus der Welt zu schaffen, sondern bemüht sich um Auswirkungsbegrenzung. „Y" hat herausgefunden, daß ihre Abneigung gegenüber der eigenen Handschrift u.a. aus der harschen Kritik resultiert, die sie als junges Mädchen in Schule und Elternhaus für ihr Schreiben erfahren hatte. Wenn es ihr nun noch gelänge, ihren damaligen KritikerInnen zu vergeben, würde sich vielleicht auch ihr Verhältnis zur Handschrift entspannen. „Z" schließlich hat die Erinnerung daran geholfen, für lange Zeit nur geschrieben zu haben, um anderen Menschen, die sie liebte oder verehrte, einen Gefallen zu tun. Als sie zu erfahren begann, daß sie schreibend auch ihre eigenen (Mitteilungs-) Bedürfnisse befriedigen kann, veränderte sich ihre Arbeitsmotivation grundlegend.

Bekanntlich spielt autobiographisches Schreiben eine entscheidende Rolle im literarischen Schaffen, auch wenn letztlich nur die wenigsten Ergebnisse offiziell mit der Bezeichnung „Autobiographie" ausgestattet werden. Es ist jedoch inzwischen eine Binsenweisheit, daß alles Geschriebene mehr oder weniger autobiographisch geprägt ist. In diesem Falle ist die Beantwortung der Frage *Wer schreibt? Na, ich!* von überzeugender Eindeutigkeit. Während Autobiographien gewöhnlich die *Kontexte* der Tätigkeit Schreiben erhellen (vgl. den ersten Teil dieses Kapitels), ergründen Reflexionen zum eigenen Schaffen, wie zum Beispiel die Poetik-Vorlesungen („individuelle Werkstatt- und autobiographische Erfahrungsberichte", Paul Michael Lützeler) an den Universitäten Frankfurt am Main, München, Paderborn und Graz seit dem Beginn der achtziger Jahre,[2] die *Schreib*biographie der schaffenden Person. Daß Reflexionen bekannter AutorInnen jedoch kaum wahrgenommen, geschweige denn öffentlich rezipiert werden (Brechts „Kreis der Kenner" hat sich leider noch nicht wesentlich erweitert), hängt, wie bereits mehrfach erwähnt, u.a. mit dem immer noch verklärten Bild vom *dichtenden Genie* zusammen. Hinzu kommt, daß nicht wenige AutorInnen in ihren Darstellungen diesen Mythos vom Dichter-Genie in einem gewissen Maße selbst pflegen, indem sie den individuellen Arbeitscharakter des Schreibens hinter literaturwissenschaftlichen und/oder philosophischen Verallgemeinerungen verschwinden lassen. Wem eine Lesart gelingt, die sich darüber hinwegsetzt und somit auch *berühmte* AutorInnen unvoreingenommen als *Schreibende* anerkennt, dem eröffnet sich beim aufmerksamen Lesen von Poetiken ein schier unerschöpfliches Methoden-Reservoire für die Schreibpädagogik. Das Vorhandensein dieser Potenz beweisen u.a. die Praktiken US-amerikanischer und britischer Schulen und Universitäten, wo es bereits seit mehr als hundert Jahren gang und gäbe ist, AutorInnen von Rang und Namen auf Zeit in den alltäglichen Lehrbetrieb zu integrieren und somit Teil eines Schreibverständnisses werden zu lassen, das den Geniekult um den Dichter/die Dichterin längst zugunsten eines produktiven Miteinander aufgesprengt hat.

Daß sich diese Öffnung auch über den anglo-amerikanischen Sprach- und Kulturraum hinaus durchsetzt, zeigen vielversprechende Ansätze in den deutschsprachigen Ländern: Workshops mit *Profis* gibt es hier schon längst nicht mehr nur für den Nachwuchs: Die schreibenden PartnerInnen finden sich inzwischen auf allen Ebenen und Bereichen institutioneller Bildung und vor allem auch außerhalb. Eine (auto-)biographisch orientierte Pädagogik ist zwar immer noch stark auf den Literatur- und Geschichtsunterricht konzentriert, aber Beispiele wie die Projekte eines pädagogischen Grundlagen-Seminars der Züricher Lehrerbildung deuten auf zukünftige cross-curriculare Wirksamkeit.[3]

Das Befragen der Autobiographien Schreibender hat meines Wissens jedoch im

Großen und Ganzen noch nicht den Weg in den Bildungsalltag gefunden. Was in den USA vor allem im Rahmen (auch noch längst nicht aller!) schulischer und universitärer Schreibzentren in Form von Partner-, Klein- oder Großgruppenarbeit stattfindet,[4] braucht hierzulande noch den besonderen Mut der Einzelinitiative. Dazu möchte ich im folgenden einige praktische Vorschläge machen, die sich in drei Rubriken der Biographie der/des Scheibenden gliedern: *Woher komme ich? Wo befinde ich mich? Wohin möchte ich?*[5] Ziel dieses Dreischritts ist es, die Geographie der eigenen Schreibentwicklung auszuleuchten, um unbekannte Kliffe oder Untiefen bzw. Strömungen zu identifizieren und deren Beschaffenheit bzw. Potential für Schreiben- und Nicht-Schreibenkönnen näher zu ergründen. Als Resultat dessen ergeben sich ein tieferes Verständnis für Kurs und Fahrqualität und klar motivierte Veränderungen im Schreibverhalten.

Drei Perspektiven zur Autobiographie als SchreibendeR

Woher komme ich als SchreibendeR?

1. *Wann haben Sie sich zum ersten Mal als SchreibendeR erlebt? Schließen Sie u.U. kurz die Augen, und versenken Sie sich in Ihre Erinnerung. Halten Sie auftauchende Bruchstücke schriftlich fest.*
2. *Suchen Sie nach noch früheren Episoden. Setzen Sie diese Suche fort, bis Sie das Gefühl haben, tatsächlich am Anfang Ihrer Erinnerung angekommen zu sein.*
3. *Setzen Sie sich mit jemandem zusammen, und erzählen Sie von Ihrer frühesten Erinnerung als SchreibendeR. Skizzieren Sie die Episode in groben Zügen (Umstände, Personen, was passiert). Ermutigen Sie Ihre Partnerin, Fragen zu stellen, und erfragen auch Sie später Einzelheiten zu den Ausführungen ihres Gegenüber.*
4. *Notieren Sie die äußeren Umstände Ihrer Erinnerung. Gehen Sie dabei wie bei einer Bildbeschreibung vor, und entscheiden Sie sich für eine Hauptbewegungsrichtung: vom Hintergrund zum Vordergrund oder umgekehrt, von links nach rechts oder umgekehrt, in konzentrischen Kreisen nach außen oder innen.*
5. *Konzentrieren Sie sich nun auf die Hauptpersonen in Ihrer Erinnerung. Geben Sie deren Standorte/Bewegungsrichtungen wieder, beschreiben Sie kurz ihr Äußeres und ihre Beziehungen zueinander. Wo sind Sie in diesem Personen-Ensemble?*
6. *Was wird gesprochen? Zeichnen Sie die Gespräche (oder Teile) in direkter Rede auf.*
7. *Geben Sie nun so genau wie möglich wieder, was Sie damals in dieser Umgebung gemacht und wie Sie sich dabei gefühlt haben.*

Wo befinde ich mich (momentan) als SchreibendeR?

1. *Geben Sie die äußeren Umstände an, unter denen Sie gewöhnlich schreiben. Markieren Sie zweifarbig, welche Sie beibehalten und welche Sie verändern wollen.*
2. *Stellen Sie Ihre Arbeitsrituale (Dinge, die Sie möglicherweise immer in Vorbereitung auf das Schreiben oder während des Schreibens machen) detailliert vor. Was passiert (oder würde passieren), wenn diese Rituale gestört oder gar verhindert werden?*
3. *Machen Sie eine Liste, wann und worüber Sie gern/nicht gern schreiben. Vervollständigen Sie die Liste mit Tabu-Themen (Themen, über die Sie noch nicht geschrieben haben, nicht schreiben können bzw. wollen).*

4. *Gibt es Themen, von denen Sie meinen, sie völlig (oder zumindest momentan) „abgearbeitet" zu haben? Oder anders gefragt: Worüber lohnt es sich für Sie nicht mehr zu schreiben?*
5. *Mit wem unterhalten Sie sich/nicht über Ihren Schreibprozeß bzw. die Ergebnisse Ihrer Arbeit? Finden Sie für jede Person/Entscheidung eine kurze Begründung.*
6. *Vor wem haben Sie die größte Scheu/Hemmung/Angst, Ihr Geschriebenes mitzuteilen? Warum?*

Wohin möchte ich als SchreibendeR?

1. *Stellen Sie sich vor, Sie begegnen Ihrem Idealbild eines/einer Schreibenden. Es erweist sich, daß diese Person Ihnen zur Erfüllung Ihrer Schreibwünsche zur Verfügung steht.*
2. *Geben Sie zuerst das Äußere dieses Menschen wieder.*
3. *In welche Umgebung plazieren Sie die Person, damit Ihre Schreibwünsche auch bestens erfüllt werden können?*
4. *Sie haben nun drei Wünsche offen. Die Idealfigur schreibt für Sie a) über ein Thema Ihrer Wahl; b) in einem von Ihnen bestimmten Genre/einer bestimmten Form; c) für eine von Ihnen festgelegten Leserschaft.*
5. *Erlauben Sie ihrem Gegenüber, daß es Ihnen zur eigenen Vorbereitung detaillierte Fragen zu den drei Rubriken stellt. Halten Sie das Gespräch als Interview fest.*
6. *Fragen Sie Ihr Gegenüber, ob er/sie eventuell andere Personen in den Schreibprozeß einbeziehen möchte. Machen Sie eine Namensliste der genannten AnsprechpartnerInnen.*
7. *Was könnte Ihr Idealbild geschrieben haben? Wie würde es sich von dem unterscheiden, was und wie Sie schreiben?*

Einige abschließende Bemerkungen: Während autobiographisches Schreiben in Laienschreib- oder Therapiegruppen längst einen festen Platz hat und diesen immer öfter auch im schulischen Sprach- und Literaturunterricht erhält, ist das Arbeiten an und mit Schreib(auto)biographien generell für die Schreibpädagogik noch relativ neu. Das trifft trotz beachtlicher Anfangserfolge in einigen *writing centers*[6] ebenso auf die USA zu. Publiziert, geschweige denn öffentlich theoretisch reflektiert wurden diese Bemühungen bisher kaum. Ein Anfang scheint jedoch gemacht mit der Initiative von Regina Foehr und Susan Schiller, im Rahmen der Organisation *Assembly for Expanded Perspectives on Learning* spirituelle Einflüsse auf die individuelle Schreibtätigkeit zu diskutieren.[7] Ann Dobie, Direktorin des *National Writing Project Southeast* und Leiterin des Schreibzentrums an der University of Southwestern Louisiana in Lafayette, arbeitet an einer Untersuchung von individuellen Schreibritualen und deren Auswirkungen auf den Schreibprozeß.[8]

Peter Elbow hat jedoch schon Anfang der achtziger Jahre die enormen Potenzen eines Schreibens analysiert, das er *magical writing* nennt, womit er auf die autobiographischen Bestandteile wirkungsvollen Schreibens abzielt:

Magical Writing

1. Beim Schreiben sollte folgendes nicht vergessen werden: Wörter waren einst auf direkte Weise mit Erfahrungen oder konkreten Dingen bzw. Erscheinungen verbunden. Mit der Entwicklung der Logik wuchs die Entfernung zwischen beiden Seiten.
2. Um sprachlich wirkungsvoll zu sein (d.h. auch, verstanden zu werden), brauchen logische Darstellungen nach wie vor die Rückkopplung zu ihren Ursprüngen, den individuellen Erfahrungen und konkreten Dingen bzw. Erscheinungen, aus denen der jeweilige Schreibanlaß sich ableitete.
3. Kindersprache ist oft so wirkungsvoll, weil sie authentisch ist: Erzählt wird das, was erlebt wurde, und das ist – in welcher Form und welchem Umfang auch immer – zumeist auch für den Kommunikationspartner von persönlicher Bedeutsamkeit.
4. Fantasieren ist eine Form des Ver-Dichtens eigener Erfahrungen: Imaginatives Schreiben, das wirkungsvoll sein soll, beginnt deswegen immer mit dem Darstellen der Wahrheit und wächst von dortaus langsam in das Reich der Phantasie.[9]

In den USA gibt es bereits seit den siebziger Jahren eine Art Ersatzmedium für das (noch) unterbelichtete autobiographische Schreiben: Unter LehrerInnen und ForscherInnen entwickelte sich eine breite Bewegung zum Journal und Portfolio,[10] mit deren Hilfe der individuelle Schreib- und Lernprozeß über eine bestimmte Zeitdauer von den Beteiligten dokumentiert wird. An den individuellen Ergebnissen dieser Initiative für Lernende und Lehrende bzw. an ihren Auswirkungen auf das Bildungssystem als Ganzes sind auch einige pädagogische Potenzen der Schreib(auto)biographie deutlich ablesbar.

Pädagogische Potenzen der Schreibbiographie

1. Aufspüren und Bewußtwerden der eigenen Schreibentwicklung;
2. Identifizierung als SchreibendeR in einem lebenslangen Lernprozeß;
3. Erkennen und Anerkennen von individuellen Eigenheiten (und deren Ursachen) im Tätigkeitsverlauf des Schreibens bzw. deren positive Neubewertung;
4. Erarbeitung von Vorstellungen, Strategien und Methoden zur weiteren eigenen Schreibentwicklung;
5. Standortbestimmung als SchreibendeR in einem größeren Verband von Lernenden, Ergründen von Möglichkeiten kollektiven Arbeitens.

Da Journal bzw. Portfolio inhaltlich eigentlich nichts anderes darstellen als einen zeitlich und inhaltlich definierten Ausschnitt einer wesentlich längeren und komplexeren Schreib(auto)biographie ist anzunehmen und wünschenswert, daß in absehbarer Zeit auch methodische Anlehnungen/Parallelen im praktischen Umgang mit der (Auto-)Biographie von Schreibenden sichtbar werden.

Ich möchte mit einer Aufgabe abschließen, die ich im praktisch wie theoretisch äußerst gewinnbringenden Band, *Erzählen*, von Günter Waldmann und Katrin Bothe, gefunden habe. Sie zielt auf die unmittelbare Beobachtung des/der Schreibenden und damit auf das Bewußtwerden individueller Verhaltensweisen im Schreibprozeß.

Beschriebener Schreiber – beschriebenes Schreiben (Waldmann/Bothe) [11]

Wählen Sie einen Partner, und einigen Sie sich darauf, wer welche der folgenden Aufgaben bearbeitet:
a) Beschreiben Sie möglichst genau das Aussehen Ihres Partners (Ihrer Partnerin).
b) Beschreiben Sie möglichst genau, wie Ihr Partner (Ihre Partnerin) schreibt, was er (sie) nämlich alles macht, bis und wenn er (sie) schreibt.

Weiterführende Lektüre

1. AutorIn-Text-LeserIn
Waldmann, Günther und Katrin Bothe, *Erzählen: Eine Einführung in kreatives Schreiben und produktives Verstehen von traditionellen und modernen Erzählformen*, Stuttgart: Ernst Klett Schulbuchverlag, 1992.
2. Einblicke in AutorInnen-Werkstätten
Eykman, Christoph, *Schreiben als Erfahrung: Poetologische und kunsttheoretische Positionen von Schriftstellern und Künstlern im Zeitraum von 1945 bis 1983*, Bonn: Bouvier Verlag, 1985.
Hintze, Christian Ide (Hrsg.), *Poetiken. Dichter über ihre Arbeit,* Wien: Passagen Verlag, 1994.
Lützeler, Paul Michael, *Poetik der Autoren: Beiträge zur deutschsprachigen Gegenwartsliteratur,* Frankfurt am Main: Fischer Taschenbuch Verlag, 1994.
3. Autobiographisches Schreiben
Imgenberg, Klaus Günther und Heribert Seifert, „Lernziel Ich-Identität. Formen autobiographischen Schreibens auf der Orientierungsstufe", *Diskussion Deutsch,* 69/1983, 39-59.
Mattenklott, Gundel, *Literarische Geselligkeit – Schreiben in der Schule,* Stuttgart: Metzler, 1979.
Scheidt, Jürgen vom, *Kreatives Schreiben: Texte als Wege zu sich selbst und zu anderen,* Frankfurt am Main: Fischer Taschenbuch Verlag, 1990.
Schuster, Karl, *Das personal-kreative Schreiben im Deutschunterricht,* Hohengehren: Schneider, 1995.
Werder, Lutz von, *Erinnern, Wiederholen, Durcharbeiten: Die eigene Lebensgeschichte kreativ schreiben,* Berlin; Milow: Schibri Verlag, 1996.
4. Schreib-Autobiographie
Blesi, Pankraz, „Autobiographisches Schreiben in der Lehrerbildung: Aus den Projekten 'Kindheit' und 'Schreib-Autobiographie'", *Deutschunterricht,* Berlin: 49 (1996) 9, 394-401.

Anmerkungen

1 D. E. Wellbery (Hrsg.), *Positionen der Literaturwissenschaft. Acht Modellanalysen am Beispiel von Kleists 'Das Erdbeben von Chili',* (2. Auflage), München: Beck, 1987.
2 Siehe dazu: Paul Michael Lützeler, *Poetik der Autoren: Beiträge zur deutschsprachigen Gegenwartsliteratur,* Frankfurt am Main: Fischer Taschenbuch, 1994.
3 Pankraz Blesi, „Autobiographisches Schreiben in der Lehrerbildung: Aus den Projekten 'Kindheit' und 'Schreib-Autobiographie'", *Deutschunterricht,* Berlin: 49 (1996) 9, 394-401.

4 Vgl. dazu genauer die Kapitel im dritten Teil des Buches.
5 Die organisatorischen Rahmen zu den folgenden Schreibaufgaben finden sich ebenfalls im letzten Teil des Buches.
6 Vgl. zur Arbeit der Sprech-, Lese- und Schreiblaboratorien der University of Iowa bzw. zur Entwicklung und Ergebnisse des Schreibzentrums der University of Arizona: Bräuer (1996), 74 ff., 80 ff.
7 Regina P. Foehr und Susan A. Schiller, *The Spiritual Side of Writing: Releasing the Learner's Whole Potential,* Portsmouth, NH: Heinemann, 1997.
8 Ann Dobie, „Writing And Rituals: What, How, And Why?", Vortragsmanuskript (unveröffentlicht) für die *Conference on College Composition and Communications,* Milwaukee, 1996.
9 Vgl. dazu auch Elbow, „Writing and Magic", in: ders., *Writing with Power,* New York: Oxford University Press, 1981, 357-373. Die genannten vier Punkte sind eine Zusammenfassung dieses Abschnitts aus meiner Sicht.
10 Vgl. dazu genauer die Kapitel im dritten Buchteil.
11 Günter Waldmann und Katrin Bothe, *Erzählen: Eine Einführung in kreatives Schreiben und produktives Verstehen von traditionellen und modernen Erzählformen,* Stuttgart: Ernst Klett Schulbuchverlag, 1992, 56.

3. Kapitel: Wie schreiben? Strategien der Schriftlichkeit

*Paint as you like
and die happy.*
Henry Miller

Zusammenfassung

Wie jeder Tätigkeitsverlauf so ist auch Schreiben durch Handlungsstrategien bestimmt. Zwei grundlegende – aufsteigendes und absteigendes Schreiben – sollen näher vorgestellt werden. In ihrer ursprünglichen Form charakterisieren sie gleichzeitig zwei gegensätzliche schreibdidaktische Auffassungen: Schreiben als Regel- und Normorientierung vs. Schreiben als Bedürfnisbefriedigung. Die vorgeschlagene praktische Umsetzung der beiden Strategien übt das Zusammenführen der scheinbar gegensätzlichen Seiten, mit dem Ziel, die pädagogischen Potenzen beider Ansätze für ein ganzheitliches Schreibkonzept freizusetzen.

Wie schreiben? ist eine Frage, die auf Verlauf und Qualität der Tätigkeit gerichtet ist. Sie bezieht innere und äußere Momente der Tätigkeitsmotivation ein und zielt auf individuelle und soziale Wertorientierungen. *Wie schreiben?* verlangt Entscheidungen für und gegen unterschiedliche Möglichkeiten der Handlungsgestaltung und fordert strategisches Denken heraus. Die Art und Weise ihrer Beantwortung ist grundlegend und weitreichend in ihrer Konsequenz für den Tätigkeitsverlauf.

Warum nicht einfach so schreiben, *wie einem der Schnabel gewachsen ist?* Ein solches Schreiben erscheint bekannt, denn es drückt die Individualität der Schreiberin aus: Schreiben gewinnt persönlichen Charakter und ist dadurch auch für das Lesen von speziellem Reiz. Schreiben *wie einem der Schnabel gewachsen ist* wirkt sich also motivationell grundlegend vorteilhaft aus: Ich schreibe, weil ich ein Bedürfnis dafür verspüre, und ich weiß, daß dieses Bedürfnis adäquat befriedigt wird, wenn ich es zulasse. Ein solches Schreiben ist authentisch und wird von den Tätigen als individuell bedeutsam erlebt. Es verleitet zu *mehr*.

Ich möche denselben Sachverhalt kurz in einem anderen Licht betrachten. Schreiben „nach dem Schnabel" ist Ich-gerichtet und deshalb oft nicht zwingend im Sinne von erfolgreicher Kommunikation: Seine Botschaft kann thematisch potentielle Empfänger verfehlen und damit auch die (öffentliche) Anerkennung der Bedeutsamkeit der Sendung. Jenes Schreiben vernachlässigt aber auch den weiten Rahmen von Kommunikation, indem es nicht selten gesellschaftlich sanktionierte Regeln für das angezielte Produkt seiner Tätigkeit übergeht. Außerdem: sprechadäquates Schreiben („der Schnabel") ist eine Illusion; der Unterschied zwischen schriftlicher und mündlicher Kommunikation ist bestens bekannt.[1]

Auf den ersten Blick gibt es zum oben diskutierten Zugriff nur eine Alternative: das Schreiben nach allgemein anerkannten Regeln. Ein solches Schreiben verschafft eine reale Chance auf öffentliche Anerkennung, denn sein Verstehen ist – wie seine Regeln – historisch gewachsen. Auch hierzu ein Wort zur Kehrseite der Medaille: der Regelkanon – am Anfang seines Kennenlernens sowieso, aber auch wenn längst verinnerlicht geglaubt – kann die Entfaltung von Schreibbedürfnissen behindern oder gar verhindern. Versagensangst, Blockierungen und letztlich schwindende Motivation sind nicht selten der Preis, der für Anforderungsgerüste zu zahlen ist. Andererseits können Regeln auch als Befreiung aus Ungewißheit und Orientierungslosigkeit erlebt werden und dann gerade das Gegenteil, nämlich einen überaus positiven Einfluß auf das Schreiben bewirken.

Positionsbestimmung

Ergründen Sie Ihr Verhältnis zu den o.g. Schreibweisen durch die folgenden Aufgabenstellungen:
A
- *Schreiben ist besonders dann authentisch im Sinne von bedürfnisgerichtet, wenn es unter Zeitdruck (vgl. brainstorming, clustering) oder permanent abläuft (vgl. das automatische Schreiben der SurrealistInnen) und damit den Eingriff komplexer Kontrollmechanismen verhindert oder zumindest einschränkt. Versuchen Sie sich einmal im kontinuierlichen („automatischen") Schreiben. Legen Sie sich reichlich Papier zurecht, und schreiben Sie fünf Minuten (oder länger, wenn Sie wollen) ohne Unterbrechung: Einzelwörter, Wortgruppen, Sätze. Lassen Sie, wie bei brainstorming oder clustering, alle Einfälle hemmungslos aufs Papier fließen. Vermeiden Sie den „Blick zurück", und nachträgliche Korrekturen. Machen Sie sich keine Gedanken über den „Sinn" des Geschriebenen, erkennen Sie Ihre Arbeit in der vorliegenden Form vorbehaltlos an.*
- *Legen Sie die beschriebenen Blätter zur Seite, ohne sie noch einmal zu lesen. Beschreiben Sie auf einer neuen Seite Ihr Tätigkeitserlebnis und geben Sie Ihren inneren Eindruck dazu wieder.*
- *Schließen Sie den Aufgabenkomplex vorläufig damit ab, daß Sie mit **einem Wort** die Funktion eines solchen Schreibens für Sie charakterisieren.*

B
- *Entscheiden Sie sich für eine Textsorte (zum Beispiel: Tagebuch), und stellen Sie grundlegende Regeln für das Verfassen der gewählten Textsorte auf (zum Beispiel: Schreibe regelmäßig! Entscheide dich für ein Ereignis pro Eintragung!). Beschränken Sie sich auf die wesentlichen Merkmale. (zum Beispiel: Chronologie, Konzentriertheit der Eintragungen). Arbeiten Sie mit Nachschlagewerken, wenn Sie möchten.*
- *Wählen Sie ein Thema, das Sie interessiert, und fertigen Sie Ihre Textsorte nach den aufgelisteten Hauptmerkmalen an.*
- *Legen Sie die beschriebenen Blätter zur Seite, ohne sie noch einmal zu lesen. Beschreiben Sie auf einer neuen Seite Ihre Tätigkeit, und geben Sie Ihren inneren Eindruck dazu wieder.*
- *Schließen Sie den Aufgabenkomplex damit ab, daß Sie mit **einem Wort** die Funktion eines solchen Schreibens für Sie bezeichnen.*

Im Spannungsfeld „autonomen" und „regelhaften" Textproduzierens existieren mit dem *aufsteigenden* und *absteigenden* Schreiben[2] zwei Vermittlungsstrecken. Diese beiden, in meinem Verständnis grundlegenden Strategien der Schriftlichkeit resultieren aus dem Charakter der Tätigkeit als informationenverarbeitendes und -produzierendes Medium: Für den Umgang mit Material ergeben sich bekanntlich stets die Wege vom Einzelnen zum Ganzen bzw. vom Umfassenden zu seinen individuellen Bestandteilen.

Dabei wird das Schreibprodukt (der Text) traditionell als „das Ganze" definiert, wofür das Wortmaterial die Einzelteile liefert und grammatisch-semantische Strukturen bzw. stilistische Ausprägungen den entstehenden Text auf spezielle Weise prägen.

Was verändert sich eigentlich an der o.g. Betrachtungsweise, wenn Schreiben, anstatt als Resultat von Denkleistungen, als unmittelbares Medium dieser Denkleistungen, als lebenslanger Prozeß definiert und somit die Idee vom *work in progress* beim Wort genommen wird? Individuelle Texte erhalten den Status von an sich nicht ausgeformten Bausteinen, die in ihrer Summe das Schaffen einer Person definieren. Solcherart Texte erscheinen nicht länger als Endpunkte, sondern als *Durchgangsstadien* und *Orientierungspunkte* einer Schreibbiographie, die den Fassungen des im vorangegangenen Kapitel erwähnten Journals bzw. Portfolios ähnlich sind. Um noch einmal auf das Verhältnis von individueller Bedürfnisbefriedigung und äußerer Anforderung zurückzukommen, meine ich, daß sich die (eigenen und fremden) Erwartungen gegenüber solchen Texten als Durchgangsstadien drastisch verändern: Anstatt den *Zustand* (einer Erscheinung) zu *messen*, werden *Verlaufs*qualität und *Entwicklungs*potentiale (eines Prozesses) *kommentiert*.[3] Welche konkreten Konsequenzen sich daraus für das Bewerten im Verhältnis von Lehrenden und Lernenden ergeben, möchte ich mir für eine genauere Darstellung im dritten Buchteil vorbehalten.

Wenn ich im folgenden die beiden Schreibstrategien näher vorstelle, dann geschieht dies mit der Absicht, die bislang unüberbrückbar scheinenden Gegensätze der o.g. Zugriffe als Herausforderung einer ganzheitlichen Schreibpädagogik zu nutzen. Ich möchte methodisch-didaktische Verknüpfungsstellen aufdecken, die es ermöglichen, die Lernpotenzen von „autonomem" und „regelhaftem" Schreiben zum gegenseitigen Vorteil zur Wirkung zu bringen.

Aufsteigendes Schreiben funktioniert nach dem Konstruktionsprinzip, bei dem alle notwendigen Einzelinformationen (Bausteine) zusammengestellt bzw. aufgearbeitet werden und daraus langsam ein Text entsteht. Dieser stark regelorientierte Prozeß kann zum Beispiel folgendermaßen praktiziert werden:

Aufsteigendes Schreiben

1. Suchen Sie durch brainstorming und/oder clustering einen Ihnen wichtigen Gegenstand, über den Sie im folgenden schreiben wollen.
2. Formulieren Sie das dominierende Thema Ihres Materials.
3. Stellen Sie sich die Frage, ob Sie tatsächlich über dieses Thema schreiben wollen.
4. Ergibt sich aus Aufgabe 3 eine genügend starke Motivation zum Weiterschreiben, dann überlegen Sie, für wen (Leserschaft) und in welcher Form (Textsorte) Sie tätig werden wollen.
5. Legen Sie eine Liste mit den Merkmalen der gewählten Textsorte an. Sammeln Sie außerdem Ideen zur sprachlichen und inhaltlichen Gestaltung Ihres Themas (Stichpunkte, Wortlisten, weitere cluster etc.). Beraten Sie sich, wenn möglich, mit anderen Personen über Ihr Material, und prüfen Sie es gemeinsam hauptsächlich auf grammatisch-orthographische Korrektheit bzw. stilistische Angemessenheit.
6. Schreiben Sie auf der Grundlage der bisherigen Arbeiten einen Erstentwurf.
7. Treffen Sie sich, wenn möglich, mit einem anderen Kreis als in Aufgabe 5, und stellen Sie Ihren Erstentwurf zur Diskussion. Im Mittelpunkt der Kritik sollte jetzt die effektive und zugleich individuelle/originelle Umsetzung der jeweils zutreffenden Textsortenmerkmale stehen.

8. *Überarbeiten Sie Ihren Text je nach Notwendigkeit, d.h. entwerfen Sie eventuell auch weitere Fassungen.*
9. *Beschreiben und kommentieren Sie (Wie habe ich mich gefühlt?) Ihren Arbeitsprozeß.*

Absteigendes Schreiben dekonstruiert, indem es den frühzeitig entstandenen Erstentwurf in seine Bestandteile zerlegt, prüft und verändert. Dieser inhaltzentrierte Prozeß kann folgendes praktisches Aussehen annehmen:

Absteigendes Schreiben

1. *Suchen Sie durch brainstorming und/oder clustering einen Ihnen wichtigen Gegenstand, über den Sie im folgenden schreiben wollen.*
2. *Verarbeiten Sie den gewählten Gegenstand in einen Erstentwurf, den Sie recht zügig zu Papier bringen. Erinnern Sie sich an die Übung im „automatischen" Schreiben: Setzen Sie sich ein Zeitlimit, und bringen Sie alles zu Papier, was Ihnen einfällt; Wörter, Wortgruppen oder kurze Sätze. Verhindern Sie durch stetigen Schreibfluß das Zurückschauen auf das bereits Vorhandene. Lösen Sie sich von der Gewohnheit, im Kopf vorformulieren zu wollen, sondern* **denken** *Sie* **auf dem Papier**.
3. *Treffen Sie sich, wenn möglich, mit anderen Schreibenden, die an ähnlichen Gegenständen arbeiten, und diskutieren Sie Ihren Erstentwurf unter den folgenden Gesichtspunkten: gegenstands- und leseradäquate Textsortenwahl, thematischer Fokus, textsortenadäquate sprachliche und inhaltliche Gestaltung (vgl. die o.g. Merkmalsliste zur jeweils gewählten Textsorte).*
4. *Überarbeiten Sie Ihren Erstentwurf, oder schreiben Sie weitere Fassungen.*
5. *Treffen sie sich mit jemandem zur weiteren Textarbeit, die sich diesmal besonders auf grammatische und stilistische Aspekte konzentriert. Achten Sie dabei auf die Bewahrung oder den Ausbau/die Kräftigung Ihrer individuellen „Stimme" (voice) im Text.*
6. *Überarbeiten Sie den Text je nach Notwendigkeit, d.h. entwerfen Sie eventuell auch weitere Fassungen.*
7. *Beschreiben und kommentieren Sie (Wie habe ich mich gefühlt?) Ihren Arbeitsprozeß.*

Die Formulierung dieser Schreibstrategien baut auf der Grundlage von verschiedenen Theorien zum Schreiben auf, von denen die kognitive (in den USA: *rhetoric of cognitive psychology*) und die expressive (*expressionistic rhetoric*) zwei der wesentlichen (und konträrsten) sind. Hier stehen sich Schreiben als Problemlösen (z.B. Flower/Hayes, Perl, Eigler, Keseling – für die Schreibforschung;[4] Atwell, Murray, Baurmann/Ludwig – für die Didaktik)[5] und Schreiben als Bedürfnisausdruck (z.B. Rico, Brand, Kalamaras – für die Schreibforschung;[6] Elbow, Moffett, vom Scheidt, Fröchling, von Werder – für die Didaktik)[7] gegenüber. Bei genauerem Blick in die beiden Theorielager sind die schreib- und unterrichtspraktischen Fixpunkte in Form von spezialisierter akademischer Bildung auf der einen bzw. ganzheitlicher Persönlichkeitsentwicklung und/oder Therapie auf der anderen Seite mit einiger Deutlichkeit auszumachen.[8]

Gerd Antos und Karl-Heinz Pogner sehen in ihrer überaus hilfreichen Bibliographie zum Schreiben[9] noch einen weiteren Fixpunkt im theoretischen und praktischen Umgang mit dem Gegenstand: Das soziolinguistische Paradigma, dem zufolge Schreiben hauptsächlich unter dem Einfluß von sozialen Komponenten (Institutionen, Diskursgemeinschaften, soziale Zugehörigkeit der Schreibenden etc.) geschieht und in seinem Tätigkeitsverlauf bzw. seiner Verlaufsqualität von diesen Faktoren entscheidend geprägt wird. In den USA ist der soziale Ansatz in der Schreibforschung und -didaktik unter dem Begriff *epistemic rheoric* (z.B. Faigley, Bartholomae/Petrosky)[10] erfaßt. Deutlich ist sowohl in Europa als auch in den USA die Tendenz der Vereinnahmung des sozialen Ansatzes von beiden gegenüberliegenden Extremen – der kognitiven und der expressiven Schreibprozeßbetrachtung. Als Beispiele solcherart zähle ich die späteren Arbeiten von Linda Flower[11] auf der einen bzw. die von Peter Elbow und Pat Belanoff[12] auf der anderen Seite.

Aus meiner eigenen Schreib- und Unterrichtserfahrung heraus und im Sinne einer komplexen Schreibpädagogik, meine ich, daß kognitive und expressive Lehr- und Lernstrategien (und Seiten tragen, wie soeben erwähnt, gleichzeitig auch einen unterschiedlich gewichteten sozialen Aspekt in sich) erst gemeinsam ein sinnvolles Ganzes bilden, also aufsteigendes Schreiben eigentlich nur dann effektiv betrieben werden kann, wenn Elemente des absteigenden Schreibens den Schaffensprozeß genauso bestimmen wie Aspekte des aufsteigenden Schreibens den Prozeß absteigender Textarbeit. Beide Strategien sollten als Instrumentarien eines Schreibens verdeutlicht werden, das nur dann seine Potenzen für Lernen umfangreich entfalten kann, wenn die Extreme als Pole eines produktiven Spannungsfeldes umfunktioniert werden.

Ganz in diesem Sinne habe ich für die praktische Demonstration beider Strategien einen gemeinsamen Anfang entworfen, der an die Bedürfnisse der Schreibenden anknüpft, und damit auf eine Größe zielt, die meines Erachtens die eigentliche Grundlage unseres Handelns bestimmt. Probleme – ob im Schreiben oder innerhalb anderer Tätigkeiten – repräsentieren nur dann persönlich bedeutsame Lernanstöße, wenn sie sich vor allem aus konkreten Bedürfnisstrukturen der Betroffenen ableiten, und nicht, wenn ihre Begründung hauptsächlich auf einer lehrenden Person, einer Institution etc., also auf äußeren Anforderungen beruht.

Abschließend möchte ich einige praktische Vorschläge von Peter Elbow zitieren, mit denen er die Konzepte des aufsteigenden und absteigenden Schreibens (bei ihm heißen die beiden Pole *direct writing* und *open ended writing*)[13] unter dem Begriff *loop writing process* zusammenführt. Von diesem Konzept meint er, es vereine Kontrolle und Kreativität bzw. schaffe Motivation auch in Situationen, in denen einmal ein Thema von außen vorgegeben wird. Worauf es Elbow ankommt, ist das Erneuern der in traditionellen Bildungsinstitutionen verlorengegangenen Verknüpfung von Wort bzw. Sprache mit den Erfahrungen bzw. Dingen und Erscheinungen, die sich hinter dem jeweiligen Wort/der Sprache des schreibenden Individuums verbergen. Wie schon einmal unter dem Stichwort *magical writing* im vorangegangenen Kapitel erwähnt, braucht die logische Darstellung nach Elbow eben diese Verbindung zum Erlebnishorizont der Schreibenden, um die Tätigkeit selbst und ihr Produkt (bzw. deren Konsumtion/das Lesen) persönlich bedeutsam werden zu lassen.

Schreibprozeß nach Peter Elbow[14]

1. *Erste Gedanken:*
   Schreiben Sie ohne jegliche Vorbereitung so schnell wie möglich einige wenige Gedanken zum vorliegenden Thema auf.

2. *Vorurteile:*
   Machen Sie eine Liste, in der Sie Ihre positiven und negativen Einstellungen zum Thema gegenüberstellen.

3. *Schnelle Endfassung:*
   Verhalten Sie sich so, als wüßten Sie bereits alles über Ihr Thema, als wären vorbereitende Recherchen und Überlegungen überflüssig. Fertigen Sie in einer relativ kurzen Zeit einen Text an, den Sie, im Moment jedenfalls, als Endfassung betrachten.

4. *Dialoge:*
   Geben Sie den beiden entgegengesetzten Positionen von Aufgabe 2 jeweils eine Stimme, und führen Sie einen Dialog. Diskutieren Sie somit das Für und Wider des zu behandelnden Themas, und finden Sie dabei Ansätze einer eigenen Position.

5. *Narratives Denken:*
   Sollten Sie bemerken, daß Sie in Ihrem Nachdenken über das Thema nach wie vor von einem Blickwinkel zum anderen wechseln, dann beschreiben Sie diese Wechsel, indem Sie kurz den Verlauf Ihrer Positionswechsel beschreiben: „Anfänglich dachte ich, .., dann aber .."

6. *Geschichtenerzählen:*
   Konzentrieren Sie sich auf Ihr Thema als Schlüsselwort für Ihre Erinnerungen bzw. Fantasie. Beginnen Sie mit „wahren" Geschichten, kleinen Episoden etc. im Zusammenhang mit dem Thema, und gehen Sie dann langsam dazu über, einige zu erfinden.

7. *Szenenbeschreibungen:*
   Nehmen Sie sich einige dieser Geschichten vor, und konzentrieren Sie sich jetzt auf individuelle Momente. Beschreiben Sie diese als Szenen-Settings, ohne daß eine Handlung Ihre Beschreibung stört.

8. *Porträts:*
   Konzentrieren Sie sich noch einmal auf Ihr Thema, diesmal als Schlüsselbegriff für Erinnerungen an konkrete Personen. Beschreiben Sie diese Personen und ihre Beziehung zum zentralen Thema.

9. *Publikumswechsel:*
   Widmen Sie den nächsten Entwurf einem Publikum, das genau das Gegenteil von dem eigentlich antizipierten verkörpert: Würde Ihr Thema eigentlich auf akademische LeserInnen abzielen, dann richten Sie Ihr Schreiben zum Beispiel an ein Kind. Oder: Würden Sie sich gewöhnlich an eine anonyme Leserschaft richten, versuchen sie es mit einem Text an eineN VerwandteN.

10. *AutorInnenwechsel:*
Schreiben Sie einen weiteren Entwurf aus einer Ihnen fremden Perspektive. Stellen Sie sich vor, Sie spielten die Rolle einer anderen Person, die natürlich auch anders denkt, handelt und fühlt.

11. *Zeitwechsel:*
Schreiben Sie über Ihr Thema aus verschiedenen zeitlichen Perspektiven: Stellen Sie sich vor, Sie lebten in der Vergangenheit oder in der Zukunft. Manipulieren Sie die Lebenszeit auch für Ihr Publikum.

12. *Fehler:*
Sammeln Sie Aussagen über Ihr Thema, von denen Sie eigentlich wissen, daß sie falsch sind, aber von Ihnen oder anderen Menschen immer wieder irrtümlicherweise als richtig oder zumindest teilweise richtig angesehen werden.

13. *Lügen:*
Machen Sie eine weitere Liste mit Aussagen zum Thema, die zumindest gewagt, vielleicht sogar verrückt klingen. Wählen Sie vor allem solche Aussagen, die Sie ganz bestimmt nicht in Ihre „seriöse" Schreibarbeit aufnehmen würden.

Weiterführende Lektüre

1. Hinweise für autonomes Textproduzieren
Elbow, Peter, *Writing With Power: Techniques for Mastering the Writing Process,* New York: Oxford University Press, 1981.
Pommerin, Gabriele (u.a.), *Kreatives Schreiben: Handbuch für den deutschen und interkulturellen Sprachunterricht in den Klassen 1-10,* Weinheim; Basel: Beltz Verlag, 1996.
Scheidt, Jürgen vom, *Kreatives Schreiben: Texte als Wege zu sich selbst und zu anderen,* Frankfurt am Main: Fischer Taschenbuch Verlag, 1989.
2. Regelhaftes Textproduzieren
Gert Ueding, *Rhetorik des Schreibens. Eine Einführung,* Frankfurt am Main: Hein, 3. erw. und verb. Aufl., 1991.
3. Schreibstrategien
Portmann, Paul R., *Schreiben und Lernen: Grundlagen der fremdsprachlichen Scheibdidaktik,* Tübingen: Max Niemeyer Verlag, 1991.
Söllinger, Peter, *Texte Schreiben: Methodische Anregungen,* Wien: Literas Universitätsverlag, 1991.

Anmerkungen

1 Vgl. u.a. Lew S. Wygotski, *Denken und Sprechen,* Frankfurt a.M.: Fischer, 1971.
2 Beide Strategien wurden durch die Lerntheorie ursprünglich als grundlegend für Lesen und Schreiben im Erstsprachenerwerb ermittelt. Sie sind jedoch in der praktischen Fremdsprachendidaktik mit ihrem unterschiedlichen Profil noch deutlicher präsent. Vgl. u.a. Paul R. Portmann, *Schreiben und Lernen: Grundlagen der fremdsprachlichen Scheibdidaktik,* Tübingen: Max Niemeyer Verlag, 1991,
3 Noch radikaler sind die Konsequenzen für das Schreiben bei einer Umdefinierung des Textes als Einzelnes und des Wortes als Ganzes: der Text als Medium für Wortsinn-Schöpfung, oder anders formuliert, das Wort als Fokuspunkt der sich im Schreibprozeß entwickelnden Erfahrungen und Einsichten.

4   Bei den folgenden Anmerkungen handelt es sich lediglich um eine Auflistung von BeispielautorInnen bzw. -titeln, die eine bestimmte Tendenz in der Schreibforschung bzw. -didaktik vertreten.
    Linda Flower; John R. Hayes, „A cognitive process theory of writing", in: *College Composition and Communication,* Vol. 32, Nr. 3 (1981), 365-387; Sondra Perl, „The Composing Processes of Unskilled College Writers", in: *Research in the Teaching of English,* 13 (1979), 317-36; Gunther Eigler, *Wissen und Textproduzieren,* Tübingen: Narr, 1990; Gisbert Keseling, *Schreibprozeß und Textstruktur,* Tübingen: Niemeyer, 1993.
5   Nancie Atwell, *In the Middle: Writing, Reading, and Learning with Adolescents,* Portsmouth, NH: Heinemann, 1987; Donald M. Murray, *Write to Learn,* (4. Auflage), Fort Worth, TX: Harcourt Brace, 1993; Jürgen Baurmann und Otto Ludwig (Hrsg.), *Schreiben – Schreiben in der Schule,* Hildesheim: Olms, 1990;
6   Gabriele Rico, *Pain and Possibility,* Los Angeles: Tarcher, 1991; Alice Brand, *The Psychology of Writing: The Affective Experience,* Westport, CT: Greenwood, 1989, George Kalamaras, *Reclaiming the Tacit Dimension,* Albany: State University of New York, 1993.
7   Peter Elbow, *Writing Without Teachers,* New York: Oxford University Press, 1973; James Moffett, *Active Voice,* (2. Auflage), Portsmouth, NH: Heinemann, 1992; Jürgen Fröchling, *Expressives Schreiben,* Frankfurt: Peter Lang, 1987; Jürgen vom Scheidt, *Kreatives Schreiben. Texte als Wege zu sich selbst und zu anderen,* Frankfurt: Fischer, 1989; Lutz von Werder, *Schreiben als Therapie,* München: Pfeiffer, 1988.
8   Peter Söllinger (*Texte Schreiben: Methodische Anregungen,* 5. Auflage, Wien: Literas Universitätsverlag, 1995) unterscheidet zum Beispiel im Rahmen des kommunikativen Ansatzes der Schreibdidaktik (Adressat, Kommunikationsabsicht und Thema bilden die Fixpunkte) „pragmatisches" und „kreatives" Schreiben, die er wie folgt definiert: „zweckgerichtetes, nützliches, im praktischen Leben anwendbares, daher pragmatisches Schreiben. (...) Demgegenüber ist das kreative und phantasieerfüllte Schreiben weniger zweckgerichtet und kaum nützlich im Sinne des beruflichen Alltags, aber dennoch notwendig aus entwicklungspsychologischen und bildungstheoretischen Gründen (...)." (4 f.)
9   Gerd Antos und Karl-Heinz Pogner, *Schreiben,* Studienbibliographische Sprachwissenschaft, Bd. 14, Heidelberg: Groos, 1995.
10 Lester Faigley, *Fragments of Reality: Postmodernity and the Subject of Composition,* Pittsburgh, London: University of Pittsburgh Press, 1994; David Bartholomae und Anthony Petrosky, *Ways of Reading: An Anthology for Writers,* Boston: St. Martin's Press, 1994.
11 Linda Flower, *The Construction of Negotiated Meaning: A Social Cognitive Theory of Writing,* Carbondale, IL: Southern Illinois Press, 1994.
12 Peter Elbow und Pat Belanoff, „Using Portfolios to Increase Collaboration and Community in a Writing Program", in: Pat Belanof und Marcia Dickson (Hrsg.), *Portfolios: Process and Product,* Portsmouth, NH: Heinemann 1991, 17-29.
13 Vgl. dazu Elbow (1981), 26-31 bzw. 50-58.
14 Ich adaptiere und kürze Elbow (1981), 61-73.

ZWEITER TEIL: METHODEN, FELDER, FORMEN

4. Kapitel: Methoden – Imitieren, Adaptieren, Improvisieren

> *Wenn ich improvisiere,*
> *und ich bin in Form,*
> *dann fühle ich mich wie im Halbschlaf.*
> *Ich vergesse sogar, daß da Leute vor mir sitzen.*
> *Künstler im Improvisieren sind wie Priester,*
> *sie denken nur an ihren Gott.*
> **Stephane Grappelli**

Zusammenfassung

Eine Pädagogik, die das Schreiben als Lernprozeß und als Medium für das Lernen generell definiert, benötigt tätigkeits- und disziplinübergreifende Arbeitsmethoden. *Imitieren, Adaptieren* und *Improvisieren* gehören als Methoden des Überlebens zu den ältesten Inventarstücken menschlichen Bildungsgutes. Es werden die pädagogischen Potenzen dieser Arbeitsmethoden für kreatives Schaffen im allgemeinen sowie für das Schreiben im besonderen praktisch tiefer ergründet.

Schreiben hat den Vorteil, daß es ohne großen Aufwand und Abhängigkeit betrieben werden kann. Stift und Papier finden sich leicht. Ich erinnere mich, daß ich als Schüler auf dem Weg zur Schule manchmal in eine Lotto-Annahmestelle ging, weil dort Schreibutensilien herumlagen. Ich wollte auf dem Rand eines Spielscheins ausprobieren, was ich zu einem von mir verehrten Mädchen aus meiner Klasse sagen könnte. Ich nahm mir vor, sie während der Hofpause anzusprechen und sie für das Wochenende ins Kino einzuladen. Was ich zu sagen vorhatte, wollte ich jedoch davon abhängig machen, mit wem sie gerade zusammenstehen würde. Ich wußte ihre Reaktion auf mein Ansinnen nicht so recht vorauszubestimmen, und so war es für mich wichtig, im Falle einer Ablehnung den Schaden von vornherein in Grenzen zu halten.

Ich denke, die Schreibarbeit auf der Lotto-Annahmestelle half mir damals, eine bestimmte Gesprächssituation in ihren möglichen Variationen besser vorauszusehen und passende Kommunikationsstrategien dafür zu suchen. Das abgeschabte Holzpult, auf dem ich schrieb, verwandelte sich für diese wenigen Minuten in eine Art Bühne, auf der ich Wirklichkeit *imitieren* konnte. Indem ich immer wieder neue Szenarien *improvisierte*, lernte ich, mein kommunikatives Verhalten an veränderte Rahmenbedingungen anzupassen. Dabei gab ich in keinem Falle das mir selbst gesetzte Ziel, das Mädchen ins Kino einzuladen, auf. Ich *adaptierte* lediglich bestimmte sprachliche

Grundmuster, so daß ich auch beim negativen Ausgang meines Annäherungsversuches vor einer Blamage verschont bleiben würde.

Imitieren, Improvisieren und Adaptieren sind selbstverständlich keine Erfindungen der Schreibpädagogik. In anderen Ausdruckskünsten wie Tanz und Musik, sowie besonders im Theater sind sie alltägliche Arbeitsmethoden mit einer langen Geschichte. Wie allgemein bekannt ist, haben sie ihre eigentlichen Wurzeln im Leben selbst. Spätestens seit Darwin gehört das Wissen über die grundlegenden Lernpotenzen dieser drei Überlebenstätigkeiten zum anerkannten Bildungsgut: Ob Organismen aussterben oder nicht, hängt u.a. davon ab, inwieweit sie in der Lage sind, neue Lebensweisen – *Kommunikationsformen* in einem gewissen Sinne – im Rahmen sich verändernder Existenzbedingungen zu improvisieren bzw. erfolgreiche Überlebensmuster zu imitieren, um sich mit der Adaption ihrer individuellen Erscheinungsform an neue Situationen anzupassen.

Obwohl schon im Pflanzen- und Tierreich als Formen des Überlebenstrainings vorhanden, begründet erst die menschliche Kulturentwicklung Imitieren, Improvisieren und Adaptieren als *Methoden* im Sinne bewußter Beeinflussung von Lehr- und Lernprozessen. Hierbei kommt es zu unterschiedlichen Begriffsbestimmungen, in deren Gegensätzlichkeit sich bereits seit Platon und Aristoteles kontroverse Auffassungen u.a. von der Funktion des Schreibens widerspiegeln.

Um die Abschweifung in einen zwangsläufig detaillierten historischen Exkurs zu vermeiden, sei mir die schlaglichtartige Erhellung der beiden Seiten des antiken produktionsästhetischen Konflikts gestattet:[1] Platons Enthusiasmuslehre[2] definiert Dichten entweder als Gottbesessenheit (wahres Dichten) oder als Kunsthandwerk (Verführung). Beide Fälle schließen eine Verbindung von Schreiben und menschlicher Erkenntnis aus, da im ersteren der Dichter nur Sprachrohr göttlicher Botschaft ist und im letzteren ohne Zugang zur göttlichen Idee als dem Original. Im Gegensatz dazu liegt Dichten für Aristoteles' *Poetik*[3] im menschlichen Nachahmungstrieb (und meines Erachtens ebenso im Improvisationsbedürfnis) begründet. Literarisches Schreiben ist schöpferische und kommunikative Arbeit. Sie vermittelt zwischen der im Text nachzuahmenden Wirklichkeit und der Vorstellungskraft der Schreibenden bzw. Lesenden/Hörenden. Insofern billigt Aristoteles literarischer Produktion und Rezeption genau jene Funktion des hypothetischen Durchspielens von Zusammenhängen zu, die ich eingangs des Kapitels anhand meiner persönlichen Erinnerung zu umreißen versucht habe. Nach Aristoteles birgt Nachahmen (und Improvisieren-G.B.) ein enormes Potential für Lehren und Lernen in sich, das sich besonders in der *Lust* der Menschen auf jene Tätigkeit(en) ausdrückt. Anschauliches Beispiel dafür ist Artistoteles' Verständnis vom frühen Dichter, der im Theater seinen Vortrag u.a. auf der Grundlage der Reaktionen des Publikums improvisiert. Im spielerischen Miteinander inspirieren sich Produzent und RezipientInnen gegenseitig zu neuen An- und Einsichten in bezug auf die nachgeahmte Wirklichkeit.

Die mit Platon angedeutete Kritik an der Nachahmung setzt sich über die Jahrhunderte mit unterschiedlicher Intensität fort (vgl. u.a. die Position des europäischen Sturms und Drangs)[4] und ist in ihrer Wirkung insofern weitreichend, als daß sie noch heute manchen Schreibwilligen (bewußt oder unbewußt) vor der eigenen schöpferischen Tätigkeit zurückschrecken läßt: „Das war ja alles schon mal da", meint der Deutschlehrer auf dem Gymnasium mit müdem Blick auf die Gedichte der bis dahin begeistert schreibenden Schülerin.

Was noch am ehesten Billigung durch Lehrende erfährt, ist das Imitieren ihrer eigenen Denk- und Handlungsweisen. Wer fühlt sich nicht geehrt, wenn er/sie sich *zitiert* sieht. Schon auf weniger Toleranz trifft Imitation, wenn sie sich auf das Denken und Verhalten Mitlernender bezieht. Da ist schnell von Betrug die Rede. Und wird gar *Gedrucktes* (die Autorität eines Textes!) imitiert, ohne gleichzeitig die Quelle klar auszuweisen, dann wird mit dem *Plagiat*-Begriff ein Geschütz aufgefahren, das seit der Antike treffsicher schießt.

Ich möchte auch an jene Beklemmungsgefühle erinnern, die Lehrende manchmal beschleichen können, wenn sie improvisieren. Ich zumindest fühle mich in solchen Situationen ungenügend vorbereitet, oberflächlich, unprofessionell – kurz, Improvisieren erzeugt in mir nicht selten ein gewisses Schuldgefühl.

Im Englischunterricht der US-amerikanischen Elementarschulen gibt es mit dem sogenannten ***whole language learning*** einen Lernansatz, der im Prozeß des Schreibenlernens und der nachfolgenden Schreibentwicklung zielgerichtet von Imitieren, Adaptieren und Improvisieren Gebrauch macht. Ohne an dieser Stelle genauer auf die Grundlagen dieses Konzepts eingehen zu wollen,[5] möchte ich kurz ein Beispiel zitieren, um einerseits die Potenzen der individuellen Methoden, andererseits aber auch ihre notwendige innere Verwobenheit für folgenreiches Lernen zu veranschaulichen.

Ich habe in Iowa-City mehrere Tage lang den Unterricht einer zweiten Klasse verfolgt. Im Mittelpunkt stand die interaktive Annäherung an das Märchen „Rotkäppchen und der Wolf". Dazu wurde erzählt, gespielt, gebastelt, gemalt und gesungen. In dieser Vielfalt der Schülertätigkeiten liegt u.a. das Wesen des *whole language*-Ansatzes. Es sollen alle Sinne des Kindes angesprochen werden, um eine allseitige Ausbildung zu garantieren, aber vor allem um der Spezifik verschiedener Lerner-Typen (verbal-linguistisch, logisch-mathematisch, visuell-räumlich, körperlich-kinästhetisch, musikalisch-rhythmisch, interpersonal, intrapersonal)[6] und ihrer Überschneidungen gerecht zu werden.

Ich beobachtete einen stark ausgeprägten individuellen Bedürfnis nach Imitieren, Adaptieren und Improvisieren. Solcherart Bevorzugungen wurden immer dann besonders augenscheinlich, wenn die SchülerInnen dazu aufgefordert waren, *selbständig* die ihnen adäquaten Ausdrucksformen bzw. Arbeitsmethoden zu bestimmen. So galt es zum Beispiel, nach Lesen und Nacherzählen des Märchens, auf selbstbestimmte Weise Eindrücke, Empfindungen und Erinnerungen im Kontext des Märchens zu gestalten: Manche Kinder setzten das Nacherzählen fort, einige trafen sich zu szenischen Improvisationen, andere wieder adaptierten das Märchengeschehen für bildnerische Darstellungen. Auch wenn hier durchaus methodische Schwerpunkte gesetzt wurden, so geschah dies jedoch keinesfalls in Reinkultur: die (Nach-)ErzählerInnen erweiterten den Textkorpus durch Lieder, variierten oder schmückten die Handlung aus; die SchauspielerInnen adaptierten persönliche Verhaltensmuster für den fiktionalen Rahmen des Märchens; die ZeichnerInnen imitierten Formen und Figuren, die sie, mit Blick über die Schulter, bei ihren KameradInnen auf dem Papier entdeckten (etc.). Am Ende des Tages reflektierten alle SchülerInnen ihre Unterrichtstätigkeit im Tagebuch: durch ein Gedicht, eine Geschichte, kleine Zeichnungen oder auch manchmal nur durch einzelne Wörter. Diese Tagebücher waren in der Klassenbibliothek jederzeit für jedeN einsehbar, sie konnten mit Genehmigung durch die jeweilige Autorin sogar nach Hause ausgeliehen werden: Abmalen- oder Abschreiben-Wollen war für dieses Verlangen der am häufigsten genannte Grund.

Was ich in den von mir hospitierten Unterrichtsstunden ablaufen sah, war individuelles *und* kollektives Lernen, das in dieser Kombination u.a. deswegen nicht an Konkurrenzdenken und -verhalten bzw. Vorurteilen und Verurteilungen scheitern mußte, weil Imitation, Adaption und Improvisation von vornherein als legitime Arbeitsmethoden anerkannt waren.

Die individuelle Bedürfnisgerichtetheit von Imitieren, Adaptieren und Improvisieren, die im o.g. Beispiel wohl deutlich zum Ausdruck kommt, hat, wie ebenfalls bereits angedeutet, tätigkeits- bzw. (im Sinne von institutionalisierter Bildung) disziplinübergreifenden Charakter. Imitieren auf das Schreiben zu limitieren ist zwar möglich, läßt jedoch die Potenzen der Methode für Kenntniserwerb in vielerlei Hinsicht unausgeschöpft.

Imitieren, Adaptieren, Improvisieren

1. *Schreiben Sie einen Bewerbungsbrief nach einem Ihnen bekannten Muster.*
2. *Entwerfen Sie mehrere Varianten des Musterbriefes mit unterschiedlicher Akzentsetzung: a) Persönlichkeitsbeschreibung, b) Ausbildungsprofil, c) Arbeitserfahrungen etc.*
3. *Improvisieren Sie dann gemeinsam mit zwei Personen in einem Rollenspiel das Verhalten einer Zulassungskommission als Empfänger der verschiedenen Bewerbungen.*

Ich möchte anhand eines Exkurses in die Theorie des (kindlichen) Schreibenlernens einige entwicklungsphysiologische Hintergründe andeuten.

Die körperlichen Bezugspunkte des Schriftsprachenerwerbs (Auge, Hand, Gehirn) weisen Schreiben als eine komplexe Tätigkeit aus, die nicht nur im Anfängerunterricht, sondern auch in ihrer weiteren Ausprägung *Ganzheitlichkeit* verlangt. Die bekannte Vertreterin der US-amerikanischen Schreibpädagogik, Janet Emig, analysiert in einem Aufsatz von 1977, „Writing as a Mode of Learning",[7] den Schriftsprachenerwerb als einen *Prozeß*, der über Körpergestik, symbolisches Spiel und Malen zum geschriebenen Wort verläuft. Mit Bezug auf Jerome Bruners Hauptformen des Lernens – er nennt sie *enactive*, *iconic*, und *symbolic*[8] – verweist Emig auf Gleichzeitigkeit und gegenseitige Bedingtheit der Entwicklung in den bereits genannten drei physiologischen Einheiten: die *Hand* (für den praktischen Vollzug des Schreibens), das *Auge* (für das Erfassen der Wirklichkeit und des Zeichens), und das *Gehirn* (für Symbolschöpfung und -auflösung). Schon 1934 hatte Lew Wygotski in seiner Schrift, „The Prehistory of Written Language", die Geste im kindlichen Spiel als visuelles Zeichen charakterisiert,[9] welches das spätere Schriftzeichen bereits enthält. In diesem Kontext findet Emig Jahrzehnte später einen treffenden Vergleich, der das Verhältnis von Schreiben und imitierender, adaptierender oder improvisierender Körpergeste nunmehr von beiden Seiten beleuchtet, wenn sie sagt, Gestikulieren sei Schreiben in der Luft, und Schriftzeichen seien fixierte Gesten.[10]

Die physiologischen Grundlagen des Schreibenlernens weisen also recht deutlich Imitieren, Adaptieren und Improvisieren als dem Schreiben wesenseigene Elemente aus. Sie als alltägliche Methoden des Lernens im allgemeinen und des Schreibens im besonderen weiterzuentwickeln, heißt nichts anderes als an den o.g. Herausbildungsprozeß der Schreibfähigkeit anzuknüpfen. Aus der eigenen Schreibpraxis, meinen bisherigen Unterrichtserfahrungen und aus den Studien, die ich vor allem in den USA zur Schreibpädagogik angestellt habe, ergeben sich für mich dazu u.a. die folgenden wichtigen Lernfelder:[11] *Bildlichkeit, Mündlichkeit, Musikalität* und *Theatralität.*

In meinem Verständnis sind die Ausgangspunkte für Imitations- und Adaptionsarbeit sprachliche und nicht-sprachliche (körperliche, musikalische, bildnerische) Beispiele, die zum Zwecke effektiver innerer (mit sich selbst) und/oder äußerer (mit Anderen) Kommunikation ausgewählt werden. Dabei kommt es gleichzeitig zur schöpferischen Interpretation und/oder Weiterentwicklung der benutzten Muster. Zusätzlich werden auf einer Meta-Lernebene sowohl theoretisches Verständnis als auch praktisches Anwenden von speziellen Inhalten, Formen und Funktionen geübt, was das Inventar (Handwerkszeug) individuellen schöpferischen Handelns bereichert.

Improvisieren definiere ich in Anlehnung an Stephen Nachmanovitchs *Free Play*[12] als einen Dialog zwischen dem Bewußten und Unbewußten mittels der bereits oben angedeuteten sprachlichen und nicht-sprachlichen Ausdrucksformen: Innerhalb dieses Rahmens nähern sich die Lernenden spielerisch ihren individuellen sinnlichen, emotionalen und intellektuellen Resourcen bezüglich eines Lern- und Kommunikationsgegenstands oder -zusammenhangs. Anstatt sich selbst oder andere Lernende mit einer Aufgabenstellung/einem Problem auf kognitiver Ebene zu konfrontieren, bahnen sich Improvisierende den Weg zu Erkenntnis und Verstehen auf vorwiegend intuitivem Niveau. Es geht um das Austesten von Lösungsmöglichkeiten auf den Territorien verschiedener Ausdrucksmedien und die kreative Verknüpfung jener Medien. Improvisieren strebt *kein* konkretes Arbeitsprodukt (Kurzgeschichte, Landschaftsgemälde, Musikstück etc.) an, sondern Inspiration, Spontaneität und Flexibilität als Nährboden für kreatives Handeln.

Nachahmen, Verändern bzw. Schöpfen von sprachlichen und anderen Mustern schaffen vitale Verbindungen zwischen individuellen Erfahrungen, vorhandenen Kenntnissen und neu zu strukturierenden Informationen und bilden somit wirkungsvolle Arbeitsmethoden für die Ausnutzung der Experimentierfelder für individuelles und soziales Lernen.

Ich möchte die hier detailliert vorgestellte Definition des Schreibens als methodenbündelnde und lernfeldübergreifende Tätigkeit mit der folgenden Graphik noch einmal optisch zusammenfassen:

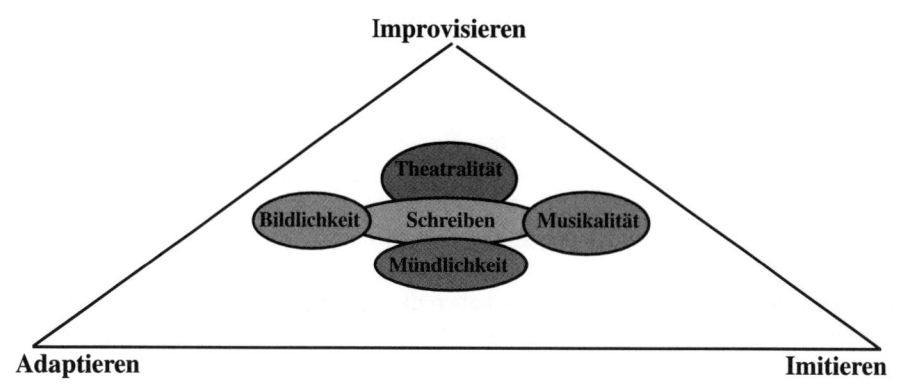

Imitations-, Adaptions- bzw. Improvisationsarbeit

kann mit Texten auf zwei grundsätzlichen Ebenen – der formalen und der inhaltlichen – geschehen. Experimentieren Sie mit dem folgenden Material auf den beiden genannten Ebenen, indem Sie:[13]

A1: den Ausgangstext im Stile einer Ihrer lokalen Tageszeitungen vervollständigen bzw. überarbeiten;
A2: das Basismaterial im Rahmen verschiedener Textsorten (Märchen, Krimi, Science Fiction, amtlicher Brief, Telegramm etc.) umschreiben;
A3: die unter A2 entstandenen Fassungen für eine Text-Collage verwenden.

oder:

B1: das Ausgangsereignis von verschiedenen Perspektiven aus schildern: aus der Sicht des sich verteidigenden Mädchens, des schwer beleidigten Kontrolleurs, des sachlich berichtenden Sicherheitsbeamten, einer empörten älteren Dame etc.
B2: den Kern des Ausgangsgeschehens in veränderte Handlungsorte versetzen: im Zug, in dem Sie sonst als FahrleiterIn arbeiten, an den Eingang des ausverkauften Opernhauses oder des überfüllten Fußballstadions, am Zugang zur Hochzeitsfeier Ihrer berühmten Schwester (persönliche Einladung gilt als Ticket), etc.;
B3: eine Liste mit Figuren-Typen (älterer Herr, Punker, Liebespaar etc.) anfertigen und diese Figuren dann nach dem Zufallsprinzip in das Ausgangsgeschehen einbauen.

Ereignis:

„Am 1. April 1995 wurde im Bus der Linie 281 um 7 Uhr 50 eine Fahrkartenkontrolle durchgeführt. Eine 16-jährige Jugendliche konnte ihre Fahrkarte nicht finden, wurde vom Kontrolleur ermahnt und setzte sich mit den Worten zur Wehr: 'Du kannst mich mal....! Daraufhin wurde sie wegen Beamtenbeleidigung vorläufig festgenommen. "[14]

Die folgenden Kapitel werden die Arbeitsmethoden Imitieren, Adaptieren und Improvisieren noch intensiver praktisch erlebbar machen und gleichzeitig die soeben identifizierten Lernfelder – Bildlichkeit, Mündlichkeit, Musikalität und Theatralität – für das Schreiben in Theorie und Praxis näher vorstellen bzw. ihren Einfluß auf den Schreibprozeß tiefer ergründen: Wie verändern sich Verlaufsform und -qualität schriftlicher Kommunikation, wenn sich Textentstehung, -entwicklung, und schließlich auch seine Rezeption in Berührung mit anderen Ausdrucksmedien vollziehen? Was und wie wird gelernt? Lohnen sich Aufwand und Risiko?

Im Vergleich mit dem aktuellen Stand der Schreibpädagogik in den deutschsprachigen Ländern und in den USA möchte ich die Überlegungen des zweiten Buchteils überwiegend als einen Gang durch Neuland ausweisen. Zwar wurde schon immer über Theater, Musik, bildende Kunst und mündliches Erzählen reflektiert. Deutsch- und Englischdidaktik kennen auch längst das Schreiben als Form produktiver/interaktiver Erschließung literarischer Texte. Die Arbeiten von Mattenklott, Blumensath, Fingerhut, Spinner, Schuster, Waldmann u.a. haben diesbezüglich vor allem seit den siebziger Jahren für die deutschsprachige Entwicklung wichtige Meilensteine gesetzt.[15] Theoretisch als auch praktisch relativ unergründet ist jedoch meine Überlegung, Bildlichkeit, Mündlichkeit, Musikalität und Theatralität zielgerichtet als Multiplikatoren eines Lernens durch Schreiben auszunutzen und damit zum integralen Bestandteil des Schreibprozesses werden zu lassen. Mir geht es also im folgenden nicht darum, Schreiben als Bestandteil von anderen Disziplinen zu erproben, sondern die o.g. Ausdrucksmedien in eine Schreibpädagogik einzubeziehen, die weit über ihre traditionellen Grenzen von Sprache und Literatur hinaus angelegt ist.

Weiterführende Lektüre

Waldmann, Günter, „Warum schreiben Sie nicht einmal selber ein Sonett?", in: *Diskussion Deutsch,* 19. Jg., H. 102, August/September 1988, 405-414.
ders., *Produktiver Umgang mit Lyrik,* (3. korr. Auflage), Hohengehren: Schneider, 1994.
Geist, Uwe, „Imitation as a tool in writing pedagogy", in: Gert Rijlaarsdam, Huub van den Bergh und Michel Couzijn (Hrsg.), *Effective Teaching and Learning of Writing,* Amsterdam: Amsterdam University Press, 1996, 51-60.
Piaget, Jean, *Nachahmung, Spiel und Traum,* Stuttgart: Klett, 1969.

Anmerkungen

1 Zur historischen Rekonstruktion dieses antiken produktionsästhetischen Konflikts vgl. Holger Rudloff, *Produktionsästhetik und Produktionsdidaktik: Kunsttheoretische Voraussetzungen literarischer Produktion,* Opladen: Westdeutscher Verlag, 1991, 16-36.
2 Platon, *Ion,* In: *Werke,* (Übers. von F. Schleiermacher) Nachdr. d. Ausg. Berlin 1817-1828, Berlin: Akademischer Verlag, o.J.
3 Aristoteles, *Poetik,* (Übers. und hrsgg. von Manfred Fuhrmann), Stuttgart: Reclam, 1982.
4 Vgl. Rudloff (1991), 37-54.
5 Vgl. dazu Bräuer (1996), 173 ff.
6 Vgl. zur genaueren Definition der Lerner-Typen: Howard Gardner, *Frames of Mind: The Theory of Multiple Intelligences,* New York: BasicBooks, 1983 oder die deutsche Ausgabe: *Abschied vom IQ: Die Rahmen-Theorie der vielfachen Intelligenzen,* Stuttgart: Klett, 1991.
7 Janet Emig, „Writing as a Mode of Learning", in: Dixi Goswamie und Maureen Butler (Hrsg.), *The Web of Meaning,* Portsmouth, NH: Heinemann, 1983, 122-131.
8 Jerome Bruner, *The Relevance of Education,* New York: Norton, 1971, 7.
9 Lew S. Wygotski, „The Prehistory of Written Language", in: Sylvia Scribner u.a. (Hrsg.), *Mind in Society: The Development of Higher Psychological Processes,* Cambridge, MA: Harvard University Press, 1978, 105-111.
10 Vgl. Emig, „Non-Magical Thinking: Presenting Writing Developmentally in Schools", in: Goswami und Butler (1983), 137. Auch wenn bei Emig in diesem Zusammenhang nicht direkt ausgewiesen, so möchte ich doch auf die Parallelen zum Werk von Jean Piaget zum kindlichen Spiel hinweisen. Vgl. dazu vor allem seine Schrift *La formation du symbole chez l'enfant,* Neuchâtel: Delachaux et Niestlé, 1945, die unter dem Titel *Nachahmung, Spiel und Traum: die Entwicklung der Symbolfunktion beim Kinde,* Stuttgart: Klett, 1969 auch in deutscher Übersetzung erschien.
11 Gerd Koch spricht von ästhetischen *Arbeitsfeldern* für die Kultursozialarbeit, die sich wie folgt gliedern: Literatur, Musik, Theater, Film/Video. Vgl. ders. (Hrsg.), *Kultursozialarbeit: eine Blume ohne Vase?* Frankfurt am Main: Brandes und Apsel, 1989.
12 Stephen Nachmanovitch, *Free Play: The Power of Improvisation in Life and the Arts,* New York: Tarcher, 1990, 9.
13 Die folgende Aufgabe basiert auf einer Idee von Ulrich Liebnau, *EigenSinn. Kreatives Schreiben – Anregungen und Methoden,* Frankfurt: Diesterweg, 1995 bzw. Raimond Queneau, *Stilübungen,* Frankfurt: Suhrkamp, 1968.

14 Liebnau (1995), 29.
15 Bei den folgenden Titeln handelt es sich lediglich um *ein* Beispiel von vielen Arbeiten der aufgelisteten AutorInnen: Gundel Mattenklott, *Literarische Geselligkeit – Schreiben in der Schule,* Stuttgart: Metzler, 1979; Heinz Blumensath, „Ein Text und seine Inszenierung", in: *Praxis Deutsch,* 115 (1992), 27-29; Karl-Heinz Fingerhut (u.a.), „Kritischer und produktiver Umgang mit Literatur", in: *Diskussion Deutsch,* 58 (1981), 130-150; Kaspar Spinner, „Kreatives Schreiben", in: *Praxis Deutsch,* 119 (1993), 17-23; Karl Schuster, *Das Spiel und die dramatischen Formen im Deutschunterricht,* Baltmannsweiler: Schneider-Verlag Hohengehren, 1994; Günter Waldmann, *Produktiver Umgang mit Lyrik,* (3. korr. Auflage), Baltmannsweiler: Schneider-Verlag Hohengehren, 1994 (etc.).

5. Kapitel: Lernfeld Bildlichkeit

*Die Leute gebrauchen ihre
Augen nicht. Sie sehen keinen
Vogel, sie sehen einen
Spatzen. Sie sehen keinen
Baum, sie sehen eine Birke.
Sie erkennen das Wesentliche nicht.*
Joyce Cary

*Bilder und Worte
sind Korrelate,
die sich immerfort suchen.*
Johann Wolfgang von Goethe

Zusammenfassung

Schreiben im Lernfeld Bildlichkeit heißt Ein*blicke* schaffen in Erscheinungen, Prozesse und Zusammenhänge mittels selbst entworfener oder vorgegebener bildlicher Darstellungen. Durch verbalen und/oder nonverbalen Umgang mit diesen Darstellungen eröffnen sich Räume physischer und imaginärer Art, in denen *Sehen* gelernt wird.

Ich möchte in den folgenden Kapiteln wiederum von meinen eigenen Schreiberfahrungen ausgehen. Sie sollen mir Kompaß für die Darstellung von Zusammenhängen zwischen Schreiben und anderen Ausdrucksmedien sein. Ich versuche jedoch kein Modell mit Allgemeingültigkeitsanspruch dafür zu entwerfen, *welche* Ausdrucksmedien *wie* dem Schreiben zugeordnet werden sollten. Hierfür gibt es genauso wenig ein Falsch oder Richtig wie es Rezepte für das Schreiben an sich gibt: Die Vorstellung von einem uniform vermittel- oder aneigenbaren Schreibprozeß bleibt Illusion. Zwar gibt es, wie bereits in den vorangegangenen Kapiteln angezeigt, verallgemeinerbare Grundlagen des Schreibens, aber selbst diese benötigen die individuelle Applikation, um umfassend wirksam zu werden. In bezug auf die hier vorzustellenden Lernfelder heißt dies, daß jedeR Schreibende einschätzen lernen muß, wie und in welchem Ausmaß Bildlichkeit, Mündlichkeit, Musikalität und Theatralität ihr/sein individuelles Schaffen beeinflussen – dies jedoch stets mit dem Wissen als Kontext, daß sich solche Konstellationen, wie jegliche Bedingungen für Lernen, immer wieder verändern können.

Auf der Grundlage meiner eigenen Schreiberfahrungen (vgl. 1. Kapitel) meine ich, daß die Lernfelder Bildlichkeit und Mündlichkeit besonders eng beieinander liegen, ja sich sogar in vielen Bereichen überlappen und gegenseitig ergänzen. Ich hatte das Phänomen wachsender bildlicher Vorstellung bei gleichzeitig konkreter werdenden Mitteilungsbedürfnisses (worüber ich schreiben möchte) anhand meiner Arbeit am *Radrennfahrer* als Beispiel dafür angeführt.

Daß ich das Kapitel zur Bildlichkeit vor jenes zur Mündlichkeit plaziere, geschieht außerdem aus einer vor allem in den letzten Jahren deutlicher gewordenen Motivation: Wenn ich schreibe, will ich mir eines starken inneren Mitteilungsbedürfnisses bewußt sein. Seine Tragfähigkeit zu überprüfen, gelingt mir gegenwärtig am besten durch bildliches Darstellen: Schlingen, Bögen und Kreise, die sich wenig später mit Wörtern verbinden/vermischen und zukünftige Schreibideen und -zusammenhänge collagenartig zum Vorschein kommen lassen. Gewöhnlich tauchen für mich aus solchen Gebilden die Grundstrukturen neuer Texte auf. Bleibt das graphische Material jedoch *stumm*, d.h. ohne Worte, die aus den Schlingen, Bögen und Kreisen treten, dann weiß ich, daß dies noch nicht der rechte Moment war, über ein bestimmtes Gefühl, einen Gedanken, eine Idee zu schreiben.

Zur Dominanz von Bildlichkeit kam es meines Erachtens u.a. durch das Verlassen meines langjährigen Freundes-, Bekannten- und Kollegenkreises und die erfahrene Schwierigkeit, ähnlich intensive Beziehungen in fremden Kultur- und Sprachräumen zu knüpfen. Dies ging einher mit einer zunehmenden Konzentration auf mich selbst während des Schreibens – dem wachsenden Bedürfnis, zuerst für mein eigenes Wohlbefinden (meine Bedürfnisbefriedigung) zu schreiben. Zweifellos unterstützend, vor allem im methodischen Bereich, wirkten Begegnungen mit Leuten wie Natalie Rogers und Gabriele Rico, die als Pädagoginnen im weitesten Sinne des Wortes in Sachen *zwischenmenschlicher Kommunikation* eine Lanze für das kreative Zusammenspiel von Bildlichkeit und Schriftlichkeit brechen.

Durch Natalie Rogers bin ich zu schreibpädagogischen Einsichten gelangt, die es ermöglichten, die Sicht der Humanistischen Psychologin auf ein Lernen durch permanenten Austausch zwischen verschiedenen Ausdrucksmedien über die Psychotherapie hinaus für das Schreiben im allgemeinen und die Scheibpädagogik im speziellen nutzbar machen. Wie der folgende Übungsablauf zeigt, liegt der Fokus von Rogers viel mehr auf Bildlichkeit und Körperlichkeit als auf Schriftlichkeit, und Ihr zentrales Anliegen ist es, intuitives Lernen über sich selbst (Bedürfnisse, Wünsche, Sorgen, Ängste, Freuden etc.) hauptsächlich durch diese beiden Medien zu fördern. Schreiben hingegen hat eine tätigkeitsbegleitende und schließlich -resümierende Funktion (siehe Aufgabe 6).[1]

Körperempfinden I

1. *Bewegen Sie sich im Raum mit der Vorstellung, Ihr Körper wird abwechselnd von Ihren Schultern, Ellbogen, Knien oder Ihrem Bauch geführt.*
2. *Bewegen Sie sich im Raum mit der Vorstellung, Ihr Körper wird abwechselnd von der rechten und linken Seite geführt.*
3. *Malen Sie auf einem großen, in der Mitte gefalteten Papierbogen Ihre beiden Körperhälften. Die rechte Seite des Körpers malen Sie mit der linken Hand, die linke Seite mit der rechten. Rufen Sie während des Malens Ihre Körperempfindungen in Erinnerung, die Sie hatten, als Sie sich unter der Führung Ihrer rechten/linken Seite bewegten.*
4. *Füllen Sie die beiden Körperhälften auf Papier mit Wörtern, Farben bzw. Materialien, die Ihrem Körperempfinden der vorangegangenen Bewegungen entsprechen.*
5. *Entfalten Sie den Papierbogen, hängen Sie ihn auf, versenken Sie sich in die Darstellung, und kommunizieren Sie dann durch Körperbewegungen mit dem Bild. Lauschen Sie dabei auch besonders darauf, was Ihnen das Bild zu sagen hat, und geben Sie Antworten durch Ihren Körper.*
6. *Entscheiden Sie selbst, wann Sie zwischen den einzelnen Arbeitsschritten schreiben wollen. Wenn möglich, fassen Sie am Schluß des Projekts Ihre Erlebnisse und Eindrücke im Tagebuch zusammen.*

Im Gegensatz zu Rogers' methodischer Absicht (Fokus auf Bild und Bewegung, um zur verbal oder nonverbal formulierten Einsicht zu kommen) wurde in meinem praktischen Erlebnis der o.g. Übung das *Schreiben* zum dominierenden Lernmedium. Nachdem mir vor allem das Malen meiner beiden Körperhälften geholfen hatte, konkrete Schreibbedürfnisse zu orten, unterstützten nachfolgende bildliche und körperliche Ausdrucksformen das Hervorbringen und die klarere Ausprägung dessen, worüber ich schreiben wollte. Malen und Körperbewegung erinnerten mich zum Beispiel an Texte, die ich vor mehreren Jahren bereits zu ähnlichen Schwerpunkten verfaßt hatte. Mir wurde mit dieser Erfahrung klar, daß Schreiben als Tätigkeit – so dies inhaltlich auf den ersten Blick oft der Fall zu sein scheint – nicht ausschließlich mit dem fotografischen *Schnappschuß*, dem Aufnehmen eines Moments gleichgesetzt werden sollte. Mit jenen ins Gedächtnis zurückgerufenen Texten erfuhr ich ein eindrucksvolles Beispiel für Schreiben als langwierigen Lernprozeß.[2] Natalie Rogers' Orientierungspunkte veränderten sich in meinem Falle wie folgt:

Körperempfinden II

1. *Bewegen Sie sich im Raum mit der Vorstellung, Ihr Köper wird abwechselnd von Ihren Schultern, Ellbogen, Knien oder Ihrem Bauch geführt.*
2. *Nehmen Sie das Körpergefühl, das Sie während Ihrer Bewegungen empfunden haben, mit in Ihr Schreiben: Entwerfen Sie schnell einen Dialog aus einzelnen Wörtern und/oder Kurzsätzen zwischen Schultern, Ellbogen, Bauch und Knien als handelnde Personen. Vielleicht entdecken Sie sogar Stimmen, die zwischen rechter und linker Körperhälfte unterscheiden lassen: Was sagt das rechte Knie zum linken Ellbogen etc.?*
3. *Bewegen Sie sich im Raum mit der Vorstellung, Ihr Körper wird abwechselnd von der rechten und linken Seite geführt.*
4. *Erinnern Sie sich an Ihr Körpergefühl während der vorangegangenen Übung, und entscheiden Sie, welcher Körperteil für Sie besonders wichtig war, in der Führungsrolle zu erleben. Beschreiben Sie, was Ihr rechtes oder linkes Knie etc. gesehen hat, als es führte. Entwerfen Sie den Text in der Ich-Form.*
5. *Malen Sie auf einem großen, in der Mitte gefalteten Papierbogen Ihre beiden Körperhälften. Die rechte Seite des Körpers malen Sie mit der linken Hand, die linke Seite mit der rechten. Rufen Sie während des Malens Ihren Ich-Text in Erinnerung.*
6. *Füllen Sie die beiden Körperhälften auf Papier mit Wörtern, Farben bzw. Materialien, die Ihrem Körperempfinden der vorangegangenen Bewegungen entsprechen.*
7. *Entfalten Sie den Papierbogen, hängen Sie ihn gut sichtbar auf, versenken Sie sich in die Darstellung, und sehen Sie, welcher Körperteil Sie am deutlichsten anspricht. Schreiben Sie einen Dialog zwischen Ihnen und dem (wiederum personifizierten) Körperteil.*
8. *Fassen Sie am Schluß des Projekts die durchlaufenen Arbeitsetappen und Ihre Eindrücke als eine Reisebeschreibung zusammen.*

Der Brückenschlag zwischen Bildlichkeit und Schriftlichkeit, den ich bei Gabriele Rico kennen- und schätzengelernt habe, knüpft unmittelbar an Janet Emigs Arbeiten zum Schreibenlernen an, auf die ich bereits im vierten Kapitel kurz eingegangen bin: das schreibende Individuum entwickelt sich, was sein Tätigkeitsprofil betrifft, aus dem im kindlichen Spiel gestikulierenden und malenden Individuum.[3]

Gabriele Rico hat in ihren zwei Hauptwerken, *Writing the Natural Way* (1983) und *Pain and Possibility* (1991), verschiedene methodische Überlegungen zum Zusammenhang von Malen und schriftsprachlichem Gestalten entwickelt, die ich an dieser Stelle kurz als praktische Vollzugskette zusammenstellen möchte. Ricos methodische Vorschläge basieren u.a. auf den Erkenntnissen der Hirnforschung der siebziger Jahre zum *split brain*-Phänomen,[4] die in der linken Hirnhälfte begriffliches und in der rechten Hirnhälfte bildliches Denken schwerpunktmäßig ablaufen sieht. Ricos Verständnis vom Schreibprozeß bemüht sich um eine vor allem praktische Brückenbildung zwischen bildlichem und begrifflichem Denken bzw. zwischen kognitivem und intuitivem Lernen durch Schreiben. Daß sie damit gleichzeitig als *Vermittlerin* zwischen traditionellen und alternativen Unterrichtskonzeptionen wirkt, wird mit einem Blick auf die Entwicklung der deutschsprachigen Schreibdidaktik seit den späten achtziger Jahren deutlich. Ricos *Garantiert schreiben lernen* (1984)[5] ist zumindest in Deutschland die am häufigsten zitierte Quelle, wenn es um das Aufbrechen oder Ausbalancieren von Lehrformen geht, die einseitig auf das Schreiben als (kognitives) Problemlösen zielen.[6]

Was mich an Gabriele Ricos Schreibansatz besonders überzeugt, ist dessen Nähe zum Prozeß des Schreibenlernens. Das was Janet Emig in der Entwicklung des Schreibens beim Kinde ablaufen sieht – die Herausbildung des geschriebenen Begriffs über verschiedene Stadien physischer Metaphern –, behandelt Rico als einen in jeder neuen Textarbeit sich komprimiert wiederholenden Vorgang: Schlagartig ausgelöste Erinnerungen setzen sich mit ihren emotionalen Kontexten in Verbindung und formen ein imaginatives Bild (*Einrahmen, Benennen*), das im Moment des Aufschreibens linguistisch kodiert wird (*Stammeln, Texten*). Die von Emig als für das Schreiben essentiell beschworene Funktionseinheit von Hand (für den praktischen Vollzug), Auge (für das Erfassen des Zeichens) und Gehirn (für die Symbolschöpfung) ist bei Rico effektiv in die Praxis umgesetzt.

Schreibprozeß nach Gabriele Rico[7]

1. *doodling* und Einrahmen

Rico findet in der assoziativen zeichnerischen Darstellung ihren Schreibauftakt. Im *doodling* – wie sie diese spontanen Bewegungen mit dem Schreibgerät auf Papier nennt – sieht sie die Bahnen bildlichen Denkens auf einer Weise zum Ausdruck gebracht, die einen höheren Grad von Authentizität verspricht und damit tatsächlich vorhandenen Mitteilungsbedürfnissen näherkommt. Rico nennt jene Tätigkeit zum Zwecke genauerer Funktionsbezeichnung auch *framing*, und ich definiere sie als das seismographische Aufzeichnen von emotionalen Schwingungen bzw. das „Einrahmen" dazugehöriger komplexer Erinnerungen, Erfahrungen und Kenntnisse.

- *Führen Sie den Stift ohne abzusetzen über ein leeres Blatt Papier. Wenn Sie möchten, schließen Sie dabei die Augen.*
- *Fertigen Sie je nach Bedürfnis mehrere solcher Skizzen an. Nehmen Sie jedoch für jeden weiteren Versuch ein neues Blatt Papier.*
- *Legen Sie die Blätter vor sich aus, und entscheiden Sie sich für eine Zeichnung, die Sie für Ihre weitere Arbeit nutzen wollen.*

2. *word-sculpturing* und Benennen

Wenn Rico vorschlägt, vereinzelte Wörter in die Schlingen, Bögen und Kreise einzufügen, dann entsteht daraus eine Wortskulptur, dessen Wachsen sie direkt aus den Gesten der (schreibenden) Hand empordringen sieht. Im Moment des Einschreibens in die vorhandenen Formen vollzieht sie den o.g. Brückenschlag zum begrifflichen Denken, ohne dabei die bereits vorhandene bildliche Komponente aufzugeben: Das hinzukommende Wort geht weit über den Rahmen seiner eigentlichen Bezeichnungsfunktion hinaus und entfaltet einen narrativen Charakter – es *erzählt* eine Geschichte. Rico kennzeichnet diesen Vorgang mit dem Begriff *naming*. Sind zuerst Gefühle und Emotionen durch (nonverbale) Formen (Schlingen, Bögen und Kreise) sichtbar gemacht worden, bekommen sie nunmehr Namen, werden ausdrückbar. Die Bezeichnungstätigkeit löst Erfahrungen und Vorkenntnisse aus, die letztlich dazu beitragen, bisher unstrukturierte Informationen zu verarbeiten.

- *Versenken Sie Ihren Blick in die ausgewählte Zeichnung. Folgen sie mit den Augen der Bahn, die Ihr Stift auf das Papier gemalt hat. Versuchen Sie, sich dabei auch noch einmal an die Bewegungen Ihrer Hand zu erinnern.*
- *Welche Wörter ruft die Zeichnung in Ihnen hervor? Notieren Sie, was Ihnen in den Sinn kommt, willkürlich in die Kreise, Schlingen und Bögen. Schreiben Sie schnell, und beschränken sie sich auf einzelne Wörter.*
- *Sollten Sie, durch die Tätigkeit angeregt, Lust verspüren, die Zeichnung zu verändern oder eine neue anzufertigen, dann sollten Sie dies auch tun. Kommen Sie jedoch in jedem Fall auf das Einschreiben von Wörtern in die Formenzeichnung zurück.*

3. *clustering* und Stammeln

Ausgehend von den in der Zeichnung eingebetteten Wörtern (Rico bezeichnet sie auch als *seed words*) empfiehlt sie den Aufbau von Wortbüscheln, in denen, ähnlich einer Kettenexplosion, die Initialzündung des ersten Wortes immer wieder neue, ebenfalls explosionsbereite Wörter auslöst. Auch hier ist es wiederum nicht nur die Begrifflichkeit der einzelnen Wörter, die in das cluster einfließt, sondern ihr narrativer Charakter, der sich nun im Netz des übrigen Wortmaterials potenziert. Daraus ergibt sich jedoch noch kein Erzählen im herkömmlichen Sinne. Es ist ein *Stammeln*, das die Schreibenden von sich geben, wenn sie, nach Orientierung suchend, sich durch die cluster-Struktur tasten. Was in dieser Phase entsteht, ist experimentell und spielerisch.

- *Schauen Sie auf Ihre Wortskulptur, und wählen Sie ein Wort aus, das Ihnen in diesem Moment besonders wichtig erscheint. Schreiben Sie es in die Mitte einer leeren Seite, und kreisen Sie es ein.*
- *Konzentrieren Sie sich kurz auf das gewählte Kernwort. Plazieren Sie dann alle Wörter, die Ihnen angesichts des Kernbegriffs in den Sinn kommen, im losen Kreis um das Zentrum.*
- *Verbinden Sie die Wörter, die Ihrer Meinung nach zusammengehören, mit Linien. Falls Sie dabei Assoziationen zu anderen Wörtern im Zentrumskreis finden, gehen Sie diesen auf alle Fälle nach, und starten Sie Neben-Cluster. Folgen Sie dem Fluß Ihrer Einfälle, auch wenn er Sie vom ursprünglichen Kernwort wegtragen sollte.*

4. *composing* und Texten

Das *Texten* beginnt meines Erachtens mit dem Aufdecken von narrativen Feldern zwischen den verschiedenen cluster-Teilen. Hier vollzieht sich zumeist ein *Erzählen,* das Bedeutungs- und Sinnstrukturen ausgewählter Wörter subjektiv definiert. Sie werden zu Kurzgeschichten, Märchen, Gedichten, Collagen etc. verarbeitet oder finden sich in nicht-fiktionalen Textsorten wieder. Rico vergleicht dieses Arbeitsstadium mit dem Knüpfen eines Versuchsnetzes, in dem das Sprachmaterial auf seine individuelle Brauchbarkeit hin erprobt wird: Führt es mich tatsächlich zu dem, was ich sagen will?

- *Betrachten Sie noch einmal Ihr cluster, und markieren Sie die Wörter, die Ihnen von besonderem Interesse scheinen.*
- *Beginnen Sie dann über diese Wörter zu schreiben. Dabei ist es nicht wichtig, ob die Wörter auch tatsächlich in Ihrem Text auftauchen. Sie können auch durchaus als Kontext fungieren.*
- *Bemühen Sie sich, in einem Fluß zu schreiben, was nicht unbedingt schnell sein muß, dafür jedoch kontinuierlich. Suchen Sie nicht gezielt nach Darstellungs- und Ausdrucksmitteln. Vertrauen Sie Ihrer inneren Stimme und dem Arbeitsprozeß, der nach einer Weile selbstformierend wirken wird. Schreiben Sie so lange, bis der Schreibfluß versiegt.*

Während die Beispiele, angeregt durch Natalie Rogers und Gabriele Rico, *Ich-zentriertes* Schreiben befördern, habe ich bei der Dresdner Schauspielerin und Spielpädagogin, Hannelore Seezen, die *themenzentrierte* Schreibanregung durch Gemälde kennengelernt. Obwohl hier die Bilder „gestandener" KünstlerInnen verwendet werden, geht es nicht (in erster Linie jedenfalls) um das Schreiben als Form des Kunstverstehens. Das Bild bekommt die Funktion eines *prompt*, wie die AmerikanerInnen Objekte bezeichnen, mit denen Schreibende von *außen* (durch den/die LehrerIn etc.) konfrontiert werden und die somit wesentlich zum Auslösen bzw. Beschleunigen des Schreibprozesses beitragen. Inzwischen gibt es in den USA eine breite Diskussion sowohl auf dem Gebiet der *composition*-Pädagogik als auch im *creative writing*, ob und in welchem Maße *fremde Texte*, Gemälde, Gegenstände, Musik etc. im Seminar (bei dieser Auseinandersetzung geht es hauptsächlich um die universitäre Ausbildung) eingesetzt werden sollten.[8]

Ende der achtziger Jahre nahm ich an einem Workshop mit Hannelore Seezen teil, bei dem ich mich wohl zum erstenmal seit meiner Kindheit wieder auf nichtanalytische Weise Gemälden näherte. Künstler und Bild weder in historische Zusammenhänge noch in Schulen oder Strömungen einordnen zu müssen, war mir zum einen Erleichterung, zum anderen stiftete es Verwirrung und Orientierungslosigkeit. Mit Blick auf die bildnerischen Darstellungen waren Kenntnisse abrufbereit und bildeten sozusagen eine Matrix, auf der ich kommunizieren wollte. Stattdessen aber sollten wir über unsere Gefühle schreiben, ausgelöst durch den Anblick verschieden gestalteter Abendstimmungen, und niemand fragte mich nach Bildkomposition oder Gestaltungstechniken. Ich war angehalten, selbst zu gestalten, meine emotionalen Eindrücke in Form eines Gedichts oder einer Kurzgeschichte, später in einer improvisierten Szene auszudrücken/mitzuteilen.

Ich habe längst vergessen, was ich damals schrieb; es war nicht des Aufhebens wert, dachte ich damals. Bestand hatte jedoch ein Gefühl des Vergnügens im Umgang mit Kunst. Was ich nur wenig später nach dem Workshop in einem Interview mit Hannelore Seezen der Eigenart *sozialistischer* Bildung und Erziehung zuschlug – die erfahrene Dialektik von Spielen und Genießen -,[9] möchte ich aus heutiger Sicht voll und ganz dem pädagogischen Geschick und der methodischen Klugheit einer Frau zurechnen, die vieles von dem, was ich hier in diesem Buch mühselig zusammentrage, schon damals angesichts eines fast ausschließlich rezeptiv orientierten Umgangs mit Kunst und Kultur in Schule und Universität als kreative Alternative weitsichtig praktizierte.

Bildern

1. Wählen Sie ein Zeitungsbild, ein Foto aus dem Familienalbum oder ein Gemälde aus der Stadtgalerie. Betrachten Sie das Bild eine Weile, und konzentrieren Sie sich schließlich auf eines seiner Details.
2. Schließen Sie die Augen, und versuchen Sie, sich das Bild vorzustellen. Warten Sie so lange, bis ein Image vor Ihrem inneren Blick stehenbleibt. Beschreiben Sie dieses schnell und in aller Kürze. Vergleichen Sie dann die Beschreibung mit dem tatsächlichen Bild. Was hat sich verändert?
3. Schaffen Sie ein Bild im Bild: Finden Sie eine Stelle im Original, wo Ihr Image aus Übung 2 Platz finden könnte, und beschreiben Sie, was Sie in dieser neuen Darstellung sehen.
4. Wenn Sie Lust haben, können Sie zu dieser Collage von wirklichem und fiktivem Bild einen Text schreiben: ein Gedicht, eine Geschichte, eine kurze Szene etc.

Bildnerisches Schaffen als erweitertes Textverstehen bezieht sich sowohl auf die eigene Schreibtätigkeit als auch auf fremde Texte. In beiden Fällen geht es um Sinnschöpfung des Gelesenen mittels bildnerischen Gestaltens: Zum Erstentwurf einer Kurzgeschichte entsteht eine Skizze, die später möglicherweise eine Überarbeitung oder Neufassung des Ausgangstextes zur Folge hat. Das Malen und/oder Betrachten des Bildes macht Zusammenhänge erlebbar, die dem Schreiben/Lesen verborgen bleiben. Ähnliches trifft auf den Verstehensprozeß im Umgang mit fremden Texten zu: Durch die Arbeit im anderen Ausdrucksmedium können bisher unbewußt wahrgenommene Aspekte des Textes an die Oberfläche dringen und sich schließlich im Bild (und bewußten Verstehen) manifestieren. Dazu ein Beispiel aus der Unterrichtspraxis:

StudentInnen im dritten Jahr Deutsch als Fremdsprache lesen Kafka

Im Unterrichtsgespräch benennen sie die zentralen Themen der Texte (Einsamkeit, Fremdsein, Isolation, Verlorensein etc.). Sie *behandeln* jedoch jede Geschichte für sich, erkennen kaum Zusammenhänge. Später gebe ich den Auftrag, bildnerische Darstellungen zu den Kafka-Texten zu suchen. Von den Graphiken, Radierungen und Holzschnitten, gefunden in Bildbänden und Kunstmappen, werden Fotokopien angefertigt. Die Darstellungen werden nebeneinander ausgelegt; später entstehen aus ihnen Collagen, gemeinsam mit Ausschnitten, manchmal nur einzelnen Zeilen oder Wörtern aus den Geschichten. Aus dem Ergebnis lesen die Beteiligten Knotenpunkte eines Netzes heraus, das sich über die nunmehr in einem anderen Licht betrachteten Geschichten Kafkas breitet: die verwinkelte Stadt als Bedrohung und heimisches Nest, eine dominierende Vaterfigur, Angst vor Lärm, das nahe, ferne Schloß auf dem Berg.

Schreiben und Bildlichkeit

Manchmal haben wir genaue Vorstellungen, von dem, worüber wir schreiben wollen. Wir wissen nur nicht wie. Der Grund dafür liegt oft im fehlenden Image für die Idee. Oder anders gesagt, wir haben keine bildliche Vorstellung von unserer Schreibidee. Gehen Sie in einer solchen Lage ganz einfach los, sehen Sie sich in Stadt und Natur um, setzen Sie sich in die Bibliothek, und blättern Sie in Bildbänden. Schauen Sie in Bilderbücher für Kinder und auf die Frontseiten der Tagesblätter. Versuchen Sie dabei, ganz naiv zu betrachten: Nehmen Sie das Bild wahr, seine äußere Erscheinung und seine innere Komposition, ohne zu interpretieren, ohne den Drang, das Bild „verstehen" zu wollen.

Galerie Sonnensegel

Seit Dezember 1989 gibt es in der Stadt Brandenburg die *Galerie Sonnensegel*, in deren Rahmen sich SchülerInnen gestaltend mit literarischen Texten auseinandersetzen. 1992 wurde ein Projekt zur Erzählung *Der weiße Dampfer* des kirgisischen Autors Tschingis Aitmatow in Angriff genommen. Unter Mitarbeit von Kunst- und KulturpädagogInnen bzw. KünstlerInnen aus Graphik, Design, Keramik und Bildhauerei schufen SchülerInnen einer achten Klasse eine Jurte mit neun begehbaren Räumen und Installationen aus Farben, Licht und Objekten. Ähnlich dem o.g. schöpferischen Umgang mit den Kafka-Texten, brachte das facettenreiche bildnerische Gestalten thematische *Experimentierfelder* (Räume) hervor, die zum komplexen Textverstehen beitrugen.[10]

Abschließend möchte ich auf die im vierten Kapitel aufgeworfene Frage nach der speziellen Funktion des jeweiligen Ausdrucksmediums – hier also Bildlichkeit – auf meinen Schreibprozeß eine zusammenfassende Antwort versuchen.

Spezielle Funktionen von Bildlichkeit für das Schreiben

- *Freies* Malen hilft mir beim Aufspüren individueller Kommunikationsbedürfnisse.
- Die Kombination von Wort und Bild erleichtert mir das Formen und Freisetzen von *Images*.
- Im Lernfeld *Bildlichkeit* sehe ich einen Trainingsort für das kreative Verweben von bildlichem und begrifflichem Denken.
- Bildnerisches Darstellen und Schreiben schaffen gemeinsam Räume, in deren Grenzen ich mit den Möglichkeiten des jeweils anderen Mediums experimentieren/spielen kann.
- Die Möglichkeit des Wechselns vom Schreiben zum Malen/Zeichnen/Fotografieren/Collagieren etc. garantiert mir eine Art Sicherheitszone, in die ich mich vor Schreibblöcken und -ängsten zurückziehe und neue Schreibmotivation tanke.

Weiterführende Lektüre

Korrespondenzen, 14,92: Marlies Lange, „Spuren in uns – sichtbar gemacht durch MATERIALSPUREN, 11-13.
Rabkin, Gabriele, *Der Engel fliegt zu einem Kind...: Anregungen zum freien Schreiben und Gestalten*, Stuttgart, Dresden: Klett, 1995.

dies., *Schreiben, Malen, Lesen: Wege zur Kultur,* Stuttgart: Klett, 1992.
Söllinger, Peter, *Texte schreiben: Methodische Anregungen,* (5. Auflage), Wien: Literas Universitätsverlag, 1995.
Zopfi, Christa und Emil Zopfi, *Wörter mit Flügeln. Kreatives Schreiben,* Bern: Zytglogge, 1995.

Anmerkungen

1 Ich danke Natalie Rogers, die mir diverse Workshop-Materialien für meine Arbeit überlassen hat. Vgl. zu Zielen, curricularen Strukturen, Methoden und Inhalten des von Natalie Rogers gegründeten *Person Centered Expressive Therapy Institute* in Santa Rosa, California: Bräuer (1996b), 272 ff.
2 Vgl. zum Aspekt der Langwierigkeit von Schreiblernprozessen noch einmal meine Ausführungen im 1. Kapitel bzw.: ders. (1996a), 195-206.
3 Vgl. dazu noch einmal: Emig, „Writing as a Mode of Learning,"' in: Dixi Goswamie und Maureen Butler (Hrsg.), *The Web of Meaning,* Portsmouth, NH: Heinemann, 1983 (b).
4 Vgl. u.a. Joseph E. und Glenda Bogen, „The Other Side of the Brain III: The Corpus Callosum and Creativity", in: Robert Ornstein (Hrsg.), *The Nature of Human Consciousness,* San Francisco: Freeman, 1973; James Gray, „Understanding Creative Thought Processes: „An Early Formulation of Emotional-Cognitive Structure Theory", in: *Man-Environment Systems,* 9 (1980); Elliot Ross, „Aprodosia", in: *The Sciences,* 22 (1982); Roger W. Sperry, „Hemisphere Disconnection and Unity in Conscious Awareness", in: *American Psychologist,* 23 (1968).
5 Rico, Gabriele, *Garantiert schreiben lernen* (Hamburg: Rowohlt, 1984), ist die Übersetzung (Cornelia Holfelder-von der Tann, Hainer Kober, Liselotte Mietzner) des Klassikers der US-amerikanischen Schreibpädagogik, *Writing the Natural Way: Using Right-Brain Techniques to Release Your Expressive Powers,* Los Angeles: Tarcher, 1983.
6 Interessanterweise bilden die Arbeiten Ricos damit ein Gegengewicht zu Linda Flower und John Hayes (u.a. „The Cognition of Discovery: Defining a Rhetorical Problem", in: Sondra Perl (Hrsg.), *Landmark Essays on Writing Process,* Davis, CA: Hermagoras Press, 1994, 63-74), einer anderen stark strapazierten amerikanischen Quelle in der Deutschdidaktik.
7 Vgl. dazu auch: Rico (1984); dies. (1991). Die Erklärungs- und Übungsfolge ist meine Praktizierung der Hauptgedanken der beiden Bücher von Rico.
8 Ich werde mich zu dieser Diskussion zu Beginn des dritten Buchteils unter dem Titel „Schreiben 'mit' und 'ohne'" ausführlicher äußern.
9 Gerd Bräuer, „Spielen und Genießen – zwei wesentliche Komponenten sozialistischer Bildung und Erziehung: Im Gespräch mit Hannelore Seezen", *Deutschunterricht* 42 (1989) 11, 549-552.
10 Eine ausführliche Dokumentation des Projekts bringt der Ausstellungskatalog, *Weißer Dampfer und Sonnensegel* (Texte und Redaktion: Wilfried Bütow, Barbara Schütze, Armin Schubert und Martina Stein), Berlin: Verlag Volk und Wissen, 1996.

6. Kapitel: Lernfeld Mündlichkeit

*Das ungesättigte Erzählen aus dem Alltag
findet in der Geschichte zu einem Ende.
„Ich bin am Ende", sagte der Stein.
Die Geschichte geht nicht mehr weiter.
Man kann nur eine neue beginnen.*
Theodor Schulze

Zusammenfassung

Das Lernfeld Mündlichkeit entfaltet sich beim Reden über Ideen, Spielen mit Einfällen und Geschichten, beim lauten Vorlesen des Geschriebenen. Schreiben erwächst aus einem (Sich-)*Mitteilenlernen* im gesprochenen Monolog und Dialog. Es bedeutet *Hören- und Zuhörenlernen* auf die eigenen inneren und äußeren Stimmen bzw. auf die anderer Menschen.

Vermutlich haben die meisten Kulturen eine lange Tradition des mündlichen Erzählens, welche bekanntlich eine bedeutsame Basis der modernen (schriftsprachlichen) Literatur darstellt. Mit der Entfremdung der sozialisierenden und individuell-therapeutischen Funktion regelmäßigen (und inhaltlich sich wiederholenden) mündlichen Darstellens sind leider auch viele methodische Aspekte oraler Erzählpraxis in Vergessenheit geraten.

Als meine Tochter kleiner war, verlangte sie, daß ich ihr bestimmte Märchen immer wieder erzählte (nicht vorlas!). Nach einer Phase, in der sie stets ein und denselben Ablauf der Geschichte einforderte, begann sie, das weite Terrain von Figurencharakteristik und Handlung langsam zu ergründen: Zuerst wurden aus Schönen und Reichen noch Schönere und Reichere; später verwandelten sich Gute in Böse oder Häßliche in Begehrenswerte. Aus Tag wurde Nacht und aus Sommer Winter, und schließlich mußte nicht einmal mehr Dornröschen hundert Jahre schlafen. Damit war die Zeit gekommen, selbst Geschichten zu erfinden. Nachdem sie eine Ausgangssituation gewählt hatte („Stell dir vor, ein kleiner Junge reitet auf einem Besenstiel zum Mond."), kam mir gewöhnlich die Aufgabe zu, den Handlungsauftakt zu entwerfen. Nach einigen Sätzen übernahm meine Tochter den Erzählfluß, den sie für eine Weile weitertrieb. Gewechselt wurde gewöhnlich dann, wenn sich eine einschneidende Handlungsveränderung ankündigte.

Kollaboratives Erzählen als Schreibanregung

1. *Setzen Sie sich mit einem Partner oder mehreren Personen zusammen, und legen Sie den Beginn der Geschichte fest. Ritualisierte Anfänge wie „Es war einmal" oder „Vor langer Zeit" eignen sich genausogut wie Neuschöpfungen. Wichtig ist nur, daß im ersten Satz Aktionsort und -zeit bzw. eine handelnde Person festgelegt sind: „Es war einmal ein einsamer Mann, der ging durch den nachtdunklen Wald..."*
2. *Lassen Sie den Erzähl„faden" reihum gehen (das kann tatsächlich mit einem Wollknäuel gemacht werden). Reichen Sie den „Faden" nach jedem vollständigen Satz weiter, indem Sie den nächsten Satz mit der einleitenden Konjunktion übergeben:*

„Es war einmal ein einsamer Mann, der ging durch den nachtdunklen Wald. Plötzlich...."
3. *Der/die nächste SprecherIn wiederholt **nicht** den vorangegangenen Satz, sondern lediglich die einleitende Konjunktion des abgebrochenen Satzes. Der Gesamtwortlaut kann entweder durch einen Protokollanten mitgeschrieben oder auf Band aufgezeichnet werden. Für eine effektive Weiterverwendung des Materials ist es günstig, die Geschichte nicht zu lang werden zu lassen. Zwei oder drei Runden in einer Fünf-Personen-Gruppe sind ausreichend.*

Schreibanregungen können sich durch solcherart Mündlichkeit zu Dutzenden einstellen, was durchaus auch die Gefahr in sich birgt, daß eine Entscheidung schwer zu fällen ist bzw. etwas ausgewählt wird, das bekannt vorkommt oder einfach und sicher zu handhaben scheint.

Fokusieren

1. *Hören Sie die Gruppengeschichte einmal (oder mehrere Male) als Ganzes. Lauschen Sie in sich hinein, ob Ihnen irgend ein Wort oder Thema, eine Stimmung oder Beschreibung besonders bedeutungsvoll erscheint. Schreiben Sie das auf.*
2. *Malen Sie zum ausgewählten Gegenstand ein Bild, oder legen Sie eine Wortliste oder ein cluster an. Wiederholen Sie vielleicht noch einmal (oder mehrere Male) den Vorgang des Texthörens, Material Auswählens und Malens/Schreibens. Vergleichen Sie die verschiedenen Ergebnisse, und wählen Sie das Ihnen Wesentliche aus.*

Mündlichkeit eignet sich auch gut für das *Weiterentwickeln* von Ideen. Ich habe bereits mehrfach erwähnt, daß ich vor allem das mündliche Vorstellen von neuen Projekten als einen entscheidenden Anstoß für die eigentliche Schreibarbeit sehe. Mich hat es schon immer gereizt, davon zu erzählen, was ich zu schreiben vorhabe, und dies besonders unter dem Aspekt des Ausprobierens meines Materials: Wie klingt meine Idee? Ist sie mir wirklich wichtig? Wirkt sie in ihrem Aufbau schlüssig? Wobei stocke ich? Wo sind die „Löcher" im Netz? Was habe ich anderen Menschen mit meiner Idee zu sagen? Wie reagieren sie? In welchem Licht zeigt sich (höre ich!) meine Idee, wenn sich GesprächspartnerInnen dazu äußern?

Im Prozeß des wiederholten, aber für unterschiedliches Publikum dargestellten Erzählens eines Sachverhalts habe ich festgestellt, daß sich Ballastmaterial abarbeitet. Es ist wohl nur natürlich, daß ich mich bestimmter Aussagen entledige, wenn ich merke, daß ich auch ohne diese Elemente verstanden werde (und mich selbst verstehe). Mit der Zeit wirkt das Gesagte flüssiger und ist in dieser Form eine effektive Vorbereitung für zügiges, blockierungsfreies Schreiben.

Einem Mißverständnis möchte ich jedoch vorbeugen: Es geht mir nicht um das Ausfeilen eines *Textes*, bevor überhaupt ein Wort geschrieben wurde. Dieses Ansinnen würde, wie ja allzugut bekannt, die Scheu vor dem Schreibbeginn (und der leeren Seite) nur vergrößern. Was ich mit Mündlichkeit als Vorstufe des Schreibens meine, ist das freie Spiel mit *Ideen* und ihrer Konzeptionierung, weniger die Arbeit am sprachlichen Detail.

Erzählen und Nacherzählen als Mittel der Textentwicklung (I)

1. *Es spielt keine Rolle, ob Sie als Ausgangsmaterial eine Zeichnung, eine Wortliste oder ein cluster haben. Setzen Sie sich mit einer anderen Person zusammen, und erzählen Sie, ohne das Aufgemalte/Aufgeschriebene noch einmal zu betrachten, eine Geschichte jener Gedanken, die Ihren bisherigen Arbeitsprozeß entscheidend prägten. Benutzen Sie dafür nicht mehr als zehn Sätze, und geben Sie sich tatsächlich keine Mühe, sich an die Inhalte Ihrer Aufzeichnungen zu erinnern. Was Ihnen entfällt, ist auch in diesem Moment nicht wert, weitergedacht zu werden. Bemühen Sie sich, langsam, aber fließend zu erzählen. Wenn Sie steckenbleiben oder sich aus irgend einem Grund unwohl fühlen, dann beginnen Sie noch einmal von vorn.*
2. *Lassen Sie sich die Geschichte von Ihrer Partnerin nacherzählen. Greifen Sie jedoch nicht korrigierend ein, sondern nehmen Sie mögliche Abweichungen als Chance für die Weiterentwicklung Ihres Textes an.*
3. *Schreiben Sie die Geschichte mit all den Veränderungen auf, die Ihnen wichtig erscheinen.*

Ich habe Mündlichkeit schließlich auch als effektives Medium für *Textentwicklung* erfahren. Das Lernfeld entfaltet sich bereits dann, wenn im Schreibvorgang innegehalten wird, um sich selbst das bisher Geschriebene laut vorzulesen. Hier läßt sich wiederum allein durch das Zuhören der eigenen Stimme vieles von dem herausfinden, was ich in den o.g. Fragen bezüglich der Geschmeidigkeit einer Idee gebündelt habe. Äußerst hilfreich für ein konzentriertes und zügiges Schreiben ist das laute Aussprechen von dem, was ich gerade schreibe. Die Idee des *think aloud* entstand in den siebziger und achtziger Jahren ursprünglich als Methode der US-amerikanischen Schreibforschung.[1] Kinder und Erwachsene wurden im Laborunterricht dazu angehalten, ihre Gedanken während des Schreibens laut zu äußern. Das Ziel dessen bestand und besteht auch bei heutigen Untersuchungen darin, das Schreibverhalten nach sozialen, alters- bzw. fähigkeits- und fertigkeitsspezifischen Aspekten etc. zu analysieren, um daraus entsprechende Unterrichtskonsequenzen ableiten zu können. Inzwischen erfreut sich *think aloud* vor allem in den Elementarschulen der USA als Lehr- und Lernmethode wachsender Beliebtheit. Abgesehen von einigen organisatorischen Schwierigkeiten für den Unterricht (Lärmpegel), profitieren Schreibende deutlich davon: Mit dem lauten Aussprechen der Gedanken wird eine direkte Verbindung zwischen den beiden (doch so verschiedenen) Kommunikationsmedien Mündlichkeit und Schriftlichkeit aufgebaut und damit einer Entfremdung des Gedachten beim Übergang vom einen zum anderen Medium vorgebeugt. Hinzu kommt, daß lautes Formulieren eine gewisse Nähe zum Stil des Sprechens aufrechterhält, was sich bekanntlich als hemmungslösend im Schreibprozeß erwiesen hat.[2]

Andere Organisationsformen für Mündlichkeit sind die Partner- und Gruppenarbeit sowie insbesondere der Workshop.[3] Bevor ich etwas ausführlicher auf die methodischen Aspekte eines speziellen *story*-Workshops eingehe, möchte ich die Aufgabenvorschläge zum komplexen Einfluß von Mündlichkeit auf den Schreibprozeß mit den zwei folgenden vorerst abschließen:

Erzählen und Nacherzählen als Mittel der Textentwicklung (II)

1. *Finden Sie sich in einer Gruppe von 3-5 Leuten zusammen. Sie flüstern Ihre 10-Sätze-Geschichte (s.o.), die Sie aufgeschrieben haben, Ihrer Nachbarin ins Ohr. Die Geschichte wandert nun bis zur letzten Person. Dort wird die Geschichte noch einmal laut zum besten gegeben. Machen Sie eventuelle Veränderungen im Vergleich zu Ihrem Original für alle Beteiligten kenntlich, und überarbeiten Sie, wenn Sie möchten, Ihre Geschichte.*
2. *Sie sitzen in der Mitte des Teilnehmerkreises. Alle haben die Augen geschlossen und lauschen Ihrer 10-Sätze-Geschichte. Sprechen Sie ganz besonders langsam, laut und deutlich. Sie können während des Erzählens immer wieder von Ihren MitspielerInnen mit dem Ausruf „Stop!" unterbrochen werden. Ihnen wird ein beliebiges Wort vorgegeben, das Sie in den Verlauf Ihrer Erzählung einbauen müssen. Versuchen Sie von Beginn an, jede Unterbrechung und jedes vorgeschlagene Wort nicht als Störung zu empfinden, sondern als Herausforderung und Chance, mit Ihrer Geschichte zu experimentieren.* [4]

Von John Schultz habe ich das Modell eines *story*-Workshops kennengelernt, das ich hier in seiner grundlegenden Unterrichtsmethodik kurz vorstellen möchte.[5] Ich habe mich dazu entschlossen, weil meiner Erfahrung nach sich das Modell mit nur geringem Adaptionsaufwand in allen Bildungsstufen und -bereichen anwenden läßt.

Während es John Schultz darum geht, seine StudentInnen zu qualitativ überzeugenden Prosa-Texten zu führen, bin ich an seinem Modell als einem allgemeinen Lernfeld interessiert, das sich in meiner Verwendung weit über die Grenzen eines Workshops für literarische AutorInnen, ja sogar über die des Sprach- und Literaturunterrichts bzw. -studiums erstreckt und cross-curricularen Charakter entfaltet.

Schultz schlägt für jede Unterrichtseinheit den folgenden Ablauf vor:[6]

Story-Workshop: Ablauf

1. Anknüpfen an mündliches und schriftliches Material der Vorstunde;
2. Phantasieanregung durch den Umgang mit einzelnen Wörtern;
3. Phantasievertiefung durch die Verbindung einzelner Wörter zu Handlungsmomenten/Szenen/Gedankenabläufen;
4. Transformation der mündlich formulierten Ideen in die schriftliche Repräsentationsform;
5. Vorstellung des Geschriebenen als Anregung für nachfolgende Imitations-, Adaptions- bzw. Improvisationsarbeit;
6. Austausch (sich bewußt werden) über die im Unterricht abgelaufenen Lernprozesse.

Mit der Rückbesinnung auf das Einzelwort bezieht Schultz einen Ausgangspunkt für Spracharbeit, den wir bereits von Gabriele Rico kennen. Wenn ich ergänze, daß mündliche Repräsentation für Schultz eine verbale *und* nonverbale (physische) Komponente besitzt, dann werden außerdem Parallelen zu Janet Emigs Theorie von der kindlichen Schreibentwicklung (Schriftlichkeit als Entwicklungsergebnis aus körperlicher Geste und bildnerisch tätiger Hand) sichtbar.

Die o.g. Unterrichtsstruktur verdeutlicht, daß Schultz Schreiben als Lernprozeß versteht, dessen Quellen er innerhalb des Mediums Mündlichkeit entspringen sieht.

Schreiben sei die Verlängerung der inneren Stimme des mündlichen Erzählers, meint Schultz.[7] Wie schon einmal darauf verwiesen, wird damit nur scheinbar methodisch gegen ein bekanntes Grundprinzip der Schreibprozeß-Theorie verstoßen, das die Verlagerung des Denkens von Beginn an auf das Papier einfordert. Schultz erzielt mit unreflektierter, dafür aber um so stärker fokusierter Mündlichkeit (Konzentration auf das Einzelwort) einen ähnlichen Effekt, den wir vom *brainstorming* oder *clustering* kennen: Hier werden unbewußtes Sprachmaterial der Handelnden erschlossen und individuelle Kommunikationsbedürfnisse zutage gefördert.

Mit John Schultz bin ich zur Einsicht gekommen, daß *Sehen* und *Zuhören* für die Etablierung des Lernfeldes Mündlichkeit – der Tätigkeit des *Sich-Mitteilens* – zwei Schlüsseltätigkeiten und (qualitative) -fähigkeiten verkörpern und gleichzeitig Brükken schlagen zu anderen Lernfeldern wie Bildlichkeit, Musikalität bzw. Theatralität. *Sehen*lernen heißt in diesem Kontext Bilder vor dem inneren Auge zu formen, wenn ein bestimmtes Wort vernommen wird. Es heißt auch, Images in Wörtern freizusetzen, um damit Kommunikationsbedürfnisse zu befriedigen. Nicht zuletzt bedeutet *Sehen*lernen den Fähigkeitserwerb des Image-Findens für Wörter, um diesen Wörtern individuelle Aussagekraft und Bedeutsamkeit zu verleihen. *Hören*lernen meint, die eigene Stimme (und die Anderer) im Sinne des Erkennens und Verstehens von Mitteilungsbedürfnissen und der Möglichkeiten ihrer adäquaten Befriedigung zu vernehmen. *Hören* und *Sehen* bedingen einander im Feld des Mitteilens: Was nicht gehört wird, kann auch nicht gesehen (sich vorgestellt) und letztlich nicht mitgeteilt werden, und was sich nicht vorgestellt werden kann, wird nicht mitgeteilt und natürlich nicht gehört werden, aufgrund einer viel zu „leisen" Stimme.

Ich möchte einige Vorschläge für die praktische Umsetzung des *story*-Workshops unterbreiten:

Story-Workshop: Aufgabenstellungen[8]

Anknüpfen und Phantasie anregen

Recycling von Sprachmaterial aus dem letzten Workshop-Treffen:
1. *Erinnern Sie sich an Gegenstände, Personen, Ereignisse, Zusammenhänge, Eindrücke etc. als Sie zum letztenmal mit der Gruppe zusammengearbeitet haben. Rufen Sie sich die Wörter gegenseitig zu.*
2. *Verstärken Sie Ihre Aussagen durch körperliche Gesten, wenn es um die Mitteilung eines Ihnen besonders wichtigen Gegenstandes, Ereignisses, Eindrucks etc. geht.*
3. *Hören Sie genau auf die Beiträge Ihrer MitspielerInnen. Gibt es Wörter, die Sie besonders überraschen? Beginnen Sie dann, mit einem kurzen Satz auf einzelne Wörter zu reagieren, und warten Sie auf Antworten. Verstehen Sie diese als Ball, den Sie gleich noch einmal zurückspielen. Erweitern Sie dabei den metaphorischen Gehalt des von Ihnen gewählten Ausgangswortes.*

Phantasie vertiefen

Improvisation von Handlungsschauplätzen und -abläufen und Schaffen von Erzählbedürfnissen:

*Spielen Sie sich weiterhin Wort„bälle" zu, und hören Sie in sich hinein, um die Bedeutsamkeit des jeweiligen Wortes für Sie herauszufinden. Sollte eines besonders wichtig sein, reagieren Sie darauf mit dem Entwurf von konkreten Handlungsschauplätzen oder -abläufen: („roter Hut") „Wo ist der Mann mit dem roten Hut gesehen worden? Was hat er dort gemacht?" (etc.) Halten Sie sich jedoch mit dem eigentlichen Erzählen einer **story** zurück, geben Sie vorerst nur Bruchstücke. Reagieren Sie auch auf Bruchstücke von anderen, indem sie diese Fragmente kontinuierlich erweitern und miteinander verbinden.*

Erzählen

Lösen des angestauten Mitteilungsbedürfnisses:
Beginnen Sie schließlich mit dem Erzählen, indem Sie die bisher gelieferten Bruchstücke zu einer Geschichte zusammenfügen. Gehen Sie auch dabei ständig auf die Vorstellungen Ihrer MitspielerInnen ein. Wenn sich die Gruppe entschieden hat, den Erzählfluß versiegen zu lassen, dann beginnen Sie, die Ihnen momentan wichtige Geschichte schnell aufzuschreiben. Setzen Sie sich ein Zeitlimit (eventuell 10 Minuten), und schreiben Sie in einem Fluß, ohne zurückzuschauen bzw. zu überarbeiten.

Workshoppen

Textentwicklung in der Gruppe durch Imitation, Adaption und Improvisation:
Lesen Sie Ihren Text der Gruppe vor. Wiederholen Sie dann Ihre Lektüre, und seien Sie gefaßt auf Unterbrechungen, in denen Ihr Text nach- und umerzählt wird. Nach der Unterbrechung fahren Sie jedoch mit Ihrer originalen Textfassung fort. Entscheiden Sie erst am Schluß, ob Sie einige der Veränderungsvorschläge in eine Überarbeitung einfließen lassen wollen.

Welche spezielle Funktion ergibt sich nun für das Ausdrucksmedium Mündlichkeit auf meinen Schreibprozeß?

Spezielle Funktionen von Mündlichkeit für das Schreiben

- Spielerischer und experimenteller Umgang mit einzelnen Wörtern im Dialog mit der Gruppe ist Sprachsensibilisierungstraining, das mir die Augen öffnet für die persönliche Bedeutsamkeit jener Wörter und mich damit gleichzeitig zu meinen aktuellen Kommunikationsbedürfnissen führt.
- Mündliches Vorstellen und Diskutieren meiner Ideen für neue Texte helfen mir beim Fokusieren und Reduzieren/Konzentrieren des Materials.
- Der Austausch mit der Gruppe verleiht meiner Spracharbeit von Beginn an einen echten Adressatenbezug und trägt daher zur Erhöhung der Schreibmotivation bei.
- *Lautes* Schreiben, d.h. auszusprechen, was ich schreibe, erhöht meine Konzentration und schafft eine größere Nähe zum jeweiligen Gegenstand meines Schreibprozesses.
- Vorlesen, zu sich selbst oder zur Gruppe, gibt mir die Möglichkeit, die im Text eingefangenen (emotionalen) Schwingungen meiner inneren Stimme akustisch zum Klingen zu bringen und somit (aus einer anderen Perspektive) näher kennenzulernen.

- Mündliche Textkritik als gemeinsames Spiel und Experiment in der Gruppe – d.h. als praktische Textveränderung – ermutigt mich und öffnet mir das Tor für fortlaufendes Schreiben.

Weiterführende Lektüre

Boueke, Dietrich und Frieder Schülein, „Von der Lehr- und Lernbarkeit des Erzählens", in: *Diskussion Deutsch,* 19. Jg., H. 102, August/September 1988, 386-403.
Korrespondenzen, 22/1994, Thematisches Heft „Sprechen – Sprache – Gestalten".
Zopfi, Christa und Emil Zopfi, *Wörter mit Flügeln. Kreatives Schreiben,* Bern: Zytglogge, 1995.
Manfred Prinz, „Geschichten-Erzählen – Eine kulturspezifische Fertigkeit?", in: Maria Lieber und Jürgen Posset (Hrsg.), *Texte schreiben im Germanistik-Studium,* München: Iudicium, 1988, 411-436.
Theodor Schulze, „Erzählen-Geschichten-Lerngeschichten. Eine undisziplinierte Untersuchung zum narrativen Lernen", in: Harro Müller-Michaels und Gerhard Rupp (Hrsg.), *Jahrbuch der Deutschdidaktik 1994,* Tübingen: Narr, 1995, 91-112.

Anmerkungen

1 Emig (1971); Donald H. Graves, „An Examination of the Writing Processes of Seven-Year-Old Children" (1975) und Sondra Perl, „The Composing Process of Unskilled College Writers", (beide Artikel) in: Perl (Hrsg.), *Landmark Essays on Writing Process,* Davis, CA: Hermagoras Press, 1994, 23-38 bzw. 39-62.
2 Das sich dahinter verbergende Problem des Verhältnisses zwischen *expressivem* und *transaktionalem* Schreiben werde ich im 9. Kapitel näher diskutieren.
3 Vgl. zu grundlegenden schreibpädagogischen Aspekten der Partner-, Gruppen- und Workshoparbeit die entsprechenden Kapitel im dritten Teil des Buches.
4 Ich habe diese Übung mehrfach in Theaterworkshops zur Verbesserung von individueller Improvisationsfähigkeit bzw. des Gruppenzusammenspiels erlebt. Leider war ich jedoch nicht in der Lage, die ursprüngliche Quelle der Übung zu identifizieren.
5 Ich habe das *Story Workshop*-Modell des Columbia Colleges in Chicago in Bräuer (1996b), 241 ff. ausführlicher ausgeführt und dort auch seinen Platz im Gesamtszenarium der US-amerikanischen Schreibpädagogik ausgewiesen.
6 John Schultz, „The Story Workshop Method: Writing From Start to Finish", in: *College English,* Vol. 39 (Dezember 1977), 411-436, hier: 412; Übersetzung, Zusammenfassung bzw. Adaption sind von mir.
7 Vgl. ebenda, 416.
8 Ich adaptiere hier Ideen von Betty Shiflett, die viele Jahre gemeinsam mit John Schultz den *story*-Workshop am Columbia College in Chicago unterrichtet hat.

7. Kapitel: Lernfeld Musikalität

Wer Musik macht oder hört, (...)
der verarbeitet zugleich (...)
Gefühle, Erlebnisse, Erfahrungen. (...)
Musik, so will mir scheinen,
ist eine andere Form, (sich) auszutauschen.
Gerd Koch

Zusammenfassung

Schreiben im Lernfeld Musikalität übt das Zusammenspiel von Mündlichkeit und Körperlichkeit. Es experimentiert mit den physischen und psychischen Grenzen des schreibenden Ichs und ergründet deren Verhältnis zu Emotionalität und Rationalität im Prozeß des Schaffens.

Musik-, Sing- und Rhythmusarbeit in Hinblick auf das Schreiben steht dem Lernfeld Mündlichkeit ebenso nahe wie dem der Theatralität. Aus diesem Grund habe ich mich entschlossen, dieses Kapitel zwischen die beiden genannten Abschnitte zu plazieren. Ich verstehe Musikalität, und ich meine hier vorerst das Singen, als eine spezielle Form von Mündlichkeit: Sprache wird auf einem Sound-Teppich oral transportiert. Im Eintauchen des Textes in ein anderes Medium, die Musik, sehe ich eine Ausdehnung der für die Mündlichkeit festgestellten Lernpotenzen. Hier geht es um die Transformation sprachlicher in körperliche Gesten, welche das stimmliche Umsetzen von Text *und* Melodie umfaßt. Ein ähnlich zweiteiliger Umwandlungsvorgang, nur unter umgekehrten Vorzeichen, läuft beim akustischen Empfang von Text und Melodie ab.

Wie allgemein bekannt, kann Singen – jenes Ins-Schwingen-Bringen von Texten – auf vielfältige Weise die Emotionalität der Aktiven bzw. Zuhörenden stimulieren. Aufgebrochene Emotionalität wiederum, und das war bereits mehrfach in den Kapiteln zuvor erfahrbar, setzt Kreativitätspotentiale frei, welche die Intensität schriftlichen Darstellens günstig beeinflussen können.

Auch das Bedürfnis, beim Duschen die eigene Stimme zwischen den Kachelwänden schwingen zu hören, sollte nicht unbekannt sein. Selbst wenn noch so fest daran geglaubt wird, zu den schlechten SängerInnen zu gehören; im Badezimmer sieht die Welt ganz anders aus. Das rauschende Wasser schafft die Illusion beschützender Einsamkeit. In solchen Situationen singe, summe, brumme und schreie ich mich von Johann Sebastian Bach bis Janis Joplin quer durch ein stimmbänderraubendes Repertoire. Auch wenn ich zuletzt nur noch krächze, so fühle ich mich auf tiefste Weise befreit und oft inspiriert für ein *Mehr* an kreativem Ausdrücken und Gestalten.

Zwei Aspekte dieser Badezimmererfahrung halte ich unter lernmethodischem Gesichtspunkt für interessant und nutzenswert: Es ist zum ersten der intensive Kontakt mit der eigenen Stimme, welche über die gewohnte Tonlage und -stärke des Sprechens hinaus erlebt wird. Zum zweiten ist es der freie, ungezwungene Umgang mit Ton und Text, das Imitieren, Adaptieren und Improvisieren von Musik und Sprache (und Sängeridolen). Das Spielerische im Umgang mit sich selbst, das bedingungslose Sich-Annehmen und -Anerkennen, vor allem aber das hemmungslose Ausnutzen der eigenen kreativen Resourcen eröffnen ein enormes zusätzliches Produktivitätspotential.

Inzwischen organisiere ich mir die o.g. „Badezimmer"erlebnisse fast regelmäßig im Zusammenhang mit meiner Schreibarbeit. Bevor ich mich an den Schreibtisch setze, bewege ich mich durch die Wohnung und improvisiere mit Tönen, Stimmlagen und Lauten. Dabei habe ich festgestellt, daß ich oft zu Beginn kein Bedürfnis verspüre, mit Sprache umzugehen. Vorerst genügt es mir, meiner eigenen Stimme zu lauschen und diese in Lagen und Lautstärken zu führen, die von mir im Umgang mit anderen Menschen nicht erwartet werden. Lautes Singen befreit aber nicht nur unterdrückte Emotionen, es kräftigt auch physisch. Es weitet die Lungen, dehnt den Brustkorb und sorgt für intensive Sauerstoffzufuhr. Solche „Neben"effekte sind leicht zu übersehen, aber sie sind in ihrer Auswirkung doch ziemlich deutlich: Nach einer Weile werde ich gewöhnlich ruhiger und entspannter, und dann stellt sich die Lust auf Sprache ein. Ich singe zuerst einzelne Wörter, die mir gerade durch den Kopf gehen, reime sie oder verbinde sie wahllos miteinander, in jedem Falle aber denke ich nicht über ihre Bedeutung nach. Ich lasse Sprache einfach geschehen. Nicht selten sind direkt aus derartigen *Aufwärm*übungen Gedichte, Wort-Collagen oder andere kleinere Textformen entstanden. Was mich jedoch noch stärker vom Potential dieses Lernfeldes für das Schreiben überzeugt, ist mein wiederholtes Erlebnis, daß ich zu einem Gegenstand, an dem ich vielleicht schon einige Tage arbeite, plötzlich neue Ideen habe. Nach solcherart Schreibstarts sind Denkstrukturen, die am Tage vorher fertig, abgeschlossen (auch im Sinne von blockiert) schienen, auf einmal wieder offen und zugänglich für Veränderung und Weiterentwicklung.

Das Zusammenstellen einer eigenen Handlungsanleitung möchte ich auf der Grundlage der o.g. Beschreibung meiner Erlebnisse und Beobachtungen für Musikalität als *warm-up* diesmal in die Hände meiner LeserInnen legen. Hierfür nur eine kurze Empfehlungsliste:[1]

Warm-up

- Wenn Sie *sound*-Übungen zum erstenmal machen, sollten Sie mit dem Singen von Ihnen vertrauten Liedern und einem gewissen Fokus am Text beginnen, zumindest so lange, bis Sie sich an Ihre eigene Stimme in ungewohnter Lage und Intensität gewöhnt haben.
- Das emotionale Potential von Stimmarbeit (also ohne Text) wird oft unterschätzt. Sie sollten sich bewußt sein, daß Stimmarbeit, wie ich sie oben vorgestellt habe, Sie durchaus auch mit der Einsicht entlassen kann, daß Sie heute (oder zu einem bestimmten Gegenstand) nicht(s) schreiben wollen. Der Umgang mit der eigenen Stimme garantiert keineswegs hohe Motivation und positive emotionale Verfassung.
- Kräftiges Singen verlangt tiefe und intensive Atmung, was durchaus ungewohnt und zu Schwindelgefühl oder allgemeinem Unwohlsein führen kann. Bewegung (Hin- und Herlaufen zum Beispiel) fördert eine schnelle Verteilung der plötzlich vorhandenen Sauerstoffmenge und kann dadurch einer möglichen Hyperventilation entgegenwirken.

Natürlich können sich aus einem solchen *warm-up* unzählige Schreibanlässe ergeben. Ich möchte zwei Zugriffe vorschlagen:

Von der Melodie zum Text

1. *Singen Sie ein Lied, das Ihnen gerade in den Sinn kommt. Dabei ist es nicht nötig, daß Sie sich vollständig an Melodie und Text erinnern. Nutzen Sie die vorhandenen Teile, und improvisieren Sie den Rest. Falls Text und Melodie nicht zusammenzupassen scheinen, summen Sie die Melodie so lange, bis sich einzelne Wörter oder Textpassagen wie von allein an den Liedrhythmus anpassen oder sich eventuell auch neue Wörter einstellen. Sollte Ihre Stärke im Erinnern des Textes liegen, dann suchen Sie eine Melodie dazu, indem Sie den Text solange gesanglich improvisieren, bis sich das Rechte für Sie und den Augenblick (oder vielleicht sogar die originale Melodie) einstellt.*
2. *Schließen Sie, wenn Sie möchten, Ihre Augen beim Singen, und lauschen Sie in sich hinein. Spüren Sie, wie Ihre Stimmbänder vibrieren und der Brustkorb den Ton aufnimmt und verstärkt. Nehmen Sie sich viel Zeit für dieses Nachlauschen der eigenen Stimme.*
3. *Während Sie noch lauschen, schauen Sie sich in Ihrem Klangraum nach Farben oder Bildern um. Vielleicht fallen Ihnen auch einzelne Wörter ein. Machen Sie ein brainstorming, währenddessen Sie auch durchaus noch weitersingen können. Wenn Ihnen diese Kombination gefällt, dann nehmen Sie vielleicht auch die auf dem Papier festgehaltenen Wörter in Ihren Gesang auf (usw.).*
4. *Schreiben Sie, basierend auf den Ergebnissen des brainstorming, einen Text. Möglicherweise ist eine kurze Geschichte das Praktischste, aber auch andere Textsorten sind denkbar. Singen Sie auch bei dieser Tätigkeit weiter, wenn Sie wollen.*
5. *Notieren Sie, welchen Einfluß Ihr Singen auf Ihre Schreibarbeit hatte. Machen Sie dazu vielleicht auch eine Gegenüberstellung von positiven und negativen Aspekten.*

Vom Einzelwort zum Text

1. *Beginnen Sie mit dem Summen von Melodie-Improvisationen. Konzentrieren sie sich auf den Klang und das körperliche Empfinden Ihrer Stimme.*
2. *Bringen Sie die Vokale in Ihren Melodien zum Klingen. Lauschen Sie dem unterschiedlichen Klang der Vokale, und entscheiden Sie sich schließlich für einen.*
3. *Formen Sie Einzelwörter zu diesem Vokal, aber suchen Sie nicht gezielt danach. Lassen Sie den Einfluß der anderen Vokale auf Ihre Wortbildung zu, auch wenn Sie dadurch vielleicht Ihren ausgewählten Vokal letztlich aufgeben. Ihre Konzentration liegt jetzt auf dem Klang dieser Einzelwörter. Verschwenden Sie jedoch keine Energie auf ihre Bedeutung.*
4. *Lauschen Sie, ob Sie vielleicht Wörter in Ihrem Gesang ausmachen können, die immer wieder auftauchen. Wiederholen Sie diese Wörter nun ganz bewußt, und lassen Sie neue Wörter zu dieser Gruppe hinzukommen.*
5. *Erweitern Sie Ihren Singwortschatz, so daß sich eine Erzählstruktur herauszuschälen beginnt. Wiederholen Sie diese Geschichte noch einige Male, bevor Sie den Text auf Papier festhalten. Legen Sie jedoch zwischen Gesangsende und Schreibbeginn eine Pause ein, für die Sie sich hinsetzen und für eine Weile die Augen geschlossen halten. Lauschen Sie dem Verklingen Ihres Gesangs im Inneren nach, und sehen Sie, was mit dem Text Ihrer Geschichte passiert. Erst dann beginnen Sie zu schreiben.*
6. *Halten Sie kurz fest, was Sie getan haben, und welche Auswirkungen Ihre Tätigkeiten auf das Schreiben hatten. Vergleichen Sie dies mit der vorangegangenen Aufgabenfolge („Von der Melodie zum Text").*

Musikalität in Formen wie bisher für *warm-ups* bzw. zur Gewinnung von Schreibanlässen erlebt, stellt außerdem enorme Potenzen für die Textentwicklung bereit. Die Überwindung von Schreibblöcken zum Beispiel gelingt hier u.a. durch den Wechsel der Aufmerksamkeit von einem Medium (Schreiben) zum anderen (Singen). Auch für das vertiefte Eindringen in Themenstellungen sind die meisten der unterbreiteten Vorschläge anwendbar. Von besonders großer Effektivität scheint mir jedoch die Arbeit am Einzelwort zu sein. Freies Schreiben in Form von *freiem Singen* aktiviert bisher nur passiv benutzte Kenntnisse und Erfahrungen und hilft, Zusammenhängen zwischen bereits bekannten Detailinformationen auf die Spur zu kommen. Ich möchte die Liste der methodische Anregungen für Textarbeit mit zwei zusätzlichen Ideen erweitern.

Es ist eine allseits anerkannte Erfahrung, daß sich Musikhören auflockernd auf Arbeitsleistungen auswirken kann, und ich meine, daß dies auch auf verkrampftes oder festgefahrenes Schreiben zutrifft. Die Musik erzwingt den bereits einmal erwähnten Fokuswechsel, der dazu beiträgt, (momentan) untaugliches Material (Informationen und ihre Arrangements, Verarbeitungsstrategien, Darstellungsmethoden etc.) loszulassen, störende Rahmenbedingungen (hemmende Emotionen wie Versagensangst etc.) aufzugeben und den Faden neu aufzunehmen. Dabei kommt es diesmal nicht darauf an, direkt aus dem Gehörten Schreibanlässe zu schöpfen. Beim passiven Rezipieren soll sich geistig und emotional *ausgeleert* und somit physisch und psychisch auf das weitere Schreiben *vorbereitet* werden.

Die zweite Anregung zur Textentwicklung bezieht sich auf das sogenannte *chanting* aus der religiösen Praxis von Buddhismus, Hinduismus u.a. fernöstlichen Religionen. Als *chanting* wird ein Töne-Produzieren in verschiedenen Höhen und Tiefen bezeichnet, das körpereigene Energiezentren, *Chakren* genannt, zum Schwingen bringt und damit unterschiedliche Emotionslagen (gemeinsam mit konkreten Bewußtseins- bzw. Unterbewußtseinsinhalten: Erinnerungen, Erfahrungen, Kenntnissen etc.) anspricht bzw. aufschließt.[2] Beim Summen der *Mantras*, Silben aus dem Sanskrit wie das bekannte *OM* (oder *AUM*), wird – so faßt George Kalamaras in seiner *Rhetoric of Silence* fernöstliches Denken zusammen – Stille durch Töne geschaffen.[3] Mit Paramahansa Yogananda, einem bekannten Hindu-Yogi, beschreibt Kalamaras dieses Paradox als *Einswerden* („to become one") mit dem Ton im Vorgang des Summens und Hörens des *OM*.[4] Stille, im Gegensatz zur Westlichen Kultur, wird hier als ein Medium verstanden, in dem und durch das sich *Sinn*haftigkeit des Tones (verbaler und nonverbaler Sprache) konstituiert.[5]

Wie bereits zum Lernfeld Mündlichkeit, so will ich auch für den Bereich der Musikalität ein methodisches Angebot für kreative und interaktive Textrezeption bzw. -kritik machen. Das *Rhythmisieren* von Sprache ist ein überaus effektives Mittel, um (literarische) Texte zu verinnerlichen und damit letztlich produktiven Umgang mit diesen zu provozieren. Das trifft, wohl bedingt durch ihre starke Eigenrhythmik, ganz besonders auf die Lyrik zu.

Fast jedeR hat schon einmal das frustrierende Gefühl erlebt, ein Gedicht zu lesen und im selben Moment zu ahnen, zu diesem Text keinen Zugang zu finden. Mein Körper signalisiert solche Einsichten mit plötzlichem Schweißausbruch („Welche Blamage, wenn ich dazu nichts sagen kann!"). Tiefes Durchatmen und Rhythmisieren des Textes – innerlich oder mit der Faust auf dem Tisch – haben mir in solchen Momenten schon oft geholfen.[6] Was dabei passiert, ist schnell zusammengefaßt: Die Aufmerksamkeit beim rhythmisierenden Lesen wird von einem zwanghaften „Verstehen-Wollen" der Sinnstrukturen des Textes auf das Erfassen einzelner Wörter nach Klang und Eigenrhythmus umgelenkt. Dies schafft ein anderes Verhältnis zum Text, in dem dieser jetzt als etwas wesentlich Bekannteres/Vertrauteres erlebt wird. Zumeist öffnet eine solche Textbegegnung auch persönliche Erinnerungsräume, so daß sich Sprachlosigkeit – inhaltlich und motivationell – schnell überwinden läßt. Dies und die nachfolgenden Bemerkungen treffen natürlich nicht nur auf den Umgang mit Texten des öffentlich-anerkannten Kanons zu, sondern genausogut auf die Auseinandersetzung mit eigenen Texten oder denen anderer Schreibender. Vor allem innerhalb von Workshops generieren die hier vorgestellten Überlegungen zu wirkungsvollen Mitteln der Textentwicklung.

Ich glaube, meine erste (folgenreiche) Berührung mit rhythmischer Textarbeit hatte ich vor einigen Jahren in einem Workshop mit Marianne Streisand, Birgit Jank, Kristin Wardetzky und Marie-Luise Lange. Wir setzten uns mit dem Gedicht „Ich wollte meinen König töten" von Sarah Kirsch auseinander. Im folgenden adaptiere ich einige der dort erlebten Aufgabenstellungen:

Lesen, Körperlichkeit, Schreiben: Multimediale Textarbeit[7]

Suchen Sie sich eine Gruppe von Leuten, mit denen Sie gemeinsam an Gedichten arbeiten können. Bilden Sie einen Kreis.

1. *JedeR liest jeweils nur ein Wort des Gedichts. Das Tempo sollte verschiedene Male variiert werden, damit der (Vor-)Lesefluß spürbar erlebt wird.*
2. *Beim zweiten Vortrag liest jedeR eine Gedichtzeile, wobei diesmal auch mit der Tonlage gespielt werden kann (vielleicht entwickelt sich daraus eine Art Sprechgesang).*
3. *Das dritte Vorlesen gliedert den Text in individuell definierte Sinneinheiten.*
4. *In einer letzten Runde liest jedeR soweit wie er/sie Lust verspürt. Der/die nachfolgende LeserIn bemüht sich um einen nahtlosen Übergang.*
5. *Schließlich liest jedeR das Gedicht noch einmal für sich auf verfremdende Weise (abgehackt, weinend, im Heimatdialekt, rückwärts etc.). Dabei sollte herausgefunden werden, welches Wort oder welche Zeile einem persönlich als besonders wichtig erscheint.*
6. *Alle bewegen sich im Raum und teilen sich gegenseitig in verschiedenen Sprech- und Körpergesten ihren wichtigsten Satz oder ihr interessantestes Wort mit.*
7. *JedeR schreibt kurz zum ausgewählten Textelement. Die Ergebnisse werden in der Gruppe vorgestellt.*
8. *Beschäftigen Sie sich mit den individuellen Schwerpunktsetzungen durch die Gruppenmitglieder im Gedicht. Fragen Sie sich, inwieweit diese Reaktionen Ihrer Intention entsprechen, und (sollte es sich um Ihr Gedicht handeln) welche Konsequenzen sich daraus für Ihre weitere Textarbeit ergeben.*

Auch am Ende dieses Abschnitts möchte ich wieder auf die Frage nach der speziellen Funktion des jeweiligen Ausdrucksmediums auf meinen Schreibprozeß – diesmal also Musikalität – eine zusammenfassende Antwort geben.

Spezielle Funktionen von Musikalität für das Schreiben

- Musikalität erzeugt für mein Schreiben eine intensive Berührungsfläche mit meinem inneren Ich und seinen Artikulationsbedürfnissen.
- Wenn ich singe, dann höre ich die Stimme, die ich in meinen Texten wiederfinden will. Sie gilt mir als Orientierung für mein Schreiben.
- Singen läßt mich Sprache von einer anderen Warte aus entdecken. Gesungene Wörter bekommen einen *fremden* Klang und erzeugen in mir neue Images.
- Musikalität hilft mir, Abstand von blockierter Schreibarbeit zu gewinnen und Motivation für ihre Überwindung zu finden.
- Sinnschöpfung fremder Texte bzw. Kritik des eigenen Schreibens mittels verschiedener Formen von Musikalität erlebe ich als kreatives Weiterschaffen.

Weiterführende Lektüre

Jutta Wermke, „Hören – Horchen – Lauschen: Zur Hörästhetik als Aufgabenbereich des Deutschunterrichts unter besonderer Beachtung der Umweltwahrnehmung", in: Kaspar H. Spinner (Hrsg.), *Imaginative und Emotionale Lernprozesse im Deutschunterricht,* Frankfurt am Main: Lang, 1995, 193-216.

Birgit Jank und Uwe Reyher (Hrsg.), *Ganz Aug' und Ohr: Die andere art einer ästhetischen und sozialen Praxis,* Obertshausen: Context-Verlag, 1994; hier vor allem die Beiträge von Stephanie Berke, „Erfinden von Liedcollagen" (201-204) und Hartmut Gruber, „Rhythmus und Trommeln" (210-215).

Capra, Fritjof, *The Tao of Physics: An Exploration of the Parallels Between Modern Physics and Eastern Mysticism,* (3. Auflage) Boston: Shambhala, 1991.

Kalamaras, George, *Reclaiming the Tacit Dimension: Symbolic Form in the Rhetoric of Silence,* Albany, NY: State University of New York Press, 1993.

Sieczka, Helmut, *Chakra. Energie und Harmonie durch den Atem,* Zürich: Oesch Verlag, 1990.

Anmerkungen

1 Diese Empfehlungen vereinigen Erfahrungswerte und Kenntnisse aus meiner Ausbildung am Person Centered Expressive Therapy Institute (PCETI) in Santa Rosa, CA.
2 Ein ähnlicher Effekt der Stimulierung der Hauptzentren menschlicher Vitalenergie kann auch tonlos, d.h. durch Atemübungen, erreicht werden. Vgl. dazu u.a. Helmut Sieczka, *Chakra. Energie und Harmonie durch den Atem,* Zürich: Oesch Verlag, 1990.
3 Kalamaras (1993), 72. Siehe außerdem zu *chanting mantras,* ders., 158-169.
4 Ders., 164.
5 Zur Anwendung des Mantra-Singens verweise ich noch einmal auf meine Empfehlungen, die ich eingangs des Kapitels gegeben habe.
6 Natürlich kann dieses Rhythmisieren von Sprache auch mit Hilfe von Schlag- oder Klanginstrumenten geschehen oder von diesen zumindest unterstützt werden.
7 Ich adaptiere hier Marianne Streisands Ausführungen, „Spurensuche anhand eines literarischen Textes", in: Birgit Jank und Uwe Reyher (Hrsg.), *Ganz Aug' und Ohr: Die andere art einer ästhetischen und sozialen Praxis,* Obertshausen: Context-Verlag, 1994, 52-58.

8. Kapitel: Lernfeld Theatralität

*Das ist Theater:
die Kunst, uns selbst zu betrachten.*
Augusto Boal

Zusammenfassung

Dem Lernfeld Theatralität kommt eine Klammerfunktion im Prozeß schriftsprachlichen Schaffens zu. Der physische Aspekt des Schreibens ist *Ursprung* des schaffenden Ichs und *Aufbruch* zur Sozialisierung desselben: Körperlichkeit filtert Mitteilungsbedürfnisse aus dem Unterbewußten, und ihre szenische Umsetzung erprobt individuelle Darstellungs- bzw. Mitteilungsstrategien in einem größeren sozialen Kontext.

Der Tätigeit des Schreibens ist Körperlichkeit immanent: Janet Emig meint mit Lew Wygotski, die schreibende Hand ahme Körpergesten des kindlichen Spiels nach[1] – eine Aussage, die meines Erachtens selbst auf Computerschreibende insofern zutrifft, daß Schreibenlernen handschriftlich geschieht und angesichts der physischen Komponente von Erinnerungen[2] die Annahme berechtigt erscheint, daß die einmal geschaffene Verbindung von spielender und schreibender Handbewegung die Biographie Schreibender auch weiterhin begleitet und beeinflußt.

Das Lernfeld Theatralität erwächst aus den gemeinsamen physischen Bestandteilen theatralen Spiels und des Schreibens. Durch Natalie Rogers und Gabriele Rico war bereits zu erfahren, daß Körperlichkeit Mitteilungsbedürfnisse aus dem Unterbewußten filtert. Im dramatischen Setting des Textens – durch *brainstorming, clustern,* Entwerfen, Überarbeiten etc. entstehen verschiedene *Spiel*flächen – erproben die Schreibenden Darstellungsstrategien,[3] welche in der sozialen Interaktion (zum Beispiel mit anderen Schreibenden) auf ihre Tragfähigkeit geprüft werden.

Theatralität spannt sich nicht nur über die Tätigkeitsebene des Schreibens, sondern ist auch für dessen inhaltlichen Bereich relevant. Die aktive Auseinandersetzung mit Gefühls-, Denk- und Verhaltensmustern schafft Experimentierräume, in denen Schreiben und Schreibende sich selbst dann weiterentwickeln, wenn mit Material (Wörtern, Ideenskizzen, Entwürfen etc.) szenisch gespielt wird.[4]

Gerd Koch nennt diesen Vorgang *Theatralisierung von Lehr- und Lernprozessen*[5] – das Veranschaulichen und Simulieren von Wirklichkeit als eine Methode, die bereits dem mittelalterlichen Schulspiel zugrunde lag. In den letzten Jahrzehnten hat sie unter dem Einfluß der Theaterpädagogik längst die Grenzen des Literaturunterrichts übersprungen und ist in Bereiche der Psychotherapie, Sozialarbeit und seit kürzerem auch in die Hochschuldidaktik vorgedrungen.

Theatrales Veranschaulichen und Simulieren von Wirklichkeit trägt ein Potential für soziales Lernen in sich,[6] ganz gleich ob es um Versuche von Partner-, Kleingruppen- oder Workshoparbeit[7] geht oder um das Vorführen von Handlungsstrukturen literarischer Texte oder Denkmustern akademischen Schreibens. Mit dem Ausprobieren und Einüben von Veränderungen im Kleinen (in der Spielszene, Schule, an der Universität) ist ein wichtiger Schritt auf dem Weg zu gesellschaftlichen Veränderungen getan.

Vorschläge zur Imitation, Adaption und Improvisation sollen im folgenden die beiden o.g. Bereiche der Theatralität als Lernfeld für das Schreiben und Schreibende praktisch weiter ergründen:

Improvisieren von Schreibszenarien

In fast jeder Tageszeitung oder Zeitschrift gibt es Rubriken für Leserbriefe, die persönliche Erlebnisse und Erfahrungen zu bestimmten, in der Zeitung vorgestellten Themen liefern. Oftmals werden dort Szenarien entworfen, um Kritikwürdiges eindrucksvoll darzustellen. Suchen Sie solche Beispiele als Ausgangspunkt für die folgenden Aufgaben:

1. *Beschreiben Sie in wenigen Sätzen das Szenarium der Leserzuschrift: Wem passiert was, wann, wo, wie und warum? Imitieren Sie dabei so genau wie möglich das soziale Milieu, das Sie im Leserbrief wiederzufinden glauben.*
2. *Suchen Sie sich SpielpartnerInnen, die Sie in das Szenarium einweihen und mit denen Sie dann die Szene improvisieren. Wiederholen Sie den Spielvorgang mehrere Male, mit der Absicht, verschiedene „Entwürfe" zu testen. Verändern Sie dabei auch die Rollenbesetzungen. Versuchen Sie herauszubekommen, welche der ausprobierten Gefühls-, Denk- und Verhaltensweisen Ihnen besonders angenehm oder unangenehm sind.*
3. *Entscheiden Sie sich schließlich für eine Version, und erzählen Sie den Ablauf der Szene einer Partnerin.*
4. *Dialogisieren Sie diese Version schriftlich, und spielen Sie dann die Szene noch einmal, nun anhand der von Ihnen geschaffenen Textvorlage.*
5. *Notieren Sie abschließend, was sich an Ihrer ursprünglichen Sicht auf das im Leserbrief geschilderte Problem verändert hat und warum.*

Die folgenden Aufgaben lenken das Augenmerk von der äußeren Schreibanregung auf die Schreibenden selbst. Es gilt herauszufinden, inwieweit das ausgewählte Material aus Tageszeitung oder Zeitschrift tatsächlich den individuellen Artikulationsbedürfnissen der Schreibenden entspricht.

Individualisieren

1. *Welche Erscheinungen oder Zusammenhänge und Prozesse aus Ihrem persönlichen Leben sehen Sie in der gewählten Szene repräsentiert? Erfassen Sie Ihre Eindrücke schnell in einer Liste (brainstorming).*
2. *Entscheiden Sie sich spontan für einen Sachverhalt, und fertigen Sie dazu ein (oder mehrere) cluster oder Wortlisten an.*
3. *Schreiben Sie unter Benutzung des soeben gewonnenen Materials mehrere Entwürfe mit folgenden Varianten:*
   — *verschiedene Textsorten,*
   — *unterschiedliche Zielgruppen (Publikum/Leserschaft),*
   — *wechselnde Erzählerperspektiven*
4. *Vergleichen Sie Ihre Entwürfe, und listen Sie auf, welche neuen Einsichten Sie zu bestimmten Erscheinungen, Zusammenhängen oder Prozessen aus Ihrem Leben (vgl. Aufgabe 1) gewonnen haben.*

Verkörperlichen

1. *Lesen Sie Ihre Ausgangsszene noch einmal, und verinnerlichen Sie sich den sprachlichen Gestus der dargestellten Charaktere, indem Sie ihn selbst körperlich imitieren (Statuen bauen) und dann kurz beschreiben.*
2. *Suchen Sie Personen aus Ihrem Freundes-, Verwandten- oder Bekanntenkreis und eine für diese Personen typische Thematik, um Ihre Ausgangsszene inhaltlich und sprachlich in einer Familienfassung der Szene zu adaptieren.*

Theatralität hat jedoch nicht schlechthin eine themenauslösende bzw. -spezifizierende Funktion zu Beginn von Schreibprozessen. Mit ihrer Hilfe können auch *während* des Schreibens Experimentierfelder entstehen, auf denen die Weiterentwicklung von Textstrukturen durch dramatisches Spiel stattfindet. Dazu ist übrigens nicht immer eine Gruppe nötig: Das *Durchspielen* kann durchaus auch am Schreibtisch als Antizipationsübung geschehen. Hierbei können verschiedene Perspektiven von ScheiberIn und RezipientIn ausprobiert werden. Das scheint aus zweierlei Gründen wichtig: Zum einen schafft es eine Möglichkeit, das eigene Schreibbedürfnis auf seine Tragfähigkeit zu hinterfragen bzw. neue/andere Handlungsmotivationen aufzubauen. Zum zweiten ergibt sich eine Chance, klarzustellen, an wen sich der/die Scheibende tatsächlich richten will. Hinzu kommt, daß im Durchspielen verschiedener Szenarien schriftlicher Kommunikation auch deutlich wird, was der/die Schreibende selbst vom Text *in progress* (nunmehr aus einer Leser-Perspektive) erwartet.

Experimentelle Rollenwechsel

1. *Ganz gleich, welcher Textsorte oder welchem Thema Sie sich gerade widmen, stellen Sie sich vor, Sie als SchreibendeR wären eine andere Person: jemand, den Sie vielleicht besonders verehren oder ablehnen. Nehmen Sie sich Zeit, sich diesen Menschen vor Ihrem inneren Auge vorzuführen. Wie sieht er/sie aus, wie spricht/ denkt diese Person? Vielleicht ahmen Sie diesen Menschen mit einer ihm/ihr typischen Geste nach, oder sprechen Sie in seiner/ihrer Art und Weise. Erarbeiten Sie dann zwei weitere Entwürfe (zum selben Thema, möglicherweise auch in derselben Textsorte), und vergleichen Sie diese mit dem Ausgangstext. Welche neuen Perspektiven im Umgang mit Ihrem Thema haben die Rollenwechsel aufgezeigt?*
2. *Wie hätten Sie sich vor zehn Jahren zum gewählten Gegenstand geäußert? Was würden Sie in zehn Jahren zum selben Thema sagen? Nehmen Sie sich Zeit zur inneren Vorbereitung auf die antizipierende Improvisation: Wie alt waren Sie vor zehn Jahren? Wie sahen Sie aus? Was haben Sie damals gemacht? Wo und unter welchen Umständen haben Sie damals gelebt? Was waren Ihre Hoffnungen, Ängste, Freuden, Nöte? Stellen Sie sich ähnliche Fragen (natürlich diesmal antizipatorisch), wenn Sie ein Zukunftsbild von sich entwerfen. Schreiben Sie aus beiden Perspektiven, und vergleichen Sie die Texte, stets auf der Suche nach Anregungen für Ihren Originaltext.*
3. *Wechseln wir nun auf die Seite der RezipientInnen: Stellen Sie sich vor, einE LeserIn des von Ihnen anvisierten Adressatenkreises zu sein (machen Sie später dasselbe mit Vertretern aus anderen Adressatenkreisen). Stellen Sie sich diese Person wieder so genau wie möglich vor, und schreiben Sie aus seiner/ihrer Sicht einen persönlichen Leserbrief und/oder eine Rezension für eine themenentsprechende Tageszeitung oder Fachzeitschrift. Welche neuen Aspekte bringt diese Übung für die weitere Entwicklung Ihres Originaltexts?*

Antizipierte (szenische) Improvisation kann auch bei der *inhaltlichen* Textarbeit weiterhelfen. Dabei scheint meiner Erfahrung nach etwas von besonderer Wichtigkeit: Ganz gleich, zu welchem Thema geschrieben wird, es muß eine Brücke zur persönlichen Erfahrungswelt der Schreibenden vorhanden sein. Ein bestens bekannter Ratschlag lautet deswegen auch: *Schreibe nur über das, was du kennst!* – was durchaus nicht im Widerspruch zum hier gewählten Ansatz steht, schreibend zu lernen. Jede Expansion individueller (Er-)Kenntnishorizonte braucht Verbindungen zum Bekannten. Schreibende benötigen eine Basis, von der sie im Prozeß des Schaffens zehren können. Diese Basis besteht, wie schon mehrfach ausgeführt, aus Vorwissen, Erfahrungen und Emotionen, und an diese Bewußtseins- bzw. Unterbewußtseinsinhalte muß so konkret wie möglich angeknüpft werden. Soll ein Thema inhaltlich wachsen, macht sich eine Rückführung auf individuelle Kenntnisse, Erfahrungen und Emotionen notwendig. Dazu ein praktischer Versuch:

Eine Mitte finden und Brücken bauen

1. *Orten Sie den Bereich Ihres Textes, den Sie inhaltlich gerne weiterentwickeln möchten, so genau wie möglich. Grenzen Sie also das Thema des Gesamttextes noch einmal ein. Oder stellen Sie sich die Frage, zu welchem Punkt Ihrer bisherigen Arbeit Sie noch tiefgründiger schreiben wollen. Schauen Sie in sich hinein. Schreiben Sie auf, was sich zeigt. Sollte sich daraus eine ganze Liste von Wörtern ergeben, dann reduzieren Sie diese später auf **einen** Schwerpunkt .*
2. *Setzen Sie diesen Schwerpunkt in die Mitte eines leeren Blattes, und finden Sie heraus, was Ihnen dazu einfällt (cluster oder brainstorming).*
3. *Identifizieren Sie konkrete Kenntnisse, Erfahrungen/Erinnerungen und/oder Emotionen, die im vorliegenden Wortmaterial dominieren, und schreiben Sie zu einigen dieser Elemente kurze Texte.*

Szenische Improvisation: Kopplung von Erfahrung und Erkenntnis

Gemeinsam mit einer Gruppe amerikanischer StudentInnen haben wir bei der Analyse von alltäglicher Familienkultur in den USA und Deutschland festgestellt, daß das Abendessen in beiden Ländern eine Schlüsselrolle einnimmt. Um diesen Aspekt (und damit unsere weitere Arbeit) persönlich bedeutsam werden zu lassen, versuchten wir durch die folgende geführte Improvisation den Brückenschlag zu eigenen Erfahrungen.

1. *Schließen Sie die Augen. Atmen Sie tief ein und aus. Entspannen Sie sich, und kehren Sie sich nach innen. Stellen Sie sich die folgende Situation vor: Sie haben sich zum Abendessen verspätet. Mutter, Vater und Geschwister haben schon zu essen begonnen. Sie sitzen am großen Wohnzimmertisch und erwarten Sie ungeduldig. Verharren Sie einen Moment, sich den sorgfältig gedeckten Tisch und die einzelnen Familienmitglieder, die um den Tisch herumsitzen, genau vorzustellen. Sie stehen immer noch in der Tür und werden von Ihrer Familie angestarrt. Von den Gesichtern können Sie ein und dieselbe Frage ablesen: „Warum kommst du so spät nach Hause?" Wie empfinden Sie diese Situation, das duftende Essen auf dem Tisch, die vorwurfsvollen Blicke der Familie und Sie, die/der Sie selbst hungrig sind und nichts erklären wollen? Was sehen, hören oder riechen Sie?*

2. *Sie haben eine schlechte Nachricht (Neuigkeit) für Ihre Familie, aber Sie wollen jetzt noch nichts sagen. Sie sind hungrig und müde und außerdem voller Angst, die Familie könnte böse auf Sie sein. Wissen sie denn nicht schon alles? Wie Sie von Ihrer Familie mißtrauisch gemustert werden! Hören Sie für einen Moment genauer auf ihre Unterhaltung! Worüber sprechen sie? Täuschen sie nicht alle nur vor, nichts von Ihrer schlechten Neuigkeit zu wissen? Nehmen Sie sich noch eine Minute Zeit, um herauszufinden, wie Sie sich jetzt fühlen? Genießen Sie das Essen? Wonach schmeckt es? Wie warm ist es im Wohnzimmer?*
3. *Nach einer Weile sind Sie fertig mit dem Essen, und Sie wollen aufstehen, um in Ihr Zimmer zu verschwinden. Versuchen Sie, langsam aufzustehen. Fühlen Sie das Gewicht auf Ihren Schultern lasten, das Sie weiter nach unten drückt, und Sie scheinbar an den Stuhl nagelt. Schauen Sie sich für einen Moment in diesem Kampf mit dem zu, was Sie nicht sagen wollen. Unter den stechenden Blicken Ihrer Familienmitglieder öffnen Sie schließlich langsam, sehr langsam Ihren Mund und beginnen zu sprechen. Hören Sie sich zu, was Sie zu erklären haben, und machen Sie Notizen.*

Theatralität erfüllt meiner Erfahrung nach eine wichtige Funktion für das Sich-Annähern an Texte (im Sinne von Textverstehen), das bezieht sich sowohl auf „fertige" (gedruckte) Texte als auch auf solche *in progress*. Insofern können die folgenden Arbeitsschritte auch als Textkritik bzw. Vorstufe zur Textüberarbeitung eingesetzt werden:

Szenisches Verstehen

Ich habe Wolfgang Borcherts Drama, *Draußen vor der Tür*, mit einer Gruppe FremdsprachenstudentInnen (3. Jahr Deutsch) zur szenischen Aufführung vorbereitet. Im Vordergrund des semesterlangen Workshops stand jedoch weniger die Produktion des Stücks, sondern das sprachliche, kulturelle und historische Verstehen des Textes.[8]
1. Gemeinsames Lesen einer Szene in der Gruppe ohne Rollenaufteilung (Dabei werden die Länge der individuellen Leseabschnitte, das Lesetempo, der Leseton, die Stimm- und Körperlage dauernd verändert.)
2. „Schließt die Augen: Was seht Ihr nach dem Verlesen der Szene?" (Das Zugerufene wird auf Tonband aufgenommen.)
3. Die Bandaufnahme wird in mehreren Wiederholungen vorgespielt. Es stehen Papier, Pappen, Farben u.a. Materialien zur Verfügung. „Drückt Eure Gefühle zum Gehörten aus. Bewegt Euch dazu, und/oder gestaltet etwas mit dem vorhandenen Material."
4. Ich fertige anhand der Bandaufnahme und der gelesenen Szene eine Wortliste an, zu der die StudentInnen als Hausaufgabe in einer ihnen überlassenen Form schreiben. Sie entwerfen außerdem eine Nacherzählung der Szene an.
5. Die Grundsituation der bekannten Szene wird in geführten und später freien Improvisationen mehrfach variiert.
6. In einem Auswertungsgespräch entscheiden wir uns für eine Spielvariante der Szene als Bestandteil der angestrebten Stückproduktion.

Auch am Schluß dieses letzten Abschnitts zu den unterschiedlichen Lernfeldern möchte ich wieder auf die Frage nach der speziellen Funktion des jeweiligen Ausdrucksmediums – diesmal also Theatralität – auf meinen Schreibprozeß eine zusammenfassende Antwort geben.

Spezielle Funktionen von Theatralität für das Schreiben

- Theatralität hilft mir beim Identifizieren von dem, was ich mitteilen will.
- Körperliches Ausagieren präzisiert meine Gedanken, gibt ihnen Gestalt.
- Haltungen einnehmen (Gesten praktizieren) verweisen mich auf den metaphorischen Gehalt der gewählten Sprache: Sie wird greifbar.
- Szenisches Erspielen des Geschriebenen schafft Abstand für Textkritik und Nähe für produktives Überarbeiten.

Weiterführende Lektüre

Korrespondenzen (Zeitschrift der Gesellschaft für Theaterpädagogik), 17/18, 1993, Themenheft „Ohne Körper *geht* nichts..."
dies., 23/24/25, 1995, Themenheft „Soziales Lernen und ästhetische Erfahrung".
ide: Informationen zur Deutschdidaktik, Vol. 19, Nr. 1, 1995, Themenheft „Szenisches Lernen".
Ruping, Bernd, Florian Vaßen und Gerd Koch (Hrsg.), *Widerwort und Widerspiel: Theater zwischen Eigensinn und Anpassung*, Lingen, Hannover: Bundesarbeitsgemeinschaft Spiel und Theater, 1991.
Eckehard Uhlig, „Sprach-Spiele. Spielerisches Monologisieren und Dialogisieren im Deutschunterricht der Klassen 5-7", in: *Diskussion Deutsch,* 84/1985, 410-419.
Karl Schuster, *Das Spiel und die dramatischen Formen im Deutschunterricht,* Hohengehren: Schneider, 1994.
Augusto Boal, *Theater der Unterdrückten,* Frankfurt a.M.: Suhrkamp, 1989.

Anmerkungen

1 Vgl. Emig (1983a), 137.
2 Thomas Metzinger spricht vom Menschen als *leibliches Wesen* mit einer *Körperintelligenz.* Ders., „Wenn die Seele verlorengeht. Der Fortschritt in den Neurowissenschaften erfordert eine neue Bewußtseinskultur", in: *Die Zeit,* Nr. 45, 8. November 1996, 18.
3 Ich möchte hier noch einmal an Donald Graves' Begriff vom *rehearsing* (Ausprobieren/Erproben) erinnern, den ich im 1. Kapitel im Rahmen der Schreibprozeßdiskussion genauer vorgestellt hatte.
4 Diese Ausweitung bis hin zum szenischen Spiel steht im Gegensatz zum Spielbegriff Karl Schusters für das Schreiben – er bedenkt hierfür nur das Spielerische im Schreiben selbst (Alltagstexte, Wortspiele). Vgl. ders. (1994), 184-187.
5 Gerd Koch (u.a.), *Theatralisierung von Lehr- und Lernprozessen,* Berlin, Milow: Schibri, 1995.
6 Vgl. zur Praxis des Theaterspiels als Medium sozialen Lernens: Bernd Ruping, Florian Vaßen und Gerd Koch (Hrsg.), *Widerwort und Widerspiel: Theater zwischen Eigensinn und Anpassung. Situationen, Proben, Erfahrungen,* Lingen, Hannover: Bundesarbeitsgemeinschaft Spiel und Theater, 1991.
7 Siehe dazu genauer die Übungen der entsprechenden Kapitel im dritten Buchteil.
8 Meine Arbeitsschritte sind u.a. auf Anregung des folgenden Artikels entstanden: Florian Faßen, „Heiner Müller: Bildbeschreibung: Experimenteller Text und Spiel-Modell", in: *Korrespondenzen,* 26 (1996), 49-54.

9. Kapitel: Formen schriftlicher Kommunikation – poetisches, expressives und transaktionales Schreiben

Schreiben ist eine Chance, herauszufinden,
wer ich bin,
und was ich anfangen will
mit meinem Leben.
James Moffett

Zusammenfassung

Aus den vorgestellten Lernfeldern ergeben sich drei Formen schriftlicher Kommunikation: poetisches, expressives und transaktionales Schreiben. Diese drei Ausdrucksformen werden aus dem praktischen Umgang mit den Lernfeldern heraus erklärt und in ihrer spezifischen Bildungspotenz bestimmt. Darauf aufbauend, wird der Schreibbegriff aus dem 4. Kapitel weiterentwickelt. Mit einem kurzen Einblick in die aktuelle Bedeutung poetischen, expressiven und transaktionalem Schreibens für Schule und Universität werden curriculare Veränderungen erörtern und praktische Vorschläge dafür unterbreitet.

Mit Blick auf die im Verlaufe der letzten Kapitel praktisch erprobten Lernfelder – Bildlichkeit, Mündlichkeit, Musikalität und Theatralität – läßt sich verallgemeinern, daß ein Schreiben, welches sich von individuell motivierten Ausdrucks-, Gestaltungs- und Mitteilungsbedürfnissen ableitet, in seinem Verlauf und Resultat ähnliche Strukturen aufweist wie sie den dominierenden Tätigkeiten der vier o.g. Lernfelder eigen sind:

1. das *Aufspüren* von Einzelwörtern, die sich in einem Netz von Assoziationen metaphorisch aufladen;
2. das *Ausdrücken* von Emotionen, Erfahrungen und Kenntnissen;
3. das *Formulieren* neuer Erkenntnisse.

Zum *Aufspüren* von Einzelwörtern

Im Lernfeld *Bildlichkeit* (5. Kapitel) erwachsen hauptsächlich aus dem eigenen bildlichen Darstellen (vgl. meine Adaptionen von Rogers und Rico) einzelne Wörter als Ausgangspunkte assoziativer Vernetzungen: Im Falle der Übungen von Natalie Rogers initiierten die Einzelwörter Erinnerungen an Texte, die ich in der Vergangenheit geschrieben hatte. Im Kontext der gefundenen Begriffe bekamen diese Texte zusätzlichen metaphorischen Gehalt, was umgekehrt wiederum eine besondere Bedeutsamkeit der individuellen Begriffe stimulierte. Ähnliches wird beim Durchlaufen der Gestaltungsschritte nach Gabriele Rico – Einrahmen, Benennen, Stammeln und Texten – erlebbar. Graphische Darstellung und Ricos *seed-word* bilden gemeinsam ein Metapher-Fundament, aus dem narratives Material geschöpft wird.

Auf dem Lernfeld *Mündlichkeit* können einzelne Wörter aus Gruppengeschichten, aus dem spielerischen Mitteilen von Gedanken und Ideen oder aus dem *think aloud*, dem Sprechen mit sich selbst, hervorgehen. Besonders stark wird dieses Wachsen in Prozessen, die ich anhand des *story* workshops von John Schultz vorgestellt habe. Dort funktioniert der Ideenfluß der Gruppe ähnlich der graphischen Arbeit nach Rogers oder Rico: die eigene schöpferische Tätigkeit wird zur Voraussetzung für metaphorische Begriffserweiterungen.

Singen und Summen bringen auf dem Lernfeld *Musikalität* die Annäherung an Wörter, aus denen später cluster und Textstrukturen entstehen oder die helfen, Schreibprojekte *in progress* weiter voranzubringen. Es ist hier wohl vor allem der enge Kontakt mit der eigenen physischen Stimme, welcher die *innere Stimme* als Quelle authentischer Ausdrucks-, Gestaltungs- und Kommunikationsbedürfnisse für das Schreiben zum Klingen bringt.

Im Lernfeld *Theatralität* sind es Imitieren, Adaptieren oder Improvisieren szenischen Materials – das körperliche Umsetzen von Situation und/oder Sprache –, welche das Hervorbringen von Einzelwörtern stimulieren und außerdem metaphorisch anreichern, manchmal im Kontext des gegebenen sprachlichen Gestus, manchmal aber auch im Kontrast dazu.

Einen Unterschied zum bisher Gesagten sehe ich, wenn die Schreibenden mit Produkten, *fertigen* (bildlichen oder textlichen) Darstellungen konfrontiert werden (ich erwähnte den englischen Begriff *prompt*) : Das Bild von Picasso gilt dafür genauso wie das Gedicht eines Schreibgruppenmitglieds. In diesen Fällen beobachte ich die Tendenz, daß dem jeweiligen Produkt (Bild/Text etc.) eines Schaffensprozesses ebenfalls mit einem stark produkt- d.h. hier textorientierten Verhalten begegnet wird. Auf die Bilder im Workshop von Hannelore Seezen reagierte ich spontan mit einer Kompositionsanalyse im Kopf; die StudentInnen meines Kafka-Seminars betrieben zuerst Themenanalysen, bevor sie auf die Idee kamen, Texte und Bilder zu collagieren; die Konfrontation mit Gedichten ließ mich in Schweiß ausbrechen, nur weil ich befürchtete, nichts dazu sagen zu können. So wenig wie das einzelne Wort zur Standard- (oder erwarteten) Reaktion auf Gedichte, Vorträge, Musik, Bilder u.a. Ergebnisse menschlicher Kreativität gehört, so selten ist auch das spontane Kundtun der momentanen Verfassung des rezipierenden Individuums mittels anderer Ausdrucksmedien: Der tanzende Museumsbesucher ist ganz bestimmt eine Ausnahme, auch die malende Lesungsteilnehmerin oder singende LehrerInnen im Unterricht angesichts eines mathematischen Problems an der Tafel. Zumindest im Sportstadion ist die körperlich-stimmliche Explosion des individuellen Gefühlsstaus gang und gäbe.

Gründe für ein derartiges produktorientiertes Reagieren auf scheinbar Fertiges gibt es sicherlich viele; einen der entscheidenden Einflüsse sehe ich in der überbetonten Rationalität schulischer und universitärer Bildung. Um nur noch einmal einen Fakt aus der eingangs des Buches aufgeführten Liste bestehender Irrtümer bezüglich des Schreibens aufzugreifen: Schreiben, welches in Schule und Universität öffentlich anerkannt, also *bewertet* wird, zielt (fast) immer auf ein *Produkt*, ob in Form von Aufsätzen, Diktaten, Beleg- oder Abschlußarbeiten. Angestrebt wird zumeist ein Text, welcher vorgegebenen Qualitätsparametern entspricht; im Vordergrund der Bemühungen von Schreibenden steht also weniger die direkte Befriedigung eigener Ausdrucks-, Darstellungs- und Mitteilungsbedürfnisse, sondern vielmehr die Erfüllung der Erwartungen von Kontrollinstanzen.

Es scheint, daß im Umgang mit vorgegebenen Produkten erst dann eine Hinwendung zum metaphorisch aufgeladenen Wort im Sinne eines Vorstoßes zu den eigenen Bedürfnissen erfolgt, wenn die *fremde* Darstellung individuell-sinnlich decodiert wird, für mich heißt das, einen Text, ein Bild, Musik etc. intuitiv (über die Sinne: betrachtend, riechend, tastend, sich bewegend etc., aber auch gestaltend – siehe *Galerie Sonnensegel*) in sich aufzunehmen als Anregung für eigene *Image*-Bildung. Aus diesem fruchtbaren Boden heraus keimen dann, und das haben vor allem meine Beispiele zur Arbeit mit Hannelore Seezen und dem Kafka-Seminar deutlich gezeigt, auch wieder *seed words* hervor.

Dieses Schreiben, das, vor allem vom Einzelwort kommend, metaphorisch aufgeladene Textstrukturen in Form von Clustern, Collagen, Gedichten, Prosafragmenten/skizzen hervorbringt, möchte ich als *poetisches Schreiben* bezeichnen. Das ist ein Schreiben, bei dem sich die tätigen Individuen auf die Ursprünge der Sprache besinnen und dabei tief aus ihrem persönlichen Reservoir von Wünschen, Träumen, Emotionen, Vorstellungen, Ängsten und Hoffnungen etc. schöpfen. Der Hauptunterschied des *poetischen Schreibens* im Vergleich zum *literarischen Schreiben,* dem Schaffen in den traditionellen Formen der Literatur, ist sein fehlender Fokus auf normierte Formadäquatheit: Kein öffentlich sanktionierter Regelkanon funktioniert als Orientierung für den Schaffensprozeß, sondern individueller Gestaltungswille, angetrieben von den schreibereigenen Ausdrucks- und Kommunikationsbedürfnissen. Das heißt jedoch nicht, die Einflüsse von Kenntnissen, Fähigkeiten und Fertigkeiten über Literarität von Sprache (Lese- und Schreiberfahrungen, literaturwissenschaftliche, -geschichtliche u.a. Kenntnisse) auf ein solches Schreiben zu leugnen. Mir geht es hier nur um eine klare Gewichtung der verschiedenen Einflüsse.

Das Wesen *poetischen Schreibens* liegt in der Formierung metaphorischer Sprache. Im Kontext dessen möchte ich noch auf einen weiteren Unterschied zur Literatur verweisen, diesmal in bezug auf den literarischen Metaphernbegriff. Auch wenn *poetisches Schreiben* durchaus den Kriterien literarischer Metaphorik entsprechen kann, so *muß* sie jedoch nicht, um Daseinsberechtigung zu erlangen. Metaphorik, die ich hier meine, ergibt sich aus dem Einschließen (Rico sagt *framing*) komplexer Qualitäten individueller Existenz in *seed words*: Wünsche, Träume, Emotionen, Vorstellungen, Ängste, Hoffnungen etc. – keinem anderen Material also, aus dem auch der Stoff Literatur gewebt ist.

Zum *Ausdrücken* von Emotionen, Erfahrungen und Kenntnissen

In den Beispielen der Kapitel 5-8 wird, ausgehend von der Arbeit mit Einzelwörtern oder spezifischen Tätigkeiten des jeweiligen Lernfelds (Malen, mündliches Erzählen, Singen, Körpergestik etc.), die Herausbildung narrativer Strukturen im Schreibprozeß deutlich: das Malen meiner beiden Körperhälften (Rogers) *erinnert* mich an zurückliegende *Texte* (linguistische Gebilde und die damit im Zusammenhang stehenden persönlichen Erfahrungen); die Räume zwischen den cluster-Wörtern (Rico) *verdichten* sich zu Einsichten, die ich, indem ich sie später *be*schreibe, als die meinigen und persönlich bedeutsame *erkenne*. Eine ähnliche Wirkung haben fremde Schreibanregungen (Texte, Bilder, Bewegungen, Musik etc.), sobald sie durch eigenes schöpferisches Tätigsein näher erkundet werden (vgl. noch einmal „Zum Aufspüren von Einzelwörtern").

Mündlichkeit und *Theatralität* habe ich als besonders effektiv für die Formierung narrativer Strukturen erlebt. Vielleicht ist es die hohe Flexibilität jener beiden Felder, welche die Ausformung des als mitteilungsbedürftig Erkannten auf so ökonomische Weise unterstützt: Die entworfene Aussage ist schnell (an einem Publikum) erprobt, (von diesem) hinterfragt und, wenn nötig, (vom Sprecher) verworfen. Dasselbe trifft auf eine in Szene gesetzte Idee zu; mit ihr kann im improvisierenden Spiel so lange experimentiert werden, bis sie ihrem zugrundeliegenden Ausdrucksbedürfnis gerecht wird.

Ich möchte jenes Schaffen, das vor allem Prozesse des Sich-Erinnerns, Suchens/Ausprobierens/Bestimmens auf beschreibende Weise betreibt und durch das Ausdrücken von Erlebnissen, Erfahrungen und Kenntnissen persönliche Bedürfnisse in narrativen Strukturen verdichtet, als *expressives Schreiben* bezeichnen. Ein solches Schreiben forciert das *recycling* individueller Erlebnishorizonte und die Vorbereitung des gewonnenen Materials für neue Einsichten und Erkenntnisse.

Zum *Formulieren* neuer Erkenntnisse

Ich habe zum Abschluß des Umgangs mit Bildlichkeit, Mündlichkeit, Musikalität oder Theatralität oft das Bedürfnis, den durchlaufenen Arbeitsprozeß zu dokumentieren und zu reflektieren. Woher dieses Bedürfnis stammt, weiß ich rational noch nicht zu erklären. Ich kann mir jedoch vorerst mit einer Intuition weiterhelfen: Sich nach einem Marathonlauf den Bauch vollschlagen, heißt noch lange nicht, *satt* (im Sinne von regeneriert) zu sein. Die zugeführte Nahrung braucht Zeit und Energie, um als Nährstoff ihre Aufgabe des Wiederherstellens und Zugewinns von Körperkräften zu erfüllen.

Beim genauen Beschreiben dessen, was beim Umgang mit und in den verschiedenen Ausdrucksmedien geschieht, erscheinen mir die vollzogenen Tätigkeiten in einer Vielfalt und Komplexität, deren ich mir beim eigentlichen Tun nicht oftbewußt bin. Beim Dokumentieren und Reflektieren meines Tuns werden plötzlich Details von Tätigkeiten sichtbar, Motive für Handlungen einsichtig und Konsequenzen deutlich. Textarbeit, eingebunden in das eine oder andere Lernfeld, erweist sich als permanenter *Formulierungsprozeß neuer Erkenntnisse*, denen beim abschließenden Beschreiben des Geschehens bewußt Gestalt gegeben wird. Ich hoffe, daß dieser Vorgang in den Beispielen der letzten vier Kapitel deutlich geworden ist. Ich erinnere an dieser Stelle nur noch einmal daran, wie sich Natalie Rogers' Orientierungspunkte für die Zusammenführung von bildnerischer Darstellung, Körperausdruck und mündlicher/schriftlicher Sprache zum Zwecke der Forcierung eines Lernens über sich selbst in der Praxis meines individuellen Schreibprozesses veränderten: Unter dem Antrieb (der Motivation) meiner spezifischen Bedürfnisse adaptierte ich im Prozeß des Handelns Rogers' Gesamtstruktur der Übung. Ich zitiere noch einmal zum direkten Vergleich (1) die ursprüngliche Anleitung (Rogers) und (2) die Liste der Handlungen, die ich letztlich ausführte und nach Abschluß des Arbeitsprozesses als solche zusammenfaßte:

Körperempfinden (1)

- *Bewegen Sie sich im Raum mit der Vorstellung, Ihr Körper wird abwechselnd von Ihren Schultern, Ellbogen, Knien oder Ihrem Bauch geführt.*
- *Bewegen Sie sich im Raum mit der Vorstellung, Ihr Körper wird abwechselnd von der rechten und linken Seite geführt.*
- *Malen Sie auf einem großen, in der Mitte gefalteten Papierbogen Ihre beiden Körperhälften. Die rechte Seite des Körpers malen Sie mit der linken Hand, die linke Seite mit der rechten. Rufen Sie während des Malens Ihre Körperempfindungen in Erinnerung, die Sie hatten, als Sie sich unter der Führung Ihrer rechten/linken Seite bewegten.*
- *Füllen Sie die beiden Körperhälften auf Papier mit Wörtern, Farben bzw. Materialien, die Ihrem Körperempfinden der vorangegangenen Bewegungen entsprechen.*
- *Entfalten Sie den Papierbogen, hängen Sie ihn auf, versenken Sie sich in die Darstellung, und kommunizieren Sie dann durch Körperbewegungen mit dem Bild. Lauschen Sie dabei auch besonders darauf, was Ihnen das Bild zu sagen hat, und geben Sie Antworten durch Ihren Körper.*
- *Entscheiden Sie selbst, wann Sie zwischen den einzelnen Arbeitsschritten schreiben wollen. Wenn möglich, dann fassen Sie am Schluß des Projekts Ihre Erlebnisse und Eindrücke in einem Tagebuch zusammen.*

Körperempfinden (2)

- *Bewegen Sie sich im Raum mit der Vorstellung, Ihr Köper wird abwechselnd von Ihren Schultern, Ellbogen, Knien oder Ihrem Bauch geführt.*
- *Nehmen Sie das Körpergefühl, das Sie während Ihrer Bewegungen empfunden haben, mit in Ihr Schreiben: Entwerfen Sie schnell einen Dialog aus einzelnen Wörtern und/oder Kurzsätzen zwischen Schultern, Ellbogen, Bauch und Knien als handelnde Personen. Vielleicht entdecken Sie sogar Stimmen, die zwischen rechter und linker Körperhälfte unterscheiden lassen: Was sagt das rechte Knie zum linken Ellbogen etc.?*
- *Bewegen Sie sich im Raum mit der Vorstellung, Ihr Körper wird abwechselnd von der rechten und linken Seite geführt.*
- *Erinnern Sie sich an Ihr Körpergefühl während der letzten Übung, und entscheiden Sie, welcher Körperteil für Sie besonders wichtig war, in der Führungsrolle zu erleben. Beschreiben Sie, was Ihr rechtes oder linkes Knie etc. gesehen hat, als es führte. Entwerfen Sie den Text in der Ich-Form.*
- *Malen Sie auf einem großen, in der Mitte gefalteten Papierbogen Ihre beiden Körperhälften. Die rechte Seite des Körpers malen Sie mit der linken Hand, die linke Seite mit der rechten. Rufen Sie während des Malens Ihren Ich-Text in Erinnerung.*
- *Füllen Sie die beiden Körperhälften auf Papier mit Wörtern, Farben bzw. Materialien, die Ihrem Körperempfinden der vorangegangenen Bewegungen entsprechen.*
- *Entfalten Sie den Papierbogen, hängen Sie ihn gut sichtbar auf, versenken Sie sich in die Darstellung, und sehen Sie, welcher Körperteil Sie am deutlichsten anspricht. Schreiben Sie einen Dialog zwischen Ihnen und dem (wiederum personifizierten) Körperteil.*
- *Fassen Sie am Schluß des Projekts Ihre Erlebnisse und Eindrücke einer Reisebeschreibung ähnlich zusammen.*

Resümieren als *transaktionales Schreiben,* wie ich diese Form schriftlicher Kommunikation nach dem amerikanischen Begriffsvorbild des *transactional writing* bezeichne, macht also ein Lernen sichtbar, das bereits seit dem ersten Bemühen von Einzelwortmaterial (mehr oder weniger unterschwellig) abläuft. Ich möchte hier von einem Bewußtwerden, inneren Wachsen bezüglich eines speziellen Kommunikationsgegenstandes – das *Was* des Lernens – sprechen, das sich meines Erachtens auf intellektueller, aber genausogut auf emotionaler, physischer und seelischer Ebene vollzieht.

Die Wiederholung solcherart transaktionaler *Buchführung* schafft noch eine weitere Form des Lernens – ein Meta-Lernen –, welches, im Unterschied zu seinem gegenstandsbezogenen Äquivalent, auf Techniken, Methoden und Strategien im Umgang mit dem jeweiligen Gegenstand der Schreibtätigkeit zielt. Um dazu noch einmal auf die zwei oben zitierten Tätigkeitsanleitungen zurückzukommen: Ohne Vorerfahrungen und -kenntnisse zur Beziehungsstruktur meines Schreibprozesses zu anderen kreativen Tätigkeiten wäre mir eine Veränderung der von Rogers vorgegebenen Handlungsliste wohl kaum in den Sinn gekommen.

In derartigen methodologischen Experimenten mit Versatzstücken eigenen und fremden Wissens nimmt das *Wie* des Lernens durch Schreiben Gestalt an. In der Praxis transaktionalen Schreibens (und damit meine ich die der Lehrenden *und* Lernenden) können gegenstandsbezogenes Erkennen und Meta-Lernen natürlich schwerlich voneinander getrennt werden. Das eine findet nicht ohne das andere statt.

Vorläufiges Resümee

Beschäftigen Sie sich noch einmal mit den Aufgaben, die Sie in diesem Buch schon ausprobiert haben, und verstehen Sie Ihre bisherigen Aktivitäten als Teile eines Meta-Lernens über Arbeitstechniken, -methoden und -strategien. Hierbei geht es nicht schlechthin um die Verbesserung oder Ökonomisierung Ihrer Schreibleistungen, sondern hauptsächlich um das effektivere Nutzen des Mediums Schreiben für persönlich bedeutsames Lernen als Teil Ihres täglichen Lebens. Analysieren Sie dafür besonders Ihre Aufzeichnungen, die den Ablauf individueller Schreibprojekte widerspiegeln. Welche Aspekte wiederholen sich, und welche von diesen erkennen Sie als allgemeingültig für die Art und Weise Ihres Kenntniserwerbs an? Machen Sie eine Liste.

Nachdem ich poetisches, expressives und transaktionales Schreiben aus der Praxis Schreibender innerhalb verschiedener Lernfelder heraus erklärt habe, möchte ich nun das Spezifikum jeder einzelnen Form im Rahmen schriftlicher Kommunikation definieren und gleichzeitig ihr Beziehungsgefüge untereinander sichtbar machen. Ich profitiere dabei besonders von den Arbeiten und Ergebnissen des britischen Erziehungswissenschaftlers, James Britton, der, gemeinsam mit seinem Team, in den späten sechziger und siebziger Jahren die empirische Grundlage für eine moderne Schreibpädagogik gelegt hat.

Schreibentwicklung, so Britton,[1] vollziehe sich als persönlich bedeutsam für Lernende, wenn der Unterricht eine Symbiose von expressivem und transaktionalem Schreiben anstrebe, d.h. wenn SchülerInnen bzw. StudentInnen Raum bleibe, die eigene Stimme zu entdecken und zu erproben, bevor sie *zensierter* Teil öffentlicher Diskurse wird.

Die Realität herkömmlicher Bildungskonzepte folgt leider nicht sehr oft dieser Idealvorstellung. Während einer Fortbildung hörte ich den folgenden Hilferuf von einem amerikanischen *High School*-Lehrer:

Was machst du mit einem Aufsatz an dem stilistisch und grammatisch kaum was zu beanstanden ist, aber bei dessen Lektüre du ganz einfach merkst, daß der Schüler sich, gelinde gesagt, einer Pflicht entledigt hat und persönlich nicht im geringsten am Thema interessiert gewesen ist? Hinzu kommt, daß du die Aufsätze desselben Schülers von vor einigen Jahren noch im Gedächtnis hast, weil diese dich damals genau mit dem Gegenteil beeindruckt haben: Sie sprühten vor Faszination für den jeweiligen Gegenstand und waren geradezu ein seelisches Spiegelbild des Schreibers, aber stilistisch, grammatisch und orthographisch ließen diese Texte damals noch sehr zu wünschen übrig.

Bei meinen Untersuchungen zur Schreibpädagogik in den USA habe ich jenes bedenkliche Gefüge von fortschreitender Schreibentwicklung und sinkendem persönlichen Interesse immer wieder festgestellt. Individuelle Begeisterung weicht gezielt investiertem Engagement zum Zwecke erfolgversprechender Bewertung. Die Langzeitwirkungen einer derart funktionalisierten Schülerexistenz sind allgemein bekannt: Gelernt wird nur dann, wenn unbedingt nötig, d.h., wenn eine Institution wie die Schule, die Betreffenden mit Anforderungen und Kontrollmechanismen konfrontiert. Lernen bekommt den Status einer unangenehmen Pflicht, der es sich schnell zu entledigen gilt. Individuelle Erkenntnisbedürfnisse bleiben somit vielfach unbefriedigt, vielleicht sogar unentdeckt. Lernen wird letztlich nicht als wesentliche Lebensqualität erkannt. Funktionalisiertes Lerner-Dasein ist jedoch nicht nur für die Betroffenen frustrierend, sondern auch für die Lehrenden, da sich unter den beschriebenen Umständen gewöhnlich kaum partnerschaftliche Beziehungen herausbilden.

Einige allgemeine Gründe für eine solche Entwicklung habe ich im Vorwort zu diesem Buch bereits angedeutet: Sie liegen u.a. in einem Schul- und Bildungssystem, in dem nach wie vor eine klare Hierarchie zwischen Zensuren-Erteilenden und Zensuren-Erhaltenden besteht; sie liegen im Charakter unserer sogenannten modernen Gesellschaft, in der uniformes und konformes Rollendenken und -verhalten tagtäglich als Erfolgskonzepte in unzähligen offenen und subtilen Formen ausgegeben werden.

Auf zwei fachspezifische bzw. disziplininterne Beweggründe für funktionalisiertes Lernerverhalten ist James Britton bereits vor mehr als zwanzig Jahren gestoßen, als er gemeinsam mit einem Team in England 2000 SchülerInnen-Texte untersuchte.

Zum einen handle es sich um ein einseitiges Adressaten-Bild,[2] das sich bei schreibenden SchülerInnen u.a. durch folgenden Zusammenhang ergebe: Indem LehrerInnen mit Inhalten, Methoden, Hinweisen und Anweisungen, Kontrolle und Bewertung deutlich das Unterrichtsgeschehen dominierten und damit nicht zuletzt die Existenzbedingungen der Heranwachsenden in der Schule bestimmten, richteten sich die Bemühungen der SchülerInnen mit zunehmendem Alter auf positive Leistungsanerkennung. Meiner Meinung nach wird Schreiben somit in seiner Funktion als individuelles Ausdrucksmedium beschädigt und verliert damit an Wirksamkeit für persönlich bedeutsames Lernen.

Interessant ist zu wissen, daß die von Britton untersuchten LehrerInnen sich ihren SchülerInnen gegenüber gewöhnlich nicht explizit als Kontrollinstanzen ausweisen.

Was das Schreibverhalten der Lernenden präge, sei hauptsächlich ein Fremdbild vom Lehrenden, das sich im Verlaufe vieler Schuljahre sukzessive herausbilde. Dieses Fremdbild wiederum sieht Britton vor allem dann entstehen, wenn Schreiben von seiten der Lehrkraft hauptsächlich als *zu bewertendes Produkt* – als Präsentationsform von zu kontrollierenden Erkenntnissen – behandelt werde.

Der zweite Beweggrund für funktionalisiertes Lernerverhalten hängt direkt mit dem soeben vorgestellten Adressaten-Bild zusammen. Das Britton-Team ermittelte eine extrem einseitige Ausrichtung schulischen Schreibens auf seine *transaktionale* Form (Britton nennt es auch *public writing*;[3] in meiner Einleitung wird dafür der Begriff des *akademischen Schreibens* verwendet), bei dem die zentrale Kommunikationsabsicht darin bestehe, Erscheinungen, Prozesse und Zusammenhänge auf überzeugende Weise darzustellen und die Schreibenden als souveräne, aber hinter dem Gegenstand der Darstellung zurückgezogene Quelle von Wissen zu präsentieren.

Die Textuntersuchungen hätten außerdem ans Licht gebracht, daß viele SchülerInnen *expressives* Schreiben (Britton nennt es auch *personal writing,* wofür ich am Beginn des Buches die deutsche Übersetzung, *persönliches Schreiben,* verwende)[4] deutlich bevorzugten, wohl nicht zuletzt wegen seiner Nähe zum Sprechen. Die Kommunikationsabsicht bestehe in diesem Falle darin, den *individuellen* Entfaltungsprozeß von Gedanken und Gefühlen zu einem bestimmten Gegenstand mitzuteilen. Da diesmal zwischen Autorin und Leserschaft keinerlei Erwartungen an das Arbeitsergebnis bestünden, dafür aber ein um so größeres gegenseitiges Vertrauen in den Schreibprozeß, entfalte sich ein Experimentierraum, in dem der Umgang mit neuen Ideen frei erprobt werden könne.

Expressives Schreiben, inzwischen in seiner speziellen Bildungsfunktion nicht nur in England oder den USA anerkannt, verkörpert ein Lernen, dessen persönliche Bedeutsamkeit sich bei entsprechender methodisch-didaktischer Kopplung auch im transaktionalen Schreiben fortpflanzt: Im Spannungsfeld „personaler" und „öffentlicher" Schreibarbeit sehe ich die Möglichkeit des Brückenschlags zwischen individuellen Erfahrungen, bereits erworbenen Kenntnissen und noch zu verarbeitenden Informationen besonders deutlich ausgeprägt. Schreiben wird hier wieder in seiner ursprünglichen Absicht gebraucht, *jemandem etwas persönlich Bedeutsames mitzuteilen*, und es gewinnt damit immens an natürlicher Motivation für (lebenslange) schriftliche Kommunikation. Für die Unterrichtspraxis gilt es also, Experimentierfelder anzulegen, auf denen individuelle Kommunikations- und Erkenntnisbedürfnisse ergründet und selbständig-schöpferische Tätigkeiten zur Befriedigung dieser Bedürfnisse erschlossen werden können. Diese Arbeit wird zwangsläufig Kommunikationsanlässe und Adressaten hervorbringen, die weit über die traditionell genutzten hinausreichen.

Für die Ortung von individuell bedeutsamen Kommunikations- und Erkenntnisbedürfnissen hat *poetisches Schreiben*, Britton nennt es *poetic writing*[5] (in der Einleitung sage ich dazu *literarisch-künstlerisches Schreiben),* einen besonderen Stellenwert. Wie schon bei der Einführung des Begriffs angedeutet, führt poetisches Schreiben zu den elementaren Bestandteilen von Sprache und Bewußtsein. Durch den Umgang mit dem Einzelwort, ja manchmal sogar nur einzelnen Buchstaben und/oder deren graphische Repräsentation (vgl. Ricos *word-sculptures),* erschließt sich etwas wie eine Basis-Metaphorik, die ein hohes Potential individueller Bedeutsamkeit in sich trägt und dieses durch die Initiierung von Erfahrungen, Emotionen, Kenntnissen etc.

direkt in den weiteren Schreibprozeß, d.h. in die B*ehandlung* jenes ursprünglichen Materials eingibt.

Während James Britton dem expressiven Schreiben eine gewisse Grundlagenfunktion für individuell bedeutsames Arbeiten im transaktionalen bzw. poetischen Bereich einräumt, verstehe ich *alle drei Formen* schriftlicher Kommunikation als Fixpunkte eines Zirkels, den schriftliche Tätigkeit in ihrem Verlauf schlägt. Aus diesem Betrachtungswinkel heraus kann also nicht von der Hervorhebung einer bestimmten Kommunikationsform gesprochen werden: poetisches, expressives und transaktionales Schreiben mögen zwar individuell unterschiedliche Abfolgen, ja sogar zeitlich begrenzte Hierarchien bilden, letztlich hängen sie jedoch in ihrer Existenz voneinander ab und bedingen einander. Ich habe zum Beispiel für mein eigenes Tätigsein herausgefunden, daß bildnerische Arbeit, die in poetisches Schreiben mündet, eine überaus wirkungsvolle Grundlage für nachfolgendes expressives oder transaktionales Schreiben darstellt. Für Andere wiederum, und auch ich habe bereits eine solche Erfahrung gemacht, mag der Ausgangspunkt ihres Schreibens im Verfassen eines reflexiven Textes liegen, der bestimmte Vorkenntnisse zum gewählten Gegenstand zusammenfaßt. Auf einer solchen Grundlage mögen sich narrative Darstellungen bzw. ins Detail gehende Wortassoziationen und -netze (*brainstorming*, *clustering*) aufbauen, die schließlich den Ausgangstext weiterentwickeln helfen.

Auf welche Weise poetisches, expressives und transaktionales Schreiben im Zusammenhang mit Lernfeldern für die Befriedigung individueller Ausdrucks-, Darstellungs- und Mitteilungsbedürfnisse zum Einsatz gebracht werden, hängt nicht zuletzt von der (bewußt oder unbewußt) gewählten Schreibstrategie ab. Wie bereits im dritten Kapitel anläßlich der näheren Vorstellung von *aufsteigendem* und *absteigendem* Schreiben erwähnt, existieren jedoch auch die Strategien der Schriftlichkeit nicht in Reinform, sondern – und dies empfehle ich im Sinne eines ganzheitlichen Schreibkonzepts ganz bewußt zu forcieren – als Mischung mit wechselnder Schwerpunktsetzung. Die folgende Graphik ist als Erweiterung der Übersicht aus dem vierten Kapitel und als vorläufiger Schlußpunkt meiner Begriffsdefinition *Schreiben* zu betrachten:

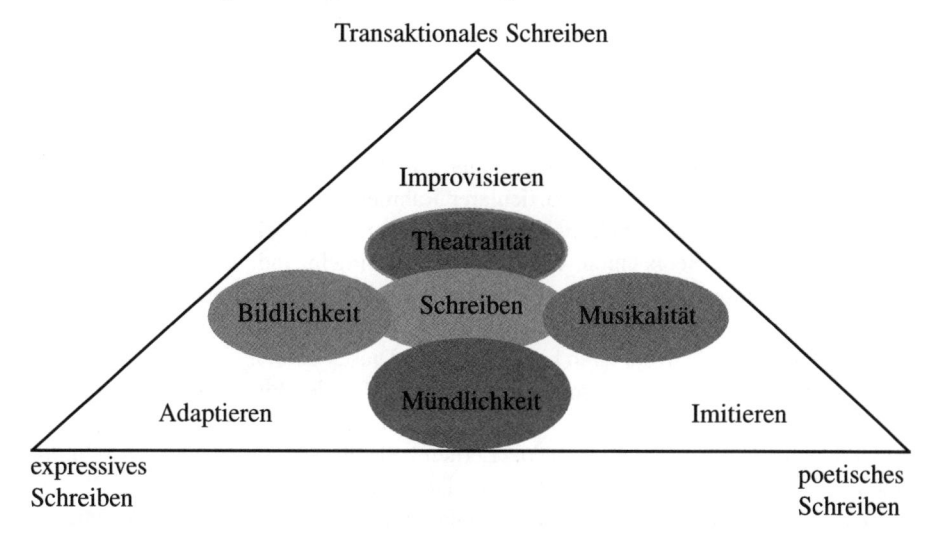

Reflexion zum Schreibprozeß

Analysieren Sie auf der Grundlage Ihres Materials von der Aufgabe „Vorläufiges Resümee" Funktion, Stellung und Wertigkeit poetischen, expressiven und transaktionalen Schreibens für Ihr persönliches Schaffen, und machen Sie sich ein Bild zur Art und Weise Ihrer Verwendung von aufsteigendem bzw. absteigendem Schreiben. Seien Sie sich jedoch bei dieser reflektiven Arbeit bewußt, daß es nicht darum geht, DAS wirkungsvollste Schreibmodell zu finden. Selbst verallgemeinerbare Tendenzen in Ihrem Schreiben unterliegen permanenten, komplexen Veränderungen, aber das Sich-Bewußt-Machen jener Veränderungen verkörpert ein Lernen über ihre effektive Ausnutzung bzw. Steuerung.

Meine Ausführungen zu Strategien, Methoden, Feldern und Formen des Schreibens als Lernmedium sollen abschließend anhand einiger curricularer Konsequenzen zusammengefaßt werden. Auch hierzu möchte ich vorab sagen, daß mir kein allgemeingültiges Bildungsmodell vorschwebt. Was ich mitteilen möchte, sind Ideen und Überlegungen, die auf der Grundlage meiner eigenen Schreib-, Lern- und Lehrpraxis und besonders in der Auseinandersetzung mit dem Werk von James Moffett, einem der führenden US-amerikanischen Erziehungswissenschaftler in der Entwicklung von Ausbildungsprogrammen für Schule und Universität, entstanden sind.

Moffetts curriculare Überlegungen erwachsen aus einem Verständnis vom Schreiben als ein Wachsen von innerem Sprechen (*inner speech* – Kommunikation zwischen dem Intellekt und den Sinnen)[6] zum Textverfassen und aus einer Zweckbestimmung jenes Schreibens, die den herkömmlichen widerspricht: Nicht die Abstraktion von Wahrnehmungen des Intellekts und der Sinne stehen als (gedanken-)fertiges *Produkt* noch vor Beginn des Schreibens als Repräsentationsform von Wissen fest, sondern jene intellektuellen und sinnlichen Wahrnehmungen selbst verkörpern das *Material*, aus dem sich Schreibanlaß, Schreiben als Durcharbeiten und letztlich ein Text und mit ihm neue Einsichten und Erkenntnisse ergeben. Interessant ist, daß Moffet das Schreiben ebenso in umgekehrter Richtung wirken sieht; nämlich als Möglichkeit, von bereits Bewußtgewordenem in tiefere Schichten des Unbewußten hinabzusteigen. Schreiben als Lernen nimmt hier in seinem Verlauf die Form einer Welle an, die in ihrem Ausmaß immer größer wird, da sie sich additiv von vorangegangenen Auf- und Abbewegungen (zwischen Wissen und Nicht-Wissen) speist.

Die Konsequenz aus diesen Überlegungen zum Schreibprozeß liegt für Moffett in der Erweiterung konventioneller curricularer Rahmen: Schreiben müsse für das lernende Individuum ein kontinuierliches Zusammenspiel von vielen verschiedenen Aktivitäten darstellen: Beobachten, Informationen Sammeln, individualisiertes Lesen, Diskutieren, Komponieren (im Sinne von kreativem Schaffen) in nonverbalen Medien und selbstverständlich Schreiben in allen erdenklichen Erscheinungsformen (also weit über die schulischen/universitären hinausgehend). Dieses Schreiben sollte nicht durch Autoritäten (LehrerInnen etc.), sondern von der schaffenden Person selbst anhand eigener Beobachtungen, Erinnerungen, Befragungen, Experimente, Gefühle/Emotionen, Reflektionen (etc.) thematisiert werden.[7] Lernen vollziehe sich, so Moffett, im Schnittpunkt von individueller und sozialer Welt, im Dialog zwischen dem, was er nach Piaget *egocentric speech* (oder auch *inner speech*) nennt und *socialized speech*, dem Mitteilen, das auf ein Publikum gerichtet ist.

Das Schreibcurriculum, das als Ergebnis mehrerer experimenteller Unterrichtsprogramme in den frühen sechziger Jahren entstand und bis in die neunziger Jahre hinein von Moffett immer wieder modifiziert wurde, ist in seiner Methodik und Didaktik eine Reaktion auf die Erkenntnisse zur Entwicklung des Schreibens beim Kind – einer Entwicklung, die hauptsächlich von der Fähigkeit des Aufzeichnens (*recording*), über die des Berichtens (*reporting*) zur Fähigkeit des Verallgemeinerns (*generalizing*) und Modellbildens (*theorizing*) führt.

Dialogisieren, Erzählen, Erkennen: Lernen durch Schreiben nach James Moffett[8]

Innerer Dialog (egocentric speech)			
Entäußerter Dialog (socialized speech)	Aufzeichnen dessen, was (gerade) geschieht;	DRAMATIK	L
Briefwechsel Tagebuch Autobiographie Memoir	Berichten dessen, was geschehen ist;	literarische PROSA	Y
Biographie Chronik Geschichte	Verallgemeinern dessen, was (immer wieder) geschieht;	Sach-PROSA	R I
Naturwissenschaften Metaphysik	Theoretisieren dessen, was geschehen könnte.		K

Inneres Sprechen/Dialogisieren (*inner speech*):

Hierin sind Tätigkeiten vereint, die an Erfahrungen und Kenntnisse, an Träume, Gefühle und andere Elemente des Be- und Unterbewußtseins anknüpfen, um den ganzen Reichtum individuellen Seins für nachfolgendes Schreiben aufzuschließen bzw. aufzubereiten. Ein weiteres Ziel besteht darin, persönliche Schreibmotivation aufzubauen, indem tatsächliche Ausdrucks-, Darstellungs- und Mitteilungsbedürfnisse entdeckt und entwickelt werden. Vorbereitet wird hier das Hinaustreten des kommunikativen Ichs (als Ergebnis und Bestandteil von Diskursen) in die Diskurswelt. Methodisch geht es darum, den Übergang von innerem Konstatieren zum *Ausdrücken* auf dem Papier zu entfalten und damit zu erleben, wie sich aus dem Umgang mit dem Rohmaterial langsam ein Gefühl für eine mögliche Präsentationsform (*Gestalten*) bzw. eine Vorstellung vom angezielten Publikum herausschält (*Mitteilen*). Wenn Moffett für diese Phase von einer Konzentration auf *dramatische* Darstellungsformen spricht, dann hat er dafür ein weites Begriffsverständnis im Sinn: „the drama of what is happening" ist auch in der Konfrontation mit mündlichen oder musikalischen Ausdrucksformen bzw. bildlicher Darstellung gestalt- bzw. ablesbar.

- *Da es für die meisten der Beteiligten ungewohnt sein wird, inneren Dialog bewußt wahrzunehmen oder gar laut auszuführen, schlage ich vor, dem mit einer ebenso ungewohnten Aktivität zu begegnen: Schlüpfen Sie in die Rolle einer Person, die von Außerirdischen entführt und zum „Verhör" an eine Maschine angeschlossen wird, mit deren Hilfe Ihre Gedanken und Gefühle in Sprache transformiert werden können. Denken und fühlen Sie laut, d.h. sprechen Sie los, und plappern Sie für einige Minuten einfach drauflos. Um für die folgenden Aufgabenstellungen eine gemeinsame Orientierung zu besitzen, gebe ich Ihnen das Thema SCHREIBEN vor:*
- *Wiederholen Sie Ihr Geplapper zum vorgegebenen Thema schriftlich, versuchen Sie jedoch zwischen verschiedenen „Stimmen" (die sich gegenseitig widersprechen, ergänzen oder miteinander streiten) zu unterscheiden, und geben Sie diesen Stimmen Namen. Falls Sie Ihr Gespräch im ersten Teil der Aufgabe auf Band aufgezeichnet haben sollten, transkribieren Sie jetzt das Gehörte, aber auch hier mit der Unterscheidung verschiedener Stimmen.*
- *Wenn Sie sich auf diese Weise an das Entäußern Ihres inneren Dialogs gewöhnt haben, können Sie in Zukunft auf die ersten beiden Schritte verzichten und sofort Ihren Gedanken- und Gefühlsstreit „pur" aussprechen oder niederschreiben.*
- *Uns liegt natürlich nichts daran, den inneren Dialog im Sinne von Selbstzensur zu kontrollieren. Aber der Zugriff auf authentisches Material kann durch meditative Beeinflussung des inneren Dialogs effektiver gestaltet werden. Versuchen Sie einmal folgendes, während Sie den Strom der inneren Stimmen mündlich oder schriftlich festhalten:*
a) Unterbrechen Sie nach einer Weile Ihre Aufzeichnung, und starren Sie so lange Sie möchten auf einen beliebigen Gegenstand. Kehren Sie dann wieder zu Ihrer Aufzeichnungsarbeit zurück.
b) Unterbrechen Sie nach einer Weile Ihre Aufzeichnung. Schließen Sie die Augen, und stellen Sie sich einen beliebigen Gegenstand vor. „Halten" Sie das Image so lange Sie möchten, und kehren Sie dann wieder zu Ihrer Aufzeichnungsarbeit zurück.
c) Unterbrechen Sie nach einer Weile Ihre Aufzeichnung, schließen Sie die Augen, und betrachten Sie den Fluß Ihrer Gedanken und Gefühle wie er materialisiert (also tatsächlich als fließendes Wasser o.ä.) an Ihnen vorüberzieht. Versuchen Sie während dieser Zeit nicht, irgend etwas aus diesem Fluß zu erkennen, ein- bzw. zuzuordnen oder festzuhalten. Kehren Sie dann wieder zu Ihrer Aufzeichnungsarbeit zurück.
d) Unterbrechen Sie nach einer Weile Ihre Aufzeichnung, und konzentrieren Sie sich auf das letzte Wort/Image Ihres inneren Gesprächs. Halten Sie Ihren Fokus für eine Weile auf diesem Wort/Image, und setzen Sie dann Ihre Aufzeichnungen von diesem Punkt aus fort.
e) Unterbrechen Sie nach einer Weile Ihre Aufzeichnung. Schließen Sie die Augen, und betrachten Sie noch einmal den Fluß Ihrer Gedanken und Gefühle ganz passiv. Verfolgen Sie seine Wellen diesmal bis zum Horizont (und weiter), bis der Strom aus Ihrem Blickfeld verschwindet. Öffnen Sie dann die Augen, und beschäftigen Sie sich noch einmal mit Ihren Aufzeichnungen. Welche Veränderungen haben die verschiedenen Meditationsformen in Ihrem inneren Dialog bewirkt?[9]

Vom Dialogisieren zum Erzählen

Hier werden dialogisch (mündlich und in anderen Formen) erworbene Informationen und Eindrücke schreibend oder sprechend gleichzeitig entäußert und verinnerlicht: Die Bewegung verläuft von einer inneren Diskurswelt (vgl. *inner speech*) hin zu einem tatsächlich vorhandenen Publikum und zurück zum gestaltenden Ich als eine Art Kontrolle des Materials hinsichtlich seiner (sich verstärkenden) persönlichen Bedeutsamkeit (vgl. meine Aussagen zum Lernfeld *Mündlichkeit*). Eine weitere Funktion dieser Phase besteht darin, den Übergang zwischen innerer und äußerer Kommunikation als gravierenden Perspektivwechsel auf ein und denselben kommunikativen Gegenstand zu erleben. Moffetts Verständnis von *fiction*, ist wiederum so weit gefaßt wie ihre Funktionsbeschreibung: „the narrative of what happened" kann im mündlichen Medium genausogut eingefangen sein wie im theatralen, bildlichen, musikalischen etc.

- *Knüpfen Sie an die Aufzeichnungen Ihres inneren Dialogs zum Thema SCHREIBEN an, indem Sie das Material (oder Ausschnitte davon) noch einmal lesen und dann den Kern des Gesprächs zwischen den von Ihnen identifizierten Stimmen nacherzählen. Verwenden Sie dafür ausschließlich indirekte Rede. Schaffen Sie einen Erzählrahmen, mit dessen Hilfe Sie Handlungsort, -zeit, -umstände und -zusammenhänge berichten.*
- *Sprechen Sie mit anderen Menschen über Ihre Aufzeichnungen, ohne die Texte zum Lesen auszugeben. Erzählen Sie Ihre Geschichte mündlich. Improvisieren Sie, falls Sie Teile vergessen haben oder wenn Sie experimentieren wollen. Nehmen Sie die Kommentare Ihrer GesprächspartnerInnen bewußt auf, und fordern Sie bei Bedarf konkretere Aussagen. Hören Sie nach solchen Treffen tief in sich hinein, ob Sie Ihre Geschichte verändern wollen.*
- *Eine andere Variante: Materialisieren Sie die Aufzeichnungen Ihres inneren Dialogs in Form eines Bildes, einer Collage oder Installation, und stellen Sie dieses Produkt dann anderen Menschen vor. Erzählen Sie sich gegenseitig Geschichten zur bildnerischen Darstellung. Schreiben Sie nach dem Treffen Ihre Geschichte auf, die nun vielleicht eine Mischung Ihres inneren Dialogs, der bildnerischen Darstellung bzw. der Anregungen Ihrer GesprächspartnerInnen verkörpert.*
- *Eine andere Variante: Schreiben Sie auf der Grundlage der Aufzeichnungen Ihres inneren Dialogs Briefe an die verschiedenen Stimmen. Schicken Sie diese Briefe dann entweder tatsächlich an konkrete Personen, oder sprechen Sie über diese Briefe mit anderen Menschen (Variationen siehe oben). Lassen Sie Ihre Aktivitäten letztlich in das Aufschreiben einer Geschichte münden, in der Sie die angeschriebenen Stimmen/Personen als die handelnden Figuren innerhalb eines konkreten Handlungsrahmens (siehe oben) darstellen.*

Vom Erzählen zum Abstrahieren

Die Abstraktion findet sowohl auf inhaltlicher (Was wird dargestellt?) als auch auf sprachlicher (Wie wird es dargestellt?) Ebene statt. Vormals narrativ präsentierte Ereignisse werden generalisiert, d.h. in ihren Grundzügen, Prozessen und Zusammenhängen gezeigt, was mit einer wachsenden Distanz der Schreibenden vom dargestellten Gegenstand einhergeht. Das jeweilige Material wird für ein Lernen zugänglich, das nunmehr vom Einzelnen zum Allgemeinen weiterführt und den persönlichen Horizont des schreibend lernenden Subjekts (*personal writing*) zum Forum für ein lesend lernendes Publikum erweitert (*public writing*). Moffetts „exposition of what happens" braucht nicht auf die geschriebene Darstellung in Biographien oder Chroniken begrenzt sein. Sie läßt sich auch in nonverbalen Medien praktizieren.

- *Schauen Sie sich Ihre Darstellungen (verschiedene Geschichten, Bilder etc.) zum Thema SCHREIBEN noch einmal an, und versuchen Sie, eine Liste von Gemeinsamkeiten und Unterschieden zu Inhalten und Gestaltungsweisen aufzustellen.*
- *Gehen Sie mit der Betrachtung vorhandener Materialien einen Schritt weiter zurück, und beschäftigen sie sich noch einmal mit Ihren verschiedenen inneren Stimmen zum vorgegebenen Thema. Machen Sie eine weitere Liste von Gemeinsamkeiten und Unterschieden in den Aussagen.*
- *Fassen Sie die analysierten generellen Aspekte Ihres Umgangs mit dem Thema zusammen, und kommentieren Sie diese in Charakter und Funktion. Stellen Sie Ihr Bild vom SCHREIBEN in den Kontext von Darstellungen anderer (Freunde, Bekannte, KollegInnen, Stimmen in diesem Buch etc.).*

Vom Abstrahieren zum Theoretisieren

Die (abstrahierten) Hauptsegmente von Erscheinungen (Ereignissen z.B.), Prozessen und Zusammenhängen lassen sich für den Entwurf von Theorien bzw. Modellen dessen verwenden, was als (Entwicklungs-)Möglichkeit für den jeweils diskutierten Gegenstand besteht. Hier geht es um den Entwurf des Zukünftigen, das, im Vergleich zur fiktiven Geschichte, einen deutlichen Wahrheits- oder, anders gesagt, Einlösungsanspruch stellt. Die Argumentation dessen, „what will, may happen" (Moffett) stellt dafür ein Abwägen des Für und Wider dar, das den Realisierungshintergrund des jeweiligen Modells verkörpert. Auch hierfür sind die Darstellungsmöglichkeiten mit dem schriftlichen Bereich bei weitem nicht ausgeschöpft: das Vorführen von Experimenten ist dem chemischen Labor genauso eigen wie dem Theater.

Experimentieren mit dem eigenen Schreibprozeß

- *Stellen Sie, basierend auf dem zuletzt vorgenommenen Vergleich zwischen Ihrem Bild vom SCHREIBEN und dem anderer, eine Liste von Aspekten zusammen, die Sie in Ihrem eigenen Schreiben gerne verwirklicht sähen.*
- *Identifizieren Sie die Funktion dieser vorgeschlagenen Veränderungen, und antizipieren Sie mögliche Einflüsse auf Ihr bisheriges theoretisches und praktisches Verständnis vom SCHREIBEN.*
- *Diskutieren Sie mögliche Widerstände, die sich Ihnen bei der Verwirklichung der o.g. Veränderungen entgegenstellen könnten, indem Sie diese Widerstände in Charakter und Funktion genauer analysieren.*
- *Was hätten Sie diesen Widerständen z.Z. entgegenzusetzen, und was würde im Moment fehlen? Machen Sie eine Liste.*

Moffett versteht sein Programm natürlich nicht als reglementierenden Vierschritt, dessen Erfolgsträchtigkeit von der Genauigkeit des praktischen Vollzugs abhängt. Mit dem Verzicht auf die oftmals übliche Stufenstruktur zugunsten eines spiralförmigen Programmaufbaus ist Flexibilität garantiert, die den Einsatz sowohl in Elementary und

Secondary School als auch in College und Universität zuläßt und nicht auf strikte zeitliche Abläufe angewiesen ist. Moffetts Ratschlag, eine gewisse Grundspirale in allen Teilen der Schreibcurricula einzuhalten, also grundlegende Schreibstrategien, -techniken und -methoden permanent aufzugreifen, ist von allgemein-pädagogischem Wert. Die folgenden hauptsächlichen Linien der Moffettschen Programmentwicklung sind deswegen auch nicht konkreten Abschnitten des bereits vorgestellten Curriculums zuzuordnen oder etappenweise durch Überprüfungen abzurechnen. Ihre Präsenz ist in einem Sinne permanent, als daß sie sich mit jedem Schreibprojekt erneuert.

Orientierungspunkte für persönlich bedeutsames Schreiben nach Moffett[10]

- vom „inneren" und „äußeren" Sprechen zu *private* und *public writing*;
- von inneren Dialogen und Monologen zu Briefen und Tagebuchschreiben, von erzählerischen Texten in der ersten Person über erzählerische Texte in der dritten Person zu verallgemeinernden und argumentativen Essays;
- von einem bekannten zu einem unbekannten Publikum;
- von umgangssprachlicher Improvisation zu literarischer Komposition;
- von bekannten/unmittelbaren Kommunikationsgegenständen innerhalb begrenzter Raum-Zeit-Relationen zu Themen mit offenem Raum-Zeit-Gefüge;
- von der Fähigkeit des Aufzeichnens (Drama), über die des Berichtens (Erzählung) zu der des Verallgemeinerns (Darlegung) und Theoretisierens (Argumentation);
- von der Sinnes/Verstandesaufnahme, über das Erinnern zur Verarbeitung/Reflexion;
- vom Vorhandenen (Gegenwärtigen), über das Vergangene (Vergangenheit) zum Möglichen (Zukunft);
- von Chronologie zu Analogie.

Im Gegensatz zu James Britton, nach dessen Ansicht zum Beispiel der Schritt von *private to public writing* notwendig ist für effektives Lernen durch Schreiben, sieht Moffett die soeben angedeuteten Bewegungsrichtungen immer als Indikatoren momentanen Lernens, auf dessen individuellen Charakter hin Lehrmethoden bzw. curriculare Strukturen immer wieder von neuem ausgerichtet werden müssen: Schüler A paßt vielleicht für eine Weile in die vorgeschlagene Arbeitsrichtung von *private* zu *public*. Nach ausführlicher Beschäftigung mit einem Essay, der für die Schulzeitung vorgesehen ist, bleibt er jedoch plötzlich stecken. Ideen fehlen, Unsicherheit kehrt ein, Versagensangst macht sich breit. In einem solchen Moment scheint es nicht ratsam, den Schüler direkt am Essay weiterschreiben zu lassen. Mit kreativen Wortspielen, häufigem *brainstorming* und vielen Clustern wird er bald zu alter Form zurückgefunden haben.

James Moffett möchte seine Vorschläge nicht als Trainingsprogramm für erfolgreiches Textverfassen verstanden wissen, sondern als flexibles Instrumentarium, mit dem auf spezifische Momente in der individuellen Schreibentwicklung reagiert werden kann. Einmal Teil persönlicher Schreibbiographie geworden, kann später immer wieder darauf Bezug genommen werden. Hier geht es um ganzheitliches Lernen als Teil lebenslanger Erkenntnisgewinnung.

Schreiben ist wie...

Nehmen Sie ein leeres Blatt Papier und skizzieren Sie unter der Überschrift „Schreiben ist wie..." (bitte setzen Sie einen Vergleich ein) Ihren persönlichen Schreibprozeß, so wie Sie ihn jetzt, am Ende des zweiten Teils dieses Buches, sehen. Notieren Sie Veränderungen im Vergleich mit dem von Ihnen ausgefüllten zwei Fragebögen im 1. Kapitel zum persönlichen Aktionsradius im Schreiben.

Weiterführende Lektüre

Karl Schuster, *Das personal-kreative Schreiben im Deutschunterricht,* Hohengehren: Schneider Verlag, 1995.
Jürgen Fröchling, *Expressives Schreiben,* Frankfurt: Peter Lang, 1987.
Peter Elbow, *Writing With Power: Techniques for Mastering the Writing Process,* New York; Oxford: Oxford University Press, 1981.
James Moffett, *Coming on Center,* (2. Auflage), Portsmouth, NH: Heinemann, 1988.

Anmerkungen

1. James Britton, Toni Burgess, Nancy Martin, Alex McLeod, Harold Rosen, *The Development of Writing Abilities (11-18),* London: Macmillan,1975. Siehe für eine ausführlichere Darstellung zur Arbeit von James Britton: Bräuer (1996b), 158 ff.
2. Nancy Martin, Pat D'Arcy, Bryan Newton, Robert Parker, *Writing and Learning Across the Curriculum 11-16,* Upper Montclair, NJ: Boynton, 1976, 22.
3. Ebenda, 23.
4. Ebenda.
5. Ebenda, 22.
6. Der Begriff „inner speech" ist von James Moffett in seinem Aufsatz, „Writing, Inner Speech, and Meditation", ausführlich dargestellt worden (in: ders., *Coming on Center,* (2. Auflage), Portsmouth, NH: Heinemann, 1988, 89-137).
7. Ebenda, 99.
8. Moffett, *Teaching the Universe of Discourse,* Portsmouth, NH: Heinemann, 1968, 47 (meine Übersetzung).
9. Die Übungen a)-e) sind auf der Grundlage von Ideen zur Intensivierung des *inner speech* entstanden, die James Moffett in seinem Aufsatz, „Writing, Inner Speech, and Meditation" entwickelt hat. Moffett bezeichnet die hier vorgestellten Meditationsformen wie folgt: a) *gazing,* b) *visualizing,* c) *witnessing inner speech,* d) *focusing inner speech,* e) *suspending inner speech* (vgl. ders. [1988], 121).
10. Moffett (1992a), 10 f. (meine Übers.).

DRITTER TEIL: ORGANISATION

10. Kapitel: Schreiben „mit" und „ohne"

*Lernen ist wunderschön –
wenn es freiwillig ist.*
Anne, *14 Jahre*

Zusammenfassung

Es geht um die Bestimmung und Diskussion der Beziehungsqualitäten zwischen Lehrenden und Lernenden, die es ermöglichen, Schreiben als Medium und Mittel von Bildungsprozessen effektiv auszuschöpfen. Der Exkurs des Kapitels beleuchtet den Prüfstand jener Beziehungsqualitäten: das Kommentieren, Beurteilen, Bewerten und Zensieren von Schreibleistungen.

Wie wäre Schule ohne Lehrer und Lehrerinnen? Jedenfalls ohne solche, die für jede Minute des Unterrichts etwas geplant haben und die Disziplinierungsleine allzeit straff halten. Wie würde eine Universität ohne Professorinnen und Professoren aussehen? Jedenfalls ohne solche, die immer alles besser wissen, auf jede Frage eine Antwort haben und dabei unerreichbar scheinen. Würden SchülerInnen und StudentInnen trotzdem noch am Lernen interessiert sein? Kämen sie auch in die, sozusagen, *entheiligten* Hallen der Bildungstempel? Wieviele würden ohne Aussicht auf Benotung weiterlernen? Wer würde wann welchen Lehrer vermissen? Käme es dazu, daß einige der ProfessorInnen zu Hause angerufen werden würden, um vielleicht zu einem Schwatz ins nächste Cafe oder auf die Parkwiese eingeladen zu werden? Worum würde es in solchen Gesprächsrunden und -stunden gehen? Wie wäre die Atmosphäre, ohne Pult und Bankreihen, aber mit der *ehemaligen* Lehrerin, Ellbogen an Ellbogen, mitten unter ihren *ehemaligen* SchülerInnen? Würde ein neues Sokratische Zeitalter anbrechen?

Den Zeugnisbeurteilungen nach war ich ein Langsamer in den ersten Schuljahren. Daß ich Noten für meine Leistungen bekam, begann ich erst so recht in der Fünften zu begreifen. Dann nämlich hieß uns der Deutschlehrer zu Beginn jeder Aufsatz- oder Diktatrückgabe, sich von den Plätzen zu erheben und solange zu stehen, bis wir unser Heft überreicht bekamen. Der Zensurenreigen begann mit den *tiefen Tönen,* wie der Lehrer zu sagen pflegte, und arbeitete sich langsam die Notenleiter hinauf. Unser *Mustermädchen* mußte immer bis zum Schluß stehen, meistens allein, mit verschämter Miene. Die einen haßten sie dafür, daß sie die Beste war, die anderen himmelten sie an. Ich schwankte zwischen den Lagern, bis ich einmal mit ihr gemeinsam bis zum Schluß stehen mußte. Dann tat sie mir nur noch leid. Ich weiß nicht genau, auf wieviele *hohen Töne* ich nach diesem Erlebnis freiwillig verzichtet habe.

Als ich an einer Universität in den USA zu unterrichten begann, hatte ich den Vorsatz, für meine StudentInnen *Partner* zu sein, ein Freund, der seine Antworten auf die Fragen der Welt genauso zur Verfügung stellt wie seine Fragen an diese Welt, seine

Zweifel und Ängste. Ich wollte nicht nur geben, sondern auch nehmen, also von und mit den StudentInnen lernen. Was ich schon nach wenigen Wochen als Quittung für diese Erwartung erhielt, waren Unverständnis und Ratlosigkeit. Am Schluß jenes ersten Semesters für mich in diesem fremden Land gab es offene Ablehnung: *So stellen wir uns unseren Professor nicht vor.*

Dieses Kapitel, das gleichzeitig den dritten und letzten Teil des Buches einläutet, soll einer eingehenden Diskussion zum Verhältnis von Schreibenden untereinander bzw. von Lehrenden *und* Lernenden gewidmet sein. Welche Arbeitsatmoshäre ist notwendig, um im Schreiben, Lesen und Besprechen von Texten schöpferisch sein zu können? Unter welchen Umständen sind Lehrende und Lernende bereit, sich gemeinsam auf persönlich bedeutsames Erkenntnisgewinnen einzulassen? Wie tief erlaube ich den Blick von außen in mein Inneres? Kann ich meinem Gegenüber vertrauen?

Im Exkurs des Kapitels geht es um den Prüfstand der Beziehungsqualität zwischen Lehrenden und Lernenden, das Kommentieren, Beurteilen, Bewerten und Zensieren von Schreibergebnissen: Was, wann und wie soll auf die Arbeit von Schreibenden reagiert werden? Worauf liegt der Fokus? Auf Prozeß oder Produkt? Welche Unterschiede gibt es bei der Einsichtnahme in Erstentwürfe und spätere Fassungen? Wie beurteilen wir Portfolios? Ist es sinnvoll, ein Gedicht zu benoten? Sollten Journale oder Tagebücher überhaupt eingefordert werden?

Ich sehe das 10. Kapitel (ähnlich der Funktion von 1 und 4) als ein weiteres Gelenk des Buches, mit dem die folgenden Aspekte vorbereitet werden sollen.

Ein erster Komplex spezifiziert die bisherigen Betrachtungen auf unterrichtsorganisatorischer Ebene: Wodurch wird Gruppenarbeit effektiv? Wie lassen sich Spannungen zwischen einzelnen Mitgliedern zum Vorteil aller ausnützen? Was verändert sich in der Beziehungsdynamik, wenn die Lehrerin ihren Schüler nach dem Workshop zum persönlichen Gespräch empfängt? Was passiert, wenn eine solche Konferenz stattdessen zwischen zwei KommilitonInnen abläuft? Lösen sich Beziehungsdynamiken auf oder stellen sich erst überhaupt nicht ein, sobald im *Computernetz* abgetaucht wird?

Ein zweiter Schwerpunkt – *prompts* oder Unterstützungsmaterial und seine Anwendung – ist inhaltlicher Art: Ist der *berühmte* Autor und sein Text eine Bedingung für wirkungsvolle Schreibanregung bzw. eigenes Wachsen? Wieviele literarisch ausgereifte Gedichte braucht es tatsächlich, um selbst *anspruchsvolle* Lyrik zustande zu bringen? Welche Rolle spielen Gruppentexte bzw. Texte von MitschülerInnen und KommilitonInnen in der Orientierungssuche nach Ideen und Normativen?

Ich möchte an dieser Stelle noch einmal die soziale Dimension des Schreibens knapp umreißen. Geschrieben wird stets in einem Netz von potentiellen LeserInnen (AdressatInnen), anderen Schreibenden, eigenen und fremden Schreiberfahrungen bzw. gesellschaftlich sanktionierten und individuell angeeigneten Normen für Schriftsprachlichkeit. Zwischen den beiden Extremen „mit" und „ohne" möchte ich die spezifischen Funktionen dieser sozialen Komponenten näher bestimmen und diskutieren, wie jene Funktionen im Sinne eines reicheren Lernens durch Schreiben effektiviert werden können. Dabei werde ich, wie bereits zuvor, den Blick für Tendenzen, Gemeinsamkeiten und Unterschiede in der deutschen/europäischen bzw. US-amerikanischen Schreibpädagogik offenhalten.

Ausgehen möchte ich von den bereits im vorangegangenen Kapitel erwähnten Untersuchungsergebnissen James Brittons bezüglich einer klaren Dominanz transaktionalen (oder akademischen/öffentlichen) Schreibens in Schule und Hochschule.

Wie wir wissen, ist dieses Übergewicht gegenüber poetischer und expressiver Ausdrucksarbeit direktes Ergebnis einer herausgestellten (Autoritäts-)Position der Lehrenden, die auf zwei Hauptkomponenten beruht: Anforderung und Kontrolle. Beides orientiert sich inhaltlich und organisatorisch weniger an den Bedürfnissen der Lernenden, dafür aber um so mehr an Kriterien, denen selbst das Hierarchie-System von Lehrenden und Lernenden immanent ist. Meiner Meinung nach ist also wenig getan mit der von Britton vorgeschlagenen Erweiterung des Adressaten-Kreises, um persönlich bedeutsames Schreiben anzuregen.[1] Solange sich hinter dem neuen (Schein-)Publikum dieselben Kontrollinstanzen und -kriterien verbergen, wird Lernermotivation weiterhin dominant auf erfolgreiche Benotung zielen. Von den Lehrenden muß unmißverständlich die Botschaft ausgehen, daß deren Interesse *nicht ausschließlich* auf den beiden o.g. Schwerpunkten liegt, sondern vielmehr im Erleben einer sich komplex entfaltenden und verwirklichenden Persönlichkeit.

Aspekte des Lehrens

Schreiben Sie über Ihre Lehrerfahrungen bzw. darüber, wie Sie als SchülerIn/StudentIn Ihre LehrerInnen erlebt haben. Welche Aspekte des Lehrens haben Sie in Ihrem eigenen Lernprozeß beflügelt oder eher gehemmt? Machen Sie eine Liste, und schreiben Sie später mehr zu ein oder zwei frei gewählten Schwerpunkten.

Ist das neu? Lernend Lehrende und lehrend Lernende – Anmerkungen über das Prinzip des (Sich Mit-) Teilens

Es kommt nicht von ungefähr, daß die fortschreitende Etablierung von kreativen Lernfeldern (oder zumindest Elementen davon) an Schule und Hochschule[2] einhergeht mit der Formierung/Ausprägung pädagogischer Ansichten, die vor allem das traditionelle Verhältnis von LehrerIn und SchülerIn/StudentIn neu definieren. Natürlich kann der wachsende Verlust des unmittelbaren sozialkritischen Kontextes der sechziger und siebziger Jahre bedauert werden. Ich meine jedoch, daß die Tendenz der Psychologisierung zugunsten konsumterrorisierter Lehrender und Lernender ebenso eine Berechtigung hat wie die forcierte Entwicklung *zeitgemäßer* (den bestehenden gesellschaftlichen Umständen angepaßter) Problemlösungsstrategien.[3] Beide Lager bauen meines Erachtens an einer Grundlage, die, auf lange Sicht gesehen, ebenfalls gesellschaftsverändernde Auswirkungen haben sollte.

Diese Grundlage beinhaltet u.a.:

Veränderungspotenzen für Lehren und Lernen

- den Übergang von autoritätszentriertem[4] zu lernerzentriertem Lehren/Lernen;
- ein zunehmendes Verständnis für Lehren/Lernen als Prozeß vs. Produkt;
- die verstärkte Orientierung auf die persönliche Bedeutsamkeit von Lernprozessen vs. ihrer Funktionen für wissenschaftliche Disziplinen oder Berufe;

- Fähigkeits- und Fertigkeitsausprägung für kollaboratives Lehren/Lernen als Teil eines generellen Paradigmawechsels von inhaltszentriertem zu personenzentriertem Unterricht;
- die verstärkte Konzentration auf ganzheitliches Lehren/Lernen.

Geführte Meditation: Über Lehrende und Lernende

1. *Stellen Sie sich vor, Sie wären gerade in einer Schule eingestellt worden, die einige Besonderheiten aufweist. Ein Kollege macht Sie jetzt mit diesen Besonderheiten vertraut. Notieren Sie schnell zu jedem Punkt einige Ihrer Haupteindrücke: a) Sie gehen in ein Klassenzimmer, in dem es weder Bänke noch Stühle gibt. SchülerInnen und LehrerInnen sitzen (liegen) auf dem Teppich. Sie haben sich zu kleinen Kreisen formiert und besprechen ihre Tagesvorhaben. b) Sie folgen der Diskussion für einige Minuten und erhalten den Eindruck, daß die LehrerInnen in Entscheidungsfindungen nicht dominieren, sondern gleichberechtigt mit den SchülerInnen an ihnen teilnehmen. Eine Spezifik ihrer Rolle besteht darin, daß sie aufgrund ihrer reicheren Erfahrung von den SchülerInnen als Beratungs- oder Vermittlungsinstanz angerufen werden.*
2. *Während Sie einen Klassenraum nach dem anderen besichtigen, fällt Ihnen auf, daß das Prinzip der Klassenstufen teilweise außerkraft gesetzt ist. Sie entdecken jüngere und ältere SchülerInnen gemeinsam in ein und denselben Arbeitsgruppen. Als Sie bei Ihrem Begleiter dazu nachfragen, erklärt er Ihnen, daß bestimmte Projekte in der Schule öffentlich ausgeschrieben werden, an denen sich alle InteressentInnen beteiligen können.*
3. *Während Ihrer Besichtigung kommen Sie auf die sogenannte Labor-Etage des Gebäudes: Hier gibt es Treffpunkte für diejenigen, die Bedarf an Strategien, Methoden und Techniken des Sprechens, Hörens, Lesens, Schreibens und nonverbalen Kommunizierens haben. Jede Abteilung verfügt außerdem über Personen, die auch kurzfristig für individuelle Fragen und Probleme kontaktiert werden können.*
4. *Sie stoßen auf eine Beratung von LehrerInnen, welche die Kommentierung und Bewertung von Schülerportfolios diskutieren. Es geht dabei nicht um Zensurenfindung, sondern um das kritische Betrachten/Beschreiben der Entwicklung einzelner SchülerInnen aus der Perspektive mehrerer LehrerInnen, die mit der- oder demjenigen über einen bestimmten Zeitraum zusammengearbeitet haben.*
5. *Sie nehmen später an einem Meeting teil, auf dem LehrerInnen und SchülerInnen grundsätzliche Ausbildungsstrategien bzw. einzelne Kurse gemeinsam beraten.*
6. *Sie fragen nach einer Schülerin, die Sie persönlich kennen, und Sie erfahren, daß diese Schülerin mit ihrer Arbeitsgruppe gerade unterwegs ist, in einem Pflegeheim für SeniorInnen ein Theaterprojekt zu verwirklichen.*
7. *Nach dem Rundgang haben Sie die Möglichkeit, sich mit den KollegInnen und SchülerInnen zu unterhalten. Bereiten Sie dafür eine Liste von Fragen vor.*
8. *Wieder zu Hause angekommen, lassen Sie den ersten Tag an Ihrer neuen Schule noch einmal an Ihrem inneren Auge vorbeiziehen. Beantworten Sie sich zuerst einmal die Frage, ob Sie tatsächlich an dieser Schule arbeiten wollen. Wenn ja, dann fertigen Sie eine Liste mit Überlegungen an zu eventuellen Auswirkungen des neuen Arbeitsfeldes auf Ihr bisheriges berufliches und persönliches Leben. Wenn nicht, dann suchen Sie Begründungen für Ihre Entscheidung.*

Auf der Grundlage eigener Unterrichtserfahrungen und Beobachtungen in europäischer und US-amerikanischer Schul- und Hochschuldidaktik sehe ich im Phänomen des (Mit-)*Teilens* als Element des *Kollaborierens* eine Schlüsselposition im Ensemble der aufgelisteten ineinandergreifenden Veränderungsprozesse. Mit einem Rückblick auf die im zweiten Buchteil vorgestellten Lernfelder ist diese Feststellung schnell erklärt: Sollen die fördernden Potenzen von Bildlichkeit, Mündlichkeit, Musikalität und Theatralität im Sinne eines *kreativen* Schreibens und Lernens in ihrer Komplexität zum Tragen kommen, braucht es das interaktive Gegenüber – den/die PartnerIn, eine Gruppe –, in denen sich das schaffende Individuum im Sinne von produktiver Identifikation *und* Abstoßung spiegeln kann.

Bekanntlich verlangt die Interaktion mit Individuen und Gruppen bestimmte Rahmenbedingungen, um kreativitätsentfaltend zu wirken. Natalie Rogers hat diese aus dem Blickwinkel der Humanistischen Psychologie, und hier vor allem auf der Grundlage von Carl Rogers' klientenzentrierter Gesprächstherapie,[5] näher definiert. Meine Adaption für den pädagogischen Kontext liest sich wie folgt:[6]

Rahmenbedingungen für Interaktion (nach Natalie Rogers)

Persönlichkeitsentwicklung braucht eine Umgebung, die Sicherheit und Unterstützung gewährt. Eine solche Umgebung ist garantiert, wenn:
- alle Beteiligten sich selbst und gegenseitig als die Individuen akzeptieren/respektieren, die sie im Moment der Handlung sind oder zu sein glauben;
- alle Beteiligten sich um ein offenes und authentisches Verhalten bemühen, das von Verantwortung füreinander geprägt ist;
- gegenseitiges Vertrauen es ermöglicht, Gedanken und Gefühle ohne Limitierung (innerhalb der von der Gruppe festgelegten Grenzen) direkt mitzuteilen oder symbolisch (durch Bild, Wort, Bewegung oder Ton) auszudrücken.

Es ist wohl verständlich, daß diese Arbeitsatmosphäre eine *hierarchische* Unterscheidung von Lehrenden und Lernenden ausschließt. Ich möchte deswegen im folgenden auch nicht mehr von LehrerInnen, sondern von *BeraterInnen* (im Englischen *facilitator*) sprechen. BeraterInnen sind jene, die auf der Basis ihrer Kenntnisse und Erfahrungen im Umgang mit einem bestimmten Sachverhalt Grundstrukturen und -regeln gemeinsamen Handelns zur Verfügung stellen. Somit bleibt also auf der Ebene der Voraussetzungen durchaus eine klare Unterscheidung zwischen den (hauptsächlich) Lehrenden und (hauptsächlich) Lernenden bestehen, was mir wesentlich erscheint für die Definierung konkreter Verantwortungsräume. Den Verantwortungsraum für BeraterInnen sehe ich mit den folgenden Punkten abgesteckt. Sie umreißen gleichzeitig die Verantwortungsräume von Gruppe und lernendem Individuum:[7]

Verantwortlichkeitsbereiche für Lehrende und Lernende (nach Natalie Rogers)

1. Mir ist bewußt, daß Lernen eine Reise in unbekanntes Territorium bedeutet und somit Überwindung und Risikobereitschaft erfordert.
2. Ich werde für Sie als Lernende/Reisende dasein, aber mich nicht aufdrängen.
3. Ich habe Vertrauen, daß Sie wissen, was Sie für Ihr Wohlbefinden auf dieser Reise benötigen.

4. Ich weiß außerdem, daß Sie sich in der Gruppe gegenseitig unterstützen werden.
5. Ich werde Sie und Ihre Entscheidungen jederzeit respektieren.
6. Ich werde Ihre Gedanken und Gefühle, Kenntnisse und Erfahrungen manchmal mit meinen eigenen Positionen konfrontieren, aber seien Sie sich stets meines tiefsten Respekts vor Ihnen und Ihren Postionen bewußt.
7. Manchmal werde ich Ihnen zu Ihren Positionen meine Meinung mitteilen, aber nur dann, wenn ich mir sicher bin, daß Ihnen meine Position auf Ihrer Reise weiterhilft.
8. Ich werde Sie manchmal ermutigen, auf Ihrer Reise neue Wege auszuprobieren, aber ich werde Sie nie dazu drängen.
9. Ich werde Ihnen mitteilen, was für mein Leben bedeutsam ist, damit Sie die wesentlichen Gründe für mein Denken, Fühlen und Handeln kennenlernen.
10. Ich bin jederzeit dafür offen, von Ihnen zu lernen.
11. Ich bin mir bewußt, daß ich Fehler mache. In solchen Momenten werde ich Ihnen dies mitteilen und mich für meine Fehler entschuldigen.

Credo-Spezifizierung

Es versteht sich von selbst, daß diese Liste nicht als pauschale Handlungsanleitung verstanden werden soll, sondern als Credo, das in jeder neuen Situation einer Spezifizierung bedarf. Unterschiede in seiner Praktizierung ergeben sich aus Faktoren wie Bildungsniveau, Gruppenzusammensetzung, Arbeitsstadium, Stand der Beziehungen etc. Versuchen Sie sich in der Spezifizierung der o.g. Liste für einen Ihrer Lehr- und Lernbereiche.

Aus dem bisher Gesagten ergeben sich für mich drei grundsätzliche Prinzipien für die Zusammenarbeit mit Lernenden, die Carl Rogers als Schlüsselbedingungen für erfolgreiches personenzentriertes Lehren bezeichnet:[8]

Prinzipien für lernerzentriertes Lehren

1. **Kongruentes Verhalten**: Lehrende wahren Übereinstimmung zwischen dem, was sie empfinden und dem, was sie Lernenden gegenüber verbal und nonverbal zum Ausdruck bringen.
2. **Bedingungsloses Annehmen**: Lehrende bringen Lernenden, unabhängig von Leistung und/oder Verhalten, Achtung und Respekt entgegen.
3. **Emphatisches Verstehen**: Lehrende bezeugen nachdrücklich, verbal *und* nonverbal, ihr Verständnis für die Probleme und Schwierigkeiten der Lernenden.

Rückkopplung (I)

Versuchen Sie sich an Situationen zu erinnern, in denen Ihnen als LehrendeR die Umsetzung dieser Prinzipien mißlungen ist oder Sie als LernendeR eine solche mißlungene Umsetzung selbst erleben mußten. Halten Sie das Ereignis zuerst so fest, wie es sich in Ihrer Erinnerung zeigt. Schreiben Sie es später derart um, daß sich die lehrende Person nunmehr den vorgestellten Prinzipien besser gerecht wird. Resümieren Sie Veränderungen in Ihrer Sichtweise auf das ursprüngliche Erlebnis.

Das traditionelle Rollenverständnis Lehrender wird gegenwärtig in den deutschsprachigen Ländern in seiner Effizienz für die Organisation von Lernprozessen zunehmend in Frage gestellt. Geschah dies Anfang der neunziger Jahre noch recht zögerlich und stets im Kontext des allgegenwärtigen Unterrichtens als „Verwaltung und Übergabe von Einzelwissen bzw. der Kontrolle von Lernerprodukten",[9] so gewinnt die Kritik gegenwärtig an Schärfe und Präzision bzw. kann nunmehr auch mit konkreten Veränderungsvorschlägen aufwarten.[10]

Die Überlegungen zum Schreiben erweisen sich als treibende Kraft auf diese Rollen-Umdefinierung. Schon 1991 hat Paul R. Portmann in seiner grundlegenden Arbeit zu *Schreiben und Lernen* treffend festgestellt, daß gerade über das schriftsprachliche Medium das Verhältnis von Lehren und Lernen zugunsten einer „Ausweitung der Kooperation" zwischen Lehrenden und Lernenden und einer „Förderung von Autonomie und Selbstverantwortung der Lernenden" beeinflußt werden kann.[11] Portmann mißt diesbezüglich der Rolle der Lehrenden *als Schreibende* besondere Bedeutung bei. Als VerfasserInnen von Modelltexten, theoretischen Darstellungen oder Kommentaren sieht Portmann diese direkter auf die tatsächlichen Bedürfnisse einer Gruppe von Lernenden bezugnehmen, da von ein und derselben Warte aus – *alle* schreiben – operiert wird. Portmann meint zusammenfassend, daß Texte von Lehrenden oft stimulierend auf Lernende wirkten,[12] solange sie nicht – so meine kommentierende Einschränkung – als der Weisheit letzter Schluß ausgegeben und somit als Verlängerung hierarchischer Lehr-Lern-Strukturen fungieren.

Außer dem Eigenbild von uns als Lehrende ist auch das Fremdbild – unsere Vorstellung von den Lernenden – in den letzten Jahren in Bewegung geraten. Nach Peter Siebers Einschätzung auf dem Symposion Deutschdidaktik in Zürich 1994 sind nach langer (fast ausschließlicher) Konzentration auf das Phänomen des Lernens endlich wieder die Betroffenen als variable Ziel- *und* vitale Einflußgröße in das Blickfeld von Bildung und Erziehung in/mit Sprache und Literatur gerückt.[13] *Konzepte des Lernens* sind immer so stark durch *Bilder von Lernenden* geprägt wie jene Bilder gleichzeitig die Konzept*bildung* beeinflussen. Als Ergebnis zeigt sich die Annahme von dem, was Lernende *brauchen*. Sieber zufolge sind dies hauptsächlich:

Grundlagen für erfolgreiches Lernen (Sieber)

- Entfaltungsräume für Lern*prozesse*,
- eigenaktives und selbstbestimmtes Lernen,
- Entwicklungsaussicht anstatt Defizitaufrechnung[14]

Rückkopplung (II)

Was haben Sie mit Rückblick auf Ihr Dasein als Schülerin/StudentIn besonders vermißt? Sammeln Sie Schlagwörter, und ergründen Sie ein oder zwei dieser Begriffe weiter durch cluster. Entwerfen Sie kurze Szenarien, in denen Sie sich diese vermißten Elemente Ihrer Bildung und Erziehung nachträglich zukommen lassen. Vergleichen Sie diese Überlegungen mit den Aussagen zu Ihrer Schreibbiographie im 2. Kapitel.

In der Zeitschrift der *European Association for Research on Learning and Instruction* ist mir die Auswertung einer empirischen Untersuchung aufgefallen, die der Frage nachging, wie Lernende selbst ihre Bedürfnisse/Erfordernisse definieren.[15] Ich möchte hier nur zwei Beispiele zitieren, um anzudeuten, wie Lernende – genauso wie Lehrende (s.o.) – in dem, was sie als Tätigkeitsbedürfnis/erfordernis artikulieren, von Lernumfeld und -biographie (wie sie bisher gelernt haben) geprägt sind.

Ihr Verständnis von *Lernen* formuliert ein fünfzehnjähriges Mädchen so:

Lernen ist Arbeit, von der du viel profitierst. Du mußt es jeden Tag machen, und du brauchst es überall. Lernen eröffnet neue Dimensionen und Einblicke in rätselhafte und überraschende Dinge. Lernen hilft, Probleme zu lösen. Lernen ist Leben, und Leben ist Lernen. Du lernst jeden Tag etwas Neues.[16]

Ganz anders die Reaktion eines gleichaltrigen Jungen:

Lernen ist, daß der Lehrer neue Dinge lehrt. Lernen ist lesen und Hausaufgaben machen. Lernen ist das Kennenlernen von neuen Sachen.[17]

Auf der Grundlage der Befragungsergebnisse 13 bis 16-jähriger britischer und finnischer SchülerInnen gelangen John Berry und Pasi Sahlberg zu drei unterschiedlichen Einschätzungen von a) Kenntnis und Wissen, b) Autoritätsverständnis, c) Lernkonzeption, die in ihrer Gesamtaussage (a-c) **das Profil des jeweiligen Lerners** klar hervortreten lassen.[18]

	Epistemological orientation	
Transmission	**Transaction**	**Transformation**
The nature of knowledge and knowing		
Knowledge is transmitted from the teacher or text to the student. Knowledge is static and objective and knowing is seen as closed, linear paradigms. Quantity and breadth are emphasized.	Knowledge is gained through the interaction between the learner and his/her environment. Knowledge is dynamic and alive. Knowing is based on learning strategies. Quality of learning is emphasized instead of quantity.	Knowledge is dynamic, changing and it is constructed by the learner. Knowing is contextual, formal and informal discourse are essential when building the community of learners.
Sense of authority		
Teacher-centred. Teaching is emphasized and the learner dependent on the teacher. Teacher is also responsible for the learning outcomes and the design of the learning environment.	Student-centred. Learners are responsible for their own learning with the teacher. Teacher has the control of the situation but he is not authoritarian. Strong intrinsic motivation is empowered.	Community of learners. Visible authority does not exist. Teacher uses the power of the environment and the community when new knowledge is created/transformed. Complexity, openness and creativity are emphasized.
Conceptions of learning		
Learning is transferring knowledge and skills from teacher to learner. Effectiveness of learning is tested in achievement tests and mastery of the content is emphasized. Learning is understood as a linear and simple action.	Learning is empowered through cooperative activities, problem solving and higher order thinking. Productive talk and positive interdependence among the students are essential characteristics of the learning process.	Learning is a change in learner's experiences and values and the constructive, self-regulative and cooperative processes are emphasized. Learning is seen as a construction of the community of learners.

Übersicht

Um die eigene Lernorientierung bzw. die von SchülerInnen, StudentInnen o.a. zu ermitteln – vor allem in der Unterscheidung von aktiver oder passiver Lernorientierung –, schlagen Berry und Sahlberg drei Aufgaben vor, die mir in ihrer Kombination von offener Schreibaufgabe, Image-Bezugnahme und forcierter Positionierung als eine günstige Kombination für die Gewinnung aussagekräftiger Informationen erscheint.[19]

Ermittlung der Lernorientierung

1. *Schreiben Sie für fünf Minuten zur Frage „Was ist Lernen?"*
2. *Wählen Sie eines der aufgeführten Bilder, das Ihrer Meinung nach am besten eine effektive Lehr- und Lernsituation repräsentiert. Versuchen Sie zu ermitteln, wer lernt, was oder wer lehrt bzw. was gelernt wird. Begründen Sie kurz Ihre Entscheidung.*

1. John loves gardening and enjoys seeing the growing plants.	2. Lisa never goes to a self-service petrol station.
3. At the building site everybody works as a team because the manager has a good plan.	4. Andrew would like to try mountain climbing with a good guide.

3. *Kreuzen Sie für jedes Statement in der anschließenden Liste ein Kästchen an, das anzeigt, in welchem Maße Sie mit der Aussage (nicht) einverstanden sind.*

How Do I Learn?

For each of the following statements please tick the box (❏) that you most agree with.

	I agree			I disagree
1. I like being at school.	❏	❏	❏	❏
2. I learn better by doing work by myself than by watching the teacher	❏	❏	❏	❏
3. Learning is mostly memorising facts.	❏	❏	❏	❏
4. Learning is most effective when the teacher tells me what I need to know.	❏	❏	❏	❏
5. I learn more by working with other students	❏	❏	❏	❏
6. I learn better when the teacher is teaching me than working with a group of other students	❏	❏	❏	❏
7. I like most teachers in my school	❏	❏	❏	❏
8. How I learn is difficult for me to understand	❏	❏	❏	❏
9. Seeing the link between what I already know and what is to be learnt is important	❏	❏	❏	❏
10. I learn best by doing lots of exercises after watching teachers doing examples	❏	❏	❏	❏
11. School gives me valuable knowledge and skills for my future life	❏	❏	❏	❏
12. The teacher should decide whether what we learn is true or not	❏	❏	❏	❏
13. Learning, in most cases, is transfering knowledge from my teacher to myself	❏	❏	❏	❏
14. I am responsible my own learning	❏	❏	❏	❏
15. I like my schoolmates in school	❏	❏	❏	❏

Bei der Auswertung der drei Aufgaben käme es mir nicht darauf an, im Sinne von gutem und schlechtem oder qualitativ höherem und niedrigerem Lernen zu kategorisieren und damit erneut zu hierarchisieren.[20] Mir wäre es wichtig, in den persönlichen Darstellungen fehlende Aspekte aufzudecken, die sich in Theorie und Praxis als wesentlich für erfolgreiches Lernen (im Sinne von ganzheitlich und persönlich bedeutsam) erwiesen haben. Hierfür einige hauptsächliche Orientierungspunkte:

Lernen

- ist ein aktiver Prozeß;
- verkörpert die Übernahme von persönlicher Verantwortung für den Verlauf des Prozesses;
- ist individuell bedeutsam;
- verknüpft neue Informationen mit vorhandenem Wissen bzw. mit verfügbaren Fähigkeiten und Fertigkeiten;
- geschieht individuell und kollaborativ;
- ist in zunehmendem Maße selbstreguliert.

Abschließend sei noch ein kurzer Blick auf die Ziele gestattet, die Lehrende für ihre SchülerInnen und StudentInnen antizipieren bzw. Lernende selbst für ihr Handeln im Unterricht sehen: Welche Gemeinsamkeiten und Unterschiede gibt es als Grundlage für mehr oder weniger wirkungsvolles Lehren und Lernen? Ich habe dafür noch einmal einen Beitrag empirischer Forschung, diesmal eine Untersuchung 11 bis12-jähriger SchülerInnen aus Portugal, ausgewählt.[21]

Der Artikel erhellt meines Erachtens eindrucksvoll einen folgenreichen Kreislauf für herkömmlichen Unterricht: LehrerInnen wollen laut Befragungsergebnis vor allem, daß ihre SchülerInnen einen hohen Grad an *Einwilligung* in und *Anpassung* an vorgegebene Unterrichtsinhalte, -methoden, -formen und vorhandene Arbeitsbedingungen erreichen.[22] Ein zweites Hauptziel, das von den Lehrkräften für Lernende antizipiert wird, besteht im *Lernen,* d.h. in Aktivitäten, die Erkenntnisbedürfnisse direkt aktivieren und freisetzen („to know more about").[23] Die SchülerInnen definieren ihre Ziele jedoch ganz anders: *Pflichterfüllung* („to get it done") und *Bewertung* (positive Zensierung) rangieren am höchsten.[24] Drei der vier analysierten Tätigkeitsziele – Einwilligung/Anpassung, Pflichterfüllung und Bewertung – bedienen also unmittelbar die hierarchische Struktur von Lehrenden und Lernenden und bestätigen damit zwangsläufig die Notwendigkeit (und weitere Aufrechterhaltung) dieser Struktur. Aufschlußreich ist schon die Benennung der Unterrichtsziele durch beide Seiten: *Lernen* erfährt eine überaus enge Definition, die sich ausschließlich auf den zu vermittelnden akademischen Gegenstand bezieht. Alle anderen – überaus wesentlichen – Bestandteile des Lernprozesses (Analysieren bzw. individuelles Definieren der Arbeitsbedingungen, Arbeitsmethoden, Beziehung zu anderen Lernenden etc.) werden nicht als solche wahrgenommen. *Freude* am Unterrichtsgeschehen wird von den 11- und 12-Jährigen übrigens kaum als Bedürfnis empfunden (zirka 3%), was die Erwartungen der befragten LehrerInnen von ihrem Gegenüber aber immer noch übertrifft.[25]

Vor diesem Hintergrund möchte ich an die Binsenweisheit erinnern, daß KommunikationspartnerInnen mit (allzu) unterschiedlichen Zielsetzungen nicht selten Verständigungs- und Verstehensprobleme haben. Unter derartigen Umständen wird Lernen auf beiden Seiten in seiner natürlichen Form als innerer Antrieb zur individuellen Entwicklung nur schwerlich wahrgenommen und deswegen außerhalb des lernenden Individuums – durch Bildungsinstitutionen – neu in Szene gesetzt bzw. mittels Lehrender durchgesetzt.

Selbstverständlich spielen die vorgestellten Überlegungen zu einem interaktiven und partnerschaftlichen Verhältnis von Lehrenden und Lernenden bereits seit längerem in der Unterrichtspraxis von Schule und Hochschule – und wohl noch deutlicher außerhalb institutionalisierter Bildung – eine Rolle mit zunehmender Bedeutung. Diese Entwicklungstendenz habe ich in meinen Ausführungen zu den verschiedenen Lernfeldern in den Kapiteln 5 bis 8 immer wieder angedeutet. Ich meine jedoch, daß sich interaktive und partnerschaftliche Beziehungsqualität besonders deutlich im sogenannten *Whole Language Learning*, einer Theorie und Praxis des Lernens durch die unterschiedlichsten Aspekte im Umgang mit Sprache manifestiert. Ich habe diesen Unterrichtsansatz bereits im 4. Kapitel im Zusammenhang mit der Methodendiskussion von Imitieren, Adaptieren und Improvisieren an einem Beispiel veranschaulicht und ihn in meiner Monographie *Warum Schreiben?* ausführlicher vorgestellt.[26] Ich möchte mich deswegen an dieser Stelle nur auf einige Anmerkungen zu den Potenzen und Grenzen der hier diskutierten Beziehungsaspekte beschränken:

Hierarchieaufgabe

- neue Blickwinkel,
- Angst vor Anerkennungsverlust (Lehrende) bzw. Orientierungslosigkeit (Lernende),
- gegenseitiges Geben und Nehmen (Lernen voneinander),
- langsames Wachsen der Fähigkeit des Erkennens und Anerkennens der eigenen und fremden Potenzen für den Prozeß des (Mit-)Teilens.

Neudefinierung der Rolle/Funktion von Lehrenden und Lernenden

- Gewinnung neuer Eigen- und Fremdbilder als Bestandteil von Persönlichkeitsbildung,
- Langlebigkeit alter Eigen- und Fremdverständnisse als Teile institutionalisierter Strukturen,
- zunehmende Möglichkeit kollaborativen Arbeitens,
- Schwierigkeit klarer Verantwortungszuweisung bzw. -übernahme.

Wachsende individuelle Bedeutsamkeit des Lernens

- zunehmende individuelle Bedeutsamkeit des Lehrens,
- Schwierigkeit der individuellen Definition von persönlicher Bedeutsamkeit und des Identifizierens von individuell bedeutsamen Inhalten, Methoden, Techniken,
- Intensivierung von Lehr- und Lernprozessen (lebenslanges Lernen),
- Problem der Differenzierung und Zusammenführung von Interessen/Bedürfnissen Lehrender und Lernender.

Anerkennung des Lernprozesses

- Honorierung intellektuellen und emotionalen Wachstums,
- Verminderung situativer Versagensangst,
- eingeschränkte Objektivierung der Bewertung,
- Schwierigkeiten des Sichtbarmachens intellektuellen und emotionalen Wachstums (eingeschränkte Möglichkeit des Zäsurensetzens)

Kooperation

- besseres gegenseitiges Kennenlernen der Bedürfnisse, Ziele und Erwartungen für das Unterrichtsgeschehen,
- effektivere Auswahl von Unterrichtsinhalten und -methoden in bezug auf die Bedürfnisse der Lernenden

Kollaboratives Arbeiten: Verantwortung mittragen – Verantwortung (mit-)teilen

Ich möchte das Kapitel mit dem Verweis auf einige schreibpädagogische Konsequenzen abschließen. Seit den siebziger Jahren gibt es in den USA (später ebenso in Kanada und inzwischen auch in einigen europäischen Staaten) zwei Initiativen, *writing across the curriculum (wac)* und das *National Writing Project, (NWP),* die beide wesentlich dazu beitragen, Schreiben zu einer starken Komponente in der Beziehungsveränderung zwischen Lehrenden und Lernenden werden zu lassen.

Genaugenommen sind *wac* und das *NWP* gemeinsam entstanden, auch wenn sie heute im Hinblick auf Zielgruppe, Methodik und Organisation einiges voneinander unterscheidet.[27] Ihre Geschichte beginnt Mitte der siebziger Jahre an der University of California, Berkeley, wo an der Ausweitung des universitären Schreibprogramms für StudienbeginnerInnen (*freshman composition*) auf andere Fachbereiche (*across the curriculum*) und an Modellprogrammen für die Schulen des umliegenden Territoriums gleichzeitig gearbeitet wurde. Was aus diesen zweigleisigen Bemühungen resultiert, verkörpert für mich den Auftakt einer in den folgenden zwanzig Jahren rasanten Verbreitung und Weiterentwicklung der Idee vom Schreiben als Lernprozeß. Als theoretische Grundlage dafür fungieren vor allem die Ergebnisse der empirischen Untersuchungen von James Britton und seinem englischen Team Ende der sechziger, Anfang der siebziger Jahre. Brittons hauptsächliche schreibmethodische Konsequenz aus seiner Empirie – Schreiben entfalte Lernprozesse, wenn es sich langsam von privater zu öffentlicher Erscheinungsform vollziehen kann – wird zum didaktisch-methodischen Kern sowohl von *wac* als auch des *NWP*.

Ein Schreiben, das sich direkt auf die Persönlichkeit der SchülerInnen und StudentInnen bezieht, braucht gegenseitiges Vertrauen im Unterricht bzw. Seminar/Workshop, partnerschaftliches Verhältnis zwischen Lehrenden und Lernenden, kollaborative Arbeit in Paaren oder kleinen Gruppen etc. – all jene notwendigen Elemente sich verändernder Beziehungsqualitäten, die ich bereits zu Beginn dieses Kapitels eingehender vorgestellt habe.

Wac ist eine pädagogische Bewegung, die schnell über die Grenzen traditioneller Schreibprogramme der Englisch-Abteilungen hinausgewachsen ist und sich durch diese vier Schwerpukte auszeichnet:

Ausprägung der Fähigkeit,

- individuelle Lernstrategien zu entwickeln,
- aufgenommene Informationen schreibend zu neuen Erkenntnissen zu verarbeiten,
- diese Erkenntnisse innerhalb bestehender Normative akademischer Diskurse kreativ darzustellen
- kollaborativ und interdisziplinär zu arbeiten.

Der kollektive Grundcharakter der *wac*-Initiative hat in den letzten zwanzig Jahren spezifische Strukturen entstehen lassen, die es ermöglichen, Inhalte und Methoden zur Idee des Schreibens als Lernmedium kontinuierlich weiter zu verbreiten:

Netzwerk *Writing Across the Curriculum*

- **wac-Stützpunkte** an Universitäten, die die Zusammenarbeit und Weiterbildung der schulischen Schreib-PädagogInnen koordinieren;
- ein Netz von **BeraterInnen** (mit Sitz in den *wac*-Stützpunkten), die auf Anforderung an Schulen und Universitäten kommen und dort helfen, *wac*-Programme aufzubauen;
- **Schreibzentren** an Universitäten und Schulen, die tägliche Konsultation ermöglichen, Zusatz- und Förderprogramme zu verschiedenen Aspekten des Schreibens anbieten und als Forschungsstellen zu schreibpädagogischen Problemen fungieren;
- **TutorInnen-Systeme**, die von den Schreibzentren gesteuert werden und zeitweilige individuelle Betreuung absichern.

Während sich *wac* hauptsächlich dem universitären Schreiben widmet, ist das *NWP* auf die Fortbildung von LehrerInnen und damit auf das schulische Schreiben und Lernen beschränkt. Mit Blick auf Inhalte, Methoden und Organisationsstrukturen werden hier ähnliche Schwerpunktlegungen deutlich (Schreiben als Lernprozeß, kollaboratives und interdisziplinäres Arbeiten).

Formen kollaborativen Arbeitens im *National Writing Project*

- Universitäten und Schulen müssen als gleichberechtigte PartnerInnen an der Lösung schreibpädagogischer Probleme arbeiten; die *top-down* -Tradition vergangener Programme zwischen Universität und Schule ist für die Weiterbildung von LehrerInnen nicht länger akzeptabel.
- Erfolgreiche SchreiblehrerInnen werden an die Sommerinstitute der Universitäten eingeladen und erhalten dort ein spezielles Training für die Durchführung von Nachfolgeweiterbildungen an den Schulen.
- LehrerInnen sind die besten LehrerbildnerInnen; SchulpraktikerInnen besitzen eine Glaubwürdigkeit, die keinE KonsultantIn, von außerhalb der Schule kommend, aufweisen kann.
- Die Sommerinstitute müssen LehrerInnen aller Bildungsebenen (Grundschule bis Universität) in ihre Ausbildung einbeziehen; Schreiben – soll seine Qualität grundsätzlich verbessert werden – braucht kontinuierliche Bemühungen während des gesamten Ausbildungszeitraums.

- Die Sommerinstitute müssen LehrerInnen aller Unterrichtsdisziplinen in ihre Arbeit einbeziehen; Schreiben ist eine grundlegende Notwendigkeit für Lernprozesse *across the curriculum.*
- LehrerInnen müssen selbst schreiben: sie müssen immer wieder selbst erfahren, was es bedeutet, wenn sie ihre SchülerInnen zu dieser Tätigkeit anhalten; der Schreibprozeß kann am besten verstanden werden, wenn er aus erster Hand erlebt wird.
- Tatsächliche Veränderungen in der Unterrichtspraxis benötigen Zeit; effektive Weiterbildungsprogramme müssen deshalb kontinuierlich und systematisch arbeiten, um den LehrerInnen Möglichkeiten zu geben, sich regelmäßig zu ihren Erfahrungen mit KollegInnen auszutauschen bzw. um neue Unterrichtsinhalte und -methoden zu testen.
- Schreibpädagogik ist nicht nur das Ergebnis von Forschung, sondern genausogut das Resultat schulpraktischer Arbeit.
- Das *National Writing Project* orientiert sich nicht ausschließlich an einem spezifischen Unterrichtsmodell. Es ist für alle möglichen Erkenntnisse und Einflüsse der Schreibpädagogik offen.[28]

Ich möchte *wac* und das *NWP* noch unter einem anderen Gesichtspunkt vorstellen, der meine Diskussion zur An- oder Abwesenheit von Autoritäten beim Schreiben noch einmal aufgreift. Nachdem ich bereits Rolle und Funktion von Lehrenden im Unterricht, Seminar oder in der Gruppe skizziert habe, will ich kurz andeuten, welchen Einfluß *Texte* – von etablierten AutorInnen, Lehrenden und Lernenden – sowohl auf individuelles Schaffen als auch auf kollektives Arbeiten haben können. Wac und das *NWP* verfolgen in dieser Hinsicht zwei verschiedene Wege: *writing across the curriculum,* sowohl für Lehrende als auch für Lernende, orientiert sich an Mustertexten für den jeweiligen akademischen Diskurs, in dem geschrieben wird und am Ziel, erfolgreich zu sein im Sinne von Akzeptanz durch die Leserschaft. Im Gegensatz dazu besteht in den Sommerkursen des *National Writing Project* das Hauptanliegen darin, das Umfeld für erfahrendes Lernen zu schaffen. Weniger publikumsadäquates Schaffen ist gefragt als vielmehr ein Schreiben, das die individuellen Bedürfnisse der Schaffenden selbst trifft.

Im Diskurs zum Schreiben in der Hochschulbildung der USA gibt es bereits seit 1989 die Auseinandersetzung darüber, was das Studieren intensiver beeinflußt: fremde Texte (akademische z.B., die durch ihre Publikation einen bestimmten Grad öffentlicher Anerkennung erfahren haben) oder Texte studentischen Schreibens. Die Debatte zwischen David Bartholomae und Peter Elbow[29] ist die Fortsetzung und Spezifizierung dessen, worüber bereits seit Jahrzehnten unter dem Motto „Die Stimulierung (*prompt*) und ihre Funktion(-slosigkeit) für das Schreiben" in Schule, Universität und auch außerhalb dieser beiden Institutionen gestritten wird. Anhand einer 1995 veröffentlichten erneuten Positionierung Bartholomaes und Elbows, diesmal im Kontext mehrerer Kommentarbeiträge von KollegInnen, möchte ich die schreibpädagogische Quintessenz der Debatte vorstellen.

Schreiben „mit" oder „ohne"?

- *Machen Sie eine Liste von Dingen und Personen (Texte, Bilder, Musik, Theaterstücke, KünstlerInnen etc.), von denen Sie sich bei Schreibanlässen bzw. in Ihrem Schreiben generell (inhaltlich, stilistisch, methodisch) angeregt, beeinflußt oder vielleicht sogar geprägt sehen.*
- *Für den Fall, daß Sie eine längere Liste zusammengestellt haben, gehen Sie der Beantwortung der folgenden Frage nach: Was/wen würden Sie für einen längeren Aufenthalt auf einer einsamen Insel mitnehmen wollen?*
- *Unter welchen Umständen fühlen Sie sich in Ihrer Kreativität eingeschüchtert? Beschreiben Sie eine konkrete Beispielsituation anhand einer Kurzgeschichte, in der Sie sich als literarische Figur zeichnen.*
- *Stellen Sie sich vor (oder erinnern Sie sich an bereits Erlebtes): Sie gehören einer Schreibgruppe an, in der gemeinsam an Texten gearbeitet wird. Dabei geht es u.a. um die Identifizierung von Mitteln und Methoden der Textgestaltung. Unter dem Einfluß des Gruppenleiters A werden dafür Mustertexte allgemein bekannter AutorInnen herangezogen; unter Gruppenleiter B geschieht dies ausschließlich unter Zuhilfenahme von Texten, die in der Gruppe entstehen. Entwerfen Sie zwei Szenen, in denen Sie sich selbst und ihren Text als Mittelpunkt der Gruppenarbeit sehen. Beschreiben Sie später unter Zuhilfenahme der beiden Szenen wesentliche Unterschiede in Ihrem Erlebnis.*

David Bartholomae sieht die Auseinandersetzung darum, welche Texte als Orientierung für Schreibarbeit als Lernen hinzugezogen werden sollen, als Teil einer facettenreichen Debatte auf dem Gebiet von Sprach- und Literaturstudium um Aspekte wie Autorschaft und Besitz, Kultur und Individuum oder AutorInnen- vs. Genrekurse, den Streit um den „Kanon" hier mit inbegriffen. Für ihn ist das Unterrichten/Schreiben ohne die Autorität fremder Texte eine Illusion. Sie seien unabhängig vom Willen des/der einzelnen in Form unterschiedlichster Rezeptionserlebnisse (Filme Sehen, Bücher, Zeitschriften, Zeitungen Lesen, Nachrichten, Geschichten, Musik Hören etc.) im Unterricht präsent: Schreiben sei also Produkt von Diskurserfahrungen, einschließlich der darin repräsentierten Machtstrukturen. Bartholomae geht jedoch noch einen Schritt weiter und sieht im Einbeziehen von Fremdtexten die Notwendigkeit eines lebensnahen Unterrichts für das Erlernen produktiven/effektiven Umgangs mit Wirklichkeit. Schreibende müßten lernen, mit der Tatsache umzugehen, daß sich mit der Schreibtätigkeit nicht automatisch Besitzansprüche auf das Geschriebene einstellten, sondern Tätigkeitsverlauf und -ergebnis Teil von Diskursen und deren Machtstrukturen darstellten. Dementsprechend sei auch der Wunsch oder die Vorstellung von *demokratischer Gruppenarbeit* (*the democratic classroom*) eine Illusion: Die in der „wirklichen" Welt erlebten Machtstrukturen würden, ganz gleich unter welchen Bedingungen, im Unterricht reproduziert. Es läge in der Verantwortung Lehrender, diese Tatsache anzuerkennen und pädagogisch vorteilhaft auszunutzen. Als Konsequenz daraus ergibt sich für Bartholomae ein Schreibunterricht – ein Schreiben als Lernen – der sich an dominanten Mustern orientiert: einmal um diese Dominanz zu kritisieren, aber auch um zu lernen, selbst zu dominieren.[30]

Peter Elbow meint, es gehe im Streit um fremde Texte vs. eigene Texte im Unterricht nicht um Entweder – Oder, sondern um die Definition der Funktion jener Texte für persönlich bedeutsames Lernen. Das Lesen fremder Texte bzw. das eigene Schreiben seien zwei verschiedene Dinge ein und derselben Sache: Identifikation. Für Elbow beginnt jedoch der Bogen beim schreibenden/lernenden Individuum: Er/sie müsse zuerst für sich selbst herausfinden, was und wie sich zu artikulieren. Meinem Verständnis nach zielt Elbow hier auf die Identifikation von und mit individuellen Bedürfnissen als schreibend Lernende. Erst auf dieser Grundlage, so Elbow, sei es sinnvoll, sich mit autoritären Texten auseinanderzusetzen – das Eigene mit dem Fremden zu vergleichen – und in diesem Prozeß als Individuum weiter zu wachsen.

Als praktische Konsequenz für Schreibkurse von Studienanfängern heißt dies also, daß die eigenen Texte im Mittelpunkt des Unterrichtsgeschehens stehen: in Form von gemeinsamer Textarbeit, Seminarlesungen und Publikation von Textsammlungen. Das gelegentliche Lesen fremder Texte erfüllt bei Elbow eindeutig eine Service-Funktion für eigenes Schreiben: Fremde Texte, und seien sie noch so erfolgreich, würden nicht als Monumente oder Modelle behandelt, sondern als Material. Noch einmal ganz deutlich wird Elbows Position, wenn er sich zur Bewertung von Schreibleistungen äußert. Es käme zuerst darauf an zu überprüfen, inwieweit sich Schreibende in einem Text ihren eigenen Bedürfnissen bewußt und gerecht geworden sind und erst in zweiter Linie, in welchem Maße Leserschaften zufriedengestellt wurden. Wonach Elbow also schaut, wenn er studentische Texte liest, ist *Identifikation* mit dem, was und wie geschrieben wird.[31] Ich werde seinen Anregungen (und denen anderer) im folgenden Exkurs weiter nachgehen.

Weiterführende Lektüre

Carl Rogers, *A Way of Being,* Boston: Houghton Mifflin, 1980.
Paul R. Portmann, *Schreiben und Lernen: Grundlagen der fremdsprachlichen Schreibdidaktik,* Tübingen: Niemeyer, 1991.
Helmut Arndt, Henner Müller-Holtz (Hrsg.), *Schulerfahrungen – Lebenserfahrungen: Anspruch und Wirklichkeit von Bildung und Erziehung heute,* Frankfurt am Main: Lang, 1996. Siehe vor allem die Beiträge von Henner Müller-Holtz und Gerold Becker.
Bodo Lecke (Hrsg.), *Literaturstudium und Deutschunterricht auf neuen Wegen,* Frankfurt am Main: Lang, 1996. Siehe vor allem die Beiträge von Rolf Eigenwald und Ulf Abraham.
Harro Müller-Michaels und Gerhard Rupp (Hrsg.), *Jahrbuch der Deutschdidaktik 1994,* Tübingen: Narr, 1995. Siehe vor allem die Beiträge von Peter Sieber und Kaspar H. Spinner.

Anmerkungen

1   Britton (1975).
2   Hier einige Beispiele: An der Alice-Salomon-Fachhochschule für Sozialarbeit und Sozialpädagogik hat Lutz von Werder (*Erinnern, Wiederholen, Durcharbeiten: Die eigene Lebensgeschichte kreativ schreiben,* Berlin; Milow: Schibri Verlag, 1996) Schreiben als Therapie zum Ausbildungsschwerpunkt des FHS-Curriculums entwickelt. Ähnliches gelang Gerd Koch (1989) mit dem Schwerpunkt Kultursozialarbeit an derselben Einrichtung. Florian Vaßen u.a. arbeiten an der praktischen Umsetzung einer Konzeption Theater und Pädagogik in Niedersachsen, welche die Lehreraus- und fortbildung bzw. schulische Curricula verändern würde (ders. und Klaus Hoffmann [Hrsg.], *Theater und Schule,* Hannover:

Literaturrat Niedersachsen e.V., 1995) . Am Oberstufen-Kolleg Bielefeld gibt es seit einigen Jahren einen Grundkurs Rhetorik, der Techniken des Sprechens zum Gegenstand hat (Hans Kroeger, „Sprechen mit jungen Erwachsenen. Gesprächsübungen in der Sekundarstufe II", in: Harro Müller-Michaels und Gerhard Rupp [Hrsg.], *Jahrbuch der Deutschdidaktik 1994*, 145-158). Auch die beiden letzten Symposien Deutschdidaktik (1994 und 1996) haben mit verschiedenen Arbeitsgruppen wachsendes Interesse an kreativen Lernfeldern im Unterricht signalisiert.

3   Siehe zu beiden Aspekten u.a. Linda Flower, David L. Wallace, Linda Norris und Rebecca E. Burnett (Hrsg.), *Making Thinking Visible: Writing, Collaborative Planning, and Classroom Inquiry*, Urbana, IL: National Council of Teachers of English, 1994.
4   Unter „Autoritäten" fasse ich Lehrende, Bildungsinhalte und -methoden bzw. Regelsysteme, die ein Curriculum oder die Unterrichtsstunde/Lehrveranstaltung dominieren.
5   Vgl. u.a. Carl Rogers, *A Way of Being*, Boston: Houghton Mifflin, 1980.
6   Die Adaption basiert auf folgender Quelle: Natalie Rogers, „The Creative Connection: A Holistic Expressive Arts Process", (unveröffentlichtes Manuskript, 5), vorgesehen für: Steven und Ellen Levine (Hrsg.), *Foundations of Expressive Art Therapy*, 1998.
7   Wie schon bei den Rahmenbedingungen für kreativitätsfördernde Interaktion adaptiere ich auch in diesem Fall Material von Natalie Rogers für den pädagogischen Kontext. Die Autorin hat mir den Wortlaut des Arbeitscredos ihres PCET-Instituts freundlicherweise zur Verfügung gestellt. Ich erläutere den humanistisch-psychologischen Hintergrund dieses Credos in Bräuer (1996b), 277-79.
8   Vgl. Carl Rogers, „Characteristics of the Person-Centered Approach", in: ders. (1980), 114-117, hier: 115 f. Für eine genauere Diskussion der Prinzipien (*congruence, unconditional positive regard, empathy*) siehe Natalie Rogers (1993), 98-104.
9   Portmann (1991), 527.
10 Vgl. Müller-Michaels und Rupp (1995).
11 Portmann (1991), 527.
12 Vgl. ebenda, 529 f.
13 Peter Sieber, „Konzepte des Lernens – Bilder von Lernenden", in: Müller-Michaels und Rupp (1995), 113-126, hier: 117.
14 Ders., 120 ff.
15 John Berry und Pasi Sahlberg, „Investigating Pupils' Ideas of Learning", in: *Learning and Instruction*, Vol. 6, Nr. 1 (1996), 19-36.
16 Ebenda, 27.
17 Ebenda.
18 Ebenda, 26.
19 Ebenda, 23-25.
20 Im Gegensatz zu meiner Position haben Berry und Sahlberg für das qualitative Erfassen der Schüleraussagen eine Wertigkeitsskala (1-4) festgelegt, die damit gleichzeitig *schlechtes* (1) und *gutes* (4) Lernen definiert (vgl. Abb. 2, 27).
21 Marina S. Lemos, „Students' and Teachers' Goals in the Classroom", in : *Learning and Instruction*, Vol. 6, Nr. 2 (1996), 151-171.
22 Ebenda, 163). Lemos ermittelte für das „Einwilligungs- bzw. Anpassungsziel" einen Anteil von zirka 37%.
23 Ebenda. Für „Lernen" als Zielgröße wurden zirka 35% festgestellt.
24 Ebenda. Für das Pflichterfüllungsziel gibt die Skala zirka 30%, für das Bewertungsziel zirka 23%.
25 Ebenda, 162 f.
26 Bräuer (1996b), 173-192.
27 Vgl. ebenda, 59-69 (*WAC*) bzw. 167-72 (*NWP*).
28 Meine Übersetzung der Arbeitsgrundsätze des *NWP*: James Gray, „University of California, Berkeley: The Bay Area Writing Project and the National Writing Project", in: Modern Language Association, *School-College Collaborative Programs in English*, New York: MLA, 1986, 35-45, hier: 38 f.
29 Vgl. für eine ausführlichere Kontrastierung der Blickwinkel von Bartholomae (sozial-rhetorischer Ansatz) und Elbow (expressiv-rhetorischer Ansatz), Bräuer (1996b, 125-131). Für

eine weiterführende Einbindung der Auseinandersetzung zwischen Bartholomae und Elbow in den Kontext von *Composition Studies* vgl. Bruce Horner, „Students, Authorship, and the Work of Composition", in: *College English*, Vol. 59, 5 (1997), 505-529.
30 Vgl. David Bartholomae, „Writing With Teachers: A Conversation with Peter Elbow", in: *College Composition and Communication,* Vol. 46, Nr. 1 (1995), 62-71.
31 Vgl. Peter Elbow, „Being a Writer vs. Being an Academic: A Conflict in Goals", ebenda, 72-83.

Exkurs: Bewerten von Schreibleistungen[1]

> *Das Wort wird überdacht, wenn die Phrase aufgeschrieben wird.*
> *Die Phrase wird beim Niederschreiben des Satzes überprüft.*
> *Der Satz wird mit dem Verfertigen des Abschnitts noch einmal gelesen.*
> *Der Abschnitt ist im Blick auf die fertige Seite.*
> *Die Seite wird geprüft, wenn das Schreiben zum Ende kommt.*
> *Und dann, nachdem die Arbeit längst beiseite gelegt wurde,*
> *wird sie noch einmal hervorgeholt und bewertet.*
> **Donald Murray**

Bewerten ist nicht ausschließlich *Benoten*, das ist längst zur Binsenweisheit geworden. Es ist auch nicht mehr nur *Beurteilen* im Sinne von Anerkennen oder Ablehnen.[2] Warum auch sollte Lernenden die Unterstützung versagt werden, nur weil das momentane Resultat ihrer Bemühungen bestimmten Anforderungen (noch) nicht entspricht? Viele meiner KollegInnen sind auf dem Wege, die enormen Potenzen von *produktivem* Bewerten für längerfristige Lernprozesse zu erkennen, anzuerkennen und in zunehmendem Maße im Unterrichtsalltag zielgerichtet auszunutzen.

Ich sage dies auch mit dem Wissen um die starken Vorbehalte nicht nur in Deutschland gegenüber einem Verzicht auf das Benoten von Schreibleistungen: Eine Leistung gelte vor allem in den Augen der Bildungsadministration eben nur dann als „anerkannt" (ich höre hier auch „bedeutsam"), wenn sie durch numerisches *feedback* „ernstgenommen" wird.[3] Leistung wird somit auf ihren sozialen Aspekt reduziert, was zur Folge hat, daß sich individuelles Leistungserleben durch eine ähnliche Brille vollzieht. Aus eigener Erfahrung weiß ich jedoch, daß die gesellschaftliche Anerkennung einer bestimmten Leistung nicht zwangsläufig zur Befriedigung individueller Bedürfnisse beiträgt. Wenn also Benotung zur Bedingung für die Aufnahme bestimmter Formen des Schreibens (des personal-kreativen z.B.) in Ausbildungsprogramme gemacht wird, geschieht dies wohl mehr im Sinne des Erhalts bestehender (institutioneller) Strukturen als für die bessere Befriedigung von Lerner-Bedürfnissen. Ich formuliere dies nicht als Vorwurf, sondern als Feststellung mit erneutem Fingerzeig auf die Notwendigkeit eines grundsätzlichen Werte-Umbaus in unserer „modernen" Gesellschaft. Mir ist durchaus bewußt, daß Lernenden momentan weitaus mehr gedient ist, durch Kompromisse Schreiben auch in seinen angefochtenen Formen in die Klassenzimmer und Seminarräume zu bringen, als diese Chance durch strategisch unkluge Radikalität zu verspielen.

Bewertungsfragen werden in den USA mit weitaus deutlicherer Transparenz und Intensität ausgestritten, auch wenn dort nach jahrzehnelanger Geschichte des Schreibens als Lernmedium in schulischen und universitären Curricula das Problem fehlender administrativer Anerkennung nicht mehr ansteht. Die Diskussion richtet sich im Wesentlichen auf zwei Punkte: a) auf seiten der Lernenden: Was im Land der unbegrenzten Test- und Punktesysteme nicht benotet wird, fällt zwangsläufig unter den Tisch; b) auf seiten der Lehrenden: Wer über keine numerierbaren Kenntnisstandards verfügt, ist es nicht wert, (gut) bezahlt zu werden. Diese beiden Aussagen bilden einen untrennbaren Zusammenhang: Solange Testergebnisse und Ranglistenplazierungen über den Zugang zu anerkannten Bildungsinstitutionen entscheiden, ihre erfolgreiche Absolvierung – wiederum belegt durch Tests und Ranglisten – das Tor öffnet zu ökonomisch gesicherten bzw. sozial anerkannten Schichten und diese Stellung den Schlüssel darstellt für eine erfolgversprechende Ausbildung der nächsten Generation, solange werden auch Noten- und Punktehörigkeit von Lehrenden *und* Lernenden als gerechtfertigt, ja als geradezu notwendig betrachtet und dementsprechend von beiden Seiten erwartet.

Leute wie Peter Elbow, der seit seinem Buch, *Writing Without Teachers* (1973) in zunehmendem Maße Bewertung von Schreibleistungen als *subjektive Positionierung* eines lesenden Individuums definiert, die dem Schreibenden beim Überarbeiten des Textes eine gewisse Orientierung ist, müssen vor dem o.g. Hintergrund zwangsläufig als unrealistisch erscheinen. Elbows Forderungen an die *Kunst* des Bewertens werden deshalb auch immer wieder als Klassenzimmer-*Romantizismus* kritisiert: Er sagt, er sei für verbale Einschätzung, den Kommentar, der nicht schlechthin kritisiert, sondern zuerst eigene Befindlichkeit transportiert. Es gehe darum, SchülerInnen und StudentInnen zu signalisieren, daß da jemand ist, der sie als schreibend Lernende *ernstnimmt*. Die Arbeit am Text würde zum Medium eines gemeinsamen Interesses am Wachsen aller Beteiligten.[4] Elbow betont an anderer Stelle, er sei zuerst *Schreibender* – ein Mensch, der sich anderen schriftsprachlich mitteilt – und an zweiter Stelle, aus Gründen einer bestimmten Biographie, *Akademiker*.[5] Zwar verweist er zur Verteidigung seiner Positionen gern darauf, daß es ihm nicht um die Abschaffung von Benotung und Rangfolge gehe, sondern um das *Miteinander* von numeraler und verbaler Bewertungsinformation, seine Haltung zum Problem ist jedoch in Kommentaren wie dem folgenden unmißverständlich.

Jedes Mal, wenn wir eine Note erteilen, sprechen wir durch die Struktur einer Institution, die sagt, daß unsere Beurteilung eben nicht nur „ein Teil der Information" (zur Leistungseinschätzung-G.B.) ist, sondern *die wichtigste* (Hervorh. P.E.), nämlich die Information, welche *zählt* (Hervorh. P.E.): sie erscheint auf dem Zeugnis, sie ist das Urteil der Institution, sie steht für das Urteilsvermögen der anderen LehrerInnen dieser Institution. Auf der Grundlage dieser institutionellen und kulturellen Strukturen motiviert Benotung das Verhalten von StudentInnen und beeinflußt das Curriculum.[6]

Es ist also nicht verwunderlich, daß Lernende – hier wie da – Quantität und Qualität ihrer Anstrengungen nach dem Grad äußerer Anforderung, Kontrolle und Konsequenz richten.[7] Lernen als Form innerer Bedürfnisbefriedigung scheint eine Illusion. Um so größer ist die Notwendigkeit des Schaffens von *Experimentierfeldern* – andere würden vielleicht *Inseln* sagen – wo eigene Bedürfnisse aufgespürt und Wege ihrer Befriedigung ausprobiert werden können, um so, zumindest ansatzweise, notenorientiertes Lerner-Dasein zu relativieren, Erlebnisalternativen zu schaffen.

Die Fragen *was* bzw. *wie* Schreibleistungen bewertet werden sollen, weisen auf ein hinlänglich bekanntes Dilemma. Es wird sichtbar in den beiden folgenden Tendenzen, die den Paradigmawechsel von Produkt- zu Prozeßbewertung begleiten: a) Perfektionierung des Systems der Leistungsbewertung im Sinne von Vollständigkeit; b) Annäherung der Formen und Inhalte von Leistungsbewertung an Bedürfnisstrukturen Lernender. Die erstgenannte Tendenz ist hauptsächlich repräsentiert durch die Suche nach Schriftlichkeitsstandards und davon abgeleiteten Bewertungskriterien;[8] die zweitgenannte manifestiert sich im Bemühen um kommunikative Bewertungsverfahren, den Dialog zwischen Lehrenden und Lernenden zu Inhalten bzw. Form und Funktion (Was/ Wie wird bewertet?) der Bewertung.[9] Anstatt *Konfrontation* von zwangsläufig verschiedenen Leser- (Lehrer)- und Schreiber- (Schüler) Interessen in Form von Standard vs. Text wird hier *Kooperation* von Fremd- und Selbstbeurteilung angestrebt.[10] Bereits 1980 schreibt Kaspar H. Spinner zum Verhältnis von Lehrenden und Lernenden im Kontext der Leistungsbewertung:

Selten erhält ein Schüler (durch Benotung-G.B.) eine Rückmeldung, die Rücksicht nimmt auf das, was für ihn das Geschriebene bedeutet. Daß er in der Folge immer mehr versucht, seine eigene Subjektivität beim Aufsatzschreiben herauszuhalten, ist nur konsequent. Ein anderes Schülerverhalten würde voraussetzen, daß es dem Lehrer nicht nur um das Erreichen einer einheitlichen Qualifikation geht, sondern er Interesse an der Manifestation von Individualität hat. Er müßte sich fragen, was der Schüler von sich zu verstehen gibt, wie er mit seinen Bedürfnissen, seinem äußeren Verhalten, seinen Werteinstellungen zu Rande kommt, wie er mit diesen Dimensionen reflexiv sprachlich umzugehen weiß, wo Verschüttetes, Erwachendes, Verdrängtes spürbar wird. Sein Urteilen wäre dann nicht ein Notengeben, sondern eine Einschätzung des sich manifestierenden Identitätsprozesses, den er als interessierter Leser wahrnimmt (...).[11]

Mit Peter Elbow bestimme ich das Ziel dieser Art von Bewertung darin, die Haltung Schreibender von der eines um Anerkennung Bittenden (*Is this okay?*) zu der eines Sich-Mitteilenden (*Listen to me, I have something to tell you!*) zu verändern. Schließlich geht es um *Schreiben*, nicht um *Getestet Werden*.[12]

Bewertung sollte sich zum einen – und hier greife ich noch einmal auf Elbow zurück – auf die Anerkennung von Identifikationsleistungen der Schreibenden mit ihren eigenen Bedürfnissen richten, zum anderen auf die Effektivität der Mitteilung (Was wird wem wie gesagt?): Bewertung sollte also zu allerst ein *Zeigen* dessen sein, was von der Leserin verstanden wurde, erst in zweiter Linie das Auflisten von Kommunikationsproblemen. Daraus ergibt sich ein Effekt des Aufeinander-Angewiesenseins, der das Etablieren von Hierarchien auf der Grundlagen von Mehr- bzw. Weniger-Wissen (Zensuren-Erteilen bzw. Zensuren-Empfangen) zumindest produktiv behindert.

Bewertendes *Zeigen* braucht Gegenständlichkeit und eine Basis des gegenseitigen Verstehens. Ich hatte zu Beginn des 10. Kapitels kurz die Ablehnung angedeutet, die ich während meines ersten Semesters des Unterrichtens in den USA von den StudentInnen erfuhr. Rückblickend meine ich, daß diese vor allem aus dem Fehlen von klaren *Bewertungskriterien* resultierte. In ihren Einschätzungen schrieben die SeminarteilnehmerInnen u.a., ihnen seien Quantität und Qualität ihrer Lernleistung unklar geblieben.

Ich habe im darauffolgenden Semester einiges verändert: Unser erstes Treffen begannen wir damit, daß jedeR seine/ihre eigenen Vorstellungen und Ziele für dieses Seminar kurz notierte: Warum bin ich hier, und was will ich in den nächsten Wochen lernen? Dann händigte ich *meine* Vorstellungen und Ziele aus: Warum unterrichte ich diesen Kurs? Was will ich hier lehren *und* lernen? Und ein wichtiger dritter Punkt kam hinzu: Was erwarte ich von meinen StudentInnen? Wir diskutierten dann unsere in mancher Hinsicht verschiedenen Standpunkte, veränderten einiges im Kursplan bzw. in unseren individuellen Vorstellungen und gingen wohl mit dem Gefühl auseinander, einander besser zu verstehen. Auf dieser Basis bewältigten wir dann auch die zwei Hauptprüfungen im traditionellen US-amerikanischen Universitätsbetrieb: das sogenannte *mid-term* (Zwischenprüfung) und das *final* (Semesterabschlußprüfung). Ausgehend von unseren gemeinsam festgelegten Zielen und Kriterien bemühten wir uns in Einzelgesprächen um eine genaue Standortbestimmung bzw. die Formulierung von Konsequenzen: Was habe ich bisher gelernt? Was davon hatte ich am Semesterbeginn ins Auge gefaßt? Welche Aspekte sind neu? Inwiefern haben sich meine Ziele verändert? Wie kann ich die ausstehenden auch noch erreichen? Muß ich meine Wege dahin überdenken?

Ich sehe den Hauptgrund dafür, warum diese veränderte Herangehensweise bei den StudentInnen positive Resonanz fand, in den folgenden Punkten:

- klare Formulierung meiner Kursziele und Kriterien für die Einschätzung von Lernfortschritten,
- Verbindung meiner Vorstellungen mit denen der Lernenden und Versuch der gegenseitigen Annäherung im Gespräch,
- kontinuierliche Anleitung und Unterstützung zur bzw. für die Selbsteinschätzung,
- Formulierung dessen, was gelernt wurde.

John S. Mayher meint, daß gemeinsame Bewertung um so genauer (und lerneffektiver) würde, je öfter die o.a. Ziel-, Weg- und Standortbestimmung wiederholt wird. Er schlägt für die Annäherung an jeden neuen Unterrichtsgegenstand vier Fragen vor:[13]

Vier Fragen für die Annäherung an einen neuen Unterrichtsgegenstand

1. Was weiß ich (wissen wir), glaube oder vermute ich über den Gegenstand?
2. Was möchte ich (möchten wir) über den Gegenstand lernen, herausfinden?
3. Wie werde ich (werden wir) diese Ziele erreichen?
4. Auf welche Weise werde ich (werden wir) Gelerntes sichtbar machen und einschätzen?

Indem Ziele und Wege des Arbeitens unter Beteiligung der Lernenden formuliert werden, geschieht ein Identifizieren mit dem Gegenstand, ein Aufbauen von Verantwortung für das eigene Handeln sowie ein Ausprägen von Planungs-, Entscheidungs-, und Einschätzungsfähigkeiten, welche in sich selbst wiederum wirkungsvolle Lernprozesse bergen, die in ihrer Bedeutsamkeit für das lernende Subjekt weit über die Grenzen institutionalisierter Bildung hinausreichen.

Ich möchte einige praktische Vorschläge zur Textbewertung anschließen, die sich stark darauf beziehen, was ich in den Schreibseminaren an der University of Tallahassee im allgemeinen und von Wendy Bishop im besonderen gelernt habe.

In Bishops Schreibgruppen ist jede zuerst einmal ihre eigene SchiedsrichterIn. Gefordert ist Selbstbewertung; und selbst kollektive Einschätzung geschieht vor dem Hintergrund zweier zentraler Fragen: Was habe *ich* gemacht? Was habe *ich* dabei gelernt? Bishop fordert auf, das Warten (Hoffen?) auf Urteile von Autoritätspersonen einzustellen. Ihr geht es darum, den Handlungskomplex von Zielsetzung, Arbeit, Bewertung und Neuorientierung Teil alltäglicher Schreibroutine werden zu lassen. Lernen durch Schreiben muß für die Betroffenen sichtbar werden.

Ich übernehme von Wendy Bishop drei entscheidende Aspekte für das Bewerten:

Grundlegende Bewertungsaspekte (nach Bishop)

1. Die Art und Weise der Bewertung hängt vom Stand der Schreibarbeit ab: Es besteht ein Unterschied in der Einschätzung von Erstentwürfen und (vorerst) abgeschlossenen Manuskripten.
2. Einschätzungskriterien sollten innerhalb der Gruppe entstehen, um über die Summe subjektiver Auffassungen zum Schreiben Objektivierung zu erlangen.
3. Bewerten ist eine Form des Überarbeitens: Weniger die private Meinungsäußerung ist gefragt als vielmehr praktische Vorschläge zur Textveränderung.

Einige kurze Kommentare und Aufgaben zu diesen Punkten:

Zur Praxis des Kommentierens, Bewertens, Benotens

Jegliche Form assoziativen Schreibens (brainstorming, clustering etc.) bzw. das Skizzieren von Ideen braucht aufmerksame ZuhörerInnen, nicht KritikerInnen. Erste Entwürfe benötigen den konzeptionellen Kommentar. Abschließende Fassungen brauchen Detailkritik. Die Unterscheidung der verschiedenen Formen des Beurteilens muß in der Anwendung erfahren und deren zunehmend bessere Beherrschung durch Übung erlangt werden.[14]

- *Benutzen Sie eines der brainstormings oder clusters aus vorangegangenen Aufgaben, und lesen Sie Ihr Material in der Kleingruppe (3-5) vor. Hören Sie anderen TeilnehmerInnen zu. Niemand kommentiert.*
- *Bauen Sie Ihr Material zu einer ersten Fassung aus, und tauschen Sie sich dazu mit einem Partner aus.*
- *Überarbeiten Sie den Erstentwurf, und geben Sie den neuen Text Ihren Gruppenmitgliedern zum Lesen. JedeR schreibt einen „Film" dazu: Was sehe ich (stelle ich mir vor), wenn ich diesen Text lese? Diese Beschreibungen werden anschließend in der Gruppe vorgelesen.*
- *Lesen Sie Ihren Entwurf beim nächsten Treffen laut vor, und bitten Sie die Gruppe, die folgenden metaphorischen Fragen schriftlich zu beantworten: Welche Farbe hat der Text? Welches Adjektiv beschreibt den Text am treffendsten? Welches Tier könnte dieser Text verkörpern? Welcher Laut/welches Geräusch wäre der Text? Was ist der Wunsch dieses Texts? Was versteckt sich zwischen den Zeilen? Was ist angedeutet, aber nicht gänzlich ausgesprochen? Wenn der Text ein Puzzle wäre, welches Teil fehlt noch? Welche Hoffnung weckt dieser Text in dir als LeserIn?*
- *Überarbeiten Sie anhand der „Film"-Beschreibungen und metaphorischen Feststellungen Ihre bisherige Fassung, und bringen Sie die Arbeit zu einem vorläufigen Ende. Beim nächsten Treffen tauschen Sie die Arbeiten Ihrer Kleingruppe mit einer anderen Kleingruppe. Beachten Sie, daß sämtliche Kopien ohne Autorennamen ausgegeben werden. Bewerten Sie die Manuskripte jedeR für sich nach den festge-*

legten Gruppenkriterien. Begründen Sie in einem kurzen Kommentar auf dem Manuskript Ihre Benotung. Nach Rückgabe der Arbeiten an die AutorInnen werden im Gruppengespräch die Benotungen mit den eigenen Erwartungen verglichen/kontrastiert.

Fragen Sie sich selbst, was für Sie als schriftliches Ausdrücken zählt, das im Sich-Mitteilen – also in der Kombination von Selbstausdruck und Kommunikation – erfolgreich ist. Stellen Sie dann innerhalb einer Gruppe Ihre Meinung vor und suchen Sie nach gemeinsamen Punkten als Bewertungskriterien.

Wenn Einschätzungen helfen sollen, dann müssen sie konkret sein. Begeisterungs- oder Unmutsbekundungen in Form von Pauschalurteilen bringen Schreibende nicht weiter. Da es um Text geht, sind also Vorschläge zur *Veränderung* des Geschriebenen das Anstrebenswerte. Es gilt, am Text zu zeigen, *was* besonders gut oder weniger gut für den bewertenden Leser funktioniert hat. Moralisch unterstützend wirken dabei sogenannte „Ich"-Botschaften: „Ich würde dieses oder jenes verändern, würde das so und so formulieren..." Verständnisfördernd im Sinne gemeinsamen Arbeitens sind auch Vergleiche mit der eigenen Schreibpraxis: „Erinnerst du dich an meine letzte Kurzgeschichte? Da befand ich mich in einer ähnlichen Schwierigkeit, und ich tat dieses oder jenes..." Im Sinne interaktiven Lernens plädiere ich außerdem für gezielte Befragungen des Textes, die auf den/die AutorIn verweisen. Hier geht es um die Verknüpfung von Textkritik und gemeinsamer Suche nach Überarbeitungsmöglichkeiten: „Ich höre den Text das und das sagen. Was wäre, wenn er dieses oder jenes ausdrücken würde? Oder: „Was stellst du (der/die AutorIn) dir vor, wenn du an ... (einen bestimmten Gemütszustand wie Traurigkeit, Freude, Kälte etc.) denkst?" (...) „Mir fällt immer dieses oder jenes Image dazu ein...."

Ich möchte, ergänzend zu Wendy Bishops Überlegungen, noch auf einen vierten Punkt für produktive Kritik hinweisen: Einschätzungen – sind sie auf Wachstum orientiert – *inventarisieren* das Vorhandene und *verweisen* auf noch Fehlendes.

Beurteilung wird vor allem dann zum integralen Bestandteil individuellen Lernens, wenn, wie schon angedeutet, die kollektive Kritik im Kontext kontinuierlicher Selbsteinschätzung geschieht. Wendy Bishop hat dafür folgende Unterrichtspraxis entwickelt:[15]

Die StudentInnen werden beauftragt, jedes größere Textprojekt in seinem Entstehungs- und Entwicklungsgang zu beschreiben. Hierfür sind Bishops zentrale Fragen, Was habe ich gemacht? Was habe ich dabei gelernt?, wiederum von besonderer Bedeutsamkeit. Einmal werden dadurch auf der Studenten-Seite unbewußt und bewußt ablaufende Lernprozesse sichtbar gemacht und effektivierbar. Zum zweiten offenbart sich für die Lehrende (als oftmals letzte Bewertungsinstanz) ein tieferer Einblick in die individuelle Schreibpraxis, die ein bestimmtes (zu bewertendes) Produkt hervorgebracht hat.[16]

Mit einem Blick aus der Perspektive des/der Lernenden, der/die einen schriftlichen Kommentar zu seinem/ihrem Text erhält, möchte ich abschließen:

Jemand, der/die im Moment nicht befragbar ist, hat meine Mitteilung, eine *persönliche* Entäußerung kritisiert. Genausogut wie vielleicht ich nicht verstanden worden bin, kann auch der gegebene Kommentar mißverständlich sein. Es liegt also in meiner Verantwortung nachzufragen.[17]

Vergleiche mit Kommentaren von anderen Personen (manchmal sogar von ein und derselben Person) sollten nicht als Gradmesser für *falsch* oder *richtig* bezüglich des erhaltenen Kommentars herangezogen werden, da Bewertung – das trifft vor allem auch auf ihre Art und Weise zu – trotz aller festgelegter Kriterien stets eine individuelle und situative Angelegenheit ist. *Last but not least:* Der Kommentar zu einem Text ist immer als das aufzufassen, was er ist – als *Text*kritik und nicht als Be- oder gar Verurteilung der Autoren-Personen.

Grundsätze für die Bewertung

1. Unantastbarkeit der Lerner-Persönlichkeit
2. Erfassen der Leistung durch die Analyse der Arbeitsprozesse, die zu bestimmten Ergebnissen führen
3. Sozial-integratives Gruppenklima (Schuster)
4. Gemeinsame Annäherung der Bewertungskriterien von Lehrenden und Lernenden
5. Kriterienkatalog *und* subjektiver Gesamteindruck
6. Entwicklung von Selbstbewertungskompetenz
7. keine Hierarchisierung durch permanentes Fehler-Korrektur-Gefälle zwischen Lehrenden und Lernenden: Bewertung als *Dialog*
8. Zusammenspiel von Selbst- und Fremdbewertung
9. Beförderung und Ansporn zur besseren Befriedigung der eigenen Erkenntnis- bzw. Mitteilungsbedürfnisse: Zensurenmotivation vermeiden
10. kollektives Bewerten: gemeinsam mit anderen Lehrenden
11. produktive Bewertungsbotschaft: Kritik betont das Positive und beinhaltet Veränderungsvorschläge.

Weiterführende Lektüre

Jürgen Grzesik, *Unterricht: Der Zyklus von Lehren und Lernen: Soziologische und psychologische Grundlegung, Praxis der Verständigung über Lerntätigkeiten,* Stuttgart; Dresden: Klett, 1994.
Harro Müller-Michaels, „Noten für Kreativität? Zum Problem der Beurteilung produktiver Arbeiten im Deutschunterricht", in: *Deutschunterricht,* 46/1993, 338-48.
Jürgen Baurmann, „Schreiben: Aufsätze beurteilen", in: *Praxis Deutsch,* 84/1987, 18-24.
Kaspar H. Spinner, „Kreatives Schreiben", in: *Praxis Deutsch,* 119/1993, 17-23.
Valentin Merkelbach, *Korrektur und Benotung im Aufsatzunterricht,* Frankfurt am Main: Diesterweg, 1986.
Markus Nussbaum und Peter Sieber, „Über Textqualitäten reden lernen – z.B. anhand des 'Züricher Textanalyserasters'", in: *Diskussion Deutsch,* 141/März, 1995, 36-52.

Anmerkungen

1 Den Exkurs verstehe ich als Anknüpfung an die im Hauptteil des Kapitels ausgeführten Rahmenbedingungen für kreatives Lernen, Verantwortlichkeitsfelder Lehrender und Lernender bzw. Prinzipien ihrer Zusammenarbeit.
2 Vgl. zur Begrifflichkeit in der Unterrichtstheorie: Jürgen Grzesik, *Unterricht: Der Zyklus von Lehren und Lernen,* Stuttgart, Dresden: Klett, 1994, 404-490 bzw. in der Deutschdidaktik: Schuster (1995), 200.
3 Vgl. ebenda, 204. Schuster bezieht sich bei der Darstellung dieses Arguments auch auf die folgenden Quellen: Spinner (1993), 17-23, hier: 23 und Joachim Fritzsche, *Zur Didaktik und Methodik des Deutschunterrichts,* Bd. 1: Grundlagen; Bd. 2: Schriftliches Arbeiten; Bd. 3: Umgang mit Literatur, Stuttgart: Klett, 1994, 210. Interessant ist in diesem Zusammenhang Schusters Vermerk, daß Benotung in der heutigen Form erst seit dem Ende des 18. Jahrhunderts bekannt ist.
4 Peter Elbow hat sich in vielen Aufsätzen zum Thema Bewertung geäußert. Ihm kommt besonderer Verdienst zu für die Erweiterung der Schreibprozeß-Diskussion auf die Bewertungsproblematik (siehe mein Kapitel zum Portfolio). Seine Position zu Benotung bzw. Rangfolge ist im nachstehenden Aufsatz besonders kompromißlos formuliert: „Ranking, Evaluating, and Liking: Sorting Out Three Forms of Judgment", in: *College English,* Vol. 55, Februar 1993. Die sich darauf beziehenden Kommentare mehrerer KollegInnen und Elbows Entgegnung (*College English,* Vol. 56, Januar, 1994) lassen die Gräben zwischen beiden Seiten deutlich hervortreten.
5 Vgl. zu dieser Position: Elbow (1995a), 72-83.
6 *College English,* „Five Comments on Peter Elbow's 'Ranking, Evaluating, and Liking'", Vol. 56, Januar 1994, 93-105, hier: 102.
7 Vgl. noch einmal die Studie von Lemos zu den Unterrichtszielen Lernender und Lehrender (1996, 158 bzw. 160-64): zirka 30% Pflichterfüllung („to get it done"), zirka 23% positive Bewertung.
8 Auf dem Symposion Deutschdidaktik 1996 arbeitete die Sektion 12, „Schreiben lernen – Schriftlichkeitsstandards" u.a. am Verhältnis von Sprachnormen, sozial etablierten Standards, interkulturell unterschiedlich akzeptierten Standards und ihrer individuellen Aneignung.
9 Vgl. Jürgen Baurmann und Markus Diebold, „Sektion 10: Lernen und Beurteilen", in: Müller-Michaels und Rupp (1995), 189-191.
10 Ebenda.
11 Kaspar H. Spinner, *Identität und Deutschunterricht,* Göttingen: Vandenhoek und Ruprecht, 1980, 78.
12 Elbow (1995a), 72-83, hier: 81.
13 John S. Mayher, *Uncommon Sense: Theoretical Practice in Language Education,* Portsmouth: Heinemann, 1990, 264.
14 Ich habe Aufgabenstellungen von Wendy Bishop für meine Zwecke bearbeitet. In den folgenden Fußnoten liste ich die Quellen für die jeweilige Originalidee. Vgl. Bishop (1992), 205 f.
15 Ebenda, 206.
16 Ich werde den hier unterliegenden Portfolio-Gedanken noch einmal in einem gesonderten Kapitel in Theorie und Praxis intensiver aufgreifen.
17 Siehe dazu das Kapitel „Schreibzentrum und Tutorien".

11. Kapitel: Journal

*Je mehr du Schreiben in eigener Praxis erlebst,
um so intensiver formt Schreiben deine Erfahrung.*
Dave Kemper

*Tägliches Schreiben,
ganz gleich, was dabei herauskommt,
läßt mich selbst als ganze Person erleben,
sinnerfüllt, ausgeglichen,
saubergeschrubbt.*
Dorianne Laux

Zusammenfassung

Journalschreiben ist *privates* Schreiben, welches das *Was* und *Wie* individuellen Lernens dokumentiert und reflektiert. Es ist *öffentliches* Schreiben, das sich an die unmittelbare Bildungsgemeinschaft richtet: die Schreibenden selbst, Mitlernende, Lehrende. Der spezifische Blickwinkel des Journalschreibens läßt die Beziehungen zwischen akademischem Diskurs und persönlicher Erfahrung einsichtig und damit zielgerichteter nutzbar werden.

Ich beginne die Reihe der Organisationsformen zum Schreiben mit der intimsten, dem Journal. Ganz gleich, ob jenes Schreiben Vor- oder Zwischenstufe für Texte ist, die später auch ein breites Publikum erreichen sollen oder ob dieses Medium nur für bestimmte LeserInnen offengelegt wird: Wer ein *Journal* führt, macht dies in erster Linie für sich. Im darauffolgenden 12. Kapitel widme ich mich dem *Schreibzentrum* und hier speziell dem Tutorium, bei dem ein erster Schritt vom eigenen Schreibtisch weg in die Öffentlichkeit gewagt wird. Das anschließende (13.) Kapitel zieht den Kreis weiter zu *Schreibwerkstatt*, wo die Arbeit in einer Kleingruppe in den Blick gerät. Das Maß der Unbekanntheit des Publikums vergrößert sich beim Schreiben im *Computernetz* (14. Kapitel) bis hin zur Anonymität, bevor im 15. Kapitel, über den Umgang mit *Portfolios*, der Bogen zurückgeschlagen wird zur privaten Sphäre des Schreibens. Im Unterschied zum Journalschreiben bleibt diese Tätigkeit im Grenzbereich von Persönlichem und Öffentlichem, wodurch den Kapiteln 11 und 15 eine Art Klammerfunktion für die anderen Abschnitte und den von ihnen aufgezeigten unterschiedlichen Abständen zwischen Schreibenden und Leserschaft zufällt. Das abschließende 16. Kapitel, *Theorie-Praxis-Lernen*, wird alle bis dahin vorgestellten Organisationsformen aus der pädagogisch-konzeptionellen Sicht der *Projektarbeit* zusammenfassend miteinander in Beziehung setzen.

Was sämtliche Kapitel dieses dritten Buchteils miteinander verbindet, ist das pädagogische Phänomen kollaborativer Tätigkeit. Es wird in meinen Darstellungen aufgrund seiner universellen Nutzbarkeit in sämtlichen Bildungskontexten ganz bewußt breiten Raum einnehmen.

Journalschreiben erfreut sich in der US-amerikanischen Schreibpädagogik wachsenden Interesses, besonders im Kontext zunehmender Aufmerksamkeit für den Einsatz von Portfolios. Beide Organisationsformen haben ihren gemeinsamen Ausgangspunkt in der Einsicht, daß privates Schreiben öffentliches Schreiben beflügelt. Dazu möchte ich noch einmal auf die empirischen Erhebungen von James Britton verweisen, die den kausalen Zusammenhang von Quantität im *personal writing* und Qualität im *public writing* deutlich belegen.[1] Was in der Hinwendung zum Journalschreiben außerdem eine unterrichtspraktische Fortsetzung findet, sind die grundlegenden Überlegungen um das Schreiben als Prozeß.

Angesichts seiner speziellen Funktion für das Aufspüren von Schreibanlässen ist die Verführung groß,[2] das Journal als Ausgangspunkt und das Portfolio als reflektierenden Endpunkt schriftlichen Arbeitens zu betrachten. Mit Hilfe des Journals wird u.a. Sprachmaterial gesammelt und aufbereitet für die Eingabe in konkrete Textarbeit, welche sich letztlich im Portfolio dokumentiert und reflektiert wiederfindet. So klärend die Vorstellung vom Schreiben als in sich geschlossener Kreis auf theoretischer Ebene sein kann, so irreführend wirkt sie, wenn Konzepte für Lehren und Lernen daraus abgeleitet werden. Journalschreiben steht eben nicht nur am Anfang, wenn es darum geht, Eindrücke und Ideen für die Entstehung eines Textes zu sammeln. Eintragungen solcherart können selbstverständlich auch aus der Erarbeitung eines Erstentwurfs heraus entstehen. Sie begleiten das Überarbeiten und provozieren manchmal neue Entwürfe. Längerfristig betrachtet, strukturiert und reflektiert das Journal wesentlich die Biographie Schreibender.[3] Daraus erwachsen besondere pädagogische Potenzen für Lernen durch Schreiben, die ich im folgenden näher vorstelle.

Ich beginne mit einer graphischen Darstellung der thematische Sphären des Journals, die gleichzeitig noch einmal den Überlappungseffekt zwischen privatem und öffentlichem Schreiben verdeutlicht. Selbst wenn sich Schreiben in klar (institutionell/gesellschaftlich) definierten Grenzen wie Studium, Job, Familie, Freizeit etc. manifestiert, so findet doch das eine (privates Schreiben) ohne das andere (öffentliches Schreiben) nicht statt, ganz gleich, in welchem Ausmaß den Tätigen diese Überlagerung bewußt ist. Ich bin jedoch der Überzeugung – und hierin liegt bekanntlich eine wesentliche Aussage der Untersuchungen von Britton –, daß das eine vom anderen profitiert, je deutlicher den Schreibenden diese Verfilzung ist bzw. je mehr diese Verfilzung von ihnen als aktive Beziehung zielgerichtet ausgenutzt wird: Auf diesem Wege gelangen persönliche Erfahrung und akademisches Wissen, die zumindest im Rahmen traditionell-institutioneller Bildung zumeist klarer Trennung unterliegen, in einen produktiven Austausch.

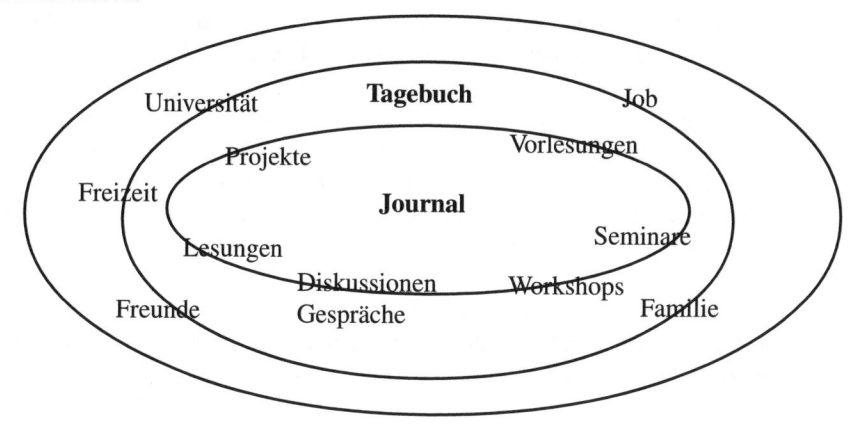

Die Erscheinungsformen der Journalarbeit sind seit den siebziger Jahren vielfältig geworden. Hier nur einige von ihnen: Es gibt sie als Notizbuchschreiben, mit dem sprachliche Vielfalt für den Aufsatzunterricht oder den AutorInnen-Workshop erweitert werden soll; als Tagebuch, das die Chronologie von Eindrücken einfängt; als sogenanntes *learning log*, in dem Fragen und Probleme im Umgang mit einem bestimmten Lerngegenstand festgehalten werden; als direktes Kommunikationsmedium (*dialog journal*), das zur dialogischen Auseinandersetzung mit (fremd-)sprachlichen Strukturen zum Einsatz kommt; und als *reading log*, das Lektüreeindrücke aufnimmt.

Alan Ziegler bezeichnet das Journal treffend als Schatztruhe,[4] in der die Juwelen des Augenblicks verwahrt werden. Manchmal ist es nur ein einzelnes Wort oder ein „Gespräch", aus einigen Bemerkungen bestehend, die in ihrer Kürze den Kern eines Sachverhalts oder die Atmosphäre einer Situation treffender wiedergeben als ein detaillierter und ausgefeilter Text es könnte. Das Journal als Materialsammlung ist aber auch gleichzeitig eine erste Filterstelle, wenn es um das Verdichten von Sprache zu einem Text geht: Einige Seiten Geschriebenes im Journal sind also nicht selten eine wichtige Voraussetzung für die Entwicklung einer Aufsatzidee, Kurzgeschichte oder Lernstrategie (etc.).

Aus eigener Erfahrung weiß ich, daß mit einem kontinuierlich geführten Journal Ideen- und Sprachmaterial immer bereitstehen. Damit ist für die einen die Gefahr der leeren Seite gebannt, für andere – wie mich zum Beispiel – beginnt angesichts der Ideenfülle ein Kampf ganz anderer Art: der des gezielten Auswählens. Die Schwierigkeit verringert sich, wenn das angesammelte Material vielfältige Formen aufweist und neben Geschriebenem auch aus Skizzen, Fotos, Gegenstände, Zeitungsausschnitte etc. enthält. Damit verstärkt sich übrigens ein Wesenszug des Journalschreibens: Hier wird sich bewußt *nicht* am Schreiben als formale Tätigkeit orientiert, sondern am jeweiligen Gegenstand der Betrachtung. Schreiben wird auf diese Weise als natürliches Mitteilungs*medium* erlebt und kann somit relativ schnell einen festen Platz im Tätigkeitsalltag der Betroffenen gewinnen.

Für die Tätigkeit des sprachlichen Sammelns habe ich im 1. Kapitel eine Übungsfolge vorgestellt („Aufspüren persönlich bedeutsamer Schreibanlässe" und „Journal/Schreibanregungen"), die ich an dieser Stelle zur praktischen Veranschaulichung des bisher Gesagten noch einmal empfehle.

Mich fragte ein Student, nachdem ich eine Einführung in die Journalarbeit gegeben hatte: „Warum soll ich eigentlich alles aufschreiben? Damit du nichts verlierst", antwortete ein anderer Student für mich treffend. „Wieviel soll ich aufschreiben?" – frage ich mich manchmal selbst, wenn ich mich zum Schreiben zu müde fühle. Inzwischen habe ich erfahren, daß es eigentlich nie zuviel sein kann. Ich brauche immer mehr Material als ich für einen bestimmten Text letztlich direkt verwende. Der Großteil des Materials steckt zwischen den Zeilen und Gedanken, und was tatsächlich unberührt bleibt, wird irgendwann später einmal – ob bewußt oder unbewußt – einer Verwendung zugeführt.

Ralph Fletcher nähert sich dem Zusammenhang von privatem und öffentlichem Schreiben von einer weiteren betrachtungswürdigen Seite. Er versteht das notebook – so seine Bezeichnung für das Journal – als Ort, wo neue Ideen gesichert sind und geschützt wachsen können. Neue Ideen seien schwach im Vergleich zu etablierten, meint Fletcher. Sie bedürften einer besonderen Zuwendung.[5] Durch Journalschreiben entfalte sich ein Lernprozeß im Umgang mit diesen neuen Ideen, bis sie soweit gereift sind, daß sie auch im öffentlichen Diskurs eine reale Überlebenschance haben. Dabei verweist Fletcher auf das besondere Potential metaphorischen Sprachgehalts für Schreiblernprozesse. Dieser entstehe, wenn Ideen, Images, Träume, Gesprächsfetzen eingeatmet (breathing in) – so Fletchers funktionalisierende Bezeichnung für Journalschreiben – und dort materialisiert, d.h. individuell-sprachlich verarbeitet werden.[6] Da das Journal frei von formalen Anforderungen öffentlichen Schreibens ist, gelinge hier die Entfaltung oder Aufladung des jeweils dargestellten Gegenstands mit individueller Bedeutsamkeit wesentlich leichter. Ein bestimmter Traum bedeutet eben mehr für die/den BetroffeneN als sie/er sprachlich möglicherweise auszudrücken vermag. Der innere Diskurs eines Journaltextes, der Dialog „zwischen den Zeilen", legt metaphorisches Potential an.

Um die Entfaltung metaphorischer Sprache selbst zu erleben, schlage ich vor, noch einmal zum 5. Kapitel zurückzugehen und sich dort mit der Übungsfolge zu beschäftigen, die ich auf der Grundlage von Gabriele Rico entwickelt habe.

James Britton (u.a.) bemüht für das Phänomen des Anlegens metaphorischen Potentials (vgl. 9. Kapitel) die Begriffe *poetic* und *expressive writing*. Von ihm wissen wir, daß diese besonderen Textqualitäten nicht auf das Journal beschränkt bleiben müssen. Wenn es dem schreibenden Subjekt gelingt, sich über mögliche Barrieren öffentlicher Diskurse hinwegzusetzen, können diese Textqualitäten beim *Ausatmen* – so Fletchers Bezeichnung für das weitere Verwenden des Journalmaterials –, transaktionales Schreiben bereichern und damit ebenso die kommunikative Öffentlichkeit. Das *Ich* ist Dreh- und Angelpunkt für Fletchers Materialsammeln (*breathing in*) und Verarbeiten im weiteren Schreiben (*breathing out*). Ich-Texte üben authentisches Schreiben[7] – das Identifizieren und Entfalten von Mitteilungsbedürfnissen – und den Umgang mit dem unmittelbarsten (und oftmals schwierigsten) Publikum, dem Schreibenden selbst.[8]

Journalschreiben – vor allem in der Form von Ich-Texten – hat zweifelsohne eine starke selbsttherapeutische Kraft, die nicht immer als angenehm empfunden wird. Ich bemerke wiederholt an mir selbst, wie ich im Zusammenhang mit bestimmten Erlebnissen oder inneren Stimmungen versuche, Journaleintragungen zu vermeiden oder zumindest zu verzögern. Manchmal ist durchaus ein erster Impuls vorhanden, etwas ins Journal zu schreiben. Sobald das Bedürfnis jedoch bewußter hervortritt, stellen sich handfeste Hemmungen ein. In solchen Situationen erfülle ich mir manchmal den Wunsch nach Artikulation durch *fiktives* Schreiben in der dritten Person: eine Kurzgeschichte, ein Gedicht. Ich bemerke dabei jedoch oftmals einen Rest, etwas, das ungesagt bleibt und verborgen hinter der schützenden Maske poetischen Schreibens.

Wiederholung 1. und 3. Person

Wenn Sie an dieser Stelle die verschiedene Wirkungsweise von Texten in der ersten bzw. dritten Person auf den Schreibprozeß erleben wollen, dann schlage ich vor, noch einmal auf die Übungen zurückzugreifen, die ich im 6. Kapitel dafür vorgestellt hatte.

Journalschreiben braucht, wenn es nicht in Sackgassen emotionaler Blockierungen stekkenbleiben soll, Anleitung, Übung und regelmäßigen Austausch zwischen Praktizierenden. Kathleen Adams hat Kollaborieren durch empirische Untersuchungen als ein zentrales Bedürfnis beim Journalschreiben ermittelt. Die meisten Befragten erkannten Schreiben als Lernprozeß, als Experimentierfeld für Ideen, Gefühle und Verhaltensstrategien: Ihnen wurde die Brückenfunktion des Schreibens zwischen Bewußtem und Unbewußtem klar. Sie verstanden aber größtenteils kaum, mit ihrer eigenen Stimme im Geschriebenen produktiv umzugehen. Was durch regelmäßiges Jornalschreiben an die Oberfläche befördert wurde, wirkte auf viele angsteinflößend und erzeugte letztlich Schreibblockierungen.[9] Nur ein Drittel der Interviewten erlebte die Lektüre des eigenen Journals auf angenehme Weise; zwei Drittel bezeugten gemischte Gefühle oder gar Ablehnung. Aus dieser Situation heraus erklärte sich über die Hälfte bereit, ihre Texte der Gruppe mitzuteilen.[10] Ich möchte nicht zuletzt deswegen den letzten Teil des Kapitels dazu nutzen, um einige schreibpädagogische Implikationen für den Umgang mit Journalen vorzustellen und zu diskutieren.

„Emotional Temperature Taking"

1. *Fühlen: Drücken Sie Ihr Gefühl mit ein oder zwei Wörtern aus.*
2. *Finden: Benennen Sie spontan einen Umstand, der dieses Gefühl ausgelöst hat.*
3. *Fokusieren und Erweitern: freewrite*
4. *Rückschau und Analyse: Kreisen Sie Wörter aus dem freewriting ein, die Ihnen besonders wichtig erscheinen. Unterstreichen Sie davon wiederum die wichtigsten, und schreiben Sie noch einmal mehrere Listen zu diesen ausgewählten Wörtern.*
5. *Verbinden: Schauen Sie sich Ihr gesamtes Material aus den Übungen 1-4 noch einmal in aller Ruhe an, und schreiben Sie darüber einen fiktionalen Text in der dritten Person (z.B. ein Märchen).*
6. *Planen: Entwerfen Sie in einer Reihe von Kürzestgeschichten das Bild einer fiktiven Person, die Sie auf verschiedenste Weise auf den Ausgangsumstand (siehe Übungen 1 und 2) reagieren lassen.*
7. *Integrieren: Entscheiden Sie, welche der Denk- und Handlungsstrategien der fiktiven Person Sie in Ihr Leben für die Lösung der Ausgangsprobleme (Aufgaben 1 und 2) übernehmen könnten.*

Ich habe in meiner Schreib- und Unterrichtspraxis oft festgestellt, daß es ein gewisses Maß an Überwindung kostet, neben dem Schreiben noch zu schreiben, d.h. die eigentliche Textarbeit schriftlich vorzubereiten bzw. zu reflektieren. Wie viele solcher scheinbaren Extraaufwendungen braucht auch diese im Anfangsstadium klare Anforderungsstrukturen. Das trifft besonders dann zu, wenn versucht wird, das Führen von Journalen außerhalb des Sprach- und Literaturunterrichts zu initiieren. Die Potenzen des Schreibens für Lernen – ganz gleich in welchem Ausbildungsgebiet es stattfindet – werden nur selten ohne eigenes Erfahren jener Potenzen anerkannt.[11] Daran hat meines Erachtens selbst die Bewegung des *writing across the curriculum* in den USA mit ihren zwei erklärten methodischen Schwerpunkten – Journal und Portfolio – nichts ändern können. Arlene Silberman, die quer durch die USA gereist ist, um schulisches Schreibverhalten zu analysieren, schlägt vor, für jede schriftliche Aufgabe, die klare Vorbereitungs-, Entwurfs- und Überarbeitungsphasen aufweist, einen sogenannten Begleitbrief einzufordern, der kurz über die geleistete Arbeit berichtet („Was habe ich getan?") und in einem zweiten Teil vorwiegend rational („Wie und warum habe ich das getan?") bzw. schwerpunktmäßig emotional („Wie habe ich mich dabei gefühlt?") reflektiert. Silberman stellte fest, daß SchülerInnen schon nach kurzer Zeit den persönlichen Vorteil jener Extraarbeit verstehen und nach etwas längerer Praxis auch freiwillig und vor allem spontan fortsetzen.[12] Wenn dieser Punkt einmal erreicht ist, geht es beim Journalschreiben nicht mehr um Aufgabenerfüllung, sondern um die Befriedigung eigener Mitteilungsbedürfnisse.

Verweigerung gegenüber Journalschreiben kann durchaus, wie bereits angedeutet, tieferliegende Ursachen haben: negative Erfahrungen im Umgang mit dem Medium, Angst vor dem Aufschreiben von Gedanken und Gefühlen oder einfach das Bedürfnis nach einer *anderen* Ausdrucksform als die des Schreibens. Lucia Capacchione hat für diese Konstellation mit dem sogenannten *creative journal* eine Alternative entwickelt, die im Prinzip meine Idee von den Lernfeldern praktiziert.[13] Ich hatte in den Kapiteln 5-8 verschiedene Möglichkeiten angedeutet, schriftliches Mitteilen durch andere kommunikative Medien wie die Musik, das Bild, den Körper etc. zeitweilig zu ersetzen oder/und zu initiieren. Gerade die Funktion des Ersetzens sollte im pädagogischen Umgang mit dieser Organisationsform nicht schnell vergessen werden: Das Journal kommt in seinem ursprünglichen Zweck immer dann zur Geltung, wenn öffentliche Kommunikation versagt oder ver-/behindert ist. Nicht selten ist dann aber auch der persönliche/private Diskurs gestört. Für solcherart Sprachlosigkeit sollten die praktischen Möglichkeiten der oben erwähnten Kapitel als eine Art der Überbrückung im Auge behalte werden. Capacchione geht mit ihrer Idee des *creative journal* noch einen Schritt weiter: Sie schlägt vor, diese Überbrückungstechniken regelmäßig anzuwenden und vielfältig auszuprobieren, damit deren Lernpotenzen umfangreicher erkannt und sie Teil unseres alltäglichen Handelns und Denkens werden und nicht nur des Krisenmanagements. Hinter Capacchiones Überlegungen steckt die Absicht, eine Feinabstimmung im menschlichen Empfinden, Handeln und Denken wiederzubeleben, die durch jahrhundertelang existierende, einseitig ausgerichtete Bildungskonzeptionen erfolgreich stillgelegt wurde. Bildlichkeit, Mündlichkeit, Musikalität und Theatralität sind eben nicht nur Repräsentation von Kunst, sondern gleichzeitig Medien zur Entfaltung von Erkenntnissen – genausogut wie Schreiben nicht nur eine Form der Mitteilung, Übertragung und Dokumentation von Kenntnissen ist.

Im Kontext der Herausbildung einer Schreibpädagogik, die sich besonders auf den Verlauf der Tätigkeit konzentriert, hat sich das sogenannte *process journal* als Grundmodell entwickelt: Es berichtet, was gedacht und getan wird, um ein Schreibprodukt fertigzustellen; und es reflektiert, wie dieser Arbeitsprozeß vom Schaffenden selbst und von anderen erlebt wird. Als Ergebnis steht der Gewinn von Einsichten in Arbeitsgewohnheiten und Schreibstrategien, die u.U. zum Vorteil der Betroffenen verändert werden können. In diesem Zusammenhang stellt sich ein Verstehen vom Schreiben als prozessuale Tätigkeit ein, die in ihrer Verlaufsform und -qualität vom einzelnen als beeinflußbar erkannt wird. Im Austausch mit anderen Schreibenden wird außerdem der individuelle Charakter der Tätigkeit sehr schnell begriffen.

Dialog-Journale (*dialog journals*), manchmal auch *response journals* genannt, sind Möglichkeiten, den grundsätzlich kommunikativen Charakter des Journalschreibens sprichwörtlich auszutragen, indem eine „Unterhaltung" real (zwischen zwei Personen) stattfindet oder fiktiv zwischen sich selbst und dem Journal bzw. zwischen zwei fiktiven Stimmen/Charakteren. Jeder dieser Fälle schafft ein Übungsfeld, auf dem Ideen initiiert, entfaltet und weiterentwickelt oder verworfen werden, ohne daß Konsequenzen für das eigene Handeln übernommen werden müssen. Ich möchte dies an einem Beispiel verdeutlichen, das ich anhand einer Unterrichtsbeschreibung von Christine Pearson Casanave[14] adaptiert habe. Casanave stellt zu Beginn der Anforderung, ein Journal zu führen, die Aufgabe, in einem (fiktiven oder realen) Dialog Fragen und Probleme des neuen Arbeitsmediums auszudrücken. Mein Text ist ein fiktives Gespräch zwischen mir als Lehrendem und einem meiner StudentInnen. Die Funktion der Übung besteht im Selbstverdeutlichen meines Konzepts vom Journalschreiben und in der Antizipation von Widerständen auf seiten der Studierenden. Teilweise beinhalten diese Widerstände meine eigenen Fragen und Probleme, mit denen ich auf diesem Wege lerne, produktiv umzugehen.

Dialog-Journal

A: Worüber soll ich schreiben?
B: Was immer du möchtest.
A: Aber ich weiß überhaupt nicht, worüber ich schreiben könnte.
B: Schreibe über das, was du denkst: Studium, Job, Freunde, Ferien, Familie... Bringe einfach deine Gedanken aufs Papier.
A: Aber einige dieser Gedanken finde ich sehr persönlich.
B: Schreibe über das, was dir selbst wichtig ist. Dabei spielt es keine Rolle, was vielleicht angemessen wäre oder was andere Leute darüber denken würden. Niemand wird dich fragen, deine Aufzeichnungen vorzustellen, solange du das selbst nicht willst.
A: Ich weiß aber nicht, wie ich anfangen soll. Und außerdem mache ich immer so viele Fehler.
B: Kümmre dich nicht darum, wie was geschrieben wird. Notiere einfach drauflos. Wichtig ist, DASS du etwas aufschreibst. Es geht nur darum, die Gedanken festzuhalten, bevor du sie wieder vergißt. Gedanken sind oft wie flüchtige Vögel.
A: Wirst du meine Fehler korrigieren?
B: Nein.
A: Warum nicht?
B: Mich interessieren deine Ideen, nicht deine Fehler. Schreiben ist ein Hervorbringen von Ideen, nicht von Fehlern.
A: Wirst du mein Journal jede Woche lesen?
B: Ja, und ich werde so oft wie möglich schriftlich darauf antworten.
A: Wirst du mein Journal anderen Leuten zeigen?
B: Ja, solange du im Heft nicht das Gegenteil vermerkst. Ich lerne viel aus deinen Eintragungen, nicht nur über dich, auch über deine KommilitonInnen, die Universität, ja sogar über mich selbst. Deine Aussagen sind auch von Wert für andere Menschen, meine KollegInnen zum Beispiel.
A: Warum gibst du uns ein tägliches Seitenlimit vor?
B: Weil jede ungewohnte Aktivität anfänglich etwas Druck zur Überwindung braucht. Es hat sich erwiesen, daß durch einen bestimmten Umfang Schreiben als Lern-Mittel und -Medium besser zu verstehen ist. Und wichtig wird einem eine Tätigkeit sowieso erst nach wiederholtem Gebrauch.
A: Ich werde aber an manchen Tagen einfach keine Zeit zum Schreiben haben. Dann kann ich doch den Rückstand am Ende der Woche aufholen, bevor ich das Notizbuch abgebe.

B: Nein. Es ist wichtig, daß du jeden Tag schreibst. Nur auf diesem Wege wirst du dich daran gewöhnen und langsam ein Bedürfnis für das Schreiben entwickeln, welches darüber hinausgeht, eine (von mir gestellte) Aufgabe zu erfüllen. Es ist wirklich wichtig zu verstehen, daß diese Art Schreiben nicht für irgend welche Kontrollinstanzen ist, sondern für dich selbst.
A: Wie kann ich aber meine schriftliche Leistung verbessern, wenn du mich nie korrigierst?
B: Da dein Journalführen nicht im Vakuum stattfindet, sondern im Kontext mit schriftlichen und mündlichen Arbeiten, bei denen du auch Feedback in Sachen Regelhaftigkeit erhältst, wirst du solche Hinweise – oftmals unbewußt – in dein tägliches Schreiben übernehmen. Eine hohe Schreibquantität bürgt dafür, daß du dir fremdvermittelte Hinweise dann auch zu eigen machst, sie durch ihre praktische Anwendung verstehen lernst. Und noch etwas anderes liegt mehr auf der motivationellen Ebene: Der tägliche Umfang des Geschriebenen wird dir schnell den Eindruck vermitteln, in der Lage zu sein, sich ausdrücken und mitteilen zu können, was nicht zuletzt helfen wird, Fehlerangst zu überwinden, ja selbst Fehler zu vermeiden.
A: Woher nimmst du die Gewißheit, daß das auch wirklich so funktioniert?
B: Ich erfahre es immer wieder an mir selbst, und ich weiß es auch von anderen Leuten. Die sagen mir zum Beispiel, daß sie nach einer Weile ganz von sich aus ihr Journal weiterführten, ohne daß jemand dies von ihnen verlangte. Und wenn ich sie nach dem Grund dafür frage, erklären sie mir, daß sie dadurch einfach besser lernten: Bestimmte Dinge seien für sie klarer geworden, seit sie sie aufschrieben. Sie könnten die Entwicklung ihrer Gedanken über längere Zeiträume verfolgen. Auch daraus lernten sie. Außerdem würden ihnen ihre Ideen wichtiger, wenn diese auf dem Papier nachlesbar wären.
A: Das mag ja auf andere zutreffen. Ich kann mir nur nicht vorstellen, daß das auch so für mich stimmt.
B: Es ist nur wichtig, daß du über Dinge schreibst, die dich auch tatsächlich selbst interessieren. Solange es dir nur darum geht, Aufgaben zu erfüllen, wird sich wenig bewegen.
A: Was aber, wenn dich das nicht interessiert, was für mich wichtig ist?
B: Dein Enthusiasmus wird sich stets in einem gewissen Maße auf mich als den Leser deiner Texte übertragen. Solltest du einmal Mangel an Interesse in meinen Kommentaren zu deiner Schreibarbeit spüren, dann sage mir das bitte. Wir sind *beide* verantwortlich, daß unsere Interessen zusammenfinden.
A: Ich verstehe immer noch nicht ganz, wie ich dabei lernen soll, besser zu schreiben.
B: Du mußt es ganz einfach probieren. Laß dich auf diese neue Erfahrung ein. Solange du dich an den von mir geforderten Mindestumfang und meinen Hinweis hältst, über Dinge zu schreiben, die für dich wirklich von Interesse sind, wird das Ganze auch funktionieren.
A: Wirst du eigentlich meine Journaleintragungen zensieren?
B: Nein, natürlich nicht. Das sind deine Ideen und nichts, was du für mich tust. Falls du weniger als gefordert schreiben solltest, dann wird das natürlich deine Note für den Kurs insgesamt negativ beeinflussen, aber das hat wie gesagt etwas mit deiner Arbeitsquantität zu tun, nicht mit der Qualität des Geschriebenen.

Von Kent Dixon habe ich eine andere Form von Dialog- oder *response* Journal kennengelernt.[15] Er richtet ein E-Mail Konto ein, zu dem alle TeilnehmerInnen seines Seminars das Passwort erhalten. JedeR (einschließlich Dixon) ist berechtigt, dort über all jenes anonym zu schreiben, was als direkt oder indirekt verbunden mit dem Seminargeschehen betrachtet wird. Hierin liegt meines Erachtens eine überaus günstige Möglichkeit, die Vorteile von Privatheit und Öffentlichkeit für reflektierendes Schreiben kombiniert auszunutzen: Einerseits besteht der oftmals befreiend wirkende Schutz der Anonymität, andererseit braucht nicht auf die Gruppe als Forum für Rat und Kritik verzichtet werden.

Ich nehme an, daß die meisten, die Journalschreiben regelmäßig in ihrer Lehrtätigkeit verwenden, einen großen Einfluß auf das Unterrichtsgeschehen bestätigen würden. Es schafft eine Kommunikationsebene, die mit soviel gegenseitigem Vertrauen nicht noch einmal auf ähnliche Weise existiert. Zwischen Lehrenden und Lernenden baut sich ein partnerschaftliches Verhältnis auf, weil beide Seiten sich auf das Wagnis öffentlichen Schreibens einlassen. Schreiben wird hier endlich als *Kommunikation* ernstgenommen, wobei der Lehrer eben nicht als Gütekontrolleur auftritt, sondern als Mitproduzent. Das schafft Bedeutsamkeit für das Unterrichtserleben der einzelnen und gleichzeitig Motivation für weiterführende Lernprozesse.[16]

Einige Bemerkungen zur Art und Weise des Lehrer-Kommentars auf Journale: Er sollte grundsätzlich positiv und konstruktiv sein, einen Erzählton anschlagen und damit so oft wie möglich vom eigenen Beispiel ausgehen bzw. auf individuelle Erfahrungswerte der Journal-Autorin abzielen. Formale Fehleranalysen sind in keinem Falle ratsam und Verbesserungen nur in dem Maße, als im eigenen Kommentar die richtige Schreibweise oder Verwendung etc. *angewandt* demonstriert wird. Bewertet werden sollten Journale nur im Sinne quantitativer Erfüllung von eventuell erteilten Auflagen; eine solche Form könnte als Teilwert in eine mehrere Unterrichtsbereiche erfassende Note einfließen.

Meine bisherigen Ausführungen haben die Wichtigkeit der regelmäßigen Erwiderung/Reaktion von seiten der Lehrenden auf Journalschreiben deutlich gemacht. Das Aushändigen des Journals stellt aber die angezielte Privatheit des Mediums eindeutig in Frage. Hier ist ein Kompromiß notwendig, der wie folgt organisiert werden kann: Bevor das Journal abgegeben wird, kennzeichnet der Schüler/die Studentin die privaten Seiten mit roter bzw. die zum Lesen freigegebenen Seiten mit grüner Farbe. Wenn jede neue Eintragung auf einer Extra-Seite begonnen wird, erleichtert dies die Kennzeichnung und deren Einhaltung. Es sollte jedoch auch ein Zeichen geschaffen werden, das die Aufmerksamkeit der Leserin auf Beiträge lenkt, zu denen der Verfasser sich besonders dringend einen Kommentar erbittet.

Journale sollten nicht nur SchülerInnen und StudentInnen vorbehalten sein. Dieses Lernmedium stellt auch eine Herausforderung für die persönliche und professionelle Weiterentwicklung Lehrender dar, ganz abgesehen davon, daß *Mitmachen* stets ein tiefgründigeres Verstehen für die Anforderungen produziert, mit denen Lernende konfrontiert werden. Mit Blick auf das spätere Kapitel zum Portfolio kann gesagt werden, daß Lehrer-Journale einen entscheidenden Teil von Selbst- und Fremdevaluierung darstellen.

Ich möchte das Kapitel mit einer Liste **funktionaler Aspekte des Journalschreibens** abschließen:

- Journalschreiben transformiert akademische Diskurse auf das individuelle Sprach- und Wissensniveau der Lernenden: Es verbindet kollektive Erkenntnis und persönliche Erfahrung;
- Journalschreiben als personales Schreiben erzeugt bessere Ergebnisse im öffentlichen/akademischen Schreiben;
- Journalschreiben garantiert einen kontinuierlichen Dialog zwischen Lehrenden und Lernenden: Es produziert Mitverantwortung für Bildung;
- Journalschreiben ermöglicht persönliches Kennenlernen;
- Im Umgang mit Journalen wird Schreiben als Medium für Lernen erfahrbar;
- Journalschreiben ist Meta-Lernen: Es ist Reflektieren über Lern- und Schreibstrategien
- Journalschreiben eröffnet das Verbalisieren von emotionalen Komponenten institutionalisierter Bildung;
- Journalschreiben macht Lernen als ganzheitliches Phänomen erfahrbar.

Weiterführende Lektüre

Imgenberg, Klaus Günther und Heribert Seifert, „Lernziel Ich-Identität. Formen autobiographischen Schreibens auf der Orientierungsstufe", in: *Diskussion Deutsch,* 69/1983, 39-59:

Lutz von Werder, *Lehrbuch des wissenschaftlichen Schreibens: Ein Übungsbuch für die Praxis,* Berlin; Milow: Schibri, 1993.

Schuster, Karl, *Das personal-kreative Schreiben im Deutschunterricht,* Hohengehren: Schneider, 1995.

Ralph Fletcher, *Breathing In, Breathing Out: Keeping a Writer's Notebook,* Portsmouth, NH: Heinemann, 1996.

Lucia Capacchione, *The Creative Journal,* North Hollywood, CA: Newcastle Publishing, 1989.

Joy K. Peyton und Jana Slaton (Hrsg.), *Dialogue Journals in the Multilingual Classroom: Building Language Fluency and Writing Skills Through Written Interaction,* Norwood, NJ: Ablex, 1993.

Anmerkungen

1 Vgl. Britton (1975). Vgl. auch dazu noch einmal meine Ausführungen zu *poetic, expressive* und *transactional writing* im 9. Kapitel.
2 Vgl. meine Ausführungen und Aufgaben im 1. Kapitel zum Aufspüren von persönlich bedeutsamen Schreibanlässen als Mitteilungsbedürfnisse durch Journal- bzw. Notizbuchführen.
3 Vgl. zu autobiographischen Aspekten des Schreibens meine Ausführungen und Aufgaben im 2. Kapitel.
4 Alan Ziegler, *The Writing Workshop,* Vol. 1, New York: Teachers and Writers Collaborative, 1981, 14.
5 Ralph Fletcher, *Breathing In, Breathing Out: Keeping a Writer's Notebook,* Portsmouth, NH: Heinemann, 1996.
6 Ebenda, 2. Siehe dazu meine Ausführungen zum Schreibprozeß im 1. bzw. 9. Kapitel.
7 Vgl. dazu auch Ortwin Beisbart, „Überlegungen zu einer Didaktik des Schreibens", in: Jürgen Baurmann und Otto Ludwig, *Schreiben – Schreiben in der Schule,* Hildesheim, Zürich, New York: Olms, 1990, 19-28. Die Funktion authentischen Schreibens wird dort theoretisch und praktisch über das Tagebuch hinaus in den Bereich des schulischen Aufsatzschreibens ausgedehnt und hauptsächlich als motivationelle Stärkung der SchülerInnen für weiterführende Schreib- und Lernprozesse bestimmt.

8 Fletcher (1996), 3 ff.
9 Kathleen Adams, „Journal Writing as a Powerful Adjunct to Therapy", in: *Journal of Poetry Therapy,* Vol. 10, Nr. 1, Herbst, 1996, 31-38.
10 Dies., „The Structured Journal Therapy Assessment: A Report on 50 Cases", in: *Journal of Poetry Therapy,* Vol. 10, Nr. 2, Winter, 1996, 77-85, hier: 80.
11 Cynthia L. Selfe und Freydoon Arabi, „Writing to Learn: Engineering Student Journals", in: Art Young und Tobi Fulwiler (Hrsg.), *Writing Across the Dosciplines: Research into Practice,* Portsmouth, NH: Boynton/Cook, 1986, 184-191, hier: 185.
12 Arlene Silberman, *Growing Up Writing: Teaching Our Children to Write, Think, and Learn,* Portsmouth, NH: Heinemann, 1989,145 ff.
13 Lucia Capacchione, *The Creative Journal,* North Hollywood, CA: Newcastle, 1989.
14 Vgl. dazu auch: Christine Pearson Casanave (Hrsg.), *Journal Writing: Pedagogical Perspectives,* o.O.: Keio University, Institute of Languages and Communication, 1993, 13-15. Ich habe das Format des Selbstgesprächs und auch einige Fragestellungen von Casanave übernommen.
15 Kent. H. Dixon, „A Journal That Talks Back: Networking to Teach Creative Writing, and More", in: 1996 Pedagogy Papers, The Associated Writing Programs, 1996 Annual Conference, Atlanta, GA, 24.
16 Vgl. dazu auch Sumitra Unia, „From Sunny Days to Green Onions: On Journal Writing", in: Judith M. Newman (Hrsg.), *Whole Language: Theory in Use,* Portsmouth, NH: Heinemann, 1985, 65-75.

12. Kapitel: Schreibzentrum & Tutorien

*Manchmal gehe ich dorthin,
weil ich einfach mit jemandem reden will...*
Brenda, Studentin

Zusammenfassung

Das moderne Schreibzentrum ist die Institutionalisierung der Bemühungen um das Schreiben als Mittel und Medium cross-curricularer Bildung. Es ist Praxisfeld für kollaboratives Arbeiten. Beide Aspekte werden am Beispiel der Schreibtutorien (Beratungsgespräche) näher vorgestellt und in ihren pädagogischen Kontexten theoretisch und praktisch diskutiert.

Stellen Sie sich eine Schule vor, die Sie besonders gut kennen. Vielleicht arbeiten Sie dort als LehrerIn. Vielleicht ist das die Schule, die Ihr Kind besucht oder die Sie als SchülerIn kennenlernten. Was würde sich an der Atmosphäre dieser Schule ändern, wenn es dort ein Schreibzentrum gäbe: Einen ehemaligen Klassenraum, der für diesen Zweck umgestaltet wurde?

An der Tür hängt ein Schild mit den Öffnungszeiten: Mo-Fr 8-20 Uhr (Sa 9-13). Es sind außerdem die Namen und die E-Mail Adressen der Leiterin und der TutorInnen verzeichnet. Gleich neben dem Eingang ist eine Tafel aufgestellt mit Anschlägen zum Monatsplan und laufenden Kursen: In der ersten Woche treffen sich die SchulpoetInnen und die FachlehrerInnen zur Fortbildung in Sachen cross-curriculares Schreiben. Die zweite Woche hat die Selbsterfahrungsgruppe des Wohngebiets und eine öffentliche Lesung auf dem Plan. Eine Woche später gibt es Workshops für SozialarbeiterInnen und LaienspielautorInnen, hinzu kommt ein Abend mit Prosa auf Spanisch. Die vierte Woche ist reserviert für einen Übersetzerklub und eine Familiengruppe, in der gemeinsam gemalt und geschrieben wird.

Der Raum des Zentrums ist in Bereiche aufgeteilt: eine Stuhlrunde in der Mitte, Computer-Arbeitsplätze auf der einen Längsseite, Bücherregale auf der anderen. Die Handbibliothek, in der sich u.a. Textsammlungen von schulinternen Kursen und Workshops befinden, reicht bis in den Hintergrund des Raumes, wo eine Couch und mehrere Sessel locker plaziert sind. Dort befindet sich auch eine Kaffeemaschine, ein Regal mit Geschirr, verschiedene Grünpflanzen. „Rauchen verboten!", droht es da von einem Schild herab. Im Vorderteil des Raumes, also gleich neben der Tür, sind einige Büronischen eingerichtet. Der Blick dorthin ist mit Spanischen Wänden verstellt.

Der große Belegungsplan an einer der Bürowände zeigt an, daß das Schreibzentrum ständig in Benutzung ist: Reguläre Kurse am Vormittag und Nachmittag, individuelle Beratungsstunden über die Mittagszeit und am späten Nachmittag, am Abend Workshops und Lesungen. In den Zwischenzeiten und vor allem während der offiziellen Schulpausen treffen sich SchülerInnen und LehrerInnen, um zu schwatzen, Texte zu diskutieren, Kaffee zu trinken, einen Blick in eine literarische Zeitschrift zu werfen...

Ich meine, daß für eine europäische Adaption des amerikanischen *writing center*[1] die folgende **Grundstruktur** brauchbar wäre:[2]

schulintern:
1. Konsultationsservice,
2. Semesterkurse,

öffentlich:
1. Fortbildungen für LehrerInnen und SchreibassistentInnen (nicht nur der eigenen Einrichtung),
2. Workshops für Interessengruppen,
3. Lesungen.

Ohne Konsultationsservice läuft auch in den USA nichts, was nicht heißt, daß Hausarbeiten usw. abgegeben und am nächsten Tag korrigiert wieder abgeholt werden können. Wer die *Schnelle Hilfe* in Anspruch nehmen möchte, muß mit einer klaren Vorstellung vom jeweiligen Problem kommen und von der Art der Unterstützung, die er/sie sucht. Stellt sich beim ersten Treffen heraus, daß die Schwierigkeiten tiefgründigerer Natur sind, wird die Einzelkonsultation wiederholt – wie oft, das entscheiden Tutor und Tutee gemeinsam. Fehlen komplexere Kenntnisse oder ganze Fertigkeiten schriftlichen Arbeitens, wird den Betroffenen die Teilnahme an einem der regulären Semesterkurse vorgeschlagen.

Ziel eines Schreibzentrums muß es in jedem der angedeuteten Fälle sein, die Gesamtheit des Schreibens – seine individuelle *und* soziale Ausprägung – im Blick zu behalten und so zur Persönlichkeitsentwicklung des/der Schreibenden beitragen zu helfen, anstatt Schreibprobleme zu *be*handeln wie Krankheitssymptome. Dementsprechend stehen selbst in der *Schnellen Hilfe* Lesen, Sprechen und aktives Hören genausogut im Mittelpunkt wie die eigentliche Arbeit am Text: Die SchülerInnen und StudentInnen sind aufgefordert, die Bewältigung ihrer Schwierigkeiten auf umfassende Weise in die eigenen Hände zu nehmen.

Für die oben aufgelisteten Kurse wie für die Fortbildungsangebote gilt bei aller Spezialisierung der jeweiligen Treffen die grundlegende Orientierung auf den crosscurricularen Aspekt des Schreibens. Die Unterstützung im Schreiben auf Deutsch als Zweit- oder Fremdsprache ist ein weiterer wichtiger inhaltlicher Aufgabenschwerpunkt des Zentrums, wobei natürlich der Bedarf der jeweiligen Schule oder Universität letztlich den Umfang nicht nur dieser Aufgabe stark beeinflussen. Das öffentliche Veranstaltungsangebot ist abhängig vom unmittelbaren sozialen Umfeld der Bildungseinrichtung (Stichwort: Stadtteilkulturarbeit). Einige inhaltliche Orientierungen für solche schulexternen Workshops oder Kurse: interkulturelle Vermittlungsarbeit, sozialpädagogisches Engagement mit Randgruppen, therapeutische Selbsterfahrung, künstlerisch-literarische Förderung, etc.[3]

Ebenso wichtig – wenn nicht gar grundlegender Art – erscheint mir die Existenz von Arbeitsbeziehungen mit anderen Bildungsträgern verschiedener Ausbildungsebenen. Schulische Schreibzentren können gemeinsame Arbeitsprojekte zu schreibmethodischen oder -pädagogischen Aspekten ins Leben rufen und sich um wachsenden Einfluß auf die Weiterentwicklung von Curricula, Fortbildungsformen und Lehrmaterialien bemühen. *Team teaching* von SchreibberaterInnen und FachlehrerInnen befördert den crosscurricularen Charakter des Schreibens und Interdisziplinarität. Schulische und universitäre Schreibzentren profitieren von einer Zusammenarbeit, bei der u.a. StudentInnen als BeraterInnen im schulischen Schreibzentrum tätig sind bzw. SchülerInnen an speziellen Interessengruppen der universitären Einrichtung teilnehmen.

Ideen für ein Schreibzentrum

- *Gehen Sie vom konkreten Beispiel Ihrer Bezugsschule aus, und überlegen Sie, welche verwaltungstechnische Position ein Schreibzentrum innerhalb der bestehenden Schulstruktur einnehmen könnte: Sollte es zum Beispiel dem Bereich der Deutschausbildung angeschlossen sein oder vielleicht selbständig operieren? Aus welchen Fachbereichen würden Leiterin und eventuelle MitarbeiterInnen kommen? Wer betriebe die Ausbildung der TutorInnen?*
- *Entwerfen Sie anhand meines Beispiels das Bild eines universitären Schreibzentrums. Überlegen Sie auch hier die verwaltungstechnischen Konsequenzen.*
- *Welche konkreten Schritte könnten Sie unternehmen, um die Einrichtung eines Schreibzentrums an Ihrer Schule/Universität zu befördern?*

Die Etablierung von schulischen und universitären Schreibzentren kann in den USA bereits auf eine jahrzehntelange Geschichte zurückblicken. Schreibzentren gibt es seit den dreißiger Jahren als Teil der Hochschulstruktur, und sie haben sich seitdem vielfach verändert.[4] Zu Beginn noch vollständig auf direkte Textverbesserung orientiert, ist das Erscheinungsbild dieser frühen Zentren von standardisierten Fehleranalysen, Übungs- und Testreihen geprägt. Damals übliche Bezeichnungen wie *grammar and drill center, fix-it shop* oder *first aid station*[5] kennzeichnen den historischen Charakter dieser Einrichtung zur Genüge. Im Zuge des Paradigmawechsels vom produkt- zum prozeßorientierten Schreiben auf dem Gebiet des *Composition Studies* hat sich auch in der Theorie und Praxis der Schreibzentren viel bewegt. Zwei Entwicklungsstadien sind zu beobachten, die parallel zu den Veränderungen in *Composition und English Studies* verlaufen.[6] In den siebziger und achtziger Jahren verschiebt sich die Aufmerksamkeit vom Text zum schreibenden Individuum. *Writing Centers* sehen ihre Hauptaufgabe nunmehr in der komplexeren *Ausbildung* Schreibender (Langfristigkeit), weniger in der Produktion anspruchsvoller Texte (Kurzfristigkeit). Seit dem Ende der achtziger Jahre wird das schreibende Individuum stärker in seinen sozialen und kulturellen Kontexten betrachtet. Die Schreibausbildung schwenkt ihren Fokus von Einzel- auf Zusammenarbeit – die Kollaboration (*collaboration*) mit anderen Lernenden/Lehrenden, welche gleichzeitig verschiedene Teile von Gesellschaft und Kultur (*discourse communities*) repräsentieren und zur produktiven Auseinandersetzung mit ihnen auffordern.

Die grundsätzliche Neubewertung des Arbeitsgegenstandes *Schreiben* ermöglichte dem Schreibzentrum im Verlaufe des letzten Jahrzehnts die Ausprägung eines spezifischen Profils. Das gelang meines Erachtens vor allem seit der Aufnahme schreib*pädagogischer* Aspekte in die Agenda der Institution: Wie oben bereits angedeutet, in den siebziger und achtziger Jahren zur Einzelarbeit, später zur Partner- bzw. Gruppenarbeit. Auch auf inhaltlicher Ebene ist ein gravierender Einschnitt zu verzeichnen. Während Fachausbildung und Schreibzentrum lange Zeit formal völlig voneinander getrennt waren – die einen instruierten, die anderen halfen (aus), – wird nunmehr Zusammenarbeit angestrebt, um endlich jener Erkenntnis praktisch Rechnung zu tragen, daß Schreibenlernen nicht außerhalb von Sprach- und Literaturkursen aufhört oder mit einer bestimmten Anzahl absolvierter Kurse als abgegolten gelten kann.

Mit der Öffnung des Schreibzentrums für Einflüsse des *Writing Across the Curriculum* und des *National Writing Project*[7] wurde interdisziplinäre Arbeit praktisch möglich, woraus sich nicht zuletzt eine Rolle als geistiges Zentrum schulischen und universitären Lebens entwickelte. Die gewachsene institutionelle Bedeutsamkeit des Schreibzentrums hat eine stärkere akademische Anerkennung seiner MitarbeiterInnen zur Folge. Inzwischen werden LeiterInnen universitärer Schreibzentren auch als ProfessorInnen berufen. Das heißt aber nicht, daß der Integrationsprozeß des Schreibzentrums abgeschlossen ist. Immer wieder wird versucht, das Schreibzentrum ausschließlich für die Förderung leistungsschwacher StudentInnen verantwortlich zu machen und das besondere interdisziplinäre Profil der Einrichtung zu nivellieren. Regelmäßig melden sich Stimmen Betroffener, die ihre Besorgnis über fehlende finanzielle Gleichberechtigung im Vergleich mit regulären Departments laut werden lassen, eine besonders hohe Prozentzahl von Teilzeitstellen im *writing center* oder verdeckte akademische Mißachtung von MitarbeiterInnen, vor allem innerhalb von *composition* und *English studies,* einklagen.[8] Besonders brisant ist in diesem Zusammenhang die politische Stellung des Schreibzentrums in der Universität. Mit dem Vorteil ausgerüstet, sich außerhalb Department-interner Traditionslinien, Hierarchien und Machtkämpfen zu befinden, ist es nicht selten der Ort, von dem kontroverse Positionen gegen kritikbedürftige Campus-Politik ausgehen. Mit dem zentralen Anspruch, Begegnungen zwischen StudentIn und BeraterIn herbeizuführen, die non-hierarchisch, kooperativ und interaktiv sind, sich auf die Erfahrungen der Lernenden gründen und Kenntnisse gemeinsam strukturieren anstatt übertragen,[9] hat die Zukunft des *writing centers* als kritische Stimme konventioneller Bildungssysteme schon seit geraumer Zeit begonnen.

Es ist nicht anzunehmen, daß Bildungseinrichtungen konventionellen Zuschnitts in Europa es mit der Einrichtung von Schreibzentren sonderlich eilig haben werden, es sei denn als *grammar and drill center, fix-it shop* oder *first aid station*. Andere, weitsichtigere Schulen und Universitäten werden solcheart Umschlagplätze für Wissen, Methoden*recycling* und nicht zuletzt für die Vertiefung zwischenmenschlicher Beziehungen bzw. emotionales *recharge* schneller zu fördern bereit sein. Einige wenige, die Universität Bielefeld zum Beispiel, haben bereits damit begonnen.

Das Schreiblabor als „Beratungs- und Weiterbildungsstelle für wissenschaftliches Schreiben"[10] organisiert Einzelberatungen für Blockadenüberwindung, Gruppenveranstaltungen zum Workshoppen von Texten und Seminare in Sachen Fertigkeitsvermittlung. Von den MitarbeiterInnen des Labors werden außerdem Forschungen zur Typisierung von studentischen Schreibproblemen und deren Bekämpfung betrieben.

Daß o.g. Forschungsziel nicht damit zu verwechseln ist, die individuellen Unterschiede Schreibender und ihrer Arbeitsprozesse zu nivellieren, geht aus den methodisch-didaktischen Bemerkungen Gabriele Ruhmanns zum Beratungsgespräch hervor. Hauptanliegen dessen sei es, die Betroffenen *erleben* zu lassen, daß Schreibprobleme komplexer Natur sind und ihr Erscheinen auf dem Papier (oder eben auch in Form des leeren Blatts) lediglich einen Aspekt davon repräsentiert.[11] Schreibberatung werde deswegen oft auch zur Besprechung von grundsätzlichen Fragen der Arbeits- und Studienplanung, vermerkt Ruhmann. Den BeraterInnen gehe es darum, Mut zu machen für das Gespräch mit dem Professor über unklare Aufgabenstellungen oder Erwartungen, zu motivieren für den Start der ewig aufgeschobenen Hausarbeit oder beim Herunterschrauben eigener Maßstäbe auf ein verträgliches und vor allem effektives

Niveau zu helfen. Ein weiterer Schwerpunkt der Beratung ziele nach Ruhmann darauf ab, gemeinsam mit den Ratsuchenden allgemeine Arbeits- und Lernstrategien auf die jeweilige Situation und Person anzuwenden: Was ist das rechte Maß an Identifikation mit dem Schreibprojekt, und wie finde ich es? Wie generiere ich Ideen dafür, und wie stoße ich zum Kern dieser Ideen vor? Wobei hilft mir Mündlichkeit? Wobei Schriftlichkeit? Für wen versuche ich eigentlich zu schreiben? Welchen Ton erfordert diese angezielte Leserschaft?[12] Wichtig ist meines Erachtens, daß die Besucher von Beratungsgesprächen das Schreibzentrum mit der Einsicht verlassen, daß sie die vor ihnen liegende Arbeit schaffen können – nicht auf einmal und im ersten Anlauf, sondern in einem längerfristigen Prozeß, der Versuch und Irrtum als legitime Bestandteile des Lernens einschließt.

Dieses Ziel zu erreichen, verlange nicht viel – und doch sehr viel – von den BeraterInnen, so Stephen North, Autor eines der Schlüsselaufsätze in der Disziplingeschichte des *writing centers*.[13] Was sie können müssen, so meine Zusammenfassung, ist a) *Erzählen* – über ihre eigene Schreibarbeit, b) *Initiieren* – so daß auch der Ratsuchende über sich erzählt; c) *Zuhören*. Auch North weist deutlich darauf hin, daß es also nicht Anliegen ist, einen mitgebrachten Text durchzusehen und Korrekturen vorzunehmen bzw. Veränderungen vorzuschlagen, sondern mit den Schreibenden zu *kommunizieren*[14] Dafür muß der/die BeraterIn vor allem *warten* können: darauf zu erfahren, in welcher Situation der/die Schreibende sich befindet. Die Ratsuchenden sollen von dort abgeholt werden, wo sie stehengeblieben sind. Auf der Grundlage ihrer eigenen Impulse werden Ort und Richtung zeitlich begrenzten Zusammenarbeit bestimmt, damit letztlich auf eigenen Füßen weitergegangen werden kann.

Auf dieser gemeinsamen Wegbestimmung ergibt sich für die Beraterin ein tiefer Einblick in die Lehrer-Lerner-Beziehung, aus welcher der/die Schreibende Aufgabenstellungen oder fertige (manchmal schon zensierte) Texte mitbringt. Hier sollte sich in keinem Falle bewertungsmäßig festgelegt werden (Zensur), aber auch verbale Urteile bzw. Vergleiche von Instruktions- und Bewertungsstilen sind nicht angebracht. All dies erübrigt sich, solange das Beratungsgespräch seinem Fokus an der Person der Schreibenden selbst treu bleibt.[15]

Daß BeraterInnen im Schreibzentrum durchaus Lernende, also TutorInnen sein können, hatte ich bereits einmal angedeutet. Inzwischen ist dies in den USA fast immer der Fall, und Kenneth A. Bruffee, ein anderer Schlüsselautor für die theoretische Diskussion der *writing centers*, faßt die Vorzüge der Schreibberatung von KommilitonInnen oder MitschülerInnen treffend wie folgt zusammen:[16]

Allgemeine Vorteile von Tutorien

- *Tutorien sind eine ideale Form für kollaboratives Lernen.*
- *TutorInnen sind für viele Schreibende die erste reale Leserschaft.*
- *Tutorien stehen außerhalb des Hierarchiegefüges institutionalisierter Bildung.*
- *TutorInnen eröffnen neue Blickwinkel auf den Inhalt von Seminaren und Klassen.*

Ich persönlich sehe den grundsätzlichen Vorzug der Beratung durch TutorInnen in der Chance, kollaboratives Arbeiten zu erleben – und zwar in einem Maße, das innerhalb konventioneller Unterrichtsstrukturen schwerlich zu erreichen ist. Hier wird Wissen weniger von einem Niveau zum anderen transformiert als vielmehr gemeinsam konstruiert: die eine Seite (TutorIn) stellt Kenntnisse zum akademischen Schreiben zur Verfügung, die andere Seite (Tutee) bringt den Fachkontext der Schreibaufgabe ein.

Inzwischen haben sich zwei Grundformen dieses kollaborativen Lernens herausgebildet:

Grundformen Tutorien: Vor- und Nachteile

a) Tutorien im Schreibzentrum: Die StudentInnen arrangieren selbständig Treffen mit der Tutorin;
b) Tutorien im Lehrfach: Ein Sitzungsplan verpflichtet die StudentInnen zur Zusammenarbeit mit dem Tutor.[17]

Die Vor- und Nachteile liegen klar auf der Hand:
a)
- Lernerautonomie vs. Gefahr des Mißbrauchs von Tutorien als Notbremse;
- Lebensnähe vs. geringe Kontrollierbarkeit durch die Institution;
- Flexibilität für Lerner vs. Unberechenbarkeit für die Institution

b)
- gezielter Einsatz der Tutorien vs. Fremdsteuerung von Lernprozessen;
- jeder Lerner erlebt kollaboratives Arbeiten vs. Zwangsverpflichtung;
- enger Kontakt zwischen Tutorin und Lehrkraft vs. Übernahme hierarchischer Strukturen durch die Tutorien

Der zuletzt genannte Nachteil von Lehrfachtutorien ist für mich ein entscheidender. Die Gefahr, daß TutorInnen sowohl Inhalt als auch Form des Verhältnisses mit der jeweiligen Lehrkraft im Treffen mit ihren PartnerInnen kopieren, ist nicht zu unterschätzen. Analysen von Sitzungsverläufen haben inzwischen erwiesen, daß es StudentInnen in Lehrfachtutorien wesentlich schwerer fällt, die ihnen vertraute kenntnisbasierte Hierarchie des Unterrichts zu verlassen, was nicht zuletzt auch die Atmosphäre gegenseitigen Vertrauens und Respekts negativ beeinflußt.[18]

Ich möchte den abschließenden Teil des Kapitels dem Verhältnis von SchreibendeR und BeraterIn widmen. Für die Lektüre schlage ich vor, die Kapitel 10 (Schreiben 'mit' und 'ohne') und 13 (Workshop und Schreibgruppe) als Kontext im Auge zu behalten, weil viele der dort besprochenen Teilaspekte auch auf das Verhältnis SchreibendeR und BeraterIn zutreffen, aber hier oftmals nicht noch einmal näher erläutert, sondern nur praktiziert werden.

Wie bereits angedeutet, können (Deutschlehrer-)StudentInnen als SchreibberaterInnen eingesetzt werden, aber auch SchülerInnen höherer Klassenstufen. Ein Hauptvorteil einer solchen Konstellation besteht wohl darin, daß beide Seiten schneller bereit sind, einander als Gleichgesinnte (*peers*) anzunehmen. Der Wegfall der herkömmlichen Lehrer-Schüler-Hierarchie innerhalb des Settings einer Bildungsinstitution erzeugt jedoch ein Vakuum, das zu Beginn der Beziehung aufgefüllt werden muß: Um effektiv miteinander arbeiten zu können, müssen beide Seiten genau wissen, was sie voneinander zu erwarten haben. Eine solche Situation läßt sich recht günstig bewältigen, wenn sich vorerst den Gemeinsamkeiten zugewandt wird.

Wie bereits im 2. Kapitel dargelegt, besteht eine grundsätzliche Gemeinsamkeit aller Schreibenden im Besitz einer Tätigkeitsbiographie. Angesichts des geringeren Altersunterschieds sollten diese Biographien auch in sich selbst genügend gegenseitig bekannte Anknüpfungspunkte aufweisen. Eine solche Vorbereitungsarbeit finde ich in jedem Beratungsfall nützlich, signalisiert sie doch nicht zuletzt die Aufmerksamkeit der Tutorin für das *schreibend lernende* Subjekt („Du kommst zu mir als *Person*."), das erst in zweiter Linie als die Verfasserin eines zu besprechenden Texts wahrgenommen wird. Aufgaben wie ich sie im 1. Kapitel zur Vorstellung des Schreibens[19] bzw. im 2. Kapitel zum Aufschließen der Schreiber-Biographie[20] vorgeschlagen habe, können so adaptiert werden, daß sie nur wenige Minuten in Anspruch nehmen. Selbst in dieser Kürze verfehlen sie ihren Zweck nicht, dem/der Betroffenen klarzumachen, in welcher Eigenschaft/Rolle er/sie in das Schreibzentrum gekommen ist. Die Beantwortung der Fragen *Was heißt Schreiben (für mich persönlich)?* und *Wer schreibt?* hat erfahrungsgemäß eine stärkere Konzentration der Beteiligten und damit höhere Effizienz des Treffens zum Ergebnis. Vor allem für die Anfangsphase setze ich voraus, daß alle Schreibübungen gemeinsam absolviert und auch die Ergebnisse einander vorgestellt werden.

Was heißt für mich *Schreiben*?[21]

Lesen Sie die folgenden Aussagen, und markieren Sie mit zwei verschiedenen Farben, welche Statements Sie für richtig oder falsch halten. Markieren Sie all jene Aussagen extra mit einem Stern, die Sie für sich selbst für besonders wichtig halten.

- Schreiben ist eine Kommunikationsform.
- Schreiben ist permanent, Sprechen ist kurzfristig.
- Schreiben ist Sprechen plus Handbewegung plus Orthographie und Grammatik.
- Schreibende sind besondere Menschen.
- Die meisten der großen AutorInnen arbeiten allein.
- Literarisches Schreiben kann weder gelehrt noch gelernt werden.
- Schreiben wird durch Instruktion gelernt.
- Schreiben wird durch schreiben gelernt.
- Literarisches Schreiben ist die schwierigste Art des Schreibens.
- Um schreiben zu können, braucht es eine Idee.
- Schreiben soll einfach sein.
- Schreiben soll beim ersten Anlauf klappen.
- Wenn sich Überarbeitung nötig macht, ist das ein Zeichen für eine unreife Idee.
- Schreiben ist eine sitzende Tätigkeit.
- Schreiben ist eine stille Tätigkeit.
- Schreiben ist eine einsame Tätigkeit.
- Schreiben ist eine ordentliche Tätigkeit.
- Schreiben ist dasselbe für jedeN.

Nehmen Sie eine der von Ihnen als besonders wichtig gekennzeichneten Aussagen (z.B. „Schreiben ist eine einsame Tätigkeit."), und legen Sie eine Liste mit Begründungen für die Richtigkeit dieser Aussage an.
Legen Sie nun eine Liste mit Begründungen für die Richtigkeit der gegensätzlichen Aussage (z.B. „Schreiben ist keine einsame Tätigkeit.") an.

Unsere Vorstellung vom Schreiben beeinflußt ohne Zweifel die Art und Weise unseres Tuns bzw. das Resultat unseres Handelns. Wenn Sie zum Beispiel annehmen, Schreibarbeit kann nur in Stille zu akzeptabler Qualität führen, Sie aber müssen ständig unter Lärmstörungen produzieren, dann kann dies u.U. von vornherein einer Selbstlimitierung Ihrer Möglichkeiten gleichkommen. Im folgenden soll deswegen das Infragestellen solcher Vorurteile geübt werden.

AutorInnendiskussion (I)

1. Schreiben Sie zu all den von Ihnen als besonders wichtig gekennzeichneten Aussagen einige Begründungen.
2. Formulieren Sie diese Begründungen zu Fragen um, die Sie dann im Gespräch Ihrer Partnerin stellen.
3. Welche Gemeinsamkeiten und Unterschiede zeigen sich? Wie beeinflussen sie Ihre eigenen Überlegungen zum Schreiben? Fassen Sie kurz zusammen.
4. Ergänzen Sie nun die vorgegebene Liste der Tätigkeitsbeschreibungen, falls Ihnen noch andere Aspekte wichtig sind.

Was empfinde ich gegenüber dem Schreiben?

Noch einmal: Lesen Sie die folgenden Aussagen, und markieren Sie mit zwei verschiedenen Farben, welche Statements Sie für richtig oder falsch halten. Markieren Sie all jene Aussagen extra mit einem Stern, die Sie für sich selbst für besonders wichtig halten.

- Ich versuche, Schreiben zu vermeiden.
- Ich freue mich darauf, meine Ideen schriftlich festzuhalten.
- Ich habe Angst, zur Konsultation ins Schreibzentrum zu kommen.
- Es macht mir Spaß, meine Arbeit Anderen vorzustellen.
- Ich weiß nicht, womit ich anfangen soll, wenn ich vor einem leeren Blatt sitze.
- Ich würde gern eine berühmte Autorin sein.
- Ich mag es, meine Ideen beim Schreiben zu entwickeln.
- Ich fühle mich sicher, mich schriftlich zu artikulieren.
- Ich mag es, wenn meine Freunde meine Texte lesen.
- Ich fühle mich nervös, wenn ich schreiben muß.
- Es scheint den Leuten zu gefallen, was ich schreibe.
- Schreiben macht mir Spaß.
- Es scheint mir nie zu gelingen, meine Ideen verständlich aufzuschreiben.
- Ich mache mir Sorgen um meine Schreibleistungen, noch bevor ich überhaupt zu schreiben begonnen habe.
- Wenn ich eine schriftliche Arbeit einreiche, denke ich immer, daß ich nicht gut genug war.
- Es ist einfach für mich, gut zu schreiben.
- Ich glaube nicht, daß ich so gut schreiben kann wie die meisten Leute, die ich kenne.
- Ich mag es nicht, wenn das, was ich geschrieben habe, beurteilt wird.
- Es macht mir Spaß, meine Texte mit anderen zu diskutieren.

AutorInnendiskussion (II)

1. Nehmen Sie eine (oder mehrere) der von Ihnen als besonders wichtig gekennzeichneten Aussagen, und erzählen Sie Ihrer Parterin eine Episode aus Ihrer eigene Schreibbiographie, welche die Wichtigkeit dieser Aussage für Sie näher erklärt.
2. Hören Sie ähnliche Episoden von Ihrer Partnerin, und befragen Sie sich gegenseitig, um mehr Details zu den Episoden herauszufinden.
3. Der Exkurs könnte mit der Anregung zum Formulieren einer Analogie abgeschlossen werden: „Schreiben ist wie...."

Gemeinsame Arbeit braucht gegenseitiges Vertrauen, das sich besonders günstig durch die klare Markierung von Verantwortungsbereichen zu entwickeln beginnt. Die einleitenden Schreibübungen bringen die Problemlage des/der Ratsuchenden zumeist rasch zum Vorschein, worauf vereinbart werden kann, wer welche Beiträge zur Überwindung vorhandener Schwierigkeiten übernimmt. Diese Angaben sollten so konkret wie möglich formuliert und u.U. auch terminlich fixiert werden. Hier entsteht sozusagen ein Vertrag (welcher durchaus als solcher aufgesetzt werden kann), der beide Beteiligten als PartnerInnen anerkennt.

Da sich beide Seiten bei einer Schreibberatung auf eine intensive zwischenmenschliche Beziehung einlassen, müssen neben inhaltlicher Verantwortlichkeit auch allgemeine Vereinbarungen im Umgang miteinander getroffen werden. Dabei treten auch hier wiederum die spezifischen Verantwortungsbereiche von Beraterin und Ratsuchendem deutlich hervor. Ich verweise dafür auf die Grundlagen der Humanistischen Psychologie und hier speziell auf die von Carl und Natalie Rogers erarbeiteten Aspekte personenzentrierten Lehrens.[22] Als konkrete Vorgabe für einen Vertrag zwischen Schreibassistentin und Student möchte ich den Wortlaut des **Credos lernerzentrierten Beratens** hier noch einmal zitieren:[23]

1. Mir ist bewußt, daß Lernen eine Reise in unbekanntes Territorium bedeutet und somit Überwindung und Risikobereitschaft erfordert.
2. Ich werde für Sie als Lernende/Reisende dasein, aber mich nicht aufdrängen.
3. Ich habe Vertrauen, daß Sie wissen, was Sie für Ihr Wohlbefinden auf dieser Reise benötigen.
4. Ich weiß außerdem, daß Sie sich in der Gruppe gegenseitig unterstützen werden.
5. Ich werde Sie und Ihre Entscheidungen jederzeit respektieren.
6. Ich werde Ihre Gedanken und Gefühle, Kenntnisse und Erfahrungen manchmal mit meinen eigenen Positionen konfrontieren, aber seien Sie sich stets meines tiefsten Respekts vor Ihnen und Ihren Postionen bewußt.
7. Manchmal werde ich Ihnen zu Ihren Positionen meine Meinung mitteilen, aber nur dann, wenn ich mir sicher bin, daß Ihnen meine Position auf Ihrer Reise weiterhilft.
8. Ich werde Sie manchmal ermutigen, auf Ihrer Reise neue Wege auszuprobieren, aber ich werde Sie nie dazu drängen.
9. Ich werde Ihnen mitteilen, was für mein Leben bedeutsam ist, damit Sie die wesentlichen Gründe für mein Denken, Fühlen und Handeln kennenlernen.
10. Ich bin jederzeit dafür offen, von Ihnen zu lernen.
11. Ich bin mir bewußt, daß ich Fehler mache. In solchen Momenten werde ich Ihnen dies mitteilen und mich für meine Fehler entschuldigen.

Mir scheint es wichtig, daß nach der Festlegung des gemeinsamen Handlungsraumes Handlungsrichtung und -motivation der kommenden Anstrengungen noch einmal verdeutlicht werden. Dazu eignet sich meiner Erfahrung nach ein antizipatorischer Blick in die Zukunft, der sprachlich fiktiv umgesetzt wird:

Wohin möchte ich als SchreibendeR?

1. *Stellen Sie sich vor, Sie begegnen Ihrem Idealbild eines/einer Schreibenden. Es stellt sich heraus, daß sich diese Person zur Erfüllung Ihrer Schreibwünsche zur Verfügung stellt.*
2. *Geben Sie zuerst das Äußere dieses Menschen wieder.*
3. *In welche Umgebung plazieren Sie die Person, damit sie Ihre Schreibwünsche auch bestens erfüllen kann?*
4. *Sie haben nun drei Wünsche offen. Die Idealfigur schreibt für Sie a) über ein Thema Ihrer Wahl ; b) in einem von Ihnen bestimmten Genre/einer bestimmten Form; c) für eine von Ihnen festgelegten Leserschaft.*
5. *Erlauben Sie ihrem Gegenüber, daß es Ihnen zur eigenen Vorbereitung detaillierte Fragen zu den drei Rubriken stellt. Halten Sie das Gespräch als Interview fest.*
6. *Fragen Sie Ihr Gegenüber, ob er/sie eventuell andere Personen in den Schreibprozeß einbeziehen möchte. Machen Sie eine Liste der genannten AnsprechpartnerInnen (Name oder kurze Personenbeschreibung).*
7. *Was könnte Ihr Idealbild geschrieben haben? Wie würde es sich von dem unterscheiden, was und wie Sie schreiben?*

Für den weiteren Verlauf der Sitzung(en) sollten die folgenden **inhaltlichen Schwerpunkte** im Auge behalten werden:

- Wege zum Freilegen von Mitteilungsbedürfnissen;
- Schreibanregungen: vom Mitteilungsbedürfnis zum Schreibanlaß;
- Strategien, Methoden und Techniken des Schreibens;
- Formen der Textarbeit;
- Möglichkeiten der Reflexion.

Einige abschließende Bemerkungen zur Vorbereitung von TutorInnen auf ihre Beratungstätigkeit. Grundsätzlich sollte Beratungstätigkeit im Schreibzentrum nicht als Begleitbedingung für einen speziellen Ausbildungsteil/ein Unterrichtsfach definiert werden. Sicherlich ist es sinnvoll, Schreibtutorien zur Vemittlung pädagogischer Praxis einzusetzen, sie sollten jedoch stets *eine* Möglichkeit von vielen sein. Ich bin fest davon überzeugt, daß die Spezifik dieser Aufgabe Freiwilligkeit in ihrer Erfüllung erfordert.

TutorInnen sollten Schreiben als Prozeß und Medium für cross-curriculares Lernen selbst auf vielfältige Weise erleben. Diese beiden Aspekte müssen permanenter Bestandteil eines fortlaufenden Trainings sein. TutorInnen sollten außerdem dazu angehalten werden, ihr eigenes Lernen als SchreibendeR *und* TutorIn regelmäßig zu reflektieren – in Journalen bzw. mündlichem Austausch mit anderen MitarbeiterInnen des Schreibzentrums. Das Führen von Portfolios schlage ich vor, um Hauptlinien in der eigenen Tätigkeit über einen längeren Zeitraum (und möglicherweise zu ausgewählten Aspekten) aufzuspüren. Sämtliche aufgelisteten Vorschläge benötigen ein stabiles Team im Schreibzentrum, das es dem/der einzelnen ermöglicht, Erfahrenes weiter zu verarbeiten. Auch wenn Schreibberatung nicht mit psychotherapeutischer Beratung verwechselt werden darf, so gibt es zweifelsohne Gemeinsamkeiten. Eine davon besteht darin, daß TutorInnen, auch wenn sie als PartnerInnen auftreten, sozusagen den „Platz halten" für das Treffen der beiden Personen. Dadurch werden sie zwangsläufig zum Auffangmedium verschiedenster Spannungen und Energien, welche individueller *und* gemeinsamer Abarbeitung bedürfen. Auch dafür sollten sich die Team-Mitglieder eines Schreibzentrums gegenseitig verantwortlich fühlen.

Weiterführende Lektüre

Karl-Dieter Bünting, Axel Bitterlich und Ulrike Pospiech, *Schreiben im Studium: ein Trainingsprogramm,* Berlin: Cornelsen Scriptor, 1996. Siehe vor allem den Beitrag von Gabriele Ruhmann zur Arbeit des Schreiblabors an der Universität Bielefeld.

Gudrun Spitta, *Schreibkonferenzen in Klasse 3 und 4. Ein Weg vom spontanen Schreiben zum bewußten Verfassen von Texten,* Bielefeld: Cornelson/Scriptor, 1992.

dies., „Schreibkonferenzen – ein Impuls verändert die Praxis", in: *Die Grundschulzeitschrift,* 61/1993.

The Writing Center Journal, hrgg. vom National Writing Centers Association und von der University of Minnesota (Anschrift: General College, 140 Appleby Hall, 128 Pleasant St. S.E., Minneapolis, MN 55455-0434).

Bishop, Wendy, *Working Words: The Process of Creative Writing,* Mountain View, CA: Mayfield, 1992.

dies. und Hans Ostrom (Hrsg.), *Colors of a Different Horse: Rethinking Creative Writing Theory and Pedagogy,* Urbana, IL: NCTE, 1994.

Murphy, Christina und Joe Law (Hrsg.), *Landmark Essays on Writing Centers,* Davis, CA: Hermagoras Press, 1995.

Anmerkungen

1 Vgl. zur Geschichte, Theorie und Praxis des *writing center* in den USA:
Christiana Murphy und Joe Law (Hrsg), *Landmark Essays on Writing Centers,* Davis, CA: Hermagoras Press, 1995, und Byron L. Stay, Christiana Murphy und Eric H. Hobson (Hrsg.), *Writing Center Perspectives,* Emmitsburg, MD: NWCA Press, 1995.
2 Vgl. dazu auch Bräuer (1996b). Ich habe dort die Arbeitsweisen der Schreibzentren an der University of Iowa (74 ff.) und der University of Arizona, Tucson (80 ff.) erläutert.
3 Ich verweise in diesem Zusammenhang noch einmal auf die von Koch (1989) herausgegebene wichtige Zusammenschau von Anregungen.
4 Inzwischen soll es an über 90% der US-amerikanischen Hochschulen Schreibzentren geben. Vgl. Donald E. Bushmann, „Past Accomplishments and Current Trends in Writing Center Research: A Bibliographic Essay", in: Ray Wallache und Jeanne Simpson (Hrsg.), *The Writing Center: New Directions,* New York: Garland, 1991, 27-37.
5 Stephen M. North, „The Idea of a Writing Center", in: Christiana Murphy und Joe Law (Hrsg), *Landmark Essays on Writing Centers,* Davis, CA: Hermagoras Press, 1995, 71-86.
6 Murphy und Law (1995), xii.
7 Vgl. Muriel Harris, „The Writing Center and Tutoring in WAC Programs", in: Susan H. McLeod und Margot Soven (Hrsg.), *Writing Across the Curriculum: A Guide to Developing Programs,* Newbury Park: Sage, 1992, 154-174.

8   Nancy Maloney Grimm, „Rearticulating the Work of the Writing Center", in: *College Composition and Communication,* Vol. 47, Nr. 4, Dezember 1996, 523-548, hier: 523 f.
9   Meg Woolbright, „The Politics of Tutoring: Feminism Within the Patriarchy", in: Christiana Murphy und Joe Law (Hrsg), *Landmark Essays on Writing Centers,* Davis, CA: Hermagoras Press, 1995, 227-240.
10 Gabriele Ruhmann, „Exkurs: Schreibblockaden und wie man sie überwindet", in: Karl-Dieter Bünting, *Schreiben im Studium: ein Trainingsprogramm,* Berlin: Cormelsen Scriptor, 1996, 108-119, hier: 108. Die Autorin merkt an, daß das Schreiblabor vom Ministerium für Wissenschaft und Forschung des Landes Nordrhein-Westfalen als eines der Schwerpunkte im Bereich der Studienreform gefördert wird. (108, Anm.1)
11 Ebenda, 109.
12 Ebenda, 115 ff.
13 North (1995a), 71-86.
14 Ebenda, 82.
15 In einem späteren Artikel diskutiert North die Verhältnisse zwischen TutorIn und AutorIn, LehrerIn und Institution. Vgl. ders., „Revisiting 'The Idea of a Writing Center'", in: *The Writing Center Journal,* Vol. 15, Nr. 1, Herbst 1995, 7-19.
16 Kenneth A. Bruffee, „Peer Tutoring and the 'Conversation of Mankind'", in: Christa Murphy und Joe Law, *Landmark Essays on Writing Centers,* Davis, CA: Hermagoras Press, 1995, 87-98. (meine Übersetzung und Zusammenfassung)
17 Vgl. Harvey Kail und John Trimbur, „The Politics of Peer Tutoring", in: ebenda, 203-210.
18 Vgl. Woolbright (1995), 227-240, für ein Sitzungsprotokoll siehe: 230 ff.
19 Um in einem ersten Treffen dem Ratsuchenden bei der Identifizierung des Speziellen am Schreiben zu helfen, schlage ich folgende Aufgaben vor: „Schreib- und Lesemotive", „Fragebogen: Schreibprozeß", „Analogien".
20 Für die Skizzierung der Schreiber-Biographie eignen sich die folgenden Aufgaben: „Noch einmal: Schreibmotivation", „drei Perspektiven zur Autobiographie als SchreibendeR"
21 Ich habe die folgenden Übungen von Bishop (1992), 5 ff. übernommen bzw. adaptiert.
22 Vgl. dazu auch noch einmal meine Ausführungen im 10. Kapitel, besonders die Rahmenbedingungen für kreativitätsstiftende Interaktion und die Prinzipien für personenzentriertes Lehren.
23 Vgl. 10. Kapitel zur Einbindung dieses Credos in die Humanistische Psychologie.

13. Kapitel: Workshop & Schreibgruppe

*Die Schreibwerkstatt ist weniger eine Institution
als eine bestimmte Atmosphäre;
sie ist weniger ein Ort
als eine gewisse Bewußtseinsverfassung,
ein geistiger und künstlerischer Zufluchtsort.*
Stephen Wilbers

Zusammenfassung

Es werden Vor- und Nachteile produktorientierter Workshoparbeit und prozeßorientierter Schreibgruppentätigkeit diskutiert, mit dem Ziel, ihre Verwendungszwecke zu spezifizieren bzw. beide Unterrichtsformen durch gegenseitige Einflußnahme weiterzuentwickeln. Anhand praktischer Beispiele und Aufgaben wird das Arbeiten in und mit Klein- bzw. Großgruppen antizipierbar.

Das Zitat aus Stephen Wilbers' aufschlußreicher Darstellung des *Iowa Writers' Workshop*[1] offenbart ein begriffliches Dilemma, welches seine Wurzeln in der Geschichte des US-amerikanischen Schreibens an den Universitäten hat. Diese begann Ende des 19. Jahrhunderts damit, daß im Literaturbetrieb anerkannte Autoren von Bildungseinrichtungen dafür bezahlt wurden, sich mit StudentInnen zu treffen und diese im Einlösen schriftstellerischer Interessen und oft auch beruflicher Ambitionen zu unterstützen. Damit wurde die Praxis der literarischen Salons und Gesellschaften des 18. und 19. Jahrhunderts – zusammenzukommen, Texte vorzulesen und zu kritisieren – institutionalisiert.

Inzwischen hat sich in den USA unter dem Dach von Schule und Universtät aus dem simplen Grundvorgehen ein Methoden- und Formenkatalog entwickelt, der im folgenden in seinen Hauptelementen, aber besonders in seinen pädagogischen Implikationen in einigen Teilen vorgestellt werden soll. Knapp zwanzig Jahre nach dem Erscheinen von Wilbers' Chronik des Iowa Writers' Workshop verkörpert der Werkstattbegriff neben Institution und geistig-emotionaler Einstellung Schreibender genausogut eine Lehr- und Lernmethode, die an Schule und Universität längst cross-curriculare Anerkennung gefunden hat.[2]

Meines Erachtens haben sich zwei Grundformen des Workshops als Arbeitsmethode herausgebildet: a) die traditionelle Schreibwerkstatt, wo Texte, die außerhalb der Workshopzeit entstehen, vorgestellt und diskutiert werden; b) die Schreibgruppe, wo einzeln und gemeinsam Texte produziert und vorgelesen, aber kaum weiter im Sinne herkömmlicher Textkritik diskutiert werden. Vereinfacht gesagt, ist die Tätigkeit in der Schreibwerkstatt produktorientiert: Angezielt wird ein fertiger Text in einer bestimmten Qualität. Die Tätigkeit in der Schreibgruppe ist dagegen prozeßorientiert: Im Mittelpunkt steht die ungehinderte Entäußerung von Mitteilungsbedürfnissen.

Besondere Potenzen für das Schreiben als Lernmedium sehe ich in der Kombination dieser beiden Grundideen: Der fördernde und fordernde Charakter von Gruppenarbeit sollte dafür genutzt werden, um Schreibende auf den Weg zu bringen, *ihre* Sprache zu finden und zu vertexten. Ich möchte dafür einige allgemeine Bedingungen näher beleuchten:

Allgemeine Voraussetzungen für Workshop-Arbeit

1. Einrichten von Gruppengrundstrukturen (Grenzen, Regeln, Vertrag, Rolle der Leiterin);
2. Schaffen einer kommunikativen Basis (Aufwärmphase, Einrichten eines Verständigungskodes: Kriterien der Textkritik);
3. Entwickeln eines Methodeninventars (verschiedene Formen von Einzel-, Paar- und Kleingruppenarbeit bzw. Großgruppentätigkeit).

In meiner Arbeit mit der britischen Gruppe *DUET, Developing University English Teaching*,[3] habe ich das Einrichten von *Grenzen* (*boundaries*) als eine Grundvoraussetzung für folgenreiche Gruppenarbeit begreifen gelernt. Mit dieser Erfahrung mußte ich meine Auffassung, größtmögliche Offenheit des Systems erbringe größtmögliches Ausmaß an persönlicher Freiheit und Kreativität, revidieren. Es ist das konkrete Wissen um die Grenzen, das individuelle Entfaltungsräume innerhalb einer Gruppe erst effektiv nutzbar werden läßt. Durch klare Absprachen von Verhaltensregeln werden die Wände des Containers *Gruppe* spürbar, in dem sich die einzelne geborgen fühlen kann. Die Beteiligten wissen außerdem, was sie von der Gruppe erwarten können. Sie kennen die Grundmechanismen der gemeinsamen Arbeit, und sie sind in der Lage, Gruppenmitglieder mit speziellen Funktionen für die Verwaltung des zeitlich begrenzten Zusammenlebens jederzeit eindeutig zu identifizieren. All diese Aspekte treten vor allem dann als wichtige Orientierungspunkte hervor, wenn unvorhersehbare Veränderungen in der Gruppendynamik auftreten.

Die wichtigste Konsequenz, die ich aus o.g. erwachsen sehe, ist die des Festlegens von *Grundregeln* im unmittelbaren Zusammenhang mit der Gruppenetablierung. Diese Regeln sollten vorgegeben (zum Beispiel von der Gruppen-Initiatorin, dem Lehrer etc.) oder im Verlaufe der ersten Sitzung gemeinsam entwickelt werden.

Grundregeln für den Workshop

- Grundablauf und zeitlicher Rahmen der Meetings,
- Teilnehmerliste und Bedingungen der Aufnahme bzw. des Ausscheidens von Personen,
- Pflichten und Rechte aller TeilnehmerInnen,
- Verteilung spezieller Aufgaben für die Aufrechterhaltung der Gruppe.

Pädagogisches Anliegen dieser Vorbereitung ist es, jeder Person den Akt des *Teilnehmens an einer Gruppe* bewußt zu machen, seine/ihre Verantwortlichkeit für sich selbst und die Gruppe zu verdeutlichen. Es geht sprichwörtlich darum, daß alle einen *Vertrag* mit sich selbst und der Gruppe unterzeichnen, der ihnen bei der zügigen Ausprägung eines Zugehörigkeitsgefühls zur und Identitätsgefühls in der Gruppe helfen soll. In der Praxis der Gruppenarbeit wird sich später die Tragfähigkeit der verfaßten Grundregeln erweisen, die niemals als Diktat, sondern stets als *Verhandlungsmaterial* betrachtet werden sollten.

Das Eintreten in eine Gruppe, auch wenn sich eigentlich alle Beteiligten in ein und derselben Lage befinden, stellt oft eine gewaltige Herausforderung für den einzelnen dar. In meinem Falle ist es die Ungewißheit der ersten Berührung mit fremden Menschen, die Angstgefühle auslöst. Manchmal kommt es mir zu Beginn vor, als unterhielten sich die Leute in einer mir unbekannten Sprache. Ich befürchte, von ihnen genauso wenig verstanden zu werden. Mein Körper verkrampft sich merklich, ich hebe die Schultern abwehrend hoch, ziehe den Bauch schützend ein und verschränke oft auch noch meine Arme als zusätzliche Barriere vor dem Körper. Ich spüre, wie mir die Luft knapp wird vom flachen Atmen, und manchmal stelle ich mir in solchen Momenten vor, wie tief ich nach dem Ende des Workshops meine wiedergewonnene Freiheit genießen werde.

Ich kenne auch das Gefühl, wenn sich derartige Ängste während der Gruppenarbeit nicht auflösen. Dann quäle ich mich durch den Workshop, dem ich ursprünglich erwartungsvoll entgegengesehen hatte. Ich ärgere mich über mein Unvermögen und gehe schließlich erschöpft und unzufrieden nach Hause. Was bleibt, ist ein Gefühl des Versagens und einer noch größer gewordenen Angst vor dem Fremden.

Daher ist es wichtig, daß solche Ängste deutlich adressiert werden, auch wenn sie sicherlich nicht bei jedem Teilnehmer zu erwarten sind. Eröffnungsrituale helfen dabei genausogut wie das Etablieren der bereits erwähnten Gruppengrundregeln. Sie schaffen Türen und Wände, an denen ein Entlangtasten, ein langsames Erkunden des neuen *Raumes* und, wenn nötig, Ein- und Aussteigen möglich werden. Dafür folgen nun einige Übungsvorschläge, die durchaus nicht in der vorgegebenen Reihenfolge und Vollständigkeit praktiziert werden müssen:

Workshop: Kennenlernen (I)

1. Gehen Sie im Raum umher, ohne die Anwesenden zu beachten. Betrachten und betasten Sie die darin befindlichen Einrichtungsgegenstände auf eine Weise, als hätten Sie zum Beispiel noch nie einen Stuhl oder einen Tisch gesehen. Spielen Sie mit den Gegenständen, bringen Sie diese in verschiedene Positionen, oder konstruieren Sie aus den Möbelstücken ein Gebilde.
2. Bemerken Sie nun die anwesenden Personen. Beobachten Sie diese unauffällig (hinter einer Zeitung hervor, von einer Zimmerecke aus etc.). Spielen Sie Detektiv. Finden Sie Details heraus: Bekleidung, Aussehen, Gesichtsausdruck.
3. Alle kommen jetzt im Zentrum des Raumes zusammen. Laufen Sie dort kreuz und quer durcheinander, ohne sich aber zu berühren. Schauen Sie den Leuten ins Gesicht, und bemühen Sie sich um einen kurzen Blickkontakt. Bauen Sie diese Kontakte nach einer Weile zu wortlosen Begrüßungen aus: hier ein flüchtiges Kopfnicken, da ein erstauntes Hochziehen der Augenbrauen.
4. Schütteln Sie nun so oft wie möglich fremde Hände zur Begrüßung. Versuchen Sie verschiedene Nuancen: zögerlich, stürmisch, ängstlich, herzlich, derb.
5. Kombinieren Sie die körperliche Kontaktaufnahme mit einer kurzen verbalen Begrüßung: „Guten Tag", „Na?", „Aha", „Was denn?", „Sie?".
6. Finden Sie einen Platz zum Schreiben. Entwerfen Sie ein Gedicht.[4] Benutzen Sie dafür den eigenen Namen für die erste und letzte Zeile und zwei Wörter für die drei Mittelzeilen, die jeweils mit dem Anfangsbuchstaben Ihres Vor- und Familiennamens beginnen:

GERD BRÄUER
GOOD BOY
GRÜNDLICHES BEDENKEN
GROSSER BLÖDSINN
GERD BRÄUER

Es können natürlich auch eigene Wortschöpfungen oder Nonsensewörter benutzt werden.
7. *Stellen Sie Ihr Gedicht, wenn Sie möchten, einer Partnerin vor.*

In der Begegnung mit dem Fremden hat *DUET* Probleme des Fehlkommunizierens und des Mißverstehens als zentral ermittelt und daher das Phänomen des *Übersetzens* (*translating*) in ein neues Licht gerückt. Übersetzt wird nach Susan Bassnett[5] nicht schlechthin die semantische Struktur einer Botschaft, sondern mit ihr kulturelle, historische und soziale Kontexte in einer Lesart, welche die jeweils übersetzende Person repräsentiert. Von einem solchen Blickwinkel betrachtet, bekommt Übersetzen demzufolge Anwendungsdimensionen, die weit über das ursprüngliche Übertragen von Texten von einer Sprache in die andere hinausreicht. Es findet überall dort statt, wo Bekanntes auf Unbekanntes stößt und aus dieser Begegnung Neues entsteht, dessen Licht selbst bisher Bekanntes auf andere Weise erscheinen läßt.

Workshop: Kennenlernen (II)

Die Gruppe wird geteilt. Beide Subgruppen erhalten den Text „Die ersten Menschen auf dem Merkur".[6] Die eine Hälfte bereitet den Text der Erdbewohner vor, die andere den der Lebewesen vom Merkur. Später wird die Begegnung als Szene improvisiert.

Die ersten Menschen auf dem Merkur

— Wir kommen vom Dritten Planeten, und wir kommen in Frieden. Würden Sie uns zu Ihrem Anführer bringen?
— BAWR STRETTER! BAWR. BAWR. STRETTERHAWL?
— Das ist ein kleines Plastikmodell vom Solarsystem mit beweglichen Teilen. Sie sind hier, und wir sind da. Und wir sind jetzt hier bei Ihnen. Ist das klar?
— GAWL HORROP. BAWR. ABAWRHANNAHANNA!
— Wo wir herkommen ist Blau und Weiß mit Braun. Verstehen Sie? Wir nennen das Braune hier 'Land', und das Blaue ist 'die See', und das Weiße sind 'Wolken' über dem Land und der See. Wir wohnen auf der Oberfläche des braunen Landes, ringsum sind See und Wolken. Wir sind 'Menschen'. Menschen kommen-
— GLAWP MENSCH! GAWRBENNER MENKO. MENSCHAWL?
— Menschen kommen in Frieden vom Dritten Planeten, den wir „Erde" nennen. Wir sind Erdenmenschen. Bringen Sie uns Erdenmenschen zu Ihrem Anführer.
— RDENMENSCHEN? RDENMENSCHEN? BAWR. BAWRHOSSOP. REMANFÜHRA TAN HANNA. HARRABOST REMANFÜHRA.
— Ich bin der Remanführa. Sehen Sie meine Hände? Wir tragen keine Waffhawl. Wir kommen in Frieden. Die Wege durch das Weltall sind alle stretterhawn.
— GLAWN FRIEDENMENSCHEN ALLE HORRABHANNA TANTKO! TAN KOMMEN ATMSTROSSOP. GLAWP REMANFÜHRA!

- Atome sind Friedensgawl in unseren harraban. Menschenbat worrabost vom tan hannahanna.
- IHR MENSCHEN WIR KENNEN BAWRHOSSOPTANT. BAWR. WIR KENNEN REMANFÜHRA. GEH SOFAWG ZURÜCKSPETTER SCHNELL.
- Wir könnbawr nicht zurückspetter jetzt!
- BANGAHPPER JETZT! JA, DRITTER PLANET ZURÜCK. REMANFÜHRA WIRD ZURÜCKGEHEN BLAU, WEISS, BRAUN. JETZHANNA! KEINE WIDERREDE.
- Gawl han fasthapper?
- NEIN. SIE MÜSSEN ZU IHREM PLANETEN ZURÜCKGEHEN. GEHEN SIE ZURÜCK IN FRIEDEN, UND NEHMEN SIE MIT, WAS SIE GEWONNEN HABEN, ABER SCHNELL.
- Stretterworra gawl, gawl...
- NA KLAR, ABER NICHTS BLEIBT DASSELBE. IST ES NICHT SO? SIE WERDEN SICH AN DEN MERKUR ERINNERN.

An dieser Stelle drängt sich mir die Frage auf, wozu wir eigentlich eine Gruppe brauchen. Könnte die Energie, die aufgebracht werden muß, um aktiver Teil einer Gruppe zu sein, nicht genausogut (oder vielleicht sogar besser) direkt in die Bewältigung der Probleme des Alleinschreibens gelenkt werden? Ich muß zugeben, auf den ersten Blick scheint eine Investition in die private Schaffenssphäre die effektivere. Daß der Schein trügt, wird bei der Auflistung der Vorteile des Arbeitens in und mit einer Gruppe schnell offensichtlich, was jedoch trotzdem nicht heißt, daß Gruppenschreiben für jedeN und jederzeit in Frage kommt.

Schreiben erhält eine weitere Dimension, wenn es im Spannungsfeld der Gruppe praktiziert wird. Es garantiert frühes Feedback, das, solange dieses emotional unterstützend bleibt, ein motivierendes Erleben des Schreibprozesses provoziert. Die Anwesenheit anderer forciert unmittelbare Schreibarbeit und hilft die Angst vor dem leeren Blatt abbauen. Schreibblöcke werden gemeinsam er- und durchlebt. Thematische und sprachliche Anregungen stehen auf der Tagesordnung. Durch direkte Aufeinanderfolge gemeinsamen Schreibens und Vorlesens – vor allem in der Aufwärmphase – wird der Schritt in die eigene Emotionalität als Schreibanregung nicht nur leichter, sondern es treten individuelle emotionale Verfassungen klarer hervor; diese werden dem einzelnen vor dem Hintergrund der anderen *Stimmen* in der Gruppe bewußter. Solcherart kontrastives Schreiben macht Kommunikationsbedürfnisse greifbarer und schlägt Themen zur weiteren Verwendung los; Themen, die beim Schreiben allein oft als tabu gelten und somit blockiert bleiben. Ich habe für diesen Aspekt bei Jürgen vom Scheidt ein wirkungsvolles Beispiel zum Gruppenschreiben gefunden.[7]

Schreiben in der Gruppe (I)

Alle TeilnehmerInnen sitzen im Kreis. Der/die LeiterIn lädt sie ein, ihre Augen zu schließen und sich in die folgende Meditation führen zu lassen:

Stellen Sie sich vor, Sie sitzen im Theater. Noch ist es dunkel. Dann wird es vorn langsam hell. Sie sehen dort die Bühne, auf der allmählich wie durch Zauberhand die Kulisse für ein Theaterstück auftaucht. Schauen Sie einfach auf die menschenleere Bühne und beobachten Sie, was dort geschieht. Wenn Sie fühlen, daß die Kulisse fertig ist, dann beschreiben Sie diese in den nächsten drei Minuten als cluster oder brainstorming.

Auf der Bühne tauchen jetzt Menschen auf, vielleicht auch Tiere oder andere Geschöpfe. Finden Sie heraus, wer oder was da erscheint, und machen Sie eine Liste. Benennen Sie diese Wesen nicht nur, sondern beschreiben Sie diese auch in den nächsten fünf Minuten.

Die Geschöpfe auf der Bühne tun etwas, sie kommunizieren vielleicht (verbal oder nonverbal) miteinander. Hören und sehen Sie zu, und schreiben Sie dann in den nächsten zehn Minuten auf, was Sie erfahren haben.

Die Vorteile einer Gruppe für das individuelle Schreiben sollten gerade in der Anfangsphase auch tatsächlich gemeinsam tätig erlebt werden. Hierfür ist das allseits bekannte Verfassen von Kettengeschichten ein wirkungsvolles Medium. Dafür gibt es zumindest zwei Varianten:

Schreiben mit der Gruppe (II)

Alle sitzen wiederum im Kreis. Eine Person beginnt mit einem Satz wie zum Beispiel: „Eines schönen Sommertages ging Peter in den Wald. Plötzlich..." Das Blatt Papier wandert nun von einer Person zur anderen, wobei die Limitierung auf nur einen Satz den Schreibfluß der Gruppe wesentlich befördert. Auch die Laufzeit der Geschichte sollte im Sinne eines frühen Produkt-Erlebnisses (Vorlesen!) kurz gehalten werden.

Für größere Gruppen gibt es eine weitere Hilfe: Um die Wartezeit bis zur nächsten aktiven Beteiligung zu verkürzen, sollten alle TeilnehmerInnen ihr eigenes Blatt Papier, allerdings mit ein und demselben ersten Satz (!), auf die Umlaufbahn schicken. Wenn es bei der Ausgangsperson wieder angekommen ist, schließt diese die Geschichte ab. Danach können die Texte in kleineren Gruppen einander vorgetragen werden.

Jürgen vom Scheidt definiert die Gruppe in der Rolle eines „Co-Autors" für jede einzelne Teilnehmerin und sieht dadurch eine Art Dreipol entstehen – TeilnehmerIn, Gruppe, LeiterIn – in dessen Spannungsfeld sich im Verlaufe der gemeinsamen Tätigkeit bestimmte Dynamiken aufladen, die das individuelle Schaffen in starkem Maße beeinflussen. In diesem Zusammenhang finde ich vom Scheidts Auffassung sehr treffend, daß in der Gruppe das *Schreiben* als Hauptthema entwickelt und verwaltet wird und alle eigentlichen Themen (im ursprünglichen Sinne) nur *Unter*themen, d.h. Medien sind, in denen sich Schreiben vergegenständlicht. Wovon Jürgen vom Scheidt hier spricht, ist meines Erachtens die *Praxis* des Theorems vom schreibenden Lernen.[8]

Wenn eine Gruppe Texte besprechen will, braucht sie Kriterien der Textkritik. Diese können, wie bei den grundlegenden Workshopregeln, von einer erfahreneren Person vorgegeben werden, jedoch mit dem Verweis auf ihren Materialcharakter. Im Verlaufe der Zusammenarbeit werden sich Erfahrungen ansammeln, die Modifizierungen herausfordern und möglicherweise gruppeneigene Kriterien entstehen lassen. Bei Don Mitchell vom Middlebury College habe ich folgende Verfahrensweise kennengelernt:

Töpfern: Kriterien für Textkritik finden

Zu Beginn des ersten Workshop-Treffens bekommt jede Teilnehmerin ein Stück Ton und die Aufgabe, daraus einen Topf zu formen. Danach werden einige Töpfe zur Diskussion gestellt. Michell gibt für diesen Austausch drei Grundregeln vor:

1. Wer Tadel anzubringen weiß, findet auch Lob.
2. Jeder Kommentar muß auf sinnvolle Weise auf den vorangegangenen bezogen werden.
3. Allgemeinplätze wie „Mir gefällt/gefällt nicht..." sind nicht zugelassen. Jede wertende Aussage muß anhand des Kritikgegenstandes begründet werden.
4. Die Schöpferin der zur Diskussion stehenden Arbeit kommt erst nach Ablauf der festgelegten Diskussionszeit zu Wort.

Die StudentInnen werden abschließend dazu angehalten, eine Liste mit Kriterien für die Beschreibung des Diskussionsgegenstandes (in diesem Fall des Topfes) anzufertigen, welche gewöhnlich eine ganze Reihe metaphorischer Angebote für ähnliche Kriterienlisten zukünftiger Kritik-Runden zu speziellen Textsorten bietet.[9]

Eine andere Möglichkeit des Erlernens effektiver Gruppenarbeit ist der Umgang mit einem Schreibworkshop-*Modell*. Wendy Bishops sogenannte „Fischglas"-Übung[10] eignet sich gut, um sich an produktive Textkritik bzw. an den Umgang in einer Kleingruppe zu gewöhnen, ohne sich dabei bereits völlig vom Rest der Gesamtgruppe lösen zu müssen.

Modell-Workshop

Nehmen Sie einen beliebigen Text, dessen tatsächlicher Autor ungenannt bleibt. Ein Gruppenmitglied erklärt sich bereit, DER/DIE AUTORIN zu sein. Er/sie ist Teil einer Gruppe von 3-5 Personen, die den Modell-Workshop improvisieren. Die anderen schauen zu und protokollieren Verlauf und Gruppendynamik.

Der/die AutorIn verliest den Text und fordert dann zur Meinungsäußerung zu den folgenden Schwerpunkten auf (jedeR sollte das vorher als Kopie erhalten haben):

1. Was im Text ist besonders gut gelungen?
2. Welche Stellen sind unklar bzw. wo wären mehr Informationen wünschenswert?
3. Welche konkreten Überarbeitungsvorschläge sollten unterbreitet werden?

Der/die Autorin faßt die Hauptaussagen der Diskussion zusammen und stellt fest, was er/sie für die Weiterarbeit am Text gelernt hat. An dieser Stelle bleibt auch Zeit für seine/ihre Kommentare und Fragen zum Gehörten.

Der Modell-Workshop wird abschließend von den beobachtenden Gruppenmitgliedern in Verlauf und Dynamik beschrieben. Wenn nötig, werden Vorschläge unterbreitet, wie sich die GesprächspartnerInnen gegenseitig noch effektiver unterstützen könnten. Hierzu wären verschiedene Varianten als Improvisation möglich:

- Wiederholen Sie die Übung mit vertauschten Rollen.
- Beschreiben Sie im Journal Ihre Erlebnisse mit den unterschiedlichen Rollen: AutorIn, KritikerIn, BeobachterIn.
- Dieselbe Übung sollte später unter Verwendung von gruppeninternen Texten mit klarer Autorenidentifikation durchgeführt werden.
- Beschreiben Sie im Journal Ihre Rollen-Erlebnisse im Vergleich zur Situation mit dem fiktiven Autor in der „Fischglas"-Übung, und ziehen Sie Schlußfolgerungen für Ihr Rollenverhalten.

Ein traditionelles Workshop-Format könnte folgendermaßen aussehen:

Alle schreiben außerhalb der gemeinsamen Arbeitszeiten, vervielfältigen ihre Texte und verteilen sie an die Gruppen(Seminar- oder Klassen-)mitglieder. Die Leiterin stellt einen Plan auf, wessen Text wann im Workshop besprochen wird. Alle bereiten sich auf das nächste Treffen und die entsprechenden Texte vor, indem sie schriftliche Kommentare dazu erarbeiten. Im Treffen selbst werden diese Positionen zu jeweils einem Text mündlich dargestellt und diskutiert. Die Leitende fungiert als Gesprächskoordinatorin, die bei Bedarf einen Schwerpunkt aus dem laufenden Gespräch hervorhebt, diesen als Fokus der weiteren Textdiskussion bestimmt und, wenn nötig, auf die Einhaltung oder Intensivierung jenes Schwerpunkts hinweist. Sie achtet außerdem auf den zeitlichen Fahrplan. Dem Verfasser des zur Diskussion stehenden Textes ist es erst erlaubt, sich an der Diskussion zu beteiligen, nachdem ein gewisser Überblick über die vorhandenen grundlegenden Meinungen gegeben ist. Am Ende der Workshop-Sitzung erhält er die schriftlichen Kommentare der anderen Gruppenmitglieder.[11]

Vorteile der Workshop-Arbeit[12]

- Den eigenen Text in den Gedanken und Gefühlen einer größeren Gruppe gespiegelt zu sehen, produziert den Eindruck von Gerichtetheit/Sinnhaftigkeit des Schreibens. Es eröffnet die Chance, der *eigenen Stimme* zu lauschen.
- Die große Anzahl von Einzelkommentaren ermöglicht ein genaueres Bild von der derzeitigen Leistungsfähigkeit des diskutierten Textes und den notwendigen Veränderungen.
- Das Aufeinanderprallen von verschiedenen Meinungen oder Meinungsfronten im Verlaufe des Gesprächs vermittelt einen tiefen Einblick in die Wirkungsmöglichkeiten des Textes und initiiert auf der Seite der Verfasserin genaueres Nachdenken darüber, wie und womit sie ihr Publikum effektiv(er) erreichen kann/will.
- Indem im Verlaufe von mehreren Treffen Texte von allen Gruppenmitgliedern vorgestellt werden, eröffnet sich ein reichhaltiges thematisches und sprachliches Angebot für jedeN SchreibendeN.
- Die Leitung des Workshops durch den Lehrenden als jemanden, der über einen weitaus größeren Erfahrungsschatz als alle anderen verfügt, garantiert in den meisten Fällen eine konzentrierte (zeiteffektive) und ausgewogene Textdiskussion.

Nachteile der Workshop-Arbeit

- Die große Anzahl verschiedener Meinungen limitiert stark die Anzahl und Tiefe der besprochenen Texte pro Session.

- Die Widersprüchlichkeit der Meinungen kann verwirrend sein und in gewisser Weise die eigene Meinungsbildung erschweren.
- Trotz ausgleichenden Einflusses der Lehrenden besteht die Gefahr der Diskussionsdominanz durch bestimmte SprecherInnen. In diesem Zusammenhang rückt oft Selbstdarstellung an die Stelle von Textbesprechung.
- Gehäufte Kritik, auch wenn sie noch so produktiv ist, kann im Kontext der großen Gruppe auf den einzelnen Schreibenden erdrückend/entmutigend wirken.
- Der Gedanken- und Gefühlsaustausch ist nicht direkt auf den/die VerfasserIn des Textes gerichtet, sondern auf die Gruppe. Das behindert individuelles Kennenlernen.
- Auch ohne direkte Meinungsäußerung durch die Lehrende entsteht ein Eindruck der Beeinflussung durch eine äußere Kontrollinstanz.

Beachte für die Leitung von Workshops

- Welche generellen Ziele verfolge ich mit dem Workshop? Wie ordnet er sich in einen möglicherweise vorhandenen größeren Ausbildungsrahmen (Seminar, Studiengang, Ausbildungsprogramm etc.) ein?
- Welche Erfahrungen haben die TeilnehmerInnen mit dieser Arbeitsform? Wieviel und welche Vorbereitung ist nötig?
- Wie oft sollte jedeR Texte vorstellen?
- Inwieweit können Gruppenmitglieder die Leitung (oder zumindest Teilfunktionen) des Workshops übernehmen?
- Welche Regelungen/Kontrollmechanismen sind zu treffen, damit jedeR TeilnehmerIn sich auf die Workshop-Treffen vorbereitet bzw. aktiv daran teilnimmt?
- Welcher *Ton* sollte bei den Textkritiken und -diskussionen angestrebt werden?

Vorschläge für Workshop-TeilnehmerInnen

- Seien Sie stets vorbereitet. Lesen und kommentieren Sie alle Ihnen anvertrauten Texte.
- Achten Sie die Arbeit anderer durch Ihre ungeteilte Aufmerksamkeit während der Textdiskussion. Verhalten Sie sich so, wie auch Sie behandelt werden möchten.
- Melden Sie sich im Workshop freiwillig zu Wort, aber fassen Sie sich kurz.
- Behalten Sie stets den vom Workshop gewählten Schwerpunkt im Auge, oder machen Sie auf notwendige Fokuswechsel ausdrücklich aufmerksam.
- Knüpfen Sie an bereits artikulierte Meinungen an, verstärken oder kontrastieren Sie diese.
- Vermeiden Sie Pauschalaussagen oder gar -urteile. Bemühen Sie sich um inhaltliche Konkretheit und sprachliche Klarheit. Belegen Sie Ihre Aussagen mit Textbeispielen.
- Bemühen Sie sich um *aktives* Zuhören. Halten Sie Blickkontakt mit der jeweils sprechenden Person, und reagieren Sie gelegentlich non-verbal auf das Mitgeteilte. Zeigen Sie Geduld, auch wenn Aussagen manchmal nicht die notwendige Klarheit besitzen.
- Fragen Sie nach, wenn Sie etwas nicht verstehen, aber konzentrieren Sie sich auf den Fakt der un- oder mißverständlichen Botschaft, nicht auf die erlebte individuelle Darstellungsform oder Ihre Gefühle, die Sie im Moment des Nicht-Verstehens empfanden.

Neben dem traditionellen Workshop setzt sich nunmehr auch das Format der Kleingruppenarbeit (3-5 Personen) durch. Daß jedoch das eine nicht durch das andere ersetzt werden soll, sondern eine sinnvolle Kombination beider Formen anstrebenswert ist, zeigt die Einschätzung eines Studenten aus Wendy Bishops Lehrveranstaltung:

Ich fühle mich wirklich nicht wohl, in großen Gruppen zu sprechen. Vielleicht liegt es an meiner Schüchternheit, jedenfalls bin ich in keiner Lehrveranstaltung mit großem Publikum gut. Ich denke, ich bin viel besser in kleinen Workshops, oder wenn ich mit einem Partner arbeite. (...) Auf der anderen Seite, finde ich, profitiere ich am meisten von den Kommentaren einer großen Gruppe, obwohl ich selbst, wie gesagt, dort nur selten den Mund aufmache.[13]

Ich meine, die Entscheidung, wann es welches Workshop-Format einzusetzen gilt, hängt sehr stark von der jeweiligen Gruppensituation und vom Stadium ab, in dem sich die Arbeit gerade befindet. Dazu möchte ich keine Rezepte ausgeben. Es sollte jedoch schon helfen, sich auch im Falle der Kleingruppenarbeit über die hauptsächlichen Vor- und Nachteile bewußt zu sein.[14]

Vorteile der Kleingruppenarbeit:

- Es bleibt mehr Zeit für die Diskussion der einzelnen Texte.
- Das Gespräch ist direkt auf die Verfasserin gerichtet.
- Dadurch ergibt sich schnell eine enge Vertrautheit und größere Intensität des Gedanken- und Gefühlsaustausches.
- Die Atmosphäre kleinerer Gruppen ermutigt gewöhnlich auch zurückhaltende Personen zur Meinungsäußerung.
- Die Textkritik ist durch ihren oftmals positiveren Grundgehalt motivierender/ermutigender.
- Der Drang nach Selbstdarstellung oder Gesprächsdominanz von bestimmten TeilnehmerInnen wird durch die Intimität der Runde oft abgeschwächt.
- Die Einflußnahme der einzelnen Teilnehmerin auf das Gruppengeschehen ist wesentlich größer und verstärkt somit das Gefühl von Selbstverantwortlichkeit.
- Lehrende haben bei ihren gelegentlichen Stipvisiten kaum eine Chance, in die Gruppendynamik verändernd einzugreifen.

Nachteile der Kleingruppenarbeit:

- Wenn nicht *jedeR* gut vorbereitet ist, bleibt die Arbeit für alle unbefriedigend.
- Inhaltliche Mißverständnisse oder emotionale Verstimmungen können nicht übergangen werden, sondern müssen (oftmals zeitintensiv) abgeklärt werden.
- Ohne die Leitung und Kontrolle eines Außenstehenden mit einem größeren Maß an Erfahrung können Textdiskussionen ihren Fokus verlieren und in allgemeinen Debatten steckenbleiben.
- Wenn die Dominanz einer Person gestattet wird, geschieht zumeist auch die Weiterdelegierung der individuellen Verantwortung für die Kleingruppenarbeit an diese Person.
- Der Drang nach dem Ausdiskutieren von bestimmten Problemen mit dem Ziel der Meinungsübereinstimmung bzw. Kompromißfindung ist groß und sehr zeitintensiv, aber dabei nicht unbedingt förderlich für die individuelle Profilierung.

Vorschläge für Kleingruppenmitglieder

- Arbeiten Sie mit Leuten, die Sie noch nicht (so gut) kennen.
- Jede Kleingruppe muß zwei Funktionen besetzen, die regelmäßig ihre Träger wechseln sollten: ZeitnehmerIn, ProtokollantIn (welche Texte besprochen, Vereinbarungen, Termine, Probleme etc.).
- Fühlen Sie sich für Ihre Kleingruppe verantwortlich. Bereiten Sie sich mental und emotional auf jedes Treffen vor. Halten Sie Abmachungen und Termine ein.
- Reflektieren Sie, wenn möglich, nach jeder Zusammenkunft durch Journalschreiben, wie Sie die Gruppe und sich selbst erlebt haben. Ziehen Sie eventuell Konsequenzen in Vorbereitung auf das nächste Treffen. Vielleicht wollen Sie eine andere Art und Weise der Textkritik, Gesprächsbeteiligung oder Zuhörer-Haltung ausprobieren.
- Teilen Sie regelmäßig Ihre Emotionen mit, und fordern Sie die anderen Gruppenmitglieder damit indirekt auf, dies auch zu tun.
- Fühlen Sie sich mitverantwortlich, daß das Gruppengespräch beim abgesprochenen Schwerpunkt bleibt, oder, wenn nötig, daß Fokuswechsel klar artikuliert werden.

Eine Bemerkung möchte ich zum *Atmosphärischen* im Workshop bzw. in der Schreibgruppe hinzufügen. Es wird in beiden Fällen durch Textarbeit geprägt – durch Lesen bzw. Schreiben. Hier ein Vorschlag von Susanne Cleary für das Lesen als Auftakt:

Lesen

Ich reserviere die ersten zehn Minuten unserer Treffen für lautes Vorlesen von Gedichten aus der Privatlektüre der StudentInnen. Mehr geschieht nicht. Ein Gedicht wird vorgetragen, dann herrscht Schweigen, keine Analyse folgt.[15]

Ich kann die Wirksamkeit dieses einfachen Verfahrens nur bestätigen. Der Text klingt in der Stille des Zimmers nach und hilft, eine produktive Arbeitsatmosphäre herzustellen. Das Gehörte sinkt tief in das Gedächtnis der Lernenden ein, bringt individuelle Erinnerungen wie einen Resonanzboden zum Schwingen und löst auf diesem Wege manchmal Schreibanlässe aus:

Schreiben

Wenn TeilnehmerInnen einer Schreibgruppe in den Kreis des Treffens treten, dann tun sie dies oft sprichwörtlich nur mit einem Bein. Das andere ist noch in der Welt, die sie soeben mehr oder weniger bewußt verlassen haben. Diesem Fakt Rechnung zu tragen, hilft, das Ankommen zu einem schnellen und entschiedenen Abschluß zu bringen.

Machen Sie es sich bequem. Liegen, stehen, sitzen Sie so, daß Sie sich körperlich völlig entspannen können. Atmen Sie tief ein und aus, und dann lauschen Sie: Zuerst auf die Geräusche, die von weit draußen an Sie herandringen, und die Sie gewissermaßen aus der „anderen" Welt mitgebracht haben. Dann hören Sie auf die Geräusche in Ihrer unmittelbaren Nähe. Lauschen Sie so lange in den Raum hinein, bis sich ein Wort oder

Image bei Ihnen einstellt. Wenn es sicher ist, daß dieses Wort oder Image bei Ihnen bleibt, dann nehmen Sie ein Blatt Papier, schreiben das Entdeckte in die Mitte, kreisen es ein und fertigen dazu in den nächsten zwei-drei Minuten ein cluster an.

Niemand sollte überrascht sein, wenn die Atmosphäre eines kreativen Arbeitskreises unerwartet umschlägt. Es ist allgemein bekannt, wie sensibel schöpferische Tätigkeit eines einzelnen auf emotionale Schwingungen und Schwankungen reagiert. Die Gruppe balanciert solche Schwankungen entweder aus oder verstärkt das Ausmaß des Ungleichgewichts. Im letzteren Fall helfen die eingangs des Kapitels vorgestellten Grundmodalitäten einer Arbeitsgruppe. Hier setzt auch die besondere Verantwortlichkeit der Gruppenleiterin ein. Für sie gilt es, genau zu wissen, wann jene Grundregeln konsequent zur Geltung gerufen oder vielleicht zur Neuverhandlung freigegeben werden müssen. Manchmal genügt es auch schon, für die weitere Beteiligung am Workshop-Verlauf mehrere Alternativen zu schaffen: In einem Teil des Raumes treffen sich Leute zur Partnerarbeit am Manuskript. In einem anderen formiert sich eine Kleingruppe zum Austausch von Schreibanregungen. Im Nebenraum beginnt vielleicht eine Lesung fertiger Texte.

Die Entwicklung individueller Arbeitsformen braucht Zeit, weil sich erst ein gewisses Maß an gegenseitigem Verständnis und Vertrauen entwickeln muß. Deswegen ist es für die Konstituierungsphase einer Gruppe hilfreich, die verschiedenen Arbeitsmöglichkeiten von allen gemeinsam durchlaufen zu lassen. Damit findet gleichzeitig die wiederholte Vorstellung eines modellhaften Schreibprozesses statt, was später ermöglichen sollte, bewußter auf einzelne, individuell für besonders nötig erachtete Phasen einzugehen.

Schreibgruppen und Workshops sollten nicht leichtfertig zugunsten höchster Textqualität als Experimentierlätze für kreatives Lernen aufgegeben werden. Manchmal bedeuten fünf Skizzen, die ein Problem versuchsweise von fünf verschiedenen Blickwinkeln betrachten, mehr für das Entwickeln von lebenslang nützlichen Denk- und Verhaltensstrategien als ein sprachlich ausgefeilter, publikationsreifer Text. Erfahrungstexte, die Fiktives zur Maskierung gegenüber eigenen Ängsten und Nöten benutzen, sind mindestens genauso wichtig wie die versuchte Kunst des literarischen Schreibens ins Lyrik, Prosa oder Dramatik.[16] Uns Lehrenden müssen die Augen und Ohren offenbleiben für die jeweils brennenden Bedürfnisse unserer schreibenden ParterInnen.

Weiterführende Lektüre

Ulrich Liebnau, *Eigensinn: kreatives Schreiben – Anregungen und Methoden,* Frankfurt: Diesterweg, 1995.
Gisela Schalk und Bettina Rolfes, *Schreiben befreit. Ideen und Tips für das Schreiben in Gruppen und im stillen Kämmerlein,* Bonn: Verlag Kleine Schritte, 1986.
Valentin Merkelbach (Hrsg.), *Kreatives Schreiben,* Braunschweig: Westermann, 1993.
    Siehe besonders den Beitrag von Therese Chromik.
Robert Brooke, Ruth Mirtz und Rick Evans, *Small Groups in Writing Workshops,* Urbana, IL: National Council of Teachers of English, 1994.

Anmerkungen

1. Stephen Wilbers, *The Iowa Writers' Workshop: Origins, Emergence, & Growth,* Iowa City: University of Iowa Press, 1980. Zum Workshop-Begriff vgl. auch Bräuer (1996b), 209-61.
2. Ich habe in *Warum Schreiben?* (Bräuer 1996b, 225-51) anhand detaillierter Workshop-Analysen fünf curriculare Modelle für die Schreibwerkstatt im Rahmen von Bildungsinstitutionen vorgestellt.
3. Colin Evans (Hrsg.), *Developing University English Teaching: An Interdisciplinary Approach to Humanities Teaching at University Level,* Lewiston, Queenston, Lampeter: The Edwin Mellen Press, 1995.
4. Vgl. Susan Bassnett und Peter Grundy, *Language through Literature,* Burnt Mill, Harlow: Longman House, 1993, 12.
5. Vgl. Susan Bassnett, *Translation Studies,* London: Routledge, 1991.
6. Edwin Morgan, „The First Men on Mercury", in: Susan Bassnett und Peter Grundy, *Language through Literature,* Burnt Mill, Harlow: Longman House, 1993, 30 f. (meine Übersetzung).
7. Scheidt (1989), 186. Ich habe den Wortlaut der Übung für meine Erfordernisse adaptiert.
8. Vgl. dazu ebenda, 189 bzw. 216, wo vom Scheidt die „Themenzentrierte Interaktion" (TZI) von Ruth Cohn als Grundlage für seine weiterführenden Überlegungen näher vorstellt. Bei Cohn heist das Spannungsdreieck „Thema" (Inhalt der Tätigkeit), „Ich" (TeilnehmerIn) und „Wir" (Gruppe), für dessen „dynamische Balance" (Cohn) der/die GruppenleiterIn verantwortlich ist. (vgl. dazu auch Ruth Cohn, *Von der Psychoanalyse zur Themenzentrierten Interaktion (TZI),* Stuttgart: Klett, 1975.
9. Vgl. Don Mitchell, „First Workshop: Pot Luck", in: *1996 Pedagogy Papers,* The Associated Writing Programs, 1996 Annual Conference, Atlanta, GA, 46.
10. Bishop (1992), 101 (meine Übersetzung und Adaption).
11. Wendy Bishop liefert in ihrem überaus praktischen Buch, *Working Words,* (1992, 93-98) die Transkription einer traditionellen Workshop-Sitzung, die einen nützlichen Einblick in die Dynamik eines solchen Treffens gewährt.
12. Die Auflistung der Vor- und Nachteile ist eine Zusammenfassung der Kommentare Wendy Bishops (1992), 105 f. bzw. meiner eigenen Erfahrungen.
13. Bishop (1992), 104, meine Übersetzung.
14. Auch diese Auflistung der Vor- und Nachteile ist eine Zusammenfassung der Kommentare Wendy Bishops (1992), 100 f. bzw. meiner eigenen Erfahrungen.
15. Suzanne Cleary, „Workshop as Community", in: *1996 Pedagogy Papers,* The Associated Writing Programs, 1996 Annual Conference, Atlanta, GA, 68.

14. Kapitel: Computer & Netze

*Technologie im Unterricht?
Ja! Aber zuerst Pädagogik,
dann Curriculum
und zuletzt Computer.*
Leo van Lier

Zusammenfassung

Der Umgang mit Computern bzw. das Arbeiten in Computernetzen beeinflußt Lernen im allgemeinen und das Lernen durch Schreiben im besonderen. Das elektronische Medium greift massiv in den individuellen Schreibprozeß, aber auch in das Verhältnis von AutorIn, Text und LeserIn ein. Die hauptsächlichen Veränderungen und ihre schreibpädagogischen Konsequenzen werden vorgestellt und (unterrichts-)praktisch anhand des deutschen Projekts „Schulen ans Netz" und eigener Unterrichtserfahrungen durchgespielt.

Auch wenn ich mit diesem Kapitel keine technische Einführung in die Computerbenutzung vorhabe,[1] adressiere ich meine Ausführungen ebenso an Medien-Unerfahrene. Im Mittelpunkt stehen einige Aspekte des Umgangs mit Computern und ihre Auswirkungen auf das Schreiben.

Jene Auswirkungen einer computerisierten Lebenswelt gehören außerhalb von Schule und Universität seit längerem zum Alltag vieler Lernender und sollten deswegen inzwischen selbst beim Einsatz traditioneller Unterrichtsformen mit bedacht werden.

Die Praxis wird Lehrende in Zukunft manchmal damit überraschen, daß Klassen- und Seminarräume durch Computerfirmen oder Medienunternehmen auf ihrer Suche nach potentiellen KäuferInnen großzügig mit neuester Technologie ausgerüstet und Bildungsadministrationen diese Ausstattungen forcieren werden.[2] Solche *top*-down Entscheidungen nehmen keine Rücksicht auf individuell vorhandene Kenntnisdefizite im Umgang mit den neuen Medien und können auf diese Weise ein Wissensgefälle zu Ungunsten Lehrender provozieren.

Die o.g. Situation sollte nicht bedauert, sondern u.a. als Chance für die Ausprägung alternativer Qualitäten im Verhältnis von Lehrenden und Lernenden verstanden werden, welche durch dynamische Austauschprozesse – durch gemeinsames Handeln – geprägt sind. Allein das rasant zunehmende Tempo von Wissensproduktion, -distribution und -verfall führt zum Abbau traditioneller Wissensmonopolisierung und zu entsprechenden Konsequenzen im Rollenverständnis von Lehrenden und Lernenden. Erinnert sei hier noch einmal an den Lehrenden als *coach* oder *facilitator* – eine Betreuerin, die hilft, günstige Rahmenbedingungen für effektives Lernen einzurichten. Diese Aufgabe wird im Falle von Computerbenutzung meines Erachtens bereits durch die Kenntnis inhaltlicher Möglichkeiten des technischen Mediums und durch spezielle Fähigkeiten seiner methodischen bzw. pädagogischen Umsetzung/Ausnutzung erfüllt: Keine Sportlerin würde von ihrem Trainer erwarten, dieselben Leistungen wie sie zu vollbringen. Soziale Anerkennung für dessen berufliche Tätigkeit erwächst besonders aus der Qualität seiner Trainings*organisation*.

Die Zeichen stehen auf Sturm, wenn ich einmal davon ausgehe, daß die Zeiten ohne Computer als die ruhigeren galten für das Schreiben. Alles schien klar im Verhältnis von ProduzentIn, Text und RezipientIn, solange Schreibende in Schulen und an Universitäten ihre Texte per Hand anfertigten oder in die Schreibmaschine hackten. Der/die Schreibende entschied bei der Freigabe der Ergebnisse selbst über die Leserschaft. Wenn heute jemand einen Text an einem der elektronischen *bulletin boards* im *Internet* plaziert oder für ein Seminar abschickt, das über die *webpage* der jeweiligen Bildungsinstitution veröffentlicht wird, löst sich jene individuelle Entscheidungskraft in den Weiten des *cyberspace* auf.

Ich hatte bereits in meinem Buch *Warum Schreiben?* versucht, die **Haupttendenzen im Gebrauch von Computern und Informationsnetzen** und ihre wesentlichen schreibpädagogischen Konsequenzen anzudeuten.[3] Darauf möchte ich nun vom heutigen Stand aus spezifizierend zurückkommen:

- **permanente Konfrontation mit fremden Texten (den *Stimmen* von anderen Schreibenden):** Im selben Maße wie die Anzahl der Identifikationsmöglichkeiten mit fremden Texten (und AutorInnen) zuimmt, steigt die Verunsicherung in der Bestimmung des Selbst als SchreibendeR. Der Blick für das eigene Schaffen, die eigene Schreibbiographie, für den eigenen Schreibprozeß scheint erschwert.
- **cross-curriculare Tätigkeitsfelder (latente Interdisziplinarität):** Das Konfrontiertsein mit den verschiedensten Diskursen (und dementsprechend unterschiedlichsten Schreiberwartungen) ist besonders problematisch für die Befriedigung jenes Bedürfnisses unerfahrener Schreibender nach Zugehörigkeit zu *einem* Diskurs oder zumindest einer überschaubaren Gruppe von Diskursen.
- **erweiterte Adressaten- bzw. Leserschaft:** Hierin liegt eine große Chance für die Befriedigung tatsächlicher Mitteilungsbedürfnisse, also für persönlich sinnvolles Schaffen, aber auch eine Schwierigkeit für zielgerichtetes Schreiben.
- **stetig wachsende Informationsmenge:** Sie begründet die zunehmende Bedeutsamkeit von Entscheidungsfindungsprozessen für erfolgreiches Lernen. Allein die Informationsmenge kann stimulierend, aber genausogut blockierend auf das Schreiben wirken.
- **Verbildlichung von Informationssträngen:** Diese Tendenz ergänzt das Lernen durch Schreiben nicht schlechthin um eine wesentliche Komponente, sie praktiziert die Metaphorisierung von Sprache im Extrem. Hierin liegen Gewinn und Verlust nahe beieinander – ersteres trifft auf die Verknüpfung von Schriftlichkeit und Bildlichkeit zu, letzteres auf den Ersatz von Schriftlichkeit durch Bildlichkeit.

Die theoretische und praktische Diskussion der soeben aufgeführten Aspekte und Konsequenzen für den Umgang mit Computern wird in Deutschland u.a. durch die Initiative „Schulen ans Netz" vorangetrieben. Die Initiative hat sich als Verein organisiert, dessen *webserver* (der virtuelle Standort des Vereins im Internet)[4] als Informationssystem zum Einsatz von Computern und Netzen in der Schule bzw. als Kommunikationsplattform für überregionale Projekte ausgebaut werden soll. In naher Zukunft werden über diese Adresse Aus- und Fortbildungsangebote zum Thema „Schulen ans Netz" laufen. Es werden gezielte berufliche Kontaktsuche und -aufnahme möglich sein, und bei Bedarf können dann auch Beratungs- und Betreuungsservices in Anspruch genommen werden. Im folgenden möchte ich die wesentlichen Punkte der Diskussion im Rahmen von „Schulen ans Netz" vorstellen, weil sie durch ihre generellen Aussagen zum *Lernen* mit Computern eine günstige Grundlage für meine anschließenden Spezifizierungen zum *Schreiben* mit Computern bieten.[5]

Reinhard Donath zufolge mache sich für den effektiven Einsatz des Computermediums eine Abwendung vom Frontalunterricht notwendig: Gruppenarbeit, Projektorientierung, fächerübergreifendes Lernen[6] – Faktoren, die, längerfristig gesehen, autonomes Lernen verstärken. Dafür müsse vor allem das *Wie* des Lernens durch den Unterricht vermittelt werden:

Formen autonomen Lernens mit Computern

1. Recherchemöglichkeiten für benötigte Informationen,
2. Wege der Aufbereitung und Verarbeitung gewonnener Informationen,
3. Publikation von Erkenntnissen im Netz,[7]
4. Fertigkeiten des Meta-Lernens für die Steuerung bzw. Auswertung des eigenen Lernprozesses,
5. Fertigkeiten interaktiven Handelns: Ermitteln eigener kommunikativer Bedürfnisse, Artikulieren derselben, Reagieren auf Fremderfordernisse von PartnerIn bzw. Computersoftware.[8]

Die Arbeit mit Computern beschränkt sich bekanntlich schon seit einer Weile nicht mehr auf den Umgang mit Textverarbeitungsprogrammen, sondern hat multimedialen Charakter angenommen. Sogenannte *links* (Verbindungsstellen) ermöglichen beliebig den Wechsel zwischen *hypertexts*, verschiedenen Darstellungsformen und -ebenen: Die Reise geht von Text zu Graphik, Bild und Animation bzw. Musik oder gesprochener Sprache.[9] Die von mir im zweiten Buchteil pädagogisch aufgearbeiteten Lernfelder Bildlichkeit, Mündlichkeit, Musikalität und Theatralität sind hier – abgesehen vom Verlust ihrer ursprünglichen physischen Komponente[10] – praktisch angelegt. Der traditionelle Textbegriff erfährt in einem solchen Rahmen ebenso viele Erweiterungen wie der des Schreibens, was eine zusätzliche Dimension dadurch erfährt, daß *links* – jene Diskurs-Schnittstellen – mittels Programmierersprache (*HTML*) von jedem Nutzer persönlich in herkömmliche Texte *eingeschrieben* werden können.

Die Benutzergeschichte von Hypertexten ist noch zu kurz, um genaue Aussagen über das dort zu vermutende Potential für Lernprozesse zu treffen. Klar ist jedoch bereits jetzt, daß mittels Computertechnologie eine Textproduktion und -rezeption entsteht, die in ihrer Komplexität den eindimensionalen Charakter bisherigen Schreibens sprengt. Schreibend Lernen findet hier permanent in Kontexten statt, die auf traditionelle Weise nur mühselig und mit wesentlich größeren zeitlichen Verschiebungen konstruiert werden könnten. Während Kontexte im Schreiben und Lesen ohne Computer- und Netzbenutzung nur sukzessive, manchmal über Jahre hinweg – vor allem durch die Eigentätigkeit des lernenden Subjekts – entstehen, sind diese im elektronischen Medium zumeist fremdbestimmt. Jene *links* sind bereits vor dem Beginn der Textrezeption vorhanden, und soll ihnen persönliche Bedeutsamkeit abgewonnen werden, müssen diese Verbindungen und Kontexte im Rezeptionsverlauf individuell nachvollzogen werden.

Stefan Aufenangers Warnung vor einer Überschätzung elektronischer (Multi-)Medien finde ich demnach überaus treffend und ihre Beachtung äußerst wichtig: Die einfache Addition unterschiedlicher Sinnesansprachen führt nicht automatisch zur Effektivierung von Lernprozessen. Auch diese Lehr- und Lernformen bedürfen Sinnhaftigkeit:[11] der persönlichen Bedeutsamkeit, die nicht schlechthin durch pure Technologie-Präsenz gegeben ist, sondern durch aktive Auseinandersetzung damit erst geschaffen werden muß. Der Grad der Fremdstrukturierung dieser Auseinandersetzung ist abhängig vom Ausbildungsstand der betreffenden SchülerInnen oder StudentInnen. Generelle Absicht sollte es jedoch sein, im Umgang mit Computern Erfahrungsräume zu eröffnen, welche auf längere Sicht die Ausprägung individueller Benutzungsstrategien – also Lernstrategien – befördern.

Michael Drabe sieht durch Computerlernen die üblichen Grenzen von Unterricht und Studium bzw. Institution übersprungen: Er hat die Anlage regionaler und überregionaler Arbeitsprojekte im Auge, die durch eine Zentrale (*webserver*) koordiniert werden und an denen sich SchülerInnen und StudentInnen selbständig (aber doch vielfach im Rahmen eines Lernauftrags der jeweiligen Bildungseinheit) beteiligen können. In Vorbereitung dieser **institutionsübergreifenden Vernetzung** Lernender stehen nach Drabe auf der Seite der Lehrenden die folgenden Aufgaben an:[12]

- Entwicklung angemessener Strategien zur zielgerichteten Beschaffung, kritischen Würdigung und Bewertung von Informationen (insbesondere der angebotenen Medien);
- Entwicklung fächerübergreifender Ansätze unter Einbeziehung der Nutzung von Netzen im Unterricht;
- Entwicklung von Methoden, das Netz für Unterrichtsvorbereitung und Unterrichtsgestaltung zu nutzen;
- Einbindung der Informations- und Kommunikationstechniken in Lehrpläne
- Das Netz als Gegenstand einer kritischen Analyse im gesellschaftspolitischen Kontext.

Die bekannte Funktion Lehrender erfährt in einem solchen Kontext wesentliche Spezifizierung, die sich deutlich in Richtung Begleitung, Beratung und Koordinierung bewegt. Die zu erwartende Veränderung des zeitlichen Rahmens des Lernens betrifft jedoch beide beteiligten Seiten:[13] Computergestützte Bildungszeit ist weder von vornherein auf die üblichen Unterrichtssequenzen innerhalb eines Kurses begrenzt, noch auf die Dauer einer Ausbildungseinheit. Dieses Lernen macht es möglich, auf heranwachsende Erkenntnisbedürfnisse zeitlich adäquat zu reagieren und nicht auf den nächsten Kurs im Angebot einer Bildungseinrichtung warten zu müssen.

Ein überaus reizvolles Forum für eine immer effektivere Nutzung von Computern und Netzen hat sich mit der überregionalen Initiative *Zentrale für Unterrichtsmedien* (ZUM, Stützpunkt Freiburg im Breisgau) herausgebildet. Hier sind LehrerInnen, SchülerInnen *und* Eltern dazu aufgerufen, mittels gemeinsamer Materialbörse an den Grundlagen für ein, wie ich es einmal bezeichnen möchte, *Internet-Curriculum* zu arbeiten.[14]

Die Parallelen zu ähnlichen US-amerikanischen Bemühungen – allen voran die Initiative des *writing across the curriculum (wac),* wo Schreiben zum cross-curricularen Lernmedium wird –,[15] sind unverkennbar: Die traditionelle *wac*-Methode des Briefeschreibens als sprichwörtliche Privatisierung/Individualisierung akademischen Lernens läuft schon seit einigen Jahren verstärkt über *e-mail,* und die sogenannten *newsgroups* und *lists* (Diskussionsgruppen, die sich um bestimmte Themen herum bilden) setzen die zentrale Idee des *wac* – schreibend die Grenzen von Haus-Disziplin und -Institution zum Vorteil wachsender Interdisziplinarität zu unterwandern – im veränderten Umfeld erfolgreich fort.[16]

Daß Technologie Lernen motiviert, ist inzwischen bekannt. Computer sollten jedoch nicht um jeden Preis zum Einsatz kommen, sondern stets funktionalisiert, was in meinen Augen u.a. heißt, daß sie auch traditionelle Unterrichtsformen und -inhalte bedienen und diesen damit eine neue Qualität verschaffen können. Leo van Lier vom Monterey Institute of International Studies formuliert den Gedanken zur Bedeutsamkeit des Lernmediums wesentlich krasser, indem er eine unmißverständliche Rangordnung festlegt:[17]

1. Pädagogik
2. Curriculum
3. Computer.

Für ihn besteht der hauptsächliche Vorteil in der Chance erweiterter Interaktion zwischen Lerner, Lehrer und Material/Medium bzw. zwischen den Lernenden selbst. Für die Einlösung dieser Chance hat das kalifornische Institut die folgenden **physischen Voraussetzungen** geschaffen:[18]

- Arbeitsplatzanordnung, die sowohl studentische Interaktion von Angesicht zu Angesicht als auch den Dialog zwischen Lehrer und Lerner ermöglicht;
- in die Schreibtischfläche eingelassene Monitore, so daß diese keine Sichtbehinderung verursachen;
- breite Schreibtische, um Partnerarbeit an einem gemeinsamen Computer zu ermöglichen;

Ich möchte die allgemeinen Aussagen zum Einfluß von Computertätigkeit auf das Lernen bezüglich eines seiner Aktionsmedien – des Schreibens – spezifizieren.

Computerbenutzung verändert die Schreibhandlung grundlegend:[19] Das was Janet Emig beim Schreiben per Hand als das Materialisieren (Verschriftlichen) der Gesten des kindlichen Spiels sieht,[20] entfällt als Direktvollzug beim Betätigen einer Maschinen-Tastatur. Selbst wenn die Erinnerung an das einmal Gelernte durch den Medienwechsel wohl nicht zu verwischen ist,[21] drängt sich der Verdacht auf, daß Technologie einen (weiteren) direkten Verbindungsstrang zur kindlichen Tätigkeitsbiographie gekappt hat. Daß Computer Schreiben trotzdem sichtlich motiviert, muß angesichts der Tatsache, daß nicht jede Erinnerung an das Schreibenlernen ausschließlich positive Wirkungen entfaltet, nicht unbedingt mit der soeben gemachten Feststellung im Widerspruch stehen.

Für die Unterrichtspraxis scheint mir wichtig zu wissen, daß Computer vor allem *Überarbeitungsprozesse* stimulieren, welche sich nicht mehr länger deutlich vom Textentwerfen absetzen, sondern permanenter Teil dessen werden: Überarbeitet wird bereits im Ansatz der Textenstehung,[22] was klare Vor-, aber auch Nachteile schafft. Günstig ist die Tatsache, *daß* überarbeitet wird – eine Tätigkeit, die mit traditionellen Aufschreibesystemen aufgrund des notwendigen Abschreibens gerne vermieden wird. Daß frühes Überarbeiten kognitive Anteile der Tätigkeit bevorteilt und damit den *stream of consciousness,* den unvermittelten Gedankenstrom stört, unterbricht oder gar zum Versiegen bringen kann, ist ein klarer Nachteil. Dieser kann jedoch methodisch abgefangen werden:[23]

Freewriting

Fassen Sie für 3-5 Minuten Ihre Gedanken in kurze Sätze, die Sie schnell und ohne bewußte Kontrolle in den Computer eingeben. Helfen Sie sich dabei, indem Sie den Blick auf den Bildschirm vermeiden und dafür auf die Tastatur schauen. Falls es Sie trotzdem zur Monitorkontrolle verleitet, schalten Sie ihn einfach ab.

Nutshelling

Lesen Sie Ihren freigeschriebenen Text, und schauen Sie, ob sich eine Passage davon als Titel eignet. Wenn nicht, erfinden Sie eine Überschrift. Wiederholen Sie das freie Schreiben und Zentrieren (Peter Elbow) durch Überschriften, bis Sie meinen, auf ein Ihnen wichtiges Thema gestoßen zu sein.

Brainstorming

Überprüfen Sie die Wichtigkeit Ihrer bisher eingeschlagenen Richtung, indem Sie eine (oder mehrere) Wortliste(n) anfertigen, wobei Sie auch hier schnell und ohne sichtliche Kontrolle arbeiten sollten. Vergleichen Sie diese Liste(n) mit Ihrem bisherigen Material, und finden Sie heraus, ob sich Ihre Themenwahl bestätigt oder Veränderungen anbieten.

Clustering

Erweitern bzw. vernetzen Sie Ihre Ideen durch einen Wort-Igel, wie Sie ihn bereits mehrere Male angefertigt haben.

Mit Hinweis auf Reinhard Donath hatte ich bereits angedeutet, daß der Charakter der Computertätigkeit die Möglichkeiten des Frontalunterrichts von vornherein deutlich einschränkt und dafür Partner- und Gruppenaktivitäten direkt oder vermittelt (über ein Netz) bevorteilt.[24] Diese Unterrichtsformate können, ja sollten meines Erachtens, von Beginn der Textarbeit zum Einsatz kommen, schon allein deswegen, um ein Gegenbild zum Stereotyp des einsam Schreibenden zu entwerfen:[25]

Pro und Contra

Wägen Sie das Für und eine andere Person das Wider Ihrer ermittelten Thematik ab. Wechseln Sie die Rollen, bevor Sie sich Ihr Geschriebenes gegenseitig vorstellen.

Zwei Brillen

Schreiben Sie über Ihr Thema aus zwei verschiedenen Blickwinkeln: der eine als Mitglied des jeweils zutreffenden akademischen Diskurses; die andere als Privatperson. Wechseln Sie auch hier die Rollen, bevor Sie sich Ihr Geschriebenes gegenseitig vorstellen.

Auch James Strickland zufolge ist im Computerschreiben ein besonderer Vorteil für die Textüberarbeitung gegeben. Durch *software*-Funktionen können bestimmte Aspekte des Schreibprozesses gezielt gefördert werden. Strickland verweist besonders auf die folgenden Überarbeitungsstrategien:[26]

Skelettieren

Kopieren Sie Ihren Textentwurf, so daß das neue Dokument manipuliert werden kann, ohne dabei ursprüngliche Ideen zu verlieren: Schälen Sie das Skelett Ihres Textes heraus, indem Sie:
1. *die Hauptabschnitte identifizieren: (Fügen Sie eine Leerzeile zwischen die Absätze.);*
2. *den Kernsatz eines jeden Abschnittes identifizieren: (Unterstreichen Sie zuerst den Satz, und löschen Sie dann alles andere.);*
3. *den Hauptaspekt aus der Liste Ihrer Kernsätze auswählen und diesen als Überschrift deklarieren: (Kopieren Sie den Satz und plazieren Sie ihn an den Kopf der Liste. Heben Sie ihn durch Fettdruck etc. hervor.).*
- *Fertigen Sie auch von Ihrer Liste eine Kopie an, mit der Sie jetzt spielen können: Vielleicht wollen Sie die Reihenfolge der Sätze verändern (Entwerfen Sie dazu verschiedene Varianten!) oder Sätze herausnehmen bzw. hinzufügen.*
- *Drucken Sie schließlich alle Varianten aus, und legen Sie die Blätter zum Vergleich nebeneinander.*
- *Überarbeiten Sie den Originaltext anhand der von Ihnen ausgewählten Kernsatz-Liste.*

Fenstern

Bekanntlich läßt sich der Computer-Bildschirm in Segmente (windows) aufteilen. Lassen Sie in jedem dieser Fenster einen der von Ihnen als Hauptaspekte identifizierten Textteile erscheinen, so daß optisch sichtbar wird, wie sich Ihre Gedanken entwickelt haben.

Sätze isolieren

Arbeiten Sie an einer Kopie Ihres Entwurfes: Bauen Sie zwischen jedem Satz eine Leerzeile ein, damit die visuelle Konzentration auf den Einzelsatz besser gelingt. Hat tasächlich jeder Satz ewas mit seinem Vorgänger zu tun? Stimmen die Übergänge und Verbindungen?

Sätze erweitern

Bemühen Sie sich um eine nähere Erklärung Ihrer Gedanken im Entwurf, indem Sie wiederum die Sätze Ihres kopierten Textes durch Leerzeilen voneinander isolieren und dann zu jedem Substantiv erklärende Nebensätze hinzufügen. Entscheiden Sie sich später, welche Erweiterungen Sie im Text lassen wollen und welche nicht. Speichern Sie jedoch eine Kopie dieser kumulativen Übung, um im gegebenen Falle darauf zurückkommen zu können.

Binnenstrukturieren

Diese Aufgabe trifft vor allem dann auf Sie zu, wenn Ihr Erstentwurf das Resultat extensiven *freewritings* ist und der Text sich optisch noch in einem unstrukturierten Zustand befindet. Sie können diesen Ausgangspunkt jedoch auch simulieren, indem Sie in einer Kopie des Textes alle Absätze herausnehmen.

1. *Lesen Sie nun den Text laut und langsam, und erhören/erfühlen Sie dessen Einschnitte bzw. Wendepunkte.*
2. *Machen Sie diese Binnenstruktur zuerst durch das Einfügen von Leerzeilen sichtbar.*
3. *Wenn Sie sich der optischen Einteilung sicher sind, können Sie die Sichtbaremachung der Binnenstruktur auf Absätze reduzieren.*

Sämtliche o.g. Übungen laden auch wieder zur Partnerarbeit ein. Die Originalautorin würde in diesem Falle in einer Kopie des Textes einen Schritt ihres Schreibprozesses sozusagen zurücknehmen, um diesen Arbeitsschritt vom Partner zum Zwecke des späteren Vergleichs mit der Originalvariante wiederholen lassen: Für *Skelettieren* wäre das zum Beispiel die Auswahl von Kernsätzen oder deren Neuordnung, für *Binnenstrukturieren* das Einfügen von Absätzen etc.

Die Unterscheidung zwischen Netzwerken innerhalb einer Bildungseinheit (*local-area network*) und darüber hinaus (*wide-area network*) scheint mir für eine methodisch-didaktische Schwerpunktsetzung nützlich.[27] Lokale Netze verstärken vor allem die Zusammenarbeit zwischen SchülerInnen/StudentInnen und Lehrkraft, indem Kontaktmöglichkeiten auch außerhalb offizieller Seminar- und Unterrichtszeiten entstehen. Solche Netze ermöglichen die kommunikative Begegnung auf einer qualitativ anderen Ebene als der des Unterrichtsgesprächs: Akademische Diskurse werden durch Alltagsdiskurse kontrastiert und ergänzt; es kommt zu jener Vermischung von gesellschaftlich sanktioniertem Wissen und individuellen Erfahrungswerten, die ich in diesem Buch bereits mehrfach als besonders vorteilhaft für Lernprozesse vorgestellt habe.[28]

Emory University in Atlanta (USA) hat ein Computernetzwerk eingerichtet, das sämtliche Arbeitsstationen auf dem Campus (einschließlich der privaten Computer in den Wohnheimen) miteinander verbindet. Das Netzwerk ist außerdem von außerhalb über eine Telefonnummer erreichbar. Mit Hilfe der Computerzentrale der Universität können für Seminare Netzstellen (*websites*) eingerichtet werden, die sozusagen als virtuelles Klassenzimmer fungieren. Lehrkraft und Studierende entscheiden gemeinsam, welche Teile ihrer Arbeit für die Öffentlichkeit und welche nur für den gruppeninternen Gebrauch bestimmt sind. Ich benutze dieses Medium hauptsächlich dafür, Seminardiskussionen vor- und nachzubereiten. Die Möglichkeit, daß Positionspapiere zu bestimmten Fragen bereits vor dem Treffen gegenseitig vorgestellt werden können, schafft einen schnelleren und gezielteren Einstieg in die gemeinsame Tätigkeit. Der permanente Kontakt unterstützt nicht zuletzt die Ausbildung von Partnerschaften und Kleingruppenbildung bzw. fördert Projektarbeit. Besonders wertvoll scheint mir der Aspekt des Öffentlich-Werdens von Lernprozessen. Die Einsehbarkeit der Mühen jedes einzelnen Lerners demystifiziert das Erscheinungsbild vom *genialen* Schüler oder Studenten. Ein weiterer lernmotivierender Faktor besteht in der Möglichkeit des Lernens voneinander: Bei der Analyse von Lese- und Schreibzeiten von FremdsprachenstudentInnen und dem Vergleich ihrer Arbeitsresultate konnte ich feststellen, daß jene mit einem mometan niedrigeren Leistungsniveau sich an leistungsstärkeren KommillitonInnen orientieren.[29] Sie lesen deren Texte und verarbeiten Teile davon oftmals klar identifizierbar in ihren eigenen Darstellungen, indem sie sprachliche Strukturen zuerst übernehmen, später zunehmend imitieren bzw. adaptieren. Ich habe diesbezüglich feststellen können, daß der eigene Anteil rasch zunimmt und gegen Semestermitte deutlich überwiegt. Selbständiges Lernen in dieser Form wäre ohne Computer und Verbundnetze nicht möglich.

Ich bemühe mich, auch meta-kognitives Lernen (in Form und Funktion) über die Benutzung lokaler Netze zu verdeutlichen, so daß es fester Bestandteil individuellen Arbeitens wird. So richte ich zum Beispiel für jedes Seminar einen Briefkasten ein, durch den entweder privat oder gruppenöffentlich persönliche Eindrücke, Überlegungen, Sorgen und Nöte jederzeit mitgeteilt werden können. Nicht selten finden sich hier journalartige Eintragungen, die den augenblicklichen Eindruck oder Zustand der betreffenden Person wiedergeben. Natürlich braucht die Benutzung dieses Mediums eine Weile des Vertrauensaufbaus, und manchmal bleibt diese Nachrichtenbox bis in die zweite Semesterhälfte ungenutzt.

Ein zweiter Anlaufpunkt, den ich für reflexives Schreiben eingerichtet habe, verlangt mehr Struktur: Unter der Rubrik *learning tools* sind alle dazu aufgefordert, regelmäßig zu vorgegebenen Schwerpunkten (Vokabelarbeit, verstehendes Lesen, Aufsatzschreiben etc.) ihre Arbeitserfahrungen zu konkreten Hinweisen und Tätigkeitsanweisungen zu verdichten. Auf diesem Weg entsteht im Verlaufe eines Semesters eine Sammlung methodischer bzw. strategischer Vorschläge, die dem nächsten Seminarjahrgang zur Verfügung gestellt wird.

Verbundnetze, die sich über die Grenzen der jeweiligen Bildungseinrichtung erstrecken, bieten Nutzungsmöglichkeiten, die sich teilweise deutlich von denen lokaler Netze unterscheiden. Der Eintritt dorthin bedeutet für viele, den Schritt in einen unbekannten Raum zu wagen, der vielfältige Anregungen und die Gefahr des Sich-Verlierens zur selben Zeit bereithält. Vor allem für Netz-Neulinge – und in dieser Rolle finde ich mich persönlich mit jedem neuen Thema wieder – sollten deswegen die ersten Ausflüge durch Arbeitsanweisungen bzw. Aufgabenstellungen klar strukturiert sein. Nichts ist abträglicher für das Erkennen der Lernpotenzen der Netze als stundenlanges erfolgloses (weil zielloses) Suchen. Ich persönlich habe das *Surfen im Netz* bisher noch nicht als gewinnbringend entdeckt.

Viel Positives im Umgang mit den offenen Netzen habe ich immer dann erfahren, wenn sie als Kommunikations*medien*, und nicht als Objekte, als letztes Ziel einer Handlung fungieren. Wenn ich StudentInnen ausschicke, um Kontexte und Anknüpfungspunkte für bestimmte Seminarthemen zu finden, dann lesen sie das *Internet* zum Beispiel nicht als Gegenstand an sich, sondern als *Text* – als Verlängerung von dem, was uns im Seminar bewegte bzw. wir dort bewegten. Ich glaube, es ist wichtig für den methodisch-didaktischen Einsatz offener Netze, daß wir diese nicht als fertiges Menü betrachten, von dessen Zusammenstellung unser Wohl und Weh abhängt, sondern als Resource, mit und in der *wir* kreativ operieren.

Unersetzbar sind offene Netze auch für das Kollaborieren mit geographisch distanzierten PartnerInnen. Auf diesem Wege werden sprachliche, kulturelle, soziale und politische Gemeinsamkeiten und Unterschiede zwischen den Bewohnern verschiedener Regionen der Welt in einem gewissen Maße authentisch erlebbar. In dieser, im Vergleich zu Print- und Filmmedien erhöhten Authentizität vermute ich ein enormes Potential für interkulturelles Lernen im allgemeinen und interkulturelles Kommunikationsvermögen im besonderen.

Aus engerer schreibpädagogischer Sicht ergibt sich hier vor allem der Vorteil eines erweiterten Adressatenkreises. Wenn StudentInnen im Rahmen meiner Seminare an einen *e-mail*-Partner über einen bestimmten Gegenstand ihrer Ausbildung schreiben,[30] dann teilen sie sich nicht selten zum erstenmal öffentlich (also außerhalb ihres Kommillitonen- und Lehrerkreises) über ihr Studium mit und praktizieren auf diese Weise oftmals eine überaus sinnvolle, weil zweckgerichtete Kombination von akademischem und privatem Diskurs.

Insgesamt ist die Herausforderung für das Schreiben mit Computern und innerhalb ihrer Verbundsysteme groß. Es sollte jedoch weder als voreiliger Ersatz traditioneller Überlegungen und Praktiken interpretiert,[31] noch sollten seine Nachteile bzw. Gefahren verdrängt werden. Letztere konnten ob der kurzen Benutzungsgeschichte computergestützter Medien nur noch nicht deutlich genug hervorgetreten. Sie könnten jedoch u.a. darin liegen, daß Bildlichkeit, Mündlichkeit, Musikalität, Theatralität und nicht zuletzt Schriftlichkeit nicht mehr physisch real produziert werden, sondern *manipuliert* als Teil sogenannter virtueller Realität. Welche Langzeitwirkungen diese völlig neuen Erlebnisformen und damit persönlichkeitsbildenden Arten der Selbsterfahrung für den Menschen als ursprünglich vorwiegend *körperintelligentes* Wesen haben,[32] ist nicht vorauszusagen.

Weiterführende Lektüre

Karl-Dieter Bünting (u.a.), *Schreiben im Studium: Ein Trainingsprogramm*, Berlin: Scriptor, 1996.
1. Unterrichtspraktischer Einsatz
„Schulen ans Netz", (Internet-Adresse) http://www.san-ev.de/.
2. Anregungen zum Schreibbeginn und zur Überarbeitung
James Strickland, *From Disk to Hard Copy: Teaching Writing with Computers*, Portsmouth, NH: Heinemann, 1997.
3. E-Mail Projekte

Adolph N. Hofmann, *E-Mail Exchange: Pazifik Nordwest – Deutschland,* San Francisco, CA: Goethe-Institut San Francisco, 1994.

Anmerkungen

1 Vgl. dazu zum Beispiel Karl-Dieter Bünting (u.a.), *Schreiben im Studium: Ein Trainingsprogramm,* Berlin: Scriptor, 1996, 46-75.
2 So etwas kommt inzwischen nicht mehr nur in den USA vor. Reinhard Donath berichtet von einem solchen Fall aus Schweden. Vgl. ders., „Nutzung von CD-Rom und den Web-Services im Fremdsprachenunterricht", Bericht vor der 6. Tagung „Schulen ans Netz", 1995; zu lesen unter der Internet-Adresse http://www.san-ev.de/
3 Bräuer (1996b), 146-150.
4 Siehe die Internet-Adresse: http://www.san-ev.de/.
5 In der Deutschdidaktik laufen zunehmend Diskussionen zum Einfluß des Umgangs mit Computern im Lernprozeß, aber auch zum Einfluß der anderen sogenannten *Neuen Medien* auf das Lesen und Schreiben. Zu einigen Ergebnissen vgl. Müller-Michaels und Rupp (1995), 162-165 bzw. Albert Bremerich-Vos, Bodo Friedrich, Ingelore Oomen-Welke, Angelika Linke (Hrsg.), *Europa-Nation-Region: Von Anderen Lernen,* Tagungsprogramm des 11. Symposions Deutschdidaktik, 1996, 143-153. Ich möchte hierbei besonders auf die beiden folgenden Beiträge hinweisen: Sascha Reuen, „Der Computer als Schreibwerkzeug im Deutschunterricht. Praxiserfahrungen aus einer vierten Grundschulklasse" bzw. Elke Schröter, „Der Beitrag des Schreibwerkzeugs Computer zur Herausbildung von Schreib- und Lesekompetenz jüngerer Kinder. Erfahrungen aus dem Projekt „Schreibwerkstatt für Kinder" an der Technischen Universität Berlin".
6 Donath (1995).
7 Vgl. für 1-3 ebenda, meine Zusammenfassung.
8 Vgl. für 4 und 5 Stefan Aufenanger, „Multimedia und Lernen in der Schule, Bericht vor der 1. Fachtagung „Schulen ans Netz, 1996, zu lesen unter der Internet-Adresse http://www.san-ev.de/.
9 Diese Schichtung von Informationen wird in den USA zunehmend zur Gestaltung von Portfolios (siehe 15. Kapitel) verwendet: vgl. u.a. Katherine M. Fischer, „Down the Yellow Chip Road: Hypertext Portfolios in Oz", in: Kathleen Blake Yancey und Irwin Weiser (Hrsg.), *Situating Portfolios: Four Perspectives,* Logan, UT: Utah State University Press, 1997, 338-56.
10 Auch wenn ich im o.g. Zusammenhang die Konsequenzen jenes Verschwindens des ursprünglich physischen Charakters der Lernfelder nicht diskutiere, so möchte ich doch zumindest hier deutlich machen, daß ich mir der gegenwärtigen, sehr fragwürdigen Tendenz bewußt bin, im Sog einer Medieneuphorie das eine mit dem anderen ersetzen zu wollen, anstatt sinnvoll zu ergänzen.
11 Stefan Aufenanger (1996).
12 Michael Drabe, „Schulen ans Netz" – Implementation der Projekte und Überlegungen zur pädagogischen Konzeption", ebenda.
13 gl. ebenda.
14 Margit Fischbach, „Vom Meer der Informationen zum Mehr an Informationen: Konzepte für die Nutzung des World Wide Web in der Schule", Beitrag zur 1. Fachtagung „Schulen ans Netz, 1996; zu lesen unter der Internet-Adresse http://www.san-ev.de/. Netzadresse für ZUM: http://www.aktivnetz.de/schule.
15 Vgl. zum *WAC* noch einmal meine Ausführungen im 10. Kapitel.
16 Vgl. zu *WAC* und Computer: Barbara E. Walvoord, „The Future of WAC", in: *College English,* Vol. 58, Nr. 1, Januar 1996, 58-79; Donna Reiss, Art Young und Dickie Selfe (Hrsg.), *Electronic Communication Across the Curriculum,* Urbana, IL: NCTE, 1998.
17 Leo van Lier, „The Multi-Media Classroom: Pedagogy first, curriculum second, computers last", in: *Living Language News,* Herbst (1996), 3.
18 Ebenda.

19 Vgl. dazu u.a. Karin Steffen, *Schreibkompetenz. Schreiben als intelligentes Handeln,* Hildesheim: Olms, 1995 und Kittler (zit. nach Steffen). Beide stellen übrigens die Veränderungen in der Schreibhandlung als Resultat von Computer- *und* Schreibmaschinenbenutzung dar.
20 Siehe zu Emig meine Ausführungen im 4. Kapitel.
21 Zur physischen Komponente von Erinnerungen siehe 8. Kapitel.
22 Zur gegenseitigen Überblendung traditioneller Etappen des Schreibens mit dem Computer vgl. Carrie Leverenz, „Talk *Is* Writing: Style in Computer-Mediated Discourse", in: Wendy Bishop (Hrsg.), *Elements of Alternate Style: Essays on Writing and Revision,* Portsmouth, NH: Boynton/Cook, 1997, 131-139.
23 Ich habe Überlegungen von James Strickland zum Schreiben mit Computern in den o.g. Übungen zusammengefaßt: ders., *From Disk to Hard Copy: Teaching Writing with Computers,* Portsmouth, NH: Heinemann, 1997, 13-34. Weitere praktische Anregungen, vor allem für das Computerschreiben im Fremdsprachenunterricht, finden sich in Gert Rijlaarsdam, Huub van den Bergh und Michel Couzijn (Hrsg.), *Effective Teaching and Learning of Writing,* Amsterdam: Amsterdam University Press, 1996, 89-182.
24 Vgl. Donath (1995).
25 Zum Charakter der Interaktion zwischen kollaborativ Schreibenden am Computer und seinen Implikationen siehe: Kristiina Kumpulainen, „The Nature of Peer Interaction in the Social Context Created by the Use of Word Processors", in: *Learning and Instruction,* Vol. 6, Nr. 3, 1996, 243-61.
26 Strickland (1997), 35-50.
27 Ebenda, 57 f.
28 Vgl. dazu u.a. meine Ausführungen zum Verhältnis von akademischem und expressivem Schreiben im 9. Kapitel.
29 Die Zentrale des Campus-Netzes hat eine Funktion eingerichtet, die es allen SeminarleiterInnen ermöglicht, studentische Schreib- und Leseprozesse nach Person und Zeit zu identifizieren. In diesem Zusammenhang habe ich alle SeminarteilnehmerInnen ausdrücklich dazu aufgefordert, ihre Arbeiten gegenseitig zu lesen bzw. weiterzuverarbeiten, solange dies mit einem Nachweis hauptsächlicher Ergebnisse fremder Darstellungen geschieht.
30 Vgl. zu den Vorteilen elektronischer Korrespondenz vor allem für den Fremdsprachenerwerb: Stanislava Kasikova, „Creating an international classroom through e-mail", in: Rijlaarsdam u.a. (1996), 124-135.
31 Für einen aufschlußreiche empirische Studie zum Vergleich von traditionellem und computergestütztem Unterricht siehe: Kate Kiefer und Mike Palmquist, „Adapting to the classroom setting: research on teachers moving between traditional and computer classroom", in: Rijlaarsdam u.a. (1996), 143-162.
32 Vgl. Metzinger (1996), 18.

15. Kapitel: Portfolio

> *Leistungseinschätzungen durch Portfolios*
> *sind eine Dreckarbeit,*
> *nicht planbar, unsystematisch, zeitaufwendig -*
> *und trotzdem (...) reizvoll.*
> **Pat Belanoff und Marcia Dickson**

Zusammenfassung

Portfoliotätigkeit ist die logische Konsequenz eines Verständnisses vom Schreiben als Prozeß. Sie dokumentiert und reflektiert individuelles und kollaboratives Lernen und setzt damit Journalschreiben auf einer komplexeren Ebene fort. Anhand praktischer Beispiele und Aufgaben werden Inhalte und Funktionen von Lerner- und Lehrerportfolios bestimmt bzw. Strategien ihrer Bewertung erprobt. Schließlich steht die Frage nach dem allgemeinen Einfluß der Portfoliobewegung auf Bildungskonzepte zur Diskussion.

Jüngste Forschungsergebnisse zu Theorie und Praxis des Lehrens und Lernens weisen auf die besondere Bedeutung *selbstregulierten* Kenntniserwerbs[1] für eine effektive Bildung innerhalb von Schule und Universität, aber vor allem auch darüber hinaus.[2] BildungspolitikerInnen fordern in zunehmendem Maße, die Entfaltung von Fähigkeiten und Fertigkeiten selbstregulierter Tätigkeit als entscheidende Erscheinungsform lebenslangen Lernens nicht dem Zufall zu überlassen, sondern ganz betont in den Ausbildungsprogrammen für SchülerInnen *und* LehrerInnen zum Gegenstand zu machen.[3] Inzwischen ist auch empirisch belegt, daß selbstreguliertes Lernen in seiner kognitiven Qualität gelehrt werden kann.[4] Erste Ansätze sind bereits gemacht, um die noch vorherrschende (theoretische) Abtrennung motivationeller Entwicklungsprozesse von der kognitiven Seite der Selbstregulation durch ganzheitliche Erklärungskonzepte zu überwinden.[5] Es ist meine Absicht, mit diesem Kapitel in eine ähnliche Richtung zu zielen; nämlich zu verdeutlichen, wie selbstreguliertes Lernen – auf kognitiver *und* motivationeller Ebene – durch Unterrichtsstrukturen ganzheitlicher Qualität herausgebildet bzw. weiterentwickelt werden kann.

Ich meine, daß das *Portfolio* ein wichtiges Medium und Mittel für ein Lernen darstellt, das inner- und außerhalb institutioneller Bildung gedeiht: Es hilft auf direktem Wege, individuelle Lernerbedürfnisse aufzubauen bzw. zu entdecken, zu artikulieren und zu befriedigen. Seine Bedeutsamkeit ist in den anglo-amerikanischen Ländern in den letzten fünfzehn Jahren zunehmend erkannt worden. Portfolio-Arbeit spielt vor allem in der Schulbildung der USA, aber auch in der dortigen Ausbildung und Fortbildung für LehrerInnen eine wichtige Rolle.[6] Die nationale Organisation der EnglischlehrerInnen (*NCTE*) hat kürzlich landesweit die Formierung von Studiengruppen initiiert, in denen *high school* LehrerInnen sich über theoretische und praktische Aspekte des Umgangs mit Portfolios austauschen. Im Mittelpunkt des sich seitdem rege entwickelnden Dialogs unter Lehrenden stehen u.a. die folgenden Fragen:[7]

Was ist ein Portfolio?
Was ist sein Zweck?
Woraus besteht es?
Wie sieht die Arbeit damit aus?
Wie wird das Portfolio bewertet?
Worin besteht sein weiterführender Einfluß?

Ich möchte im folgenden auf diese Fragen näher eingehen.

Zum Begriff: Wir alle kennen Portfolios aus Berufen, in denen die Präsentation und Anschauung von Arbeitsergebnissen die Voraussetzung für neue Arbeitsaufträge ist: die Architektin legt eine Mappe mit Bauentwürfen und Fotos von abgeschlossenen Projekten vor, der Mode-Designer verweist auf die Modelle der letzten Saison und seine Ideen für die kommende. Hier geht es um die Darstellung dessen, *was* (thematisch) und *wie* (qualitativ) gearbeitet wurde. Der Fokus liegt eindeutig auf dem *Produkt* (bzw. der Antizipation eines Produkts) der jeweiligen beruflichen Bemühung.

Im Portfolio-Begriff, den ich meine, wird jene Schwerpunktsetzung um einen weiteren Punkt, im Sinne von Ganzheitlichkeit der zu leistenden bzw. darzustellenden Arbeit, ergänzt: Es wird der *Prozeß* dokumentiert und kommentiert, welcher letztlich zu einem bestimmten Produkt führt oder geführt hat. Durch die Polarisierung von Prozeß und Produkt wird aus dem Anschauungsmaterial ein quasi interaktives Medium, das nicht nur zu seinen RezipientInnen, sondern auch zu seiner Gestalterin spricht. Es zeichnet die Verläufe individuellen Lernens auf und entwirft auf diese Weise für Produzentin und Rezipient eine Draufsicht auf Geleistetes, auf deren Matrix sich gleichzeitig Bedürfnisse und Notwendigkeiten zukünftigen Lernens abzeichnen. In dieser Funktion eignet sich das Portfolio zur komplexen (ganzheitlichen) Bewertung von Arbeitsleistungen, wofür das US-amerikanische Bildungswesen inzwischen sowohl in der Einschätzung individueller Lern- *und* Lehrleistungen bzw. in der Erfassung der Effizienz von Kursen und Ausbildungsgängen Verwendung gefunden hat. Insofern sollten die folgenden Ausführungen auch als eine Fortschreibung meines Exkurses zum 10. Kapitel (Bewertung) gelesen werden.

Das Portfolio ist nicht einfach eine wahllose Textanhäufung. Was hineingehört, hängt ab von der spezifischen Funktion der Sammlung. Hier haben sich zwei Grundmodelle herausgebildet: a) das *exemplarische* Portfolio, das anhand ausgewählter Texte in ihren Endfassungen (Vielfalt von Textsorten und Themen ist gefragt) die allgemeine Entwicklung eines Autors über einen bestimmten Zeitraum hinweg repräsentiert; und b) das *Schreibprozeß*-Portfolio, das durch eine Vielzahl von Materialien (Vorarbeiten, Entwürfe, Endfassungen etc.) Veränderungen in der Art und Weise schriftsprachlicher Mitteilung, d.h. im kommunikativen Denken und Handeln einer Person verdeutlicht.

Beim Vergleich der beiden o.g. Möglichkeiten kann leicht der Eindruck einer gewissen Vorbestimmung der Portfolios entstehen: das eine für den Lehrenden als bewertende Instanz, das andere für den Lernenden. Was im Unterricht mit einem klaren Hierarchieverhältnis zwangsläufig der Fall wäre, ist in einem Beziehungskontext, der LehrerIn und SchülerIn/StudentIn als *PartnerInnen* definiert, außerkraft gesetzt. Beide Modelle – das eine generelle Entwicklungstendenzen des schaffenden Individuums verdeutlichend, das andere seine Veränderungen im Detail auslotend – sind aufschlußreich für Lehrende *und* Lernende im Hinblick auf die weitere Ausgestaltung ihrer Zusammenarbeit. Die eingangs erwähnte Lehrerdiskussion des *NCTE* hat dazu die folgenden funktionalen Aspekte für den Umgang mit Portfolios festgestellt:[8]

Funktionen des Portfolios

- Entdeckung individueller Mitteilungsbedürfnisse,
- Interesse am eigenen Schreiben,
- Verständnisentwicklung für den eigenen Schreibprozeß,
- kundige Analyse und vorteilhafte Veränderung desselben,
- Grundlage für konkrete Zusammenarbeit zwischen Gruppenmitgliedern,
- Verständnis für das Schreiben anderer – Anregung des eigenen Schreibens durch die Arbeit anderer,
- Vermittlungsgrundlage zwischen Lernenden und Lehrenden dazu, was und wie gelehrt/gelernt werden muß.

Sämtliche, hier aufgeführten funktionalen Aspekte können in ihrer individuellen Hervorhebung nun wiederum die o.g. Grundmodelle in deren Funktion spezifizieren: Ein exemplarisches Portfolio kann zum Beispiel zur Demonstration von angeeigneter Themenvielfalt dienen, ein anderes als Spiegel von sich verändernden Lerninteressen. Ein Schreibprozeß-Portfolio kann zur näheren Bestimmung individuellen Schaffens eingesetzt werden oder als Material und gleichzeitige Dokumentation konkreter Workshop-Arbeit mit einer Gruppe.

Aus dem bisher Gesagten wird wohl bereits offensichtlich, daß sich der Inhalt eines Portfolios nicht allgemeingültig festlegen läßt, sondern sich aus der Zielstellung für seine Verwendung ableitet. Ich möchte jedoch trotzdem einige konkrete Orientierungen geben, die sich auf ein Grundmodell des Schreibprozeß-Portfolios beziehen werden.

Donald H. Graves, der „Vater" der schulischen Portfolio-Arbeit in den USA, bestimmt den Inhalt des Portfolios rigoros aus der Perspektive der Betroffenen: Es gehöre all das hinein, was Lernende für die Repräsentation ihrer selbst (ihrer Person) für nötig erachten.[9] Graves ermutigt die Lehrenden, gemeinsam mit den Lernenden zu experimentieren, beiden Seiten Zeit und Raum zu lassen, ein *Gespür* für die treffende Auswahl zu entwickeln. Wichtig für den Lernprozeß in dieser Art von Selbsteinschätzung sei jedoch, Begründungen für jede Auswahlentscheidungen abzufordern. Es ist Graves' Erfahrung, daß die Treffsicherheit dieser Justifizierung bei SchülerInnen aller Klassenstufen innerhalb kürzester Zeit rapide zunimmt.[10] Auf einer solchen Basis könne die Portfolio-Arbeit später über den Rahmen der eigenen Bedürfnisse hinaus auch für ein antizipiertes Publikum modifiziert werden: für die Lerner-Gruppe, die Lehrerin, Präsentationen innerhalb oder außerhalb der Schule.

Graves schlägt für den Anfang die Anlage von drei inhaltlichen Sektionen vor, die meines Erachtens ein Grundmodell des Schreibprozeß-Portfolios günstig bedienen:[11]

Inhaltliche Bereiche des Portfolios (Graves)

- Texte, bei deren Abfassung ich den Eindruck gewonnen habe, Neues im Bezug auf mein Schreiben kennengelernt/erfahren zu haben;

- (fremde) Texte, bei deren Lektüre ich meine, durch das Schaffen anderer Menschen Neues im Bezug auf mein individuelles Schreiben kennengelernt/erfahren zu haben;
- Sammlung von eigenen Texten, die ich zum Zeitpunkt der Auswahl als besonders gelungen empfinde.

Ich habe bei Bonita L. Wilcox eine wesentlich detailliertere Liste kennengelernt, deren Rubriken zwar ein tiefgründigeres Arbeiten unterstützen, aber auch bereits eines gut ausgeprägten Gespürs für die Auswahl und Zuordnung eigener bzw. fremder Texte bedürfen.[12]

Inhaltliche Bereiche des Portfolios (Wilcox)

- Lektüre: (fremde) Texte, die mir zu neuen Einsichten zum eigenen Schreibprozeß verholfen haben;
- Interaktion: hilfreiche Materialien, Texte, Kommentare, Gegenstände etc. aus meiner Kommunikation mit anderen Schreibenden/Lesenden;
- Demonstration: Materialien/Texte (eigene und fremde), die meine neu gewonnenen Erkenntnisse anwenden;
- Schreiben: eigene Texte, in denen ich mein Lernen und Schreiben auf einer Meta-Ebene reflektiere;
- Denken: Journal-Aufzeichnungen, die meine täglichen Überlegungen zum Schreiben und Lernen dokumentieren.

Der theoretische Einstieg in die Thematik sei mit einigen Prinzipien für den praktischen Umgang mit Portfolios im Unterricht abgeschlossen:[13]

Prinzipien für die Portfolio-Arbeit

- Alle TeilnehmerInnen einer Gruppe legen ihr individuelles Portfolio an.
- Die Schreibenden entscheiden selbst, was sie in ihre Sammlung aufnehmen wollen.
- Jede Auswahlenscheidung muß jedoch schriftlich begründet werden.
- Portfolios sind für andere Gruppenmitglieder und die Gruppenleiterin/Lehrende regelmäßig einsehbar und Ziel von Kommentaren und Diskussionen.
- GruppenleiterInnen bzw. Lehrende führen ihre eigenes Portfolio und demonstrieren regelmäßig ihre Auswahlarbeit.

Beginnen Sie Ihr eigenes Portfolio:

1. *Gehen Sie dafür noch einmal zu den Aufgaben zurück, die Sie zuerst dazu eingeladen hatten, Ihr eigenes Schreibverhalten und schließlich wiederkehrende Elemente Ihres Schreib- und Arbeitsprozesses näher zu bestimmen.*
2. *Versuchen Sie, sich an das von Ihnen in der letzten zwei Tagen Gelesene/Geschriebene zu erinnern. Tragen Sie diese Materialien zusammen.*
3. *Vielleicht arbeiten Sie jetzt an einem großen Tisch, auf dem Sie Ihre Materialien hin- und herschieben können: Ordnen Sie das Vorhandene den drei vorgeschlagenen Rubriken für das Schreibprozeß-Portfolio zu. Experimentieren Sie mit Ihren Entscheidungen: Was bedeutet es für Sie, wenn ein bestimmter Text auf dem zweiten Materialhaufen landet, anstatt dort, wo Sie ihn zuerst an der richtigen Stelle ver-*

mutet hatten? Suchen Sie nicht lange nach „schlüssigen" Erklärungen, wenn Sie letztlich für jede Entscheidung eine kurze Begründung aufschreiben und dem jeweiligen Text anheften. Halten Sie den ersten Eindruck fest, der sich bei Ihnen beim Anblick der Zuordnung einstellt.
4. *Fragen Sie sich am Schluß der Arbeit, ob da noch andere Erlebnisse (nicht nur am Schreibtisch!) in den letzten zwei Tagen waren, die Sie möglicherweise dem Portfolio beifügen möchten. Hören Sie für diese Entscheidung in sich hinein, und folgen Sie nicht nur logisch scheinenden Spuren. Manchmal beeinflussen uns Dinge, die auf den ersten Blick keine Beeinflussungspotenz verraten. Oftmals aber haben wir ein bestimmtes Gefühl, daß dieses oder jenes für unseren weiteren (Erkenntnis-)Weg bedeutsam sein könnte.*

Portfolio-Start für Neulinge

Sollten Ihnen oder Ihren SchülerInnen/StudentInnen Zuordnungen der o.g. Art momentan noch zu fremd oder kompliziert erscheinen, dann versuchen Sie diesen anderen Zugriff: Ich kenne viele Menschen, die ihre Gedichte, Geschichten u.a. Texte in einer besonderen Mappe aufbewahren (das kann durchaus auch ein folder, also eine elektronische „Mappe" sein). Wenn Sie ebenfalls so etwas besitzen, dann lade ich Sie jetzt ein, die neueren Texte Ihrer Mappe durchzublättern (die Menge des Materials sollte überschaubar bleiben) und je ein Beispiel für die folgenden Aspekte zu suchen. Markieren Sie diese Texte mit einem der Frage entsprechenden Vermerk:

1. Welchen Text mögen Sie am liebsten?
2. Gibt es einen besonders lustigen/traurigen/leichten/schwermütigen Text?
3. Durch welchen Text haben Sie besonders viel über sich selbst gelernt?
4. An welchem Text haben Sie besonders intensiv gearbeitet?
5. Gibt es Texte, die Sie unter allen Umständen als „fertig" bezeichnen würden?
6. Gibt es welche, die Sie eindeutig noch *in progress* sehen?

Wiederholen Sie diese Selbstbefragung und Textauswahl nach einer gewissen Zeit, und stellen Sie fest, was sich an Ihrer Betrachtugsweise verändert und welche Aussagen stabil bleiben.

Den nächsten Schritt von der Textmappe zum Portfolio übernehme ich von Donald H. Graves. Seine Fragen zielen bereits deutlich auf die Etablierung von Portfolio-Rubriken und damit indirekt auf die Definition des eigenen Schreibprozesses. Hinzu kommt, daß durch diese Übung die Aufmerksamkeit für den individuellen Wert jedes einzelnen Dokuments der Schreibtätigkeit geschärft wird.[14]

Fertigen Sie Markierungsblätter zu folgenden Rubriken an und finden Sie dazu passende Texte. Das kann diesmal mehr als ein Text pro Stichwort sein, vielleicht aber entscheiden Sie auch, daß Sie auf bestimmte Rubriken momentan verzichten wollen. Möglicherweise verdienen einige Texte mehrere Zuordnungen. Auch das ist in Ordnung:

Liebling: DER Text, den Sie über alles mögen;
Hier wächst was: Sie beginnen zu verstehen (thematisch und/oder sprachlich)
Überraschung: ein Text, der Sie mit seiner Aussage/Botschaft unvorbereitet getroffen hat;

Gewohnheiten: ein Text, in dem Sie thematisch und sprachlich alte Schreib/Denk/ Verhaltensmuster zu sehen glauben;
Schreibexperiment: hier haben Sie neue/ungewohnte sprachliche/gestalterische Aspekte ausprobiert
Topik-Lernen: thematische Einsichten/Erkenntnisse werden deutlich;
Bilder: Texte, für die Sie ein Image im Kopf haben;
starker Beginn: Sie überzeugt die erste Zeile, der einleitende Satz oder Abschnitt;
Titel: Sie meinen, daß Ihnen der Titel besonders gut gelungen ist;
Schon Vergessen: ein Text, an dessen Existenz Sie sich nicht mehr erinnern konnten (Forschen Sie mit einem kurzen *brainstorming* den Gründen dieses Vergessens nach.)
Mehr: dazu wollten Sie schon immer mehr schreiben, wenn Sie nur die Gelegenheit dazu hätten.

Ich möchte den Umgang mit Portfolios anhand konkreter Erfahrungen einer US-amerikanischen Lehrerstudentin spezifizieren, die im Rahmen ihres Schulpraktikums begann, ihr eigenes Portfolio anzulegen. Das Beispiel soll zum einen den Grund jenes disziplinspezifischen Phänomens andeuten, warum sich aus der Praxis mit Lerner-Portfolios die Einsicht in die Notwendigkeit von Portfolios für Lehrende entwickelt hat.[15] Zum anderen verweisen die Erfahrungen der Lehrerstudentin auf die spezielle Dynamik, die sich zwischen Portfolio und Schreibender herausbildet. Annes Portfolio besteht aus den folgenden Elementen:

Portfolio-Inhalte

Biographie: Material, das Erinnerungen an das Lesen- und Schreibenlernen und die weitere Entwicklung als Lesende/Schreibende sichtbar werden läßt;
Persönliche Schreibziele: Vorhaben für den Zeitraum und die Tätigkeitsrahmen der Ausbildung (Schreibgruppe/workshop, individuell);
„Denk"-Stücke: Texte persönlichen Schreibens, die sich mit Fragen und Problemen des Schreibens experimentell/spekulativ auseinandersetzen;
Biographie eines „Denk"-Stücks: Kommentar zur Entstehung eines persönlichen Essays;
Gruppenprojekt: Kennenlernen von Arbeits- und Schreibweisen anderer Gruppenmitglieder
Fremdkommentare: von anderen Gruppenmitgliedern und der Seminarleiterin zum Wachsen des Portfolios.

Annes Einsichten, die sie durch die Auseinandersetzung im bzw. mit dem Portfolio gewann, sind vielschichtig, miteinander vernetzt und oftmals von weittragender Konsequenz. Durch ihre autobiographischen Aufzeichnungen fand sie zum Beispiel heraus, daß ihre Scheu vor der eigenen Schreibarbeit deutliche Bezüge zu einem stark ausgeprägtem Perfektionsbestreben aufweisen. Im Literaturunterricht hatte sie „gestandene AutorInnen" und deren Werke als Ikonen behandeln gelernt, und beim Aufsatzschreiben wurden ihre Ideen unter Rotstiftkorrekturen grammatischer, orthographischer und stilistischer Art begraben. Um so verständlicher das Bild, das sie von sich als zukünftige Lehrerin entwirft:

Ich möchte gemeinsam mit meinen SchülerInnen lernen, anstatt durch Vorträge permanent den Eindruck zu vermitteln, auf jede Frage eine Antwort parat zu haben. Ich meine, daß auch SchülerInnen Lernenswertes mitzuteilen haben, wenn wir Lehrenden nur bereit sind, ihnen zuzuhören. Ich möchte meinen SchülerInnen helfen, selbständig zu denken, kritisch und experimentierfreudig zu sein, träumerisch und nicht bereit, Niederlagen als Endgültigkeiten zu akzeptieren.[16]

Durch ihre autobiographische Schreibarbeit erkannte sie auch einen möglichen Weg zur Verwirklichung dieser anspruchsvollen beruflichen Vision. Sie lernte verstehen, daß sich Selbstvertrauen nur dann an SchülerInnen weitervermitteln läßt, wenn die Lehrende selbst davon genügend besitzt. Für Anne, die es bisher gewöhnt war, nach gültigen Mustern und Orientierungen – Autoritäten – Ausschau zu halten und danach zu handeln, hieß dieses Lernen nunmehr, auf sich selbst zu hören und ihrer eigenen Stimme zu vertrauen. Anne ergründete dafür Möglichkeiten in sogenannten *think pieces*, kurzen, unstrukturierten Texten, die in ihrer Spontaneität des Enstehens sehr viel Ähnlichkeit besitzen mit dem automatischen Schreiben oder *brainstorming,* im Gegensatz zu diesen jedoch in kleinen Gruppen vorgelesen und diskutiert werden. Diese Gruppengespräche sind keine, die sich um sprachliche oder inhaltliche Textentwicklung bemühen, sondern solche, die das schreibende Subjekt moralisch unterstützen und anspornen, mit der begonnenen Selbstbestimmung fortzufahren und nun tiefer zu schürfen. Anne gelang es auf diese Weise, Selbstzweifel abzubauen, neue Wertvorstellungen zu entwerfen und sich schließlich als Schreibende bzw. Lehrende neu zu definieren. Ein Vergleich zwischen dem, was nötig ist, um ihre neuen Erkenntnisse im Unterricht umzusetzen und dem, was sie als aktuelles methodisch-didaktisches Inventar zur Verfügung stehen hatte, verdeutlichte ihr schließlich die nächsten Schritte im persönlichen Lernprozeß.

Im speziellen Bereich der Lehrer-Portfolios haben sich inzwischen fünf Modellformen mit den folgenden funktionalen Aspekten herausgebildet:

Portfolios (PF) für Lehrende

1. PF für die Weiterentwicklung von Curricula, Studiengängen und Kursen: Ausgehend von den Zielen einer administrativen Bildungseinheit (Schule, Universität, Abteilung) werden Ausbildungsbestandteile auf ihre Wirksamkeit hin untersucht bzw. experimentell verändert.
2. PF für die Weiterentwicklung von individuellen Lehr- und Lernmethoden: Es werden die am häufigsten durch die jeweilige Person benutzten Methoden in verschiedenen Unterrichtskontexten (Seminaren, Workshops) ermittelt und auf allgemeine Wirksamkeit und individuelle Bedeutsamkeit überprüft.
3. PF für die Analyse von Lehr- und Lernprozessen innerhalb eines bestimmten Kurses: Was lernt die jeweilige Lehrerin während ihrer Unterrichtstätigkeit in einem bestimmten Kurs?
4. PF für die Identifikation, Analyse und Lösung von zentralen Lehr- und Lernproblemen für den Betroffenen:
Welche Probleme tauchen für den jeweiligen Lehrer immer wieder in seiner Unterrichtstätigkeit auf?
5. PF für kollektives Lehren und Lernen: Hier geht es um die Dokumentation des Zusammenspiels zweier Lehrkräfte beim Unterrichten eines gemeinsamen Kurses.

Wie für das Lerner-Portfolio, so gilt auch für Portfolios von Lehrenden eine gewisse inhaltliche Unbestimmtheit bzw. Abhängigkeit von seiner konkreten Funktion. Kenneth Wolf schlägt für Portfolios, die als Grundlage für Leistungseinschätzungen dienen, die folgende Inhaltsliste vor:[17]

Portfolio-Inhalte Lehrender

- Arbeiten von SchülerInnen/StudentInnen,
- Unterrichtspläne und -materialien,
- Unterrichtsproben auf Video,
- Kommentare zur eigenen Arbeit,
- Einschätzungen von hospitierenden KollegInnen,
- Reflexionen zur Arbeit von KollegInnen
- Ergebnisse gemeinsamer Unterrichtstätigkeit (etc.)

Abschließend möchte ich mit einigen speziellen Bemerkungen zur Bewertung, die jedoch meine Ausführungen im Exkurs zum 10. Kapitel nicht noch einmal wiederholen können. Wie die theoretische und praktische Auseinandersetzung mit dem Phänomen des Portfolios selbst gezeigt hat, basiert seine Entstehung auf permanentem Eigen- und Fremdbewerten. Was an Einschätzungskriterien und -maßstäben ohne Portfolio in mühsamer Verständigungsarbeit inneralb einer Gruppe entsteht, wächst hier aus der Tätigkeit des einzelnen im gemeinsamen Medium Portfolio hervor und bildet (oftmals fast unmerklich) einen Gruppenkonsens. Vor dem Hintergrund einer solchen langfristigen und intensiven Auseinandersetzung mit eigenen und fremden Lernprozessen werden Benotungen hinfällig oder – wenn institutionell durchaus erforderlich – erscheinen sie in einem anderen Licht: Ihre Funktion des Messens von Leistungen innerhalb institutionell geschaffener Vergleichsrahmen wird durch das Aufziehen (wie eine Pflanze) von Schreibleistungen in kontinuierlich entwickelten und permanent justizierten Bezugsgrößen von Individuum und Gruppe aufgehoben.

Bis Anfang der neunziger Jahre waren bereits in 21 Bundesstaaten der USA Portfolios als Alternative zu standardisierten Tests in die Schul- und Hochschulbildung eingeführt worden.[18] Damit ist meines Erachtens der erkannten Notwendigkeit prozessualer und ganzheitlicher Betrachtung von Schreibleistungen endlich auch institutionell Rechnung getragen. Diese Tatsache finde ich insofern hoffnungsvoll, da sie sicherlich Überlegungen und praktische Implikationen der lehrend Tätigen zukünftig in stärkerem Maße im Sinne der hier ausgestellten Aspekte persönlich bedeutsamen Lernens – Prozessualität und Ganzheitlichkeit – beeinflussen wird.

Ich möchte als Kapitelzusammenfassung eine Liste anbieten, welche die Komplexität **schreibpädagogischer Konzequenzen der Portfolio-Arbeit** für Lehrende und Lernende andeutet:

- Identifikation mit dem, was getan wird (Lernen, Schreiben etc.);
- erweitertes Verständnis für Schreiben als (Lern)Prozeß im allgemeinen und seine individuelle Ausprägung im besonderen;
- erhöhte Aufmerksamkeit für und Wertschätzung von Texten, die Vorarbeiten für weiterführende Projekte verkörpern;
- Anwendung von und Umgang mit regelmäßiger Selbst- und Fremdbewertung;

- Meta-Lernen: Lernen, wie individuell am effektivsten gelernt werden muß;
- hilft bei der Etablierung und Festigung von Lerner-Gemeinschaften;
- Lehrende als Lerner (durch die Führung des eigenen Portfolios) schafft produktive Beziehung (Austausch) zwischen Lehrenden und Lernenden.

Weiterführende Lektüre

1. Zum disziplingeschichtlichen Hintergrund
Gerd Bräuer, *Warum Schreiben? Schreiben in den USA: Aspekte, Verbindungen, Tendenzen,* Frankfurt: Lang, 1996.
Pat Belanoff und Marcia Dickson (Hrsg.), *Portfolios: Process and Product,* Portsmouth, NH: Heinemann, 1991.

2. Portfolio und ganzheitliche Bildung
Gerd Bräuer, „Das Portfolio als Medium individualisierten Lehrens und Lernens", in: Gerald Schlemminger u.a. (Hrsg.), *Pädagogische Spannungsfelder im ganzheitlich orientierten Unterricht Deutsch als Fremdsprache,* (erscheint 1998).
Kathryn F. Whitmore und Yetta M. Goodman, *Whole Language Voices in Teacher Education,* Urbana, IL: National Council of Teachers of English, 1996.

3. Portfolios für Lernende
Donald H. Graves, *A Fresh Look at Writing,* Portsmouth, NH: Heinemann 1994.
National Council of Teachers of English, *Middle School Portfolio Kit,* Urbana, IL: NCTE, 1996.

4. Portfolios für Lehrende
S. Glatthorn, *The Teachers' Portfolio: Fostering and Documenting Professional Development,* Rockport, MA: Pro Active Publications.
Kenneth Wolf, „The Schoolteacher's Portfolio: Issues in Design, Implementation, and Evaluation", in: *Phi Delta Kappan,* Oktober 1991, 129-136.

5. Portfolios für Lehrende *und* Lernende
Kathleen Blake Yancey und Irwin Weiser (Hrsg.), *Situating Portfolios: Four Perspectives,* Logan, UT: Utah State University Press, 1997.

6. Bewertung von Portfolios
The Iowa English Bulletin (Vol. 43), *Assessing Portfolios: A Portfolio,* Cedar Falls, IA: Iowa Council of Teachers of English and Language Arts, 1995.

Anmerkungen

1 Vgl. dazu auch meine Ausführungen im 16. Kapitel zum *eigenaktiven Lernen,* das u.a. im Zusammenspiel mit Selbstregulationen das Qualitätsniveau der Lernerautonomie erhöht.
2 Monique Boekaerts, „Self-regulated learning: a new concept embraced by researchers, policy makers, educators, teachers, and students", in: *Learning and Instruction,* Vol. 7, 2 (1997), 161-186.
3 Ebenda.
4 Ebenda.
5 Ebenda, 174 ff.
6 Zu einer genaueren Darstellung der Einbindung des Portfolio-Phänomens in die US-amerikanische Schreibpädagogik vgl. Bräuer (1996b), 144 ff. und 186 ff. Zu Aspekten praktischer PF-Arbeit im Fremdsprachenunterricht vgl.: Bräuer, „Das Portfolio als Medium individualisierten Lehrens und Lernens", in: Gerald Schlemminger u.a. (Hrsg.), *Pädagogische Konzepte für einen ganzheitlichen Unterricht Deutsch als Fremdsprache,* Berlin: Cornelsen (erscheint 1998).

7 Ich formuliere die Kernfragen aus der Kenntnis dieses Materials: *Portfolios in the Senior High School. Study Group Support Material,* hgg. vom National Council of Teachers of English (NCTE), Urbana, IL: NCTE, 1996.
8 Ebenda. Hier handelt es sich um meine Zusammenfassung und Übersetzung der Aspekte, die in einzelnen Beiträgen zum *NCTE*-Material nähere Betrachtung finden.
9 Donald H. Graves, *A Fresh Look at Writing,* Portsmouth, NH: Heinemann, 1994, 171.
10 Ebenda, 173.
11 Ebenda, 174 f.
12 Bonita L. Wilcox, „Creating Portfolios for Professional Development", unveröffentlichtes Konferenzmaterial für: 2. Internationale Konferenz des NCTE, Heidelberg, 1996, 5 (meine Übersetzung und Adaption).
13 Ich habe diese Arbeitsprinzipien auf der Grundlage von Graves (ebenda, 172) formuliert.
14 Ebenda, 181 f., meine Übersetzung und Adaption.
15 Die US-amerikanische Portfolio-Bewegung hat sich in den letzten Jahren auch in diesen beiden Richtungen entwickelt, um sich auf der Grundlage vieler Gemeinsamkeiten ebenso den Besonderheiten der Portfolios für Lehrende und Lernende zu widmen.
16 Dana L. Fox, „The Struggle for Voice in Learning to Teach: Lessons from one Preservice Teacher's Portfolio", in: Kathryn F. Whitmore und Yetta M. Goodman (Hrsg.), *Whole Language Voices in Teacher Education,* Urbana, IL: NCTE, 1996, 285-96, hier: 288 f.
17 Kenneth Wolf, „The Schoolteacher's Portfolio: Issues in Design, Implementation, and Evaluation", in: *Phi Delta Kappan,* Oktober 1991, 129-136.
18 Graves (1994), 171.

16. Kapitel: Theorie-Praxis-Lernen

> ....., und als ich die Alten lachen hörte
> über ihre Geschichten wußte ich,
> warum ich das alles auf mich geladen hatte:
> das Studium, den Job und dann noch
> diese Schreibgruppe zweimal die Woche....
> **Joshua,** Student

Zusammenfassung

Schreiben wird in diesem letzten Kapitel anhand von Beispielen projektbezogener Bildung als wichtiges Medium und Mittel für lernerautonomes Handeln vorgestellt. Sein Brückencharakter zwischen privater und öffentlicher Kommunikation bzw. akademischem Diskurs und Erfahrungswelt wird hier noch einmal aus einer neuen Perspektive sichtbar, welche weit über die Grenzen von Schule und Universität hinausweisen.

Während ich dieses letzte Kapitel zu schreiben beginne, ruft Manfred Prokop von der University of Alberta (Kanada) eine *webpage* zum Thema Lernerautonomie ins Leben.[1] Eine solche Ideen-Sammelstelle im *Internet* zu beginnen, war erklärter Wille der TeilnehmerInnen der Sektion 6 im Rahmen der XI. Internationalen Deutschlehrertagung im August 1997 in Amsterdam.[2] Ich besuchte einige der Vorträge zu Lernstrategien und -techniken, Selbstbestimmung und -verantwortung, zum veränderten Lehrer- und Lernerbild etc., und ich verfolgte die angeregten Diskussionen des zahlreich erschienenen Publikums.

Wenn diese Diskussion nunmehr über *Internet* fortgesetzt wird,[3] dann ergibt sich hiermit ein Modell von dem, was ich unter Theorie-Praxis-Lernen verstehe: Kenntniserwerb durch kontinuierliches Wechselspiel theoretischer und praktischer Aspekte eines Bildungsgegenstandes mit dem Ziel individueller und gesellschaftlicher Veränderungen.[4]

Für den eingangs zitierten Fall heißt das: Lehrende an Schulen und Universitäten bringen die Erfahrungen ihrer Unterrichtspraxis ins *Gespräch* und setzen sie den unterschiedlichen Erfahrungen von KollegInnen aus vielen Teilen der Welt aus. Kollaboratives Kontrastieren, Analysieren, Interpretieren, Synthetisieren, Spezifizieren etc. führen zu neuen Einsichten für die Beteiligten. Viele dieser Einsichten werden direkt oder indirekt die Unterrichtspraxis der Betreffenden verändern; einige Ideen davon werden in den öffentlichen Dialog zurücktauchen – theoretisiert oder als Praxisbericht.

An dieser Auflistung der Ereignisse reizt mich der Einblick dahin, wie die Beteiligten selbst **Lernerautonomie erproben**, also persönlich erfahren, worüber sie theoretisieren und was sie ihren SchülerInnen bzw. StudentInnen mitteilen. Der Überblick läßt außerdem die Vermittlerposition des Mediums Schreiben zwischen dem einzelnen und den agierenden Gruppen hervortreten:

- Ich habe in den letzten Jahren die Ergebnisse meines auf Lernerautonomie ausgerichteten Unterrichts vor allem in Journalen zusammengetragen.
- Durch Korrespondenz mit KollegInnen in Deutschland erfuhr ich von der bevorstehenden Tagung und besagter AG 6.
- Als Ergebnis meiner Auseinandersetzung mit dem Journal-Material entschied ich mich jedoch, mich mit einem Beitrag an der AG 8 zu alternativen Sprachlehr- und lernansätzen[5] zu beteiligen. Ich hatte zwischenzeitlich auch AG 7, „Projektarbeit und Lernerkontakte",[6] ins Kalkül gezogen.
- In Amsterdam besuchte ich die Sitzungen der AG 6 und 8. Beide Orte gaben mir wichtige Anregungen für meinen eigenen Lernprozeß. Ich kämpfte jedoch auch zeitweise mit meinem schlechten Gewissen, da ich eine gewisse Verantwortung für AG 8 empfand, der gegenüber ich mich offiziell zur Mitarbeit verpflichtet hatte. Nicht zuletzt auch durch verschiedene Journaleintragungen gleich zu Beginn der Konferenz fand ich eine Kompromißlösung, bei der sich die Verantwortung für mein eigenes Lernen schließlich durchsetzte.
- Wieder zurück in Atlanta, habe ich einen meiner Kurse für das Herbstsemester u.a. nach Anregungen beider Sektionen umstrukturiert.
- In den Folgemonaten werde ich meine Beobachtungen wiederum im Journal festhalten und einiges davon mit den KollegInnen auf der von Manfred Prokop inszenierten *web*-Seite (im Leserforum) diskutieren.

Dieses Beispiel soll auch noch einmal daran erinnern, daß eigenaktives Lernen[7] noch lange nicht lerautonomes Handeln bedeuten muß[8] und daran, wie schwierig es oftmals ist, gewonne Lernerautonomie gegenüber Fremderwartungen und -anforderungen zu behaupten oder in einer Kompromißform zu erhalten.

In den USA trainieren StudentInnen die angedeuteten Entscheidungsprozesse (und mehr) im Rahmen des sogenannten *service learning*.[9] Im Auftrag und zumeist auf Vermittlung eines bestimmten Ausbildungsprogramms nehmen die StudentInnen Positionen in den verschiedensten kommunalen Organisationen ein, in denen sie ihr theoretisch erworbenes Wissen einer praktischen Prüfung unterziehen bzw. neu bewerten, umstrukturieren, manchmal aber auch verwerfen. In speziell dafür geschaffenen Lehrveranstaltungen stellen sie Analysen und Schlußfolgerungen ihrer Erlebnisse vor, so daß sich hier – zumindest auf einer Modellebene – der Kreis zwischen den Polen von Theorie-Praxis-Lernen (vorläufig) schließt.

1997 listet eine Publikation zum *service learning in composition* Programmbeschreibungen von 24 Colleges und Universitäten,[10] aber ich weiß aus eigener Erfahrung, daß sehr viele Hochschuleinrichtungen in den USA den sogenannten *community outreach* – Projektbeziehungen mit dem kommunalen Umfeld der jeweiligen Institution – unterhalten, wo Aspekten der Schreibpädagogik eine zentrale Bedeutung beigemessen wird. Hier ist eine **Liste inhaltlicher Schwerpunkte zum Schreiben in der *community*:**

- Tutorien zur Verbesserung von Schreibleistungen an örtlichen Schulen u.a. öffentlichen Einrichtungen;
- künstlerische Freizeitgestaltung mit jüngeren SchülerInnen;
- Öffentlichkeitsarbeit für Hilfsorganisationen (Obdachlosigkeit, Drogenberatung, Essenausgaben, Umweltschutz etc.);
- Selbsterfahrungsgruppen für Auffanglager und Heime in Großstädten;
- Workshops im kreativen Schreiben an Schulen u.a. Einrichtungen;

- Autobiographisches Schreiben mit alten Menschen;
- Empirische Untersuchungen (zumeist Befragungen) zu sozialen Problemen des jeweiligen Standortes;
- Arbeit mit Einrichtungen der Erwachsenenbildung: Analyse vorhandener und benötigter Ausbildungsschwerpunkte, kommunalpolitische Aspekte in Unterstützung, Organisation und Durchführung kommunaler Erwachsenenbildung;
- Arbeiten mit Organisationen zur Bewahrung von Lokalkultur und -geschichte (Stadtteilkulturarbeit etc.).

Schreibspezifische Aufgaben:

- Journalschreiben,
- Anlegen von Fragenkatalogen zur Diskussion in weiterführenden Lehrveranstaltungen,
- eigenständiges Forschungsprojekt zu einem Schwerpunkt ihrer Spezialfachausbildung,
- Tätigkeitsberichte und -analysen: Führen eines Portfolios,
- Eingabeschreiben an örtliche Verwaltungsorgane bzw. staatliche Stellen.

Das Anliegen der *service-learning* Programme zielt in verschiedene Richtungen: Zum einen soll eine vitale Beziehung zwischen Hochschuleinrichtung und Territorium entstehen, in deren Rahmen die Studierenden sich selbst als Mitglied in beiden Bereichen verstehen lernen. Zum anderen steht das Ziel der Erhöhung persönlich bedeutsamer Anteile im Studium zur Disposition. Ein dritter Zielaspekt erfaßt die Ausprägung von Lernerautonomie, die von vielen Programmen als grundlegend für die Motivierung lebenslangen Lernens bestimmt wird.[11]

Theorie-Praxis-Lernen ist auch innerhalb einer Institution möglich. Es forciert interdisziplinäres Denken und Handeln und ist ein ideales Terrain für cross-curriculares Schreiben. Die erst in den neunziger Jahren entstandenen **Programme für *language across the curriculum* (*lac*)** geben ein gutes Beispiel dafür ab.

An der Emory University gibt es sogenannte *lac*-Kurse mit einer deutschsprachigen Komponente in Kunstgeschichte, Politik- und Sozialwissenschaften, Geschichte und Musik. Die Grundidee besteht darin, daß StudentInnen ihre Kenntnisse in Deutsch auch außerhalb des Kursangebots der Germanistischen Abteilung weiterentwickeln und gleichzeitig zur Profilierung der Fachausbildung beitragen: Zum Beispiel kann ein politikwissenschaftlicher Kurs zu aktuellen Problemen der deutschen Wiedervereinigung wesentlich von der Teilnahme deutschsprechender StudentInnen profitieren, wenn es dadurch möglich wird, aktuelle deutschsprachige Informationen aus dem Internet in die Seminargestaltung einzubeziehen. Neben der zusätzlichen fremdsprachlichen Komponente rechtfertigt meines Erachtens vor allem auch das Einbringen eines intimeren kulturellen, sozialen und historischen Verständnisses die Einrichtung von *lac*-Kursen. Sie haben außerdem die intensivierte Zusammenarbeit zwischen verschiedenen Fachabteilungen zur Folge. Organisatorische Grundlage der Kurse ist es nämlich, daß sein fremdsprachlicher Anteil gemeinsam mit der jeweiligen Sprachabteilung inhaltlich und methodisch entwickelt und auch betreut wird, sofern die unterrichtende Fachkraft nicht gerade selbst die Fremdsprache beherrscht.

Schreibspezifische Aufgaben:

- Übersetzungen von Originalquellen,
- Annotationen,
- Analysen und Kommentare zu originalsprachlichen Quellen,
- Korrespondenz mit VertreterInnen der Zielsprache/-kultur,
- eigenständiges Forschungsprojekt zu einer speziellen (fremd-)sprachlichen, kulturellen, historischen etc. Komponente des Fachseminars,
- Führen von Arbeitsjournal und Portfolio.

Ich glaube, auch aus diesem Beispiel wird die Strategie, Lernen zum eigenen *und* zum Vorteil anderer einzurichten, klar ersichtlich. Die Konfrontation von Eigen- und Fremdinteresse provoziert die Stärkung von Lernerautonomie und schafft Maßstäbe für persönlich bedeutsames Studieren.

Theorie-Praxis-Lernen ist im Falle des Schreibzentrums[12] bereits Teil der Bildungsinstitution geworden: Wenn TutorInnen mit ihren PartnerInnen tätig werden, dann helfen sie nicht nur, sondern fügen ihrem eigenen Lernprozeß eine wichtige Komponente, die des Tuns (Dewey sagt *learning by doing*) hinzu. Aber: Mir geht es nicht um die formale Addition von Ausbildungsaspekten. Theorie- und Praxisteile benötigen den gegenseitigen Anschluß: Das eine geht nicht ohne das andere, und wenn scheinbar doch, dann nicht ohne Folgen – nicht unmittelbar sichtbare vielleicht, sondern solche mit Langzeitwirkung auf das Erscheinungsbild individuellen Lernens in einer Gesellschaft.

Projektarbeit[13] ist eine weitere wichtige Form des Theorie-Praxis-Lernens. Sie verdrängt bekanntlich (frontales) fremdaktives Lehren zugunsten eigenaktiven Lernens. Im Mittelpunkt steht nicht mehr eine Wissen vermittelnde Autorität, sondern das schöpferische, kenntnisstrukturierende Subjekt. Rezeptive Einzelarbeit weicht produktiver Partner- oder Gruppentätigkeit, was nicht heißt, daß erstere vollkommen verschwindet. Individuelles Lernen verliert jedoch seinen Ausschließlichkeitscharakter und wird stattdessen eingebunden in ein Geflecht von Beziehungen innerhalb der jeweils dominierenden Lernergemeinschaft. Was dadurch entsteht, sind komplexe Anforderungen an soziale Lernprozesse, besonders aber an ein Lernen auf der wiederholt erwähnten Meta-Ebene, wo Techniken, Methoden und Strategien individuellen Kenntniserwerbs auf den praktischen Einsatz vorbereitet bzw. nach mehr oder weniger erfolgreicher Anwendung bestätigt, verworfen und/oder modifiziert werden. Ich sehe vor allem in diesem Bereich wesentliche Aufgaben für das Schreiben, die in den vorangegangenen Kapiteln mehrfach ausführlich dargestellt wurden.[14]

Projektarbeit erlangt nicht zuletzt wegen seiner Differenzierbarkeit nach individuellem Leistungsvermögen und -willen wachsende Bedeutsamkeit und Aufmerksamkeit.[15] Das trifft sowohl auf Einzel-, als auch auf Partner- oder Gruppenarbeit zu: Zum einen kann die zeitliche Abfolge von Tätigkeiten relativ bedarfsgerecht eingerichtet werden, zum anderen ist auch die Arbeitsaufteilung innerhalb von Lernerverbänden recht flexibel. Beide Momente schließen den pädagogisch wesentlichen Faktor individueller Verantwortlichkeit für sich selbst und andere mit ein bzw. erfassen ebenso wichtige motivationelle Aspekte des Lernens. Projektarbeit eröffnet ein weites operationales Feld für viele hier in diesem Buch angesprochenen Schwerpunkte des Lernens durch Schreiben. Mit seinem eigenen Verlaufscharakter wird es zur Folie für die grundlegenden Erkenntnisse zum Schreiben als Prozeß. Dazu möchte ich ein kurzes Beispiel anführen.

Schreiben in der Projektarbeit (I)

Ich hatte bereits an anderer Stelle Gelegenheit, meine Unterrichtserfahrungen mit einem Seminar zu Franz Kafka zu erwähnen.[16] Eines der längerfristigen Projekte bestand darin, im Verlaufe des Semesters ausgewählte Kurzgeschichten des Prager Autors zu untersuchen und dabei Kafkas Entwicklung als Erzähler in einem vorgegebenen Lebensabschnitt näher zu bestimmen. Neben der individuellen Arbeit, mit dem Partner bzw. auch im Workshop waren außerdem nach jeder be*handelten* Kurzgeschichte Konferenzen mit mir angesetzt. Abgesehen von individuell auftretenden Problemen mit einzelnen Texten, konnte ich während dieser Treffen im Verlaufe des Semesters wachsende Souveränität im literaturwissenschaftlichen Umgang und in der schöpferischen Auseinandersetzung mit den Texten erkennen. Besonders bemerkenswert fand ich jedoch, daß mit zunehmender Zahl der bearbeiteten Texte auch die Motivation stieg, auf vormals abgeschlossen geglaubte Interpretationen zurückzugreifen und aus neu gewonnenen Blickwinkeln noch einmal kritisch zu betrachten. Die kontinuierliche Auseinandersetzung mit den Texten Kafkas *und* denen der StudentInnen produzierte im wahrsten Sinne des Wortes eine zunehmend enger werdende Spirale hermeneutischen Textverstehens – eine Feststellung, die von den StudentInnen selbst am Ende des Semesters in ihren Journal-Aufzeichnungen mehrfach formuliert wurde.

Traditioneller Projektunterricht hat meines Erachtens einen entscheidenden Nachteil: Inhalte werden verarbeitet, um a) theoretisch eingeführte Aspekte praktisch nachzuerleben oder b) durch das praktische Erleben zu theoretischen Einsichten zu gelangen. In beiden Fällen bleiben die Lernpotenzen der Projekttätigkeit zur Hälfte ungenutzt: Der praktische Arbeitsprozeß wird nach der Fertigstellung des angezielten Produkts nur selten im Sinne eines *Fortschreibens* von Erkenntnissen wiederaufgegriffen. Mir geht es hierbei weniger um das Einfordern einer im modernen Unterricht sowieso längst etablierten Interdisziplinarität, die den jeweils verhandelten Gegenstand einer Spezialdisziplin über (Ausbildungs-) Fächergrenzen hinausführt. Ich meine das Anlegen von Erkenntnis*netzen*, deren Erweiterung bzw. Verdichtung als lebenslanges, fortlaufendes (und nicht als einmaliges, auf institutionelle Anforderungen reagierendes) Ereignis konzipiert ist.

Die Idee des Theorie-Praxis-Lernens stellt sich dieser Forderung. Die SchülerInnen und StudentInnen gehen den oben unter a) beschriebenen Weg nach seiner praktischen Erkundung wieder zurück zur theoretischen Diskussion. Das (praktische) Arbeitsergebnis wird dabei in seiner Produkt- *und* Prozeßqualität reflektiert, d.h. die an der Entstehung beteiligten Fähigkeiten, Fertigkeiten und Kenntnisse werden einer kritischen Betrachtung unterzogen, mit dem Zweck ihrer konkreten Modifikation. Zum Ziel steht also neben *Theorie*bildung auf höherem Niveau genausogut ihre *praktische* Entfaltung. Für den Unterricht bedeutet dies, daß das erste Projekt zu einem Gegenstand/Thema als Initialzündung wirkt, also eventuell weitere folgen, nicht notwendigerweise in ein- und demselben Ausbildungsfach oder -abschnitt, aber unbedingt im direkten und bewußt gesetzten Bezug darauf. Unter diesem Blickwinkel zeigt sich der

Weg b) als nicht grundätzlich verschieden von a), er setzt lediglich an einem anderen Punkt, nämlich dem der Praxis, ein. Auch hier endet die Projektarbeit nicht (oder eben nur vorläufig) nach der Resultateschau.[17]

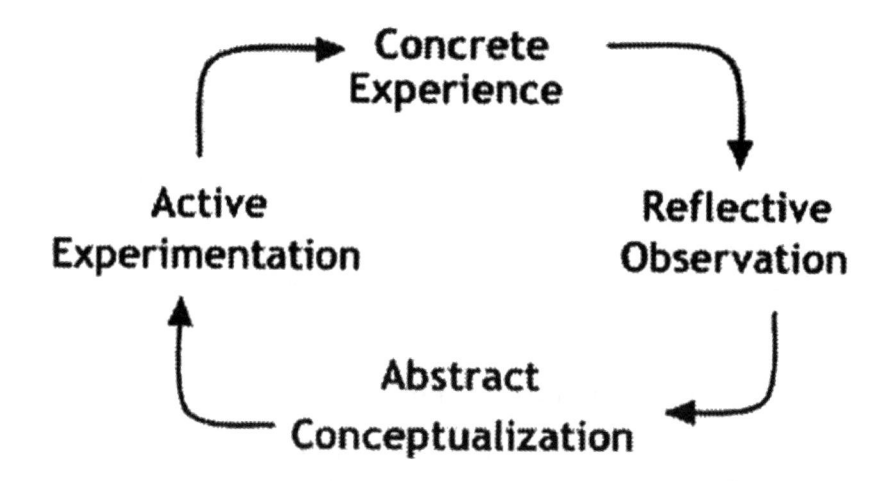

```
        ┌──────▶ Concrete ───────┐
        │       Experience       │
        │                        ▼
   Active                    Reflective
Experimentation              Observation
        ▲                        │
        │       Abstract         │
        └─── Conceptualization ◀─┘
```

Zur Veranschaulichung dieser Zusammenhänge möchte ich noch einmal auf das bereits erwähnte Kafka-Seminar zurückkommen, diesmal mit Blick auf seine Semesterstruktur.

Schreiben in der Projektarbeit (II)

Neben dem bereits erwähnten Projekt, das sich relativ traditioneller Textarbeit anhand einiger Kurzgeschichten Kafkas widmete, weist die Semesterstruktur zwei weitere hauptsächliche Arbeitsbereiche auf. Es handelt sich zum einen um ein Projekt freier Wahl, das einen Aspekt aus Kafkas Leben und Schaffen bzw. seiner Rezeptionsgeschichte näher vorstellen sollte. Hierfür wurden z.B. folgende Themen ausgesucht: das Verwandlungsmotiv in Kafkas Texten und seine bildnerische Verarbeitung in Textillustrationen; Kafkas „Baue"/Wohnungen in Prag; Thematische Schwerpunkte in Kafka-Verfilmungen; Einflüsse des expressionistischen Films auf Kafkas Schreiben. Als Resultat entstanden Rauminstallationen, Würfelspiele, Video-Clips etc. Ein weiteres Projekt sollte eine Reflexionsebene zum laufenden Seminar schaffen: Anhand von Portfolio und Lesetagebuch wurde der eigene Lernprozeß dokumentiert und analysiert.

Einige kurze, illustrierende Bemerkungen zum Projekt „Baue/Wohnungen": Auf der Grundlage des Textes, „Der Bau", entstand eine stark biographisch orientierte Arbeit. Das Ergebnis war ein Würfelspiel, für das ein Papiermodell der Prager Altstadt angelegt wurde. Frage- und Antwortkarten stellten die Stadt und damit wesentliche Bezugspunkte der Biographie und des künstlerischen Schaffens des Dichters näher vor bzw. testeten vorhandene Kenntnisse spielerisch. Ein Anliegen der beteiligten StudentInnen bestand darin, neben der Vernetzung der vielen Lebensstationen Kafkas in der Stadt auch das Verwobensein von Biographie und literarischem Text bzw. realen und fiktiven Personen nacherlebbar zu gestalten. Der Einsatz des Spiels machte außerdem bereits (theoretisch) Be*handeltes* sichtbar und motivierte schließlich auch zur Rückkopplung mit früheren Lektüreeindrücken und -schlußfolgerungen. In den Journal-Eintragungen der Beteiligten wurde mehrfach ausgedrückt, daß es neben der Beschäftigung mit dem Projekt vor allem die gemeinsame Nutzung des Spiels mit den Anderen war, was bestimmte Einsichten und Erkenntnisse zum Seminarinhalt besonders intensiv beförderte.

Ich sehe den entscheidenden Vorteil von Projektarbeit in der Möglichkeit des praktischen Umgangs mit solchen Lerntechniken, -methoden und -strategien bzw. deren Organisationsformen wie sie u.a. in diesem Buch vorgestellt worden sind. Dabei kommt es meines Erachtens auf zwei Ebenen – auf inhaltlicher und arbeitsmethodischer – zu Ausprägung und Motivation eines persönlich bedeutsamen Lernens, das schließlich über die Grenzen der jeweiligen Unterrichtseinheit und Studiendisziplin hinaus wirkt. Ich möchte dazu ein letztes Mal auf meinen Kafka-Kurs zurückgreifen.

Schreiben in der Projektarbeit (III)

In der Anfangsphase des Semesters war es mir wichtig, daß alle StudentInnen gemeinsam Organisationsformen wie Partner- oder Workshop-Arbeit exemplarisch kennenlernten. Ich entzog auch zu Beginn der bereits vorgestellten Projekte noch nicht gänzlich meine strukturierte Anleitung, indem ich weiterhin Termine für Arbeitsetappen, Gruppentreffs oder Einzelkonsultationen festlegte. Im weiteren Verlauf übernahmen jedoch die StudentInnen selbst diese Planung: Sie entschieden individuell, wann sie welche Arbeitsform brauchten, was nicht heißt, daß sie von diesem Zeitpunkt an ohne meine Kontrolle und/oder Beratung waren. Meine direkte Verbindung mit den Projekten blieb bestehen, indem ich regelmäßig die schriftliche Reflexion aller unternommenen Schritte einforderte. Als besonders motivierend in der Propagierung des Projektunterrichts sind für mich Momente, wenn Lernende selbständig das Angebot der Arbeitsmöglichkeiten vergrößern: Im Falle des Kafka-Seminars entstanden spontan Partnerschaften über das Campus-interne Computernetz bzw. über E-Mail mit MuttersprachlerInnen. Bestehende Verbindungen zu lokalen Gymnasien wurden ausgenutzt, um Projektergebnisse zu testen.

Projektarbeit als die wohl klarste, weil in sich geschlossene Form von Theorie-Praxis-Lernen unterstützt durch ihre Lernerzentriertheit die Ausprägung von Souveränität und Selbständigkeit (Lernerautonomie), aber nicht nur im Umgang mit Inhalten und Methoden, sondern ebenso im sozialen Bereich: KooperationspartnerInnen werden zielgerichtet für bestimmte Arbeitsabschnitte ausgewählt bzw. Methoden und Organisationsformen auf die Zusammenarbeit abgestimmt. Lehrende verschwinden dabei aus dem bisher gewohnten Rampenlicht. Sie reihen sich ein in die Schar möglicher Arbeits*partnerInnen* – ihre Rolle bleibt aufgrund ihrer speziellen Kenntnisse und Erfahrungen trotzdem eine besondere.

Weiterführende Lektüre

Adler-Kassner, Linda, Robert Crooks und Ann Watters (Hrsg.), *Writing the Community: Concepts and Models for Service-Learning in Composition,* o.O.: American Association for Higher Education, 1997.

Legutke, Michael, *Lebendiger Englischunterricht: Kommunikative Aufgaben und Projekte für schüleraktiven Fremdsprachenunterricht,* Bochum: Kamp, 1988.

Pommerin, Gabriele u.a., *Kreatives Schreiben: Handbuch für den deutschen und interkulturellen Sprachunterricht in den Klassen 1-10,* Weinheim und Basel: Beltz, 1996.

Spitta, Gudrun, *Kinder schreiben eigene Texte: Klasse 1 und 2,* Frankfurt am Main: Cornelsen Scriptor, 6. Aufl., 1994.

Kirsten Gjaldbaek, „Schreibprozesse als Beitrag zur Lernerautonomie", XI. Internationale Deutschlehrertagung, Amsterdam, 1997, http://www.ualberta.ca/~german/idv/start.htm.

Anmerkungen

1. Die *Internet*-Adresse lautet: http://www.ualberta.ca/~german/idv/start.htm. Von dort aus ist es auch möglich, die *web*-Seite des Internationalen Deutschlehrerverbandes (IDV) zu besuchen.

2. Internationaler Deutschlehrerverband (Hrsg.), *XI. Internationale Deutschlehrertagung: Deutsch in Europa und in der Welt. Chancen und Initiativen,* Amsterdam, August 1997, Thesen der Sektionsbeiträge, 131-152 (oder unter o.g. *web*-Seite: Einige Beiträge sind dort auch im vollen Wortlaut zu lesen.).

3. Auf der *web*-Seite steht ein „Leserforum" für die *on-line* Diskussion zur Verfügung. Es können dort auch eigene Beiträge vorgestellt werden. Falls ein breiteres Publikum erreicht werden soll, dann empfiehlt sich die Wortmeldung über die *e-mail* Liste des IDV: idv-netz@mach1.wlu.ca.

4. Bobbi Patterson und Thee Smith, „Theory-Practice Learning: Definitions & Learning Cycle Schema", unveröffentlichtes Positionspapier zur ersten Sitzung der gleichnamigen hochschuldidaktischen Initiative an der Emory University, Januar 1996. Bobbi Patterson hat meines Wissens in den USA den Begriff des *theory-practice-learning* geprägt.

5. Für Beiträge siehe IDV-*webpage* via http://www.ualberta.ca/~german/idv/start.htm.

6. Für Beiträge siehe ebenda.

7. Zum gestiegenen allgemeinen gesellschaftlichen Interesse am Phänomen eigenaktiven Lernens vgl.: Boekaerts (1997), 161-186. Die Autorin des Beitrags diskutiert das Verhältnis von kognitiven und motivationellen Anteilen bzw. deren Interferenz im Prozeß eigenaktiven Lernens.

8. Bekanntlich erhält eigenaktives Lernen erst durch Selbstregulation (vgl. dazu 15. Kapitel) die Qualität lernerautonomen Handelns.
Bodo Friedrich verweist auf dieses Problem auch in der muttersprachlichen Didaktik: ders., „Sektion 14: Eigenaktives Lernen im Deutschunterricht", in: Müller-Michaels und Rupp (1995), 199 f. Die Gefahr des Entstehens einer Diskrepanz zwischen Eigenaktivität und Lernerautonomie kommt oft indirekt bei der Diskussion von Projektunterricht zur Sprache. Vgl. dazu Bremerich-Vos u.a. (1996), 67-77.

9. Zum politischen Aspekt im Verbinden von akademischer Ausbildung und *community service* für Lernende *und* Lehrende vgl.: Bruce Herzberg, „Community Service and Critical Teaching", in: *College Composition and Communication,* Vol. 45, Nr. 3, Oktober 1994, 307-19. Herzberg erörtert in diesem Artikel u.a. die pädagogischen Potenzen einer erhöhten Kontakt- und Kooperationsfähigkeit zwischen Lehrenden und Lernenden, die auf dem gemeinsamen Erlebnis des *community service* außerhalb der akademischen Gemeinschaft basiert.

10 Linda Adler-Kassner, Robert Crooks und Ann Watters (Hrsg.), *Writing the Community: Concepts and Models for Service-Learning in Composition,* o.O.: American Association for Higher Education, 1997, 193 ff.
11 Vgl. dies., „Service-Learning and Composition at the Crossroads", in: dies., ebenda, 1-17.
12 Siehe dazu noch einmal das 12. Kapitel. Vgl. außerdem: Joan Mullin und Ray Wallace (Hrsg.), *Intersections: Theory-Practice in the Writing Center,* Urbana, IL: NCTE, 1994.
13 Zum Begriff der Projektarbeit vgl. genauer: Gabriele Pommerin u.a., *Kreatives Schreiben: Handbuch für den deutschen und interkulturellen Sprachunterricht in den Klassen 1-10,* Weinheim und Basel: Beltz, 1996, 102f. bzw. zu Beispielen für Schreibprojekte bzw. Schreiben in Projekten: ebenda, 103-156. Außerdem zum Aspekt Projektarbeit und Kreativität: Christiane Wishöth, „Literaten des 21. Jahrhunderts?", in: *Deutschunterricht,* Vol. 45, Nr. 10, 1992, 472-80.
14 Eines der anschaulichsten Publikationen zu Theorie und Praxis des Projektunterrichts ist für mich nach wie vor die von Michael Legutke, *Lebendiger Englischunterricht: Kommunikative Aufgaben und Projekte für schüleraktiven Fremdsprachenunterricht,* Bochum: Kamp, 1988.
15 Dieser Aspekt spielt besonders für mehrsprachige Lernergruppen, in denen Deutsch als Zweitsprache in Erscheinung tritt, eine wichtige Rolle. Auf dem 11. Symposion Deutschdidaktik hat es dazu eine spezielle Arbeitsgruppe gegeben. Vgl. die Zusammenfassungen der Konferenzbeiträge der Sektion 7, „Berlin: Europa in Deutschland", in: Bremerich-Vos u.a. (1996), 67-77.
16 Siehe 5. Kapitel.
17 Adler-Kassner u.a. (1997), 10.

ABSCHLIESSENDE BEMERKUNGEN

Schreibend lernen

*When value is driven by knowledge,
the major limitation is imagination
rather than availablility of fixed
physical resources, such as
oil or aluminum.*
Jim Johnson

Um Schreiben als Mittel *und* Medium für ein Lernen auszunutzen, das *persönliche* Bedeutsamkeit entwickelt und damit die motivationelle Grundlage für *lebenslange* Wißbegier legt, braucht es meines Erachtens Veränderungen auf drei Ebenen: des schreibenden Subjekts, der Lehrenden, der Bildungsinstitutionen. Ich sehe gleichzeitig einige, mir persönlich verständliche Gründe für ein Beharren auf bzw. Verharren in traditionelle(n) Denk- und Handlungsmuster(n). Schreiben als hauptsächlich regel- und produktorientierte Tätigkeit zu praktizieren, schafft das Gefühl von Sicherheit im Sinne einer Strukturvorgabe bzw. Orientierung für Lernende und Lehrende, ermöglicht die Aufrechterhaltung hierarchischer Beziehungen zwischen Wissen Erteilenden und Wissen Empfangenden und erleichtert schließlich die (institutionelle) Kontrolle von Lehr- und Lernleistungen, die curriculare Entwicklung bzw. Aus- und Fortbildung von Bildungspersonal.

Bekanntlich sollten Veränderungen, um von Bestand zu sein, weder verordnet noch vorausgesetzt werden. Für Eingriffe mit der Qualität von persönlichen Konsequenzen braucht es die Initiative der Betroffenen und zwar als *bedürfnis*adäquates Verhalten. Bedürfnisse für ein Schreiben, wie ich es in diesem Buch vorgestellt habe, bestehen auf vielfältige Weise unter Lernenden, und es ist anzunehmen, daß sie existieren, seitdem geschrieben wird. Jene Bedürfnisse des Sich-Erkundens, -Ausprobierens, -Erlebens, -Ausdrückens verkörpern die *andere* – spielerische/experimentelle/erfahrungsbezogene – Seite derselben Person, die sich ebenso nach Struktur und Orientierung für das Mitzuteilende sehnt: Da es in meiner Arbeit nicht um das Ersetzen des einen durch das andere geht, sondern insgesamt um eine *Balance* zwischen beiden Extremen, sollte meine Hoffnung auf veränderungsmotivierte Schreibende nicht unbegründet sein. Das Gefühl von Sicherheit – in der Technik (oder beim Tanzen auf dem Seil) auch bekannt als *Standfestigkeit* – resultiert schließlich nicht zuletzt aus dem Vorhandensein von Balance.

Im Gegensatz zum mechanischen Phänomen braucht das Schaffen (und Bewahren) individueller Balance *soziale Anerkennung*. Ich habe diesen Zusammenhang schon oft in Lehrerfortbildungsseminaren erleben können: Zu Beginn einer Woche gemeinsamer Arbeit besteht selten Aufgeschlossenheit gegenüber personalem Schreiben. Es wird nach dessen Bedeutsamkeit für den Unterricht gefragt und die eigene Befangenheit gegenüber dem unbekannten Metier hinter einer gewissen Hartnäckigkeit der Befragung versteckt. Schon nach der Hälfte der Workshop-Zeit möchten viele TeilnehmerInnen diese Art des Schreibens für den eigenen Bedarf nicht mehr missen; und am Ende der Woche bildet sich unter dem Eindruck eigener und fremder Lernerlebnisse – sämtliche durch die Gruppe als gerechtfertigt und wichtig anerkannt – der Wunsch heraus, personales Schreiben auch im Unterricht ausprobieren zu wollen.

Individuelles Lernen über Spezifik und Potential des Schreibens braucht *Schreiben*, das ist in den vorangegangenen Kapiteln wohl recht deutlich geworden. Der/die einzelne muß sich in dieser Tätigkeit selbst vielfach *erlebt* haben, um ihre Prozeßhaftigkeit umfassend (im Sinne von ganzheitlich) zu verstehen. Wiederholtes Erleben ist auch wichtig, um anderen eine ähnliche Vielfalt in der Ausprägung ihres Schreibens zuzubilligen.

Aus eigener Erfahrung muß ich jedoch einräumen: Um zur Einsicht zu gelangen, daß Schreiben in seinem Verlauf – trotz deutlich erkennbarer Grundzüge – vor allem eine *individuell* geprägte Angelegenheit ist, die weder linear (im Sinne von festen Arbeitsschritten) noch konstant (im Sinne von gleichbleibend über einen längeren Zeitraum) verläuft, ist ein langwieriges Unterfangen: Der/die Betreffende muß das Risiko eingehen, auch außerhalb gewohnter Arbeits- und Erfahrungsbereiche schreibend zu imitieren, adaptieren, improvisieren oder Bekanntes durch *fremde* Medien wie Bildlichkeit, Mündlichkeit, Musikalität oder Theatralität aufzubrechen und bei all diesen Mühen die Kraft des Alleinseins *und* die von Verbündeten zu spüren. Er/sie muß den Mut aufbringen, sich mehr (im Workshop) oder weniger (im Computernetz) bekannten Leserschaften auszusetzen. Er/sie muß Tagebücher und Journale füllen und Portfolios anlegen, um eine Draufsicht auf das eigene Tun zu gewinnen und dadurch zu erkennen, wie wertvoll jene Arbeit für individuelles und soziales Lernen ist.

Etwas selbst zu wissen und es anderen mitzuteilen, sind zwei unterschiedliche Dinge, und mir ist die immense Distanz, die dazwischen liegen kann, bestens bekannt. Ich vermute, daß diese Distanz u.a. viel mit dem institutionellen Rahmen zu tun hat, in dem Bildung zumeist stattfindet. An mir selbst habe ich diesbezüglich folgendes beobachtet: Wenn ich für das, was ich mache, nicht mit produktiver Kritik anerkannt werde, dann neige ich hin und wieder dazu, meine Arbeit für die andere Seite anerkennungs-*würdig* zu gestalten, mich also anzupassen. Bekanntlich ist diese Konstellation keine günstige: Ich jedenfalls leide unter dem Konflikt zwischen dem, was ich tue und dem, was ich gern tun möchte. Vielleicht werde ich „krank" davon, und die Gefahr, daß sich meine inneren Werte letztlich auf mein äußeres, sozial anerkanntes Handeln einpegeln, ist groß.

In derartigen Lebenssituationen helfen Verbündete und PartnerInnen, die ich mir nicht unbedingt damit schaffe, daß ich sie durch vollendete Tatsachen – also durch die Ergebnisse meines *anderen* Tuns – von der Notwendigkeit meiner Gedanken, Ideen und Handlungen überzeuge. Ich lade sie ein, ein Stück mitzugehen auf diesem *anderen* Weg, den ich eingeschlagen habe, probeweise/spielerisch, sozusagen, nicht als Verpflichtung oder gar Abschwörung von der vertrauten Richtung.

Wie sich so etwas praktisch vollziehen kann, habe ich in den USA unter dem Stichwort *writing across the curriculum* erfahren.[1] Ganz nach europäischem Vorbild[2] wurde bis in die frühen siebziger Jahre die Verantwortlichkeit für das Schreiben ausschließlich an das Englisch Department und hier an die Abteilung *Composition* delegiert. Andere Ausbildungszweige bedienten sich des Schreibens auf die hinlänglich bekannte Weise: als Mittel der Dokumentation, Darstellung bzw. Kontrolle von Wissen. Daß Lernende sich des Schreibens in den o.g. Funktionen *regelgerecht* bedienen würden, galt als vorausgesetztes Ergebnis einer Grundausbildung der Studienbeginner, dem *freshman composition*.[3] Die Schreibforschung hatte jedoch seit den siebziger Jahren immer deutlicher auf das bereits mehrfach erwähnte Phänomen der Diskursgeprägtheit verwiesen, das neben der Tatsache des individuellen Charakters des Schreibens mehr und mehr als ein zweites Hindernis für eine ausreichende Ausbildung im Schreiben durch nur *ein* Department (Englisch) – oder genauer gesagt, eine Abteilung davon: Composition – erkennbar wurde.[4] VertreterInnen des Englisch Departments, die sich mit dem Prozeß-Ansatz in der Schreibpädagogik vertraut gemacht hatten, begannen zu jenem Zeitpunkt Schul- bzw. UniversitätsadministratorInnen (SchulleiterInnen, DezernentInnen, FachberaterInnen, ProrektorInnen u.a.) zu Mini-Workshops einzuladen, in denen Schreiben als Mittel und Medium für individuelles Lernen gemeinsam praktisch erlebt wurde. Menschen, die vorher kaum anderes gewöhnt waren als das Verfertigen von Berichten, Verordnungen, Einschätzungen, amtlichen Schreiben (etc.), entdeckten durch *clustering* und *brainstorming*, Journalschreiben, Partner- oder Gruppenarbeit ganz *andere* Seiten ihrer selbst bzw. des Zusammenwirkens mit anderen Menschen. Viele erkannten die Arbeits- und Lernpotenzen von bisher vernachlässigten Aspekten ihrer Kreativität als enorm förderlich für die eigene berufliche Tätigkeit.

Der Grund, warum in vielen Fällen diese sogenannten *in-house* Workshops mit AdministratorInnen der jeweiligen Bildungsinstitutionen begonnen wurden und selten mit LehrerkollegInnen, scheint mir hervorhebenswert: Mit dem Gewinnen von Verbündeten auf der Verwaltungsebene unterschiedlichster Fachbereiche wurde ein soziales Anerkennungsklima für die neuen Ideen zum Schreiben geschaffen, das sofort cross-curricular wirkte. Den Mathematiklehrer oder die Biologieprofessorin zur Fortbildung einzuladen, ist um vieles einfacher, nachdem es sich – sozusagen auf einer allgemeinen kollegialen und weniger fachspezifischen Ebene – herumgesprochen hat, inwieweit Schreiben in alltäglichen Lernprozessen helfen kann. Die Notwendigkeit der Verantwortlichkeitsbeteiligung *aller* Lehrenden an cross-curricularer Schreibausbildung wird in einem solchen Arrangement nicht als die Weisheit *einer Instanz* (im zitierten Falle der US-Schreibpädagogik das Englisch Department) ausgegeben, sondern für die Beteiligten individuell erfahrbar. Bei einer frühen (aktiven) Einbeziehung der Administration in den Ausbildungsprozeß kommt hinzu, daß spätere Aktivitäten auf organisatorischer bzw. finanzieller Ebene mit größerer Wahrscheinlichkeit Unterstützung erfahren: Es läßt sich guten Gewissens fördern, was einem selbst positive Erfahrungen beschert hat.

Verbündete außerhalb von Sprach- und Literaturabteilungen sind aus einem weiteren Grund wichtig für den Beginn von Veränderungen in Sachen Schreiben: Verständnis, geschweige denn Anerkennung für Überlegungen, welche die bestehende rezeptive Vermittlung von Sprache und Literatur mit ihrer gewaltigen Tradition in die Kritik bringen, kann beim besten Willen nicht erwartet werden. Die jahrzehntelangen Auseinandersetzungen in den Englisch Departments der USA um den Sinn oder Unsinn ihrer Aufspaltung in historisch, theoretisch und didaktisch/pädagogisch dominierte Lager manifestiert das Dilemma rezeptiven vs. produktiven Lehrens und ist aus bildungshistorischen Gründen nicht wesentlich anders für den europäischen Kontext zu vermuten: Die hier im Spiel befindlichen Fragen erfolgreicher Macht- und Resortaufteilung tragen meines Erachtens allgemeingültigen Charakter. Was die Lage jedoch verändern kann, ist ein Anerkennungsschub von außen, von dem u.U. eine ganze Ausbildungsabteilung bzw. ihr Programm profitieren kann.

Wichtig ist für eine zweite Runde von Workshops, daß potentielle Verbündete – Leute mit überdurchschnittlichem Interesse am Gegenstand – identifiziert werden und spezielle Förderung erfahren, um als MultiplikatorInnen für die neuen Ideen an der eigenen Einrichtung oder anderswo wirksam zu werden. Auch wenn bis zur nächsten einschneidenden Veränderung – dem Anlegen cross-curricularer Ausbildungsstrukturen für das Schreiben – durchaus Jahre vergehen können, so ist doch mit der hier angedeuteten hauseigenen Weiterbildung schon eine wirkungsvolle Grundlage dafür geschaffen.

Ein weiterer Aspekt ist die Vernetzung schul- und universitätsinterner Initiativen auf nationaler und internationaler Ebene. Hierfür kann bereits auf vorhandene Strukturen wie das *National Writing Project/Europe*[5] oder die *European Association for Research in Learning and Instruction* (EARLI)[6] zurückgegriffen werden, was für die erfolgreiche Behauptung im eigenen Haus von Nutzen sein sollte. Über Informationsnetze wie *e-mail*[7] lassen sich allgemeiner Erfahrungsaustausch bzw. spezialisierte Projektarbeit leicht realisieren. Eine Form, die sich in den USA für überregionale Fortbildung bewährt hat, ist die Etablierung von sogenannten *study groups,* Interessengruppen, die zu einem bestimmten Schwerpunkt theoretische Kenntnisse und praktische Erfahrungen austauschen.[8] Zumeist geschieht dies auf der Basis eines gemeinsam angelegten *readers,* einer Sammlung von Publikationen bzw. eines gemeinsamen Fragenkatalogs zum gewählten Thema, woraus schließlich auch Anstöße für praktische Überlegungen erwachsen.

Grundlegend scheint mir die Vernetzung innerhalb des unmittelbaren Territoriums einer Bildungseinrichtung. Veranstaltungen, Workshops oder längere Sommerkurse könnten schreibend Lehrende und Lernende von unterschiedlichen (Aus-)Bildungsstufen/-typen wie Schule und Universität zusammenbringen. Ich möchte nur einige Beispiele von einer sicherlich wesentlich längeren Liste von möglichen Schwerpunkten nennen:[9] Literarisches Schreiben, Schreiben in der Sozialarbeit, Schreiben in Fremdsprachen oder Deutsch als Zweitsprache, Schreiben in den Naturwissenschaften, Schreiben als Selbsterfahrungs- oder Therapiemedium (etc.). Ziel solcher Veranstaltungen wäre es, Begegnungsstätten gemeinsamen Lernens einzurichten: auf inhaltlicher Ebene – den fachspezifischen Fokus der jeweiligen Workshops betreffend -, aber besonders in methodisch-didaktischer Hinsicht. Die Sommerkurse des US-amerikanischen *National Writing Project* geben diesbezüglich ein nützliches Beispiel für ein mögliches Format.[10]

Initiativen, wie die zitierten, haben in den USA langsame, aber stetige Veränderungen auf dem Gebiet der Curriculums- bzw. Lehrplanentwicklung bewirkt. Es wäre jedoch hinderlich für die Entwicklung schul- oder universitätsinterner Schreibprogramme, auf diese Art der Veränderung als Einwirkung von außen zu warten. Auch in diesem Punkt sind Eigeninitiativen gefragt: zuerst vielleicht nur innerhalb eines einzelnen Kurses, dann im Rahmen einer ganzen Ausbildungsdisziplin und mit Konsequenzen für die anderen Teile der Schule oder Universität.

Wie im 12. Kapitel detailliert vorgestellt, können jene hauseigenen Veränderungen auf curricularer Ebene durch die Einrichtung von zentralen Schreibbüros wesentlich vorangebracht werden. Sie üben, sozusagen im Kleinformat, die programmatischen Eingriffe, die notwendig sind für ein erfolgreiches Verschieben des schweren Übergewichts rezeptiven Lehrens und Lernens hin zu einem ausgeglichenen Verhältnis mit produktiv-prozessualen Aspekten ganzheitlich orientierter Bildung. Je umfangreicher es den BetreiberInnen eines solchen Schreibzentrums gelingt, verschiedene Interessengruppen unter den Lernenden *und* Lehrenden mit ihren Angeboten anzusprechen, desto größer ist die Bereitschaft, auf Vorschläge für eine alternative Rolle und Funktion des Schreibens im Ausbildungscurriculum im produktiven Sinne einzugehen – so jedenfalls meine Beobachtungen in den USA.

Die Einrichtung eines Schreibzentrums ist, bei aller individueller Initiative im Vorfeld, letztlich ein Schritt, der bewußter Entscheidungen der betroffenen Institution bedarf. Diese Entscheidungen werden jedoch nur dann positiv ausfallen, wenn ihre Träger selbst von der Notwendigkeit einer *praktischen* Neudefinierung des Schreibens als cross-curriculares Medium für Lehren und Lernen überzeugt sind. Hierin wird noch einmal der Stellenwert der eingangs erwähnten *in-house* Workshops mit AdministratorInnen deutlich.

Es tritt an diesem Punkt noch ein anderes Problem zutage, für das ich z.Z. keine einfache Lösung sehe: Auf der einen Seite wird das Schreibbüro gebraucht, um weiterführende curriculare Veränderungen (z.B. die Einführung obligatorischer Schreibkurse) langfristig vorzubereiten. Auf der anderen Seite benötigt wohl gerade die Etablierung eines Schreibbüros als ständige Einrichtung einer Institution besonders umfangreiche Unterstützung durch Leute mit einschlägigen Erfahrungen im Bereich der Schreibpädagogik. In den USA ist dieses Dilemma durch das Heranziehen von externen Fachkräften behoben, die sich aus der seit den siebziger Jahren stetig gewachsenen Bewegung des *writing across the curriculum (wac)* rekrutieren. Vielleicht läge gerade für den deutschsprachigen Raum trotz fehlender *wac*-Tradition eine besondere Chance darin, mit Hilfe externer Experten erste Schritte auf dem Gebiet cross-curricularer Schreibpädagogik zu wagen. Ein solches Vorgehen sähe ich als eine *besondere* Möglichkeit, weil damit u.U. ein Anfang für externe Beratung bezüglich der Einrichtung von Ausbildungsstrukturen und -strategien, Fortbildung, Arbeit im Territorium etc. gemacht werden würde, um langfristig verkrustete interne Strukturen aufzuweichen oder auch Verkrustungsprozessen vorzubeugen. Insofern verstehe ich die Diskussion um das Schreiben im Rahmen institutionalisierter Bildung bei weitem nicht nur als disziplinspezifische Angelegenheit, sondern als Aufforderung, über generelle und grundlegende Probleme und Fragen moderner Erziehung und Bildung weiter nachzudenken.

Weiterführende Lektüre

Bodo Lecke (Hrsg.), *Literaturstudium und Deutschunterricht auf neuen Wegen,* Frankfurt: Peter Lang, 1996.

Kaspar H. Spinner, „Neue und alte Bilder von Lernenden – Deutschdidaktik im Zeichen der kognitiven Wende", in: Harro Müller-Miachaels und Gerhard Rupp (Hrsg.), *Jahrbuch der Deutschdidaktik 1994,* Tübingen: Narr, 1995, 127-144.

Birgit Jank und Uwe Reyher (Hrsg.), *Ganz Aug' und Ohr: Die* andere art *einer ästhetischen und sozialen Praxis,* Obertshausen: Context, 1994.

Kathryn F. Whitmore und Yetta M. Goodman, *Whole Language Voices in Teacher Education,* Urbana, IL: National Council of Teachers of English, 1996.

Denny Wolfe und Joseph Antinarella, *Deciding to Lead: The English Teacher as Reformer,* Portsmouth, NH: Heinemann, 1997.

Mark Larson, *Making Conversation: Collaborating With Colleagues for Change,* Portsmouth, NH: Heinemann, 1997.

Anmerkungen

1 Siehe dazu genauer: Bräuer (1996b), 59-69 und 10. Kapitel zum *wac* als Form kollaborativen Arbeitens.
2 Es sollte hier eigentlich „nach *deutschem* Vorbild" heißen, da die jungen US-amerikanischen Universitäten im 19. Jahrhundert sich vor allem an den Mustern deutscher Hochschulbildung orientierten.
3 Hierbei handelt es sich um Schreibkurse, die alle StudentInnen während des ersten Studienjahres absolvieren müssen.
4 Die TeilnehmerInnen der Sektion 13 des X. Symposion Deutschdidaktik 1994 kamen zu ähnlichen Schlußfolgerungen. Das Unterrichten in Tandems stellte sich als eine wirksame Form der praktischen Umsetzung cross-curricularer Ausbildungsverantwortlichkeit für Schreiben und Lesen heraus. Vgl. Franz Lanthaler und Toni Naef, „Sektion 13: Deutsch und andere Schulfächer – miteinander und voneinander lernen", in: Müller-Michaels und Rupp (1995), 197 f.
5 Die Adresse der NWP/Europe-*website* lautet: http://www.gse.berkeley.edu/Research/nwp/States/Eurpoe.html.
6 Die Adresse der EARLI-*e-mail* Liste lautet: EARLI@nic.surfnet.nl; die *website* lautet: http://www.earli.eu.org.
7 Der Verlag Zephyr Press hat ein Netzwerk für erfolgreiches Unterrichten und Lernen eingerichtet, das über die folgende *e-mail* Adresse zu erreichen ist: zephyrmi@aol.com; eine ähnliche Einrichtung gibt es vom NWP (*teacher Research On-line*): http://www.gse.berkeley.edu/Research/nwp/tchrsrch.html.
8 Vgl. meine Ausführungen im 15. Kapitel bzw: NCTE (1996). Siehe auch die Adresse der NCTE-*website*: http://www.ncte.org.
9 Ort bzw. Organisator solcher Veranstaltungen könnte das im 12. Kapitel vorgestellte Schreibzentrum sein.
10 Vgl. Bräuer (1996b), 167-172.

ANHANG

Bibliographie

Abraham, Ulf, *Lesarten – Schreibarten. Formen der Wiedergabe und Besprechung literarischer Texte,* Stuttgart: Klett, 1995.
Adams, Katherine H., *A History of Professional Writing Instruction in American Colleges,* Dallas: Southern Methodist University Press, 1993.
Adams, Kathleen, „Journal Writing as a Powerful Adjunct to Therapy", in: *Journal of Poetry Therapy,* Vol. 10, Nr. 1, Herbst 1996 (a), 31-38.
Adams, Kathleen, „The Structured Journal Therapy Assessment: A Report on 50 Cases", in: *Journal of Poetry Therapy,* Vol. 10, Nr. 2, Winter 1996 (b), 77-85.
Adler-Kassner, Linda, Robert Crooks und Ann Watters (Hrsg.), *Writing the Community: Concepts and Models for Service-Learning in Composition,* o.O.: American Association for Higher Education, 1997.
Antos, Gerd und Karl-Heinz Pogner, *Schreiben,* Studienbibliographische Sprachwissenschaft, Bd. 14, Heidelberg: Groos, 1995.
Arndt, Helmut und Henner Müller-Holtz (Hrsg.), *Schulerfahrungen – Lebenserfahrungen: Anspruch und Wirklichkeit von Bildung und Erziehung heute*, Frankfurt a.M.: Lang, 1996.
Aristoteles, *Poetik*, (Übers. und hrsg. von Manfred Fuhrmann), Stuttgart: Reclam 1982.
Atwell, Nancie, *In the Middle: Writing, Reading, and Learning with Adolescents,* Portsmouth, NH: Heinemann, 1987.
Augst, Gerhard (Hrsg.), *Frühes Schreiben. Studien zur Ontogenese der Literalität,* Essen: Verlag Die Blaue Eule, 1995.
Baer, Matthias, Michael Fuchs, Monika Reber-Wyss, Ueli Jurt und Thomas Nussbaum, „Förderung der Textproduktionskompetenz von Schülern auf der Grundlage der Diagnose ihres kognitiven und metakognitiven Wissens über Textverfassen", Beitrag zur Sektion 12 des XI. Symposion Deutschdidaktik, Berlin und Potsdam: September 1996.
Bartholomae, David und Anthony Petrosky, *Ways of Reading: An Anthology for Writers,* Boston: St. Martin's Press, 1994.
Bartholomae, David, „Writing With Teachers: A Conversation with Peter Elbow", in: *College Composition and Communication,* Vol. 46, Nr. 1 (1995), 62-71.
Bassnett, Susan und Peter Grundy, *Language through Literature,* Burnt Mill, Harlow: Longman House, 1993.
Bassnett, Susan, *Translation Studies,* London: Routledge, 1991.
Baurmann, Jürgen und Markus Diebold, „Sektion 10: Lernen und Beurteilen", in: Müller-Michaels und Rupp (1995), 189-91.
Baurmann, Jürgen und Otto Ludwig (Hrsg.), *Schreiben – Schreiben in der Schule,* Hildesheim: Olms, 1990.
Baurmann, Jürgen und Otto Ludwig, „Schreiben: Texte und Formulierungen überarbeiten", in: *Praxis Deutsch,* 23 (1996) 137, 13-21.
Baurmann, Jürgen und R. Weingarten (Hrsg.), *Schreiben: Prozesse, Prozeduren und Produkte,* Opladen: Westdeutscher Verlag, 1995.
Baurmann, Jürgen, „Schreiben: Aufsätze beurteilen", in: *Praxis Deutsch,* 84/1987, 18-24.

Baurmann, Jürgen, „Was Kinder über das Schreiben wissen. Eine empirische Untersuchung", in: A. Preyer und P. R. Portmann (Hrsg.), *Norm, Moral und Didaktik – die Linguistik und ihre Schmuddelkinder. Eine Aufforderung zur Diskussion,* Tübingen: Niemeyer, 1996, 241-66.

Beisbart, Ortwin, „Überlegungen zu einer Didaktik des Schreibens", in: Jürgen Baurmann und Otto Ludwig, *Schreiben – Schreiben in der Schule,* Hildesheim, Zürich, New York: Olms, 1990, 19-28.

Belanoff, Pat und Marcia Dickson, *Portfolios: Process and Product,* Portsmouth, NH: Heinemann, 1991.

Berlin, James A., *Rhetoric and Reality: Writing Instruction in American Colleges, 1900-1985,* Carbondale: Southern Illinois University Press, 1987.

Berlin, James A., *Rhetorics, Poetics, and Cultures: Refiguring College English Studies,* Urbana, IL: National Council of Teachers of English, 1996.

Berlin, James A., *Writing Instruction in the Nineteenth-Century American Colleges,* Carbondale: Southern Illinois University Press, 1984.

Berry, John und Pasi Sahlberg, „Investigating Pupils' Ideas of Learning", in: *Learning and Instruction,* Vol. 6, Nr. 1 (1996), 19-36.

Berthoff, Ann E. (Hrsg.), *Reclaiming the Imagination: Philosophical Perspectives for Writers and Teachers of Writing,* Portsmouth, NH: Heinemann, 1984.

Berthoff, Ann E., *The Making of Meaning: Metaphors, Models, and Maxims for Writing Teachers,* Portsmouth, NH: Heinemann, 1981.

Bishop, Wendy und Hans Ostrom (Hrsg.), *Colors of a Different Horse: Rethinking Creative Writing Theory and Pedagogy,* Urbana, IL: NCTE, 1994.

Bishop, Wendy, *Working Words: The Process of Creative Writing,* Mountain View, CA: Mayfield Publishing Company, 1992.

Blesi, Pankraz, „Autobiographisches Schreiben in der Lehrerbildung: Aus den Projekten 'Kindheit' und 'Schreib-Autobiographie'", *Deutschunterricht,* Berlin: 49 (1996) 9, 394-401.

Blumensath, Heinz, „Ein Text und seine Inszenierung", in: *Praxis Deutsch,* 115 (1992), 27-29.

Boal, Augusto, *Theater der Unterdrückten,* Frankfurt a.M.: Suhrkamp, 1989.

Boekaerts, Monique, „Self-Regulated Learning: A New Concept Embraced by Researchers, Policy Makers, Educators, Teachers, and Students", in: *Learning and Instruction,* Vol. 7, 2 (1997), 161-186.

Bogen, Joseph E. und Glenda Bogen, „The Other Side of the Brain III: The Corpus Callosum and Creativity", in: Robert Ornstein (Hrsg.), *The Nature of Human Consciousness,* San Francisco: Freeman, 1973.

Bohn, Ralf, *Warum Schreiben? Psychosemiologische Vorlesungen über Semiologie, Psychoanalyse und Technik,* Wien: Passagen-Verlag, 1993.

Bossard, Robert, *Traumpsychologie. Wachen, Schlafen, Träumen,* (überarb. Ausg.), Frankfurt: Fischer Taschenbuch, 1987.

Boueke, Dietrich und Frieder Schülein, „Von der Lehr- und Lernbarkeit des Erzählens", in: *Diskussion Deutsch,* 19. Jg., H. 102, August/September 1988, 386-403.

Brand, Alice und Richard Graves (Hrsg.), *Presence of Mind: Writing and the Domain Beyond the Cognitive,* Portsmouth, NH: Boynton/Cook, 1994.

Brand, Alice, *The Psychology of Writing: The Affective Experience,* Westport, CT: Greenwood, 1989.

Brand, Alice, *Therapy in Writing,* Lexington, MA: D. C. Heath, 1980.

Branscombe, Amanda, Dixie Gowami und Jeffrey Schartz (Hrsg.), *Students Teaching, Teachers Learning,* Portsmouth, NH: Heinemann, 1992.

Bräuer, Gerd, „Das Portfolio als Medium individualisierten Lehrens und Lernens", in: Gerald Schlemminger u.a. (Hrsg.), *Pädagogische Konzepte für einen ganzheitlichen Unterricht Deutsch als Fremdsprache,* Berlin: Cornelsen (erscheint vorauss. 1998).

Bräuer, Gerd, „Der Radrennfahrer", in: *Im Angebot,* literarische Zeitschrift der Johann Wolfgang von Goethe Universität Düsseldorf, 4 (1992), 73-75.

Bräuer, Gerd, „In the Web of Creative Connections: Redefining Writing in Education and Therapy", in: *Journal of Poetry Therapy,* Vol. 9, Nr. 4, Sommer 1996 (a), 195-206.

Bräuer, Gerd, „Spielen und Genießen – zwei wesentliche Komponenten sozialistischer Bildung und Erziehung: Im Gespräch mit Hannelore Seezen", in: *Deutschunterricht,* 42 (1989) 11, 549-552.

Bräuer, Gerd, „The Bicycle Racer", in: *Timberline,* literarische Zeitschrift der University of Oregon, Vol. VII, Frühling 1994, 38-40.

Bräuer, Gerd, *Warum Schreiben? Schreiben in den USA: Aspekte, Verbindungen, Tendenzen,* Frankfurt a. M.: Peter Lang, 1996 (b).

Bremerich-Vos, Albert, Bodo Friedrich, Ingelore Oomen-Welke und Angelika Linke (Hrsg.), *Europa-Nation-Region: Von Anderen Lernen,* Tagungsprogramm des 11. Symposions Deutschdidaktik, 1996.

Britton, James u.a., *The Development of Writing Abilities (11-18),* London: Macmillan, 1975.

Britton, James, *Language and Learning: The importance of Speech in Children's Development,* (2. Ausgabe), Portsmouth, NH: Heinemann, 1993.

Brooke, Robert, Ruth Mirtz und Rick Evans, *Small Groups in Writing Workshops,* Urbana, IL: NCTE, 1994.

Bruffee, Kenneth A., „Peer Tutoring and the 'Conversation of Mankind'", in: Christa Murphy und Joe Law, *Landmark Essays on Writing Centers,* Davis, CA: Hermagoras Press, 1995, 87-98.

Bruner, Jerome, *The Relevance of Education,* New York: Norton, 1971.

Bünting, Karl-Dieter (u.a.), *Schreiben im Studium: Ein Trainingsprogramm,* Berlin: Scriptor, 1996.

Bushmann, Donald E., „Past Accomplishments and Current Trends in Writing Center Research: A Bibliographic Essay", in: Ray Wallache und Jeanne Simpson (Hrsg.), *The Writing Center: New Directions,* New York: Garland, 1991, 27-37.

Bütow, Wilfried u.a. (Hrsg.)*Weißer Dampfer und Sonnensegel* (Ausstellungskatalog), Berlin: Verlag Volk und Wissen, 1996.

Capacchione, Lucia, *The Creative Journal,* North Hollywood, CA: Newcastle, 1989.

Capra, Fritjof, *The Tao of Physics: An Exploration of the Parallels Between Modern Physics and Eastern Mysticism,* (3. Auflage) Boston: Shambhala, 1991.

Casanave, Christine Pearson (Hrsg.), *Journal Writing: Pedagogical Perspectives,* o.O.: Keio University, Institute of Languages and Communication, 1993.

Cixous, Hélène, *Three Steps on the Ladder of Writing,* New York: Columbia University Press, 1993

Clark, Gregory, *Dialogue, Dialectic, and Conversation: A Social Perspective on the Function of Writing,* Carbondale: Southern Illinois University Press, 1990.

Cleary, Suzanne, „Workshop as Community", in: *1996 Pedagogy Papers,* The Associated Writing Programs, 1996 Annual Conference, Atlanta, GA, 68.

Cloer, Ernst und Hubertus Kunert, *Wider den gewohnten Blick. Theater, Video und Kreatives Schreiben in gewerkschaftlicher Jugendbildung,* Weinheim: Deutscher Studienverlag, 1994.

Cohn, Ruth, *Von der Psychoanalyse zur Themenzentrierten Interaktion (TZI),* Stuttgart: Klett, 1975.

Dewey, John, *Democracy and Education,* New York: Free Press, 1916.

Dietrich, Wolf und Kupisch, Barbara, „'Als das Wünschen noch geholfen hat' – Wir schreiben und verfilmen ein Märchen", in: *Diskussion Deutsch,* 17/1986, 31-46.

Dixon, Kent. H., „A Journal That Talks Back: Networking to Teach Creative Writing, and More", in: 1996 Pedagogy Papers, The Associated Writing Programs, 1996 Annual Conference, Atlanta, GA, 24.

Donovan, Timothy R. und Ben W. McClelland, *Eight Approaches to To Teaching Composition,* Urbana, IL: National Council of Teachers of English, 1980.

Dunning, Stephen und William Stafford, *Getting the Knack: 20 Poetry Writing Exercises,* Urbana, Illionois: National Council of Teachers of English, 1992.

Durndell, A. und K. Thomson, „Gender and Computing: A Decade of Change?", in: *Computers & Education,* Vol. 28, Nr. 1, 1997, 1-9.

Eckhardt, Juliane und Hermann Helmers, *Reform des Aufsatzunterrichts: Rezeption und Produktion pragmatischer Texte als Lernziel,* Stuttgart: Metzler, 1980.

Eco, Umberto, *Die Suche nach der vollkommenen Sprache.* München, 1994.

Eigler, Gunther, *Wissen und Textproduzieren,* Tübingen: Narr, 1990.

Elbow, Peter (Hrsg.), *Landmark Essays on Voice and Writing,* Davis, CA: Hermagoras, 1994.

Elbow, Peter und Pat Belanoff, „Using Portfolios to Increase Collaboration and Community in a Writing Program", in: Pat Belanof und Marcia Dickson (Hrsg.), *Portfolios: Process and Product,* Portsmouth, NH: Heinemann 1991, 17-29.

Elbow, Peter, „Being a Writer vs. Being an Academic: A Conflict in Goals", in: *College Composition and Communication,* Vol. 46, Nr. 1 (1995) (a), 72-83.

Elbow, Peter, „Ranking Evaluating, and Liking: Sorting Out Three Forms of Judgment", in: *College English,* Vol. 55, Februar 1993.

Elbow, Peter, „Silence: A Collage", in: Alice Brand und Richard Graves (Hrsg.), *Presence of Mind: Writing and the Domain Beyond the Cognitive,* Portsmouth, NH: Heinemann, 1994, 7-20.

Elbow, Peter, *On Writing,* Northampton, MA: Media Education Foundation, 1995 (b).

Elbow, Peter, *Writing With Power: Techniques for Mastering the Writing Process,* New York; Oxford: Oxford University Press, 1981.

Elbow, Peter, *Writing Without Teachers,* New York: Oxford University Press, 1973.

Emig, Janet, „Non-Magical Thinking: Presenting Writing Developmentally in Schools", in: Dixi Goswamie und Maureen Butler (Hrsg.), *The Web of Meaning,* Portsmouth, NH: Heinemann, 1983 (a), 132-44.

Emig, Janet, „Writing as a Mode of Learning", in: Dixi Goswamie und Maureen Butler (Hrsg.), *The Web of Meaning,* Portsmouth, NH: Heinemann, 1983 (b), 122-31.

Emig, Janet, *The Composing Process of Twelfth Graders,* Urbana, IL: NCTE, 1971.

Ermert, Karl und Thomas Bütow, *Was bewegt die Schreibbewegung? Kreatives Schreiben – Selbstversuche mit Literatur,* Loccumer Protokolle, Rehburg-Loccum: Evangelische Akademie Loccum, 1989.

Evans, Colin (Hrsg.), *Developing University English Teaching: An Interdisciplinary Approach to Humanities Teaching at University Level,* Lewiston, Queenston, Lampeter: The Edwin Mellen Press, 1995.

Eykman, Christoph, *Schreiben als Erfahrung: Poetologische und kunsttheoretische Positionen von Schriftstellern und Künstlern im Zeitraum von 1945 bis 1983,* Bonn: Bouvier Verlag, 1985.

Faigley, Lester, *Fragments of Reality: Postmodernity and the Subject of Composition,* Pittsburgh, London: University of Pittsburgh Press, 1994.

Feilke, Helmuth und Paul Portmann (Hrsg.), *Schreiben im Umbruch. Beiträge der linguistischen Schreibforschung zur Praxis und Reflexion schulischen Schreibens.* Stuttgart, 1994.

Fingerhut, Karl-Heinz (u.a.), „Kritischer und produktiver Umgang mit Literatur", in: *Diskussion Deutsch,* 58 (1981), 130-150.
Fischer, Katherine M., „Down the Yellow Chip Road: Hypertext Portfolios in Oz", in: Kathleen Blake Yancey und Irwin Weiser (Hrsg.), *Situating Portfolios: Four Perspectives,* Logan, UT: Utah State University Press, 1997, 338-56.
Fletcher, Ralph, *Breathing In, Breathing Out: Keeping a Writer's Notebook,* Portsmouth, NH: Heinemann, 1996.
Flower, Linda und John Hayes, „A cognitive process theory of writing", in: *College Composition and Communication,* 32 (1981), 365-387.
Flower, Linda und John Hayes, „The Cognition of Discovery: Defining a Rhetorical Problem", in: Sondra Perl (Hrsg.), *Landmark Essays on Writing Process,* Davis, CA: Hermagoras Press, 1994, 63-74.
Flower, Linda, David L. Wallace, Linda Norris und Rebecca E. Burnett (Hrsg.), *Making Thinking Visible: Writing, Collaborative Planning, and Classroom Inquiry,* Urbana, IL: National Council of Teachers of English, 1994.
Flower, Linda, *The Construction of Negotiated Meaning: A Social Cognitive Theory of Writing,* Carbondale, IL: Southern Illinois Press, 1994.
Foehr, Regina P. und Susan A. Schiller, *The Spiritual Side of Writing: Releasing the Learner's Whole Potential,* Portsmouth, NH: Heinemann, 1997.
Fox, Dana L., „The Struggle for Voice in Learning to Teach: Lessons from one Preservice Teacher's Portfolio", in: Kathryn F. Whitmore und Yetta M. Goodman (Hrsg.), *Whole Language Voices in Teacher Education,* Urbana, IL: NCTE, 1996, 285-96.
Freire, Paulo, *Education for Critical Consciousness,* New York: Seabury Press, 1973.
Freire, Paulo, *Pädagogik der Unterdrückten,* Reinbek: Rowohlt, 1985.
Freud, Sigmund, „Der Dichter und das Phantasieren", in: Sigmund Freud, *Schriften zur Kunst und Literatur,* Frankfurt a. M.: Fischer Taschenbuch Verlag, 1987, 169-180.
Freud, Sigmund, *Der Witz und seine Beziehung zum Unbewußten,* Leipzig, Weimar: Kiepenheuer, 1989.
Freud, Sigmund, *Die Traumdeutung,* Frankfurt a. M.: S. Fischer Verlag, 1989.
Friedrich, Bodo, „Sektion 14: Eigenaktives Lernen im Deutschunterricht", in: Müller-Michaels und Rupp (1995), 199 f.
Friedrich, Jutta und Ursula Giers, „Kreatives Schreiben", in: *Deutschunterricht,* 48 (1995) 1, 20-29.
Fritzsche, Joachim, Ivo, Hubert, Kopfermann, Thomas, Siegle, Rainer, *Projekte im Deutschunterricht,* Stuttgart: Klett, 1995.
Fritzsche, Joachim, *Zur Didiaktik und Methodik des Deutschunterrichts,* Bd. 1: Grundlagen; Bd. 2: Schriftliches Arbeiten; Bd. 3: Umgang mit Literatur, Stuttgart: Klett, 1994.
Fröchling, Jürgen, *Expressives Schreiben,* Frankfurt: Peter Lang, 1987.
Frommer, Harald, *Lesen und Inszenieren. Produktiver Umgang mit dem Drama auf der Sekunderstufe,* Stuttgart: Klett, 1996.
Gardner, Howard, *Abschied vom IQ: Die Rahmen-Theorie der vielfachen Intelligenzen,* Stuttgart: Klett-Kotta, 1991.
Gardner, Howard, *Dem Denken auf der Spur,* Stuttgart: Klett-Cotta, 1992.
Gardner, Howard, *Der ungeschulte Kopf – Wie Kinder denken.* Stuttgart, 1991.
Gardner, Howard, *Frames of Mind: The Theory of Multiple Intelligences,* New York: BasicBooks, 1983.
Geist, Uwe, „Imitation as a tool in writing pedagogy", in: Gert Rijlaarsdam, Huub van den Bergh und Michel Couzijn (Hrsg.), *Effective Teaching and Learning of Writing,* Amsterdam: Amsterdam University Press, 1996, 51-60.

Gendlin, Eugene, *Let Your Body Interpret Your Dreams*, Wilmette, IL: Chiron Publications, 1986.
Gere, Anne Ruggles, *Writing Groups: History, Theory, Implications*, Carbondale: Southern Illinois University Press, 1987.
Giroux, Henry A. und P. McLaren (Hrsg.), *Critical Pedagogy, the State, and Cultural Struggle*, New York: State University of New York Press, 1989.
Giroux, Henry A., *Theory and Resistance in Education*, New York: Bergin & Garvey, 1983.
Goswamie, Dixi und Maureen Butler (Hrsg.), *The Web of Meaning*, Portsmouth, NH: Heinemann, 1983.
Graves, Donald H., „An Examination of the Writing Processes of Seven-Year-Old Children" (1975) in: Sondra Perl (Hrsg.), *Landmark Essays on Writing Process*, Davis, CA: Hermagoras Press, 1994, 23-38.
Graves, Donald H., *A Fresh Look at Writing*, Portsmouth, NH: Heinemann, 1994.
Gray, James, „Understanding Creative Thought Processes: „An Early Formulation of Emotional-Cognitive Structure Theory", in: *Man-Environment Systems*, 9 (1980).
Gray, James, „University of California, Berkeley: The Bay Area Writing Project and the National Writing Project", in: Modern Language Association, *School-College Collaborative Programs in* English, New York: MLA, 1986, 35-45.
Grimm, Nancy Maloney, „Rearticulating the Work of the Writing Center", in: *College Composition and Communication*, Vol. 47, Nr. 4, Dezember 1996, 523-548.
Grudin, Robert, *The Grace of Great Things: Creativity and Innovation*, New York: Ticknor & Fields, 1990.
Grzesik, Jürgen, *Unterricht: Der Zyklus von Lehren und Lernen: Soziologische und psychologische Grundlegung, Praxis der Verständigung über Lerntätigkeiten*, Stuttgart; Dresden: Klett, 1994.
Harris, Muriel, „The Writing Center and Tutoring in WAC Programs", in: Susan H. McLeod und Margot Soven (Hrsg.), *Writing across the Curriculum: A Guide to Developing Programs*, Newbury Park: Sage, 1992, 154-174.
Harrison, Bernard T., „Using personal diaries and working journals in reflective learning", in: Gert Rijlaarsdam, Huub van den Bergh und Michel Couzijn (Hrsg.), *Effective Teaching and Learning of Writing*, Amsterdam: Amsterdam University Press, 1996, 70-85.
Hawisher, Gail E., Cynthia L. Selfe, Charles Moran und Paul LeBlanc, *Computers and the Teaching of Writing in American Higher Education, 1979-1994: A History*, Norwood, NJ: Ablex, 1996.
Heise, Jens, *Traumdiskurse: Die Träume der Philosophie und die Psychologie des Traums*, Frankfurt a. M.: Fischer Taschenbuch Verlag, 1989.
Herzberg, Bruce, „Community Service and Critical Teaching", in: *College Composition and Communication* Vol. 45 , Nr. 3, Oktober 1994, 307-19.
Hintze, Christian Ide (Hrsg.), *Poetiken. Dichter über ihre Arbeit*, Wien: Passagen Verlag, 1994.
Hofmann, Adolf N., *E-Mail Exchange: Pazifik Nordwest – Deutschland*, San Francisco, CA: Goethe-Institut San Francisco, 1994.
Horner, Bruce, „Students, Authorship, and the Work of Composition", in: *College English*, Vol. 59, 5 (1997), 505-529.
Howard, Tharon W., *The Rhetoric of Electronic Communities*, Norwood, NJ: Ablex, 1997.
ide: Informationen zur Deutschdidaktik, Vol. 19, Nr. 1, 1995, Themenheft „Szenisches Lernen".

Imgenberg, Klaus Günther und Heribert Seifert, „Lernziel Ich-Identität. Formen autobiographischen Schreibens auf der Orientierungsstufe", in: *Diskussion Deutsch*, 69/1983, 39-59.
Internationaler Deutschlehrerverband (Hrsg.), *XI. Internationale Deutschlehrertagung: Deutsch in Europa und in derWelt. Chancen und Initiativen*, Amsterdam, August 1997, Thesen der Sektionsbeiträge, 131-152.
Jank, Birgit und Uwe Reyher (Hrsg.), *Ganz Aug' und Ohr: Die andere art einer ästhetischen und sozialen Praxis*, Obertshausen: Context-Verlag, 1994.
Jank, Birgit, „Musikalische Spuren", in: *Korrespondenzen*, 14/92, 8-11.
Jechle, Thomas, *Kommunikatives Schreiben: Prozess und Entwicklung aus der Sicht kognitiver Schreibforschung*, Tübingen: Narr, 1992.
Kail, Harvey und John Trimbur, „The Politics of Peer Tutoring", in: Christa Murphy und Joe Law, *Landmark Essays on Writing Centers*, Davis, CA: Hermagoras Press, 203-210.
Kalamaras, George, *Reclaiming the Tacit Dimension*, Albany: State University of New York, 1993.
Kanpol, Barry, *Critical Pedagogy: An Introduction*, Westport, CT: Bergin & Garvey, 1994.
Kasikova, Stanislava, „Creating an international classroom through e-mail", in: Gert Rijlaarsdam, Huub van den Bergh und Michel Couzijn (Hrsg.), *Effective Teaching and Learning of Writing*, Amsterdam: Amsterdam University Press, 1996, 124-135.
Keseling, Gisbert, *Schreibprozeß und Textstruktur*, Tübingen: Niemeyer, 1993.
Kiefer, Kate und Mike Palmquist, „Adapting to the classroom setting: research on teachers moving between traditional and computer classroom", in: Rijlaarsdam u.a. (1996), 143-162.
Kittler, Friedrich A., *Aufschreibesysteme 1800-1900*, München: Wilhelm Fink Verlag, 1995.
Kliewer, Heinz-Jürgen, „Eingreifendes Denken oder dumme Ideen – Kreativität im Literaturunterricht", in: *Diskussion Deutsch*, 32/1976, 518-532.
Koch, Gerd (Hrsg.), *Kultursozialarbeit: eine Blume ohne Vase?* Frankfurt a.M.: Brandes & Apsel, 1989.
Koch, Gerd (u.a.), *Theatralisierung von Lehr- und Lernprozessen*, Berlin und Milow: Schibri-Verlag, 1995.
Koch, Gerd, *Die Methode 'Zukunftswerkstatt' in der Sozialpädagogik*, Berlin und Milow: Schibri-Verlag, 1994.
Kohrt, Manfred und Arne Wrobel (Hrsg.), *Schreibprozesse – Schreibprodukte. Festschrift für Gisbert Keseling*, Hildesheim: Georg Olms, 1992.
Korrespondenzen, 17/18, 1993, Themenheft „Ohne Körper *geht* nichts..."
Korrespondenzen, 22/1994, Themenheft „Sprechen – Sprache – Gestalten".
Korrespondenzen, 23/24/25, 1995, Themenheft „Soziales Lernen und ästhetische Erfahrung".
Kress, Gunther, *Writing the Future: English and the making of a culture of innovation*, Sheffield (UK): National Association for the Teaching of English, 1995.
Kroeger, Hans, „Sprechen mit jungen Erwachsenen. Gesprächsübungen in der Sekundarstufe II", in: Harro Müller-Michaels und Gerhard Rupp (Hrsg.), *Jahrbuch der Deutschdidaktik 1994*, 145-158.
Kuhnert, Günter, *Warum schreiben? Notizen zur Literatur*, München; Wien: Carl Hanser Verlag, 1976.
Kumpulainen, Kristiina, „The Nature of Peer Interaction in the Social Context Created

by the Use of Word Processors", in: *Learning and Instruction,* Vol. 6, Nr. 3, 1996, 243-61.
Lange, Marlies, „Spuren in uns – sichtbar gemacht durch MATERIALSPUREN", in: *Korrespondenzen,* 14/92 11-13.
Lanthaler, Franz und Toni Naef, „Sektion 13: Deutsch und andere Schulfächer – miteinander und voneinander lernen", in: Müller-Michaels und Rupp (1995), 197 f.
Larson, Mark, *Making Conversation: Collaborating With Colleagues for Change,* Portsmouth, NH: Heinemann, 1997.
Lecke, Bodo (Hrsg.), *Literaturstudium und Deutschunterricht auf neuen Wegen,* Frankfurt: Peter Lang, 1996.
Lecke, Bodo, „Von der Schrift- zur Bildkultur", in: *Deutschunterricht,* 48 (1995) 1, 39-45.
Legutke, Michael, *Lebendiger Englischunterricht: Kommunikative Aufgaben und Projekte für schüleraktiven Fremdsprachenunterricht,* Bochum: Kamp, 1988.
Lemos, Marina S., „Students' and Teachers' Goals in the Classroom", in: *Learning and Instruction,* Vol. 6, Nr. 2 (1996), 151-171.
Lesler, Nancy B. und Cynthia S. Onore, *Learning Change,* Portsmouth, NH: Heinemann, 1990.
Leuner, Hanscarl, *Lehrbuch des Katathymen Bilderlebens,* (korr. Nachdruck der 2. durchg. Aufl.), Bern: Hans Huber, 1989.
Leverenz, Carrie, „Talk *Is* Writing: Style in Computer-Mediated Discourse", in: Wendy Bishop (Hrsg.), *Elements of Alternate Style: Essays on Writing and Revision,* Portsmouth, NH: Boynton/Cook, 1997, 131-139.
Lieber, Maria und Jürgen Posset (Hrsg.), *Texte schreiben im Germanistikstudium,* München: Iudicium, 1988.
Liebnau, Ulrich, *EigenSinn. Kreatives Schreiben – Anregungen und Methoden,* Frankfurt: Diesterweg, 1995.
Lier, Leo van, „The Multi-Media Classroom: Pedagogy first, curriculum second, computers last", in: *Living Language News,* Herbst (1996), 3.
Lützeler, Paul Michael, *Poetik der Autoren: Beiträge zur deutschsprachigen Gegenwartsliteratur,* Frankfurt am Main: Fischer Taschenbuch Verlag, 1994.
Martin, Nancy u.a., *Writing and Learning Across the Curriculum 11-16,* Upper Montclair, NJ: Boynton, 1976.
Mattenklott, Gundel, *Literarische Geselligkeit – Schreiben in der Schule,* Stuttgart: Metzler, 1979.
Maxlmoser, Wolfgang und Peter Söllinger, *Textverarbeitung kreativ. PC im Deutschunterricht,* Stuttgart: Klett, 1995.
Mayher, John S., *Uncommon Sense: Theoretical Practice in Language Education,* Portsmouth: Heinemann, 1990.
McLeod, Susan H. und Margot Soven (Hrsg.), *Writing across the Curriculum: A Guide to Developing Programs,* Newbury Park: Sage, 1992
Merkelbach, Valentin, *Korrektur und Benotung im Aufsatzunterricht,* Frankfurt am Main: Diesterweg 1986.
Merkelbach, Valentin (Hrsg.), *Kreatives Schreiben,* Braunschweig: Westermann, 1993.
Merkelbach, Valentin, *Kritik des Aufsatzunterrichts,* Frankfurt: Diesterweg, 1972.
Metzinger, Thomas, „Wenn die Seele verlorengeht. Der Fortschritt in den Neurowissenschaften erfordert eine neue Bewußtseinskultur", in: *Die Zeit,* Nr. 45, 8. November 1996, 18.
Mitchell, Don, „First workshop: Pot Luck", in: *1996 Pedagogy Papers,* The Associated Writing Programs, 1996 Annual Conference, Atlanta, GA, 46.

Moffett, James, *Active Voice: A Writing Program Across the Curriculum,* Portsmouth, NH: Heinemann, 1992 (a).
Moffett, James, *Coming on Center,* (2. Auflage), Portsmouth, NH: Heinemann, 1988.
Moffett, James, *Harmonic Learning: Keynoting School Reform,* Portsmouth, NH: Heinemann, 1992 (b).
Moffett, James, *Teaching the Universe of Discourse,* Portsmouth, NH: Heinemann, 1968.
Mößner, Monika, *Zur Theorie und Praxis von kreativen Schreibgruppen mit älteren Menschen,* (Beriche aus dem Projektstudium), Berlin: Fachhochschule für Sozialarbeit und Sozialpädagogik, 1989.
Moxley, Joseph M. (Hrsg.), *Creative Writing in America: Theory and Pedagogy,* Urbana, IL: National Council of Teachers of English, 1989.
Müller-Michaels, Harro und Gerhard Rupp (Hrsg.), *Jahrbuch der Deutschdidaktik 1994,* Tübingen: Narr, 1995.
Müller-Michaels, Harro, „Noten für Kreativität? Zum Problem der Beurteilung produktiver Arbeiten im Deutschunterricht", in: *Deutschunterricht,* 46/1993, 338-48.
Mullin, Joan und Ray Wallace (Hrsg.), *Intersections: Theory-Practice in the Writing Center,* Urbana, IL: NCTE, 1994.
Munch, Susanne, „Writing Strategies", in: Gert Rijlaarsdam, Huub van den Bergh und Michel Couzijn (Hrsg.), *Effective Teaching and Learning of Writing,* Amsterdam: Amsterdam University Press, 1996, 61-69.
Murphy, Christiana und Joe Law (Hrsg), *Landmark Essays on Writing Centers,* Davis, CA: Hermagoras Press, 1995,
Murphy, James J., *A Short History of Writing Instruction,* Davis, CA: Hermagoras, 1990.
Murray, Donald M., „Writing as a Process: How Writing Finds Its Own Meaning", in: Timothy R. Donovan und Ben W. McClelland, *Eight Approaches To Teaching Composition,* Urbana, IL: NCTE, 1980, 3-20.
Murray, Donald M., *Write to Learn,* (4. Auflage), Fort Worth, TX: Harcourt Brace, 1993.
Nachmanovitch, Stephen, *Free Play: The Power of Improvisation in Life and the Arts,* New York: Tarcher, 1990.
NCTE (Hrsg.), *Portfolios in the Senior High School: Study Group Support Material,* Urbana, IL: NCTE, 1996.
Newman, Judith M. (Hrsg.), *Whole Language: Theory in Usa,* Portsmouth, NH: Heinemann, 1985.
North, Stephen M., „Revisiting 'The Idea of a Writing Center'", in: *The Writing Center Journal,* Vol. 15, Nr. 1, Herbst 1995 (b), 7-19.
North, Stephen M., „The Idea of a Writing Center", in: Christiana Murphy und Joe Law (Hrsg), *Landmark Essays on Writing Centers,* Davis, CA: Hermagoras Press 1995 (a), 71-86.
Northwest Writing Institute, *Winter/Spring '97 Workshops,* Flugblatt, Portland, OR: Lewis & Clark College, 1997.
Nussbaum, Markus und Peter Sieber, „Über Textqualitäten reden lernen – z.B. anhand des 'Züricher Textanalyserasters'", in: *Diskussion Deutsch,* 141/März, 1995, 36-52.
Oomen-Welke, Ingelore (Hrsg.), *Brückenschlag – Von anderen lernen – miteinander handeln,* Stuttgart: Klett, 1995.
Ortwin Beisbart, „Überlegungen zu einer Didaktik des Schreibens", in: Jürgen Baurmann und Otto Ludwig, *Schreiben – Schreiben in der Schule,* Hildesheim, Zürich, New York: Olms, 1990, 19-28.

Perl, Sondra (Hrsg.), *Landmark Essays on Writing Process,* Davis, CA: Hermagoras Press,1994 (a).
Perl, Sondra, „A Writer's Way of Knowing", in: Alice Brand und Richard Graves (Hrsg.), *Presence of Mind: Writing and the Domain Beyond the Cognitive,* Portsmouth, NH: Boynton/Cook, 1994 (a), 77-87.(15)
Perl, Sondra, „The Composing Processes of Unskilled College Writers", in: *Research in the Teaching of English,* 13 (1979), 317-36.
Peyton, Joy K. und Jana Slaton (Hrsg.), *Dialogue Journals in the Multilingual Classroom: Building Language Fluency and Writing Skills Through Written Interaction,* Norwood, NJ: Ablex, 1993.
Piaget, J., *Meine Theorie der geistigen Entwicklung.* Frankfurt, 1983.
Piaget, Jean, *La formation du symbole chez l'enfant,* Neuchâtel: Delachaux et Niestlé, 1945.
Piaget, Jean, *Nachahmung, Spiel und Traum: die Entwicklung der Symbolfunktion beim Kinde,* Stuttgart: Klett, 1969.
Piaget, Jean,*Play, Dreams, and Imitation in Childhood,* New York: Norton, 1962.
Pielow, Winfried und Rolf Sanner (Hrsg.), *Kreativität und Deutschunterricht,* Stuttgart: Klett, 1973.
Pielow, Winfried, Vom 'glatten' zum 'brüchigen' Subjekt – oder über die Lehr- und Lernbarkeit literarischen Schreibens", in: *Diskussion Deutsch,* 19. Jg., H. 102, August/September 1988, 415-426.
Piolat, Anne und Jean-Yves Roussey, „Students' Drafting Strategies and Text Quality", in *Learning and Instruction,* Vol. 6, Nr. 2, Juni 1996, 111-129.
Platon, *Ion,* In: *Werke,* (Übers. von F. Schleiermacher) Nachdr. d. Ausg. Berlin 1817-1828, Berlin: Akademischer Verlag, o.J.
Polanyi, Michael, *The Tacit Dimension,* Gloucester, Mass.: Peter Smith, 1983.
Pommerin, Gabriele u.a., *Kreatives Schreiben: Handbuch für den deutschen und interkulturellen Sprachunterricht in den Klassen 1-10,* Weinheim und Basel: Beltz, 1996.
Porter, James E., *Rhetorical Ethics and Internetworked Writing,* Norwood, NJ: Ablex, 1998.
Portmann, Paul R., *Schreiben und Lernen: Grundlagen der fremdsprachlichen Scheibdidaktik,* Tübingen: Max Niemeyer Verlag, 1991.
Prinz, Manfred, „Geschichten-Erzählen – Eine kulturspezifische Fertigkeit", in: Maria Lieber und Jürgen Posset (Hrsg.), *Texte schreiben im Germanistikstudium,* München: Iudicium, 1988, 411-36.
Queneau, Raimond, *Stilübungen,* Frankfurt: Suhrkamp, 1968.
Rabkin, Gabriele, *Der Engel fliegt zu einem Kind...: Anregungen zum freien Schreiben und Gestalten,* Stuttgart, Dresden: Klett 1995.
Rabkin, Gabriele, *Schreiben. Malen. Lesen. Wege zur Kultur,* Stuttgart: Klett 1992.
Rau, Hans Arnold, *Kreatives Schreiben an Hochschulen,* Tübingen: Max Niemeyer, 1988.
Reiss, Donna, Art Young und Dickie Selfe (Hrsg.), *Electronic Communication Across the Curriculum,* Urbana, IL: NCTE, 1998.
Rico, Gabriele, *Garantiert schreiben lernen,* Hamburg: Rowohlt, 1984.
Rico, Gabriele, *Pain and Possibility,* Los Angeles: Tarcher, 1991.
Rico, Gabriele, *Writing the Natural Way: Using Right-Brain Techniques to Release Your Expressive Powers,* Los Angeles: Tarcher, 1983.
Rijlaarsdam, Gert, Huub van den Bergh und Michel Couzijn (Hrsg.), *Effective Teaching and Learning of Writing,* Amsterdam: Amsterdam University Press 1996.
Rogers, Carl, *A Way of Being,* Boston: Houghton Mifflin, 1980.

Rogers, Natalie, „The Creative Connection: A Holistic Expressive Arts Process", (unveröffentlichtes Manuskript, S. 5), vorgesehen für: Steven und Ellen Levine (Hrsg.), *Foundations of Expressive Art Therapy, 1998.*

Rogers, Natalie, *The Creative Connection: Expressive Arts as Healing*, Palo Alto, CA: Science & Behavior Books, 1994

Ross, Elliot, „Aprodosia", in: *The Sciences*, 22 (1982).

Rudloff, Holger, „Meister der Täuschung. Thomas Manns Krull-Roman im Spiegel literatur- und schreibdidaktischer Vorstellungen", in: *Praxis Deutsch*, 3 (1993), 52-54.

Rudloff, Holger, *Produktionsästhetik und Produktionsdidaktik: Kunsttheoretische Voraussetzungen literarischer Produktion*, Opladen: Westdeutscher Verlag, 1991.

Ruhmann, Gabriele, „Exkurs: Schreibblockaden und wie man sie überwindet", in: Karl-Dieter Bünting, *Schreiben im Studium: ein Trainingsprogramm*, Berlin: Cormelsen Scriptor, 1996, 108-119.

Ruping, Bernd, Florian Vaßen und Gerd Koch (Hrsg.), *Widerwort und Widerspiel: Theater zwischen Eigensinn und Anpassung*, Lingen, Hannover: Bundesarbeitsgemeinschaft Spiel und Theater, 1991.

Rupp, Gerhard, „Literarische Erfahrung und historisches Verstehen durch Schreiben zu und Interpretieren von Texten. Am Beispiel der Erprobung mit Hoffmansthals 'Terzinen'", in: *Der Deutschunterricht*, IV (1993), 62-77.

Russell, David R., *Writing in the Academic Disciplines, 1870-1990*, Carbondale: Southern Illinois University Press, 1991.

Rusterholz, Beate, *Text- und Geschichtenwerkstatt. 90 Aufträge und Ideen rund um das Freie Schreiben im Deutschunterricht ab 5. Klasse,* Mühlheim a.d.Ruhr: Verlag an der Ruhr, 1994.

Schäfer, Gerd E., *Spielphantasie und Spielumwelt. Spielen, Bilden und Gestalten als Prozesse zwischen Innen und Außen,* Weinheim: Juventa 1989.

Schalk, Gisela und Bettina Rolfes, *Schreiben befreit. Ideen und Tips für das Schreiben in Gruppen und im stillen Kämmerlein*, Bonn: Verlag Kleine Schritte, 1986.

Schapp, Wilhelm, *In Geschichten verstrickt. Zum Sein von Mensch und Ding.* Frankfurt, 1985.

Schau, Albrecht, *Szenisches Interpretieren. Ein literaturdidaktisches Handbuch,* Stuttgart: Klett, 1996.

Scheidt, Jürgen vom, *Kreatives Schreiben: Texte als Wege zu sich selbst und zu anderen,* Frankfurt am Main: Fischer Taschenbuch Verlag, 1989.

Schultz, John, „The Story Workshop Method: Writing From Start to Finish", in: *College English,* Vol. 39 (Dezember 1977), 411-436.

Schulze, Theodor, „Erzählen-Geschichten-Lerngeschichten. Eine undisziplinierte Untersuchung zum narrativen Lernen", in: Müller-Michaels und Rupp (1995), 91-112.

Schuster, Karl, *Das personal-kreative Schreiben im Deutschunterricht,* Hohengehren: Schneider Verlag, 1995.

Schuster, Karl, *Das Spiel und die dramatischen Formen im Deutschunterricht,* Baltmannsweiler: Schneider-Verlag Hohengehren, 1994.

Selfe, Cynthia L. und Freydoon Arabi, „Writing to Learn: Engineering Student Journals", in: Art Young und Tobi Fulwiler (Hrsg.), *Writing Across the Dosciplines: Research into Practice,* Portsmouth, NH: Boynton/Cook, 1986, 184-191.

Selwyn, N., „Students' Attitudes Toward Computers: Validation of a Computer Attitude Scale for 16-19 Education", in: *Computers & Education,* Vol. 28, Nr. 1, 1997, 35-41.

Sieber, Peter, „Konzepte des Lernens – Bilder von Lernenden", in: Müller-Michaels und Rupp (1995), 113-126.

Sieczka, Helmut, *Chakra. Energie und Harmonie durch den Atem,* Zürich: Oesch Verlag, 1990.

Siegel, Ben (Hrsg.), *The American Writer and the University,* Newark: University of Delaware Press, 1989.

Silberman, Arlene, *Growing Up Writing: Teaching Our Children to Write, Think, and Learn,* Portsmouth, NH: Heinemann, 1989.

Sloane, Sarah, *Computing Fictions: Reading and Writing in a Material World,* Norwood, NJ: Ablex, 1998.

Söllinger, Peter, *Texte schreiben: Methodische Anregungen,* (5. Auflage), Wien: Literas Universitätsverlag, 1995.

Smith, Louise, „Familiy Systems Theory and the Form of Conference Dialogue", in: *The Writing Center Journal,* 11.2 (Frühling 1991), 61-72.

Sperry, Roger W., „Hemisphere Disconnection and Unity in Conscious Awareness", in: *American Psychologist,* 23 (1968).

Spinner, Kaspar H. (Hrsg.), *Imaginative und emotionale Lernprozesse im Deutschunterricht,* Frankfurt: Lang, 1995.

Spinner, Kaspar H., „Kreatives Schreiben", in: *Praxis Deutsch,* 119 (1993), 17-23.

Spinner, Kaspar H., „Neue und alte Bilder von Lernenden – Deutschdidaktik im Zeichen der kognitiven Wende", in: Harro Müller-Michaels und Gerhard Rupp (Hrsg.), *Jahrbuch der Deutschdidaktik 1994,* Tübingen: Narr, 1995, 127-144.

Spinner, Kaspar H., „Wider den produktionsorientierten Literaturunterricht – für produktive Verfahren", in: *Diskussion Deutsch,* 98/1987, 601-611.

Spinner, Kaspar H., *Identität und Deutschunterricht,* Göttingen: Vandenhoek und Ruprecht, 1980.

Spitta, Gudrun, *Kinder schreiben eigene Texte: Klasse 1 und 2,* Frankfurt am Main: Cornelsen Scriptor, 6. Aufl., 1994.

Spitta, Gudrun, *Schreibkonferenzen in Klasse 3 und 4. Ein Weg vom spontanen Schreiben zum bewußten Verfassen von Texten,* Bielefeld: Cornelsen/Scriptor, 1992.

Spitta, Gudrun, „Schreibkonferenzen – ein Impuls verändert die Praxis", in: *Die Grundschulzeitschrift,* 61/1993.

Stadler, Bernd, *Sprachspiele in der Grundschule,* Donauwörth: Auer, 1992.

Stay, Byron L., Christina Murphy und Eric H. Hobson (Hrsg.), *Writing Center Perspectives,* Emmitsburg, MD: NWCA Press, 1995.

Steffen, Karin, *Schreibkompetenz. Schreiben als intelligentes Handeln,* Hildesheim: Olms, 1995.

Stern, Jerome, Making *Shapely Fiction,* New York: Laurel, 1991.

Streisand, Marianne, „Spurensuche anhand eines literarischen Textes", in: Birgit Jank und Uwe Reyher (Hrsg.), *Ganz Aug' und Ohr: Die* andere art *einer ästhetischen und sozialen Praxis,* Obertshausen: Context-Verlag, 1994, 52-58.

Strickland, James, *From Disk to Hard Copy: Teaching Writing with Computers,* Portsmouth, NH: Heinemann, 1997.

Strunz, Inge, „Ich-Collagen. Eine Unterrichtsanregung zum Schreiben über sich selbst". in: *Praxis Deutsch,* 3 (1993), 38-39.

Sullivan, Patricia und Jennie Dautermann (Hrsg.), *Electronic Literacies in the Workplace: Technologies of Writing,* Urbana, Illinois: National Council of Teachers of English, 1996.

Tobin, Lad und Thomas Newkirk (Hrsg.), *Taking Stock: The Writing Process Movement in the '90s,* Portsmouth, NH: Heinemann, 1994.

Tomberg, Friedrich, *Nachahmung als Prinzip der Kunst*, Phil. Diss., Berlin, 1963.
Tretjakov, S., *Die Arbeit des Schriftstellers*. Reinbek: Rowohlt 1972.
Trushell, J., C. Reymond, R. Herrera, und P. Dixon: „Undergraduate Students' Use of Information Communicated During E-Mail 'Tutorials'", in: *Computers & Education*, Vol. 28, Nr. 1, 1997, 11-21.
Ueding, *Rhetorik des Schreibens. Eine Einführung*, Frankfurt a.M.: Athenäum, 1986.
Uhle, Mechthild, „Elemente geselliger Bildung beim kreativen Schreiben. Schreibaufgaben und Unterrichtsinszenierungen", in: *Praxis Deutsch*, 3 (1993), 40-47.
Uhlig, Eckehard, „Sprach-Spiele. Spielerisches Monologisieren und Dialogisieren im Deutschunterricht der Klassen 5-7", in: *Diskussion Deutsch*, 84/1985, 410-19.
Ulshöfer, Robert, *Methodik des Deutschunterrichts 3. Mittelstufe II*, (2. überarb. Auflage), Stuttgart: Klett, 1978.
Unia, Sumitra, „From Sunny Days to Green Onions: On Journal Writing", in: Judith M. Newman (Hrsg.), *Whole Language: Theory in Usa*, Portsmouth, NH: Heinemann, 1985, 65-75.
Vaßen, Florian und Klaus Hoffmann (Hrsg.), *Theater und Schule*, Hannover: Literaturrat Niedersachsen e.V., 1995.
Vaßen, Florian, „Heiner Müller: Bildbeschreibung: Experimenteller Text und Spiel-Modell", in: *Korrespondenzen*, 26 (1996), 49-54.
Vogel, Klaus und Miriam Ehrlich, *Kreatives Schreiben*, (3. Auflage), Hamburg: iskopress, 1992.
Vogel, Klaus, *Schreibwerkstatt: Eine Anleitung zum kreativen Schreiben für Lehrer, Schüler und Autoren*, Teil 1 und 2, Hamburg: iskopress, 1991.
Waldmann, Günter und Katrin Bothe, *Erzählen: Eine Einführung in kreatives Schreiben und produktives Verstehen von traditionellen und modernen Erzählformen*, Stuttgart: Klett, 1992.
Waldmann, Günter, „Warum schreiben Sie nicht einmal selber ein Sonett?", in: *Diskussion Deutsch*, 19. Jg., H. 102, August/September 1988, 405-414.
Waldmann, Günter, *Produktiver Umgang mit Lyrik: Eine systematische Einführung in die Lyrik, ihre produktive Erfahrung und ihr Schreiben. Für Schule (Sek. I und II) und Hochschule sowie Selbststudium*, (3. korr. Auflage), Baltmannsweiler: Schneider-Verlag Hohengehren, 1994.
Walvoord, Barbara E., „The Future of WAC", in: *College English*, Vol. 58, Nr. 1, Januar 1996, 58-79.
Wellbery, D. E. (Hrsg.), *Positionen der Literaturwissenschaft. Acht Modellanalysen am Beispiel von Kleists 'Das Erdbeben von Chili'*, (2. Auflage), München: Beck, 1987.
Weller, Rainer, *Spielend texten: Kreative Spiele*, München: Don Bosco, 1987.
Werder, Lutz von, *Erinnern, Wiederholen, Durcharbeiten: Die eigene Lebensgeschichte kreativ schreiben*, Berlin; Milow: Schibri Verlag, 1996.
Werder, Lutz von, *Lehrbuch des kreativen Schreibens.*, Berlin: ifk, 1990.
Werder, Lutz von, *Lehrbuch des wissenschaftlichen Schreibens: Ein Übungsbuch für die Praxis*, Berlin; Mielow: Schibri, 1993.
Werder, Lutz von, *Schreiben als Therapie*, München: Pfeiffer, 1988.
Wermke, Jutta, *„Hab a Talent, sei a Genie!": Kreativität als paradoxe Aufgabe*, (2 Bde.), Weinheim: Deutscher Studien Verlag, 1989.
Wermke, Jutta, „Hören – Horchen – Lauschen: Zur Hörästhetik als Aufgabenbereich des Deutschunterrichts unter besonderer Beachtung der Umweltwahrnehmung", in: Spinner (1995), 193-216.
Whipple, Bob, „A Review of *Literacy and Computers: The Complications of Teaching*

and Learning with Technology" (Cynthia J. Selfe und Susan Hilligoss, Hrsg.), in *The Writing Center Journal,* Vol. 15, Nr. 1, Herbst 1994, 80-83.

Whitmore, Kathryn F. und Yetta M. Goodman, *Whole Language Voices in Teacher Education,* Urbana, IL: National Council of Teachers of English, 1996.

Wilbers, Stephen, *The Iowa Writers' Workshop: Origins, Emergence, & Growth,* Iowa City: University of Iowa Press, 1980.

Winnicott, Donald W., *Vom Spiel zur Kreativität,* (4. Auflage), Stuttgart: Klett, 1987.

Winterling, Fritz, „Freies Schreiben in der Sekundarstufe II", in: *Diskussion Deutsch,* 84/1985, 360-372.

Winterowd, W. Ross und Jack Blum, *A Teacher's Introduction to Composition in the Rhetorical Tradition,* Urbana, IL: National Council of Teachers of English, 1994.

Wishöth, Christiane, „Literaten des 21. Jahrhunderts?", in: *Deutschunterricht,* Vol. 45, Nr. 10, 1992, 472-80.

Wolf, Kenneth, „The Schoolteacher's Portfolio: Issues in Design, Implementation, and Evaluation", in: *Phi Delta Kappan,* Oktober 1991, 129-136.

Wolfe, Denny und Joseph Antinarella, *Deciding to Lead: The English Teacher as Reformer,* Portsmouth, NH: Heinemann, 1997.

Woolbright, Meg, „The Politics of Tutoring: Feminism Within the Patriarchy", in: Christiana Murphy und Joe Law (Hrsg), *Landmark Essays on Writing Centers,* Davis, CA: Hermagoras Press, 1995, 227-240.

Wygotski, Lew S., „The Prehistory of Written Language", in: Sylvia Scribner u.a. (Hrsg.), *Mind in Society: The Development of Higher Psychological Processes,* Cambridge, MA: Harvard University Press, 1978, 105-111.

Wygotski, Lew S., *Denken und Sprechen,* Frankfurt a.M.: Fischer, 1971.

Yancey, Kathleen Blake, *Portfolios in the Writing Classroom,* Urbana, IL: NCTE, 1992.

Yancey, Kathleen Blake und Irwin Weiser (Hrsg.), *Situating Portfolios: Four Perspectives,* Logan, UT: Utah State University Press, 1997

Young, Art und Tobi Fulwiler (Hrsg.), *Programs That Work: Models and Methods for Writing Across the Curriculum,* Portsmouth, NH: Heinemann, 1990.

Young, Art und Tobi Fulwiler (Hrsg.), *Writing Across the Disciplines,* Portsmouth, NH: Heinemann, 1986.

Ziegler, Alan, *The Writing Workshop,* Vol. 1, New York: Teachers and Writers Collaborative, 1981.

Zopfi, Christa und Emil Zopfi, *Wörter mit Flügeln. Kreatives Schreiben,* Bern: Zytglogge, 1995.

Sach- und Personenregister

Adaptieren 13, 51–56, 75, 83, 88, 95, 114, 174, 198
Adressat 15, 20, 50, 73, 83, 93–94, 104–105, 167, 175
Anerkennung, soziale 12, 15, 23, 43, 93, 114, 117, 122, 124, 144, 153, 166, 197–200
Anforderung 44–45, 47, 93, 105, 116, 122–123, 133–134, 136, 138, 189, 191–192
Assembly for Expanded Perspectives on Learning (AEPL) 39

Benoten (Zensieren) 10, 92–93, 103–105, 113, 122, 124, 126, 129, 145
BeraterIn *(facilitator)* 107, 116, 142–146, 149, 166, 199
Beurteilen 103-104, 122, 126, 128–129, 203
Bewerten 45, 88, 93–94, 103–104, 113–114, 122–129, 179, 185, 189
Beziehungsqualität (zwischen Lehrenden und Lernenden) 103–104, 114–115
brainstorming 24, 44–46, 72, 77, 81–82, 84, 95, 101, 126, 158, 171, 183–184, 199

chanting 78, 80
clustering (cluster) 24, 44–46, 63, 69, 70, 72, 81–82, 84, 88–89, 95, 101, 109, 126, 158, 164, 171, 199

Developing University English Teaching (DUET) 154, 156
Dialogisieren 82, 86, 97–99, 135

Eigenbild (als Lehrende/Lernende) 109, 114
Einzelwort (Umgang mit dem) 71–72, 77–78, 87, 89, 92, 94
electronic mail 137, 141, 169, 175, 177, 194–195, 200, 202, 209
Entwerfen 20, 54, 61, 81, 91, 109, 118, 134, 143, 155, 172
Erfahren (durch Schreiben) 34, 84, 130, 134
Erkennen (durch Schreiben) 12, 34, 40, 84, 87, 89–90, 92, 96–97
Erzählen 36, 40–42, 56, 63–64, 68–69, 70–71, 73–74, 89, 97, 99, 145
European Association for Research in Learning and Instruction (EARLI) 110, 200

Fortbildung für Lehrende 12–13, 93, 116, 119, 141–142, 167, 178, 197–199, 200–201
Fremdbild (als Lehrende und Lernende) 94, 109, 114
Funktionen von
    Bildlichkeit 9, 13, 55–57, 59–61, 66, 72, 87, 90, 95, 107, 135, 167–168, 175, 198
    Mündlichkeit 13, 20, 55–57, 59, 68–73, 75, 78, 87–88, 90, 95, 99, 107, 135, 145, 168, 175, 198
    Musikalität 9, 13, 55–57, 59, 72, 75–76, 78–80, 87–88, 90, 95, 107, 135, 168, 175, 198
    Schriftlichkeit 13, 20, 43–44, 60–61, 70–71, 95, 145, 167, 175
    Theatralität 13, 55–57, 59, 72, 75, 81–83, 85–88, 90, 95, 107, 135, 168, 175, 198

Geschichtenerzählen 15, 21–24, 26, 29, 48, 63
Gruppenarbeit 31, 38, 70, 73, 79, 104, 118, 143, 153–155, 159, 168, 191, 199
Gruppenschreiben 69, 157–158

Hören 19, 25–26, 31, 35, 68–69, 72, 78, 80, 85, 99, 106, 118, 126, 142, 145, 149, 158, 182
Humanistische Psychologie 60, 107, 149, 152
hypertext 168

Imitieren 13, 51–56, 75, 82, 88, 95, 114
Improvisieren 13, 51–56, 75, 82, 88, 95, 99, 114
Internationaler Deutschlehrerverband (IDV) 195, 209
Internet 10, 167, 169, 175–176, 188, 190, 195

Journalschreiben 13, 21, 40, 45, 130–136, 138–139, 163, 178, 190, 199

Kleingruppenarbeit 38, 70, 130, 153–154, 159, 162
Kommentieren 103–104, 161
Kommunikationsbedürfnis (Mitteilungsbedürfnis) 18, 35, 55, 59, 62, 66, 72–73, 81, 87–89, 94, 97, 133, 135, 150, 153, 157, 180
Kontrolle 47, 93, 99, 105, 109, 123, 162, 171, 194, 197, 199
Körperlichkeit 54, 60, 75, 79, 81

language across the curriculum (lac) 190
Lehren
    inhaltszentriertes 106
    lernerzentriertes 105–106, 108, 149, 194
Lernen
    autonomes 146, 168, 188–189, 191, 194
    cross-curriculares 117, 150, 168–169, 201
    eigenaktives 109, 189, 191
    erfolgreiches (effektives) 101, 109, 112, 125, 166–168
    ganzheitliches 101, 106, 112, 139
    individuelles 12, 54–55, 113, 127, 130, 178–179, 181, 191, 198–199
    intuitives 13, 60, 62
    kognitives 13, 62, 174
    kollaboratives (kollektives) 12, 54, 106, 113, 115–116, 145–146, 178, 184
    lebenslanges 40, 101, 114, 178, 190, 192
    persönlich bedeutsames 13, 92, 94, 104–105, 112–114, 118, 185, 191, 194
    selbstreguliertes 113, 178
    soziales 55, 81, 191, 198
Lernfeld 13, 55–56, 59, 66, 68, 70–72, 75–76, 78, 81–82, 85, 87, 88–90, 92, 95, 99, 105, 107, 114, 120, 135, 168, 176
Lesen 11, 18–19, 24, 31, 35, 37, 43, 47, 49, 53, 65, 67, 73, 79, 83, 85, 96, 99, 104, 106, 118–119, 126, 138, 142, 147–148, 161, 163, 168, 171, 173–174, 176, 183
link 168

Material
    erproben 20–24, 26, 64, 69
    sammeln 19–21, 26, 48, 131–133
Meta-Lernen 55, 92, 139, 168, 186, 191
Mustertext 19, 117–118

Nacherzählen 53, 70–71
National Council of Teachers of English (NCTE) 178, 180
National Writing Project (NWP) 39, 115–117, 144, 200

Partnerarbeit 25, 164, 170, 173
Portfolio (für Lehrende und Lernende) 13, 40, 45, 50, 104, 106, 129–131, 134, 138, 150, 176, 178–187, 190–191, 193, 198
Projektarbeit 130, 174, 189, 191–194, 196, 200

recycling (von Sprache, Ideen etc.) 24, 90
Reflektieren 90, 139, 163
Rhythmisieren 75, 78–80

Schreib-
    angst (probleme) 10, 66, 135, 142, 144, 157
    anlaß 15–16, 19–21, 26, 40, 76, 78, 96, 118, 131–132, 150, 157, 164
    anregung 20–21, 64, 68–69, 82, 89, 104, 132, 150, 157, 164
    (auto-) biographie 34–40, 45, 81, 101, 109, 131, 147, 149, 167
    bedürfnis 17–18, 20, 43–44, 61, 83, 137, 197
    beginn 18, 20, 26, 36, 69, 77
    begriff 12, 15, 20, 87
    blockierung 44, 66, 78, 80, 134, 157
    entwicklung 17, 38, 40, 53, 71, 92–93, 97, 101
    erfahrung 15, 20, 22, 47, 59, 89, 104
    fluß 24, 46, 64, 73, 158
    gewohnheit (ritual) 38–40, 135
    gruppe 13, 17, 39, 88, 118, 125, 146, 153, 157–158, 163, 183, 185
    leistung 34, 92, 103, 119, 122–123, 148, 185, 189
    modell 13, 19, 23, 96
    motivation 15–16, 18, 22, 26, 35, 66, 73, 80, 97
    pädagogik 12–13, 39, 45, 47, 52, 57, 167
        deutschsprachige 11, 16, 37, 56, 62, 104, 201
        US-amerikanische 12, 19, 21–22, 37, 47, 54–56, 60, 64, 70, 92–93, 104, 115–117, 130, 135, 143, 189, 199
    produkt 16, 45, 135
    projekt 13, 16, 88, 92, 101, 145
    prozeß 13, 15–16, 19–20, 24–26, 29–31, 39–40, 47–48, 56–57, 59, 62, 64, 66, 70, 72–73, 79, 83, 85, 89–90, 92, 94–96, 100–102, 117, 133, 150, 157, 164, 167, 172–173, 179–182
    strategie 13, 43–46, 92, 95–96, 101, 135, 139, 150
    tätigkeit 13, 17, 24, 34–37, 39, 65, 92, 118, 153, 182
    verhalten 36, 70, 94, 134, 181
    werkstatt (*writing workshop*) 13, 31, 37–38, 64, 70–72, 79, 130, 142–143, 146, 153–154, 159–161, 164, 183, 192
    zentrum (büro, labor, zentrum, *writing center*) 13, 30–31, 38–39, 116, 130, 141–146, 148–151, 191, 201

Schreiben
  absteigendes 43–44, 46–47, 95–96
  akademisches 10, 12, 81, 94, 104, 139, 146
  aufsteigendes 43–45, 47, 95–96
  autobiographisches 35, 37, 39–40, 183–184, 190
  automatisches 44, 46, 184
  expressives 13, 17, 47, 87, 90, 92, 94–96, 105, 133
  freies (*freewriting*) 25, 69, 78, 134, 171, 173
  kreatives 10–12, 64, 107, 122, 189
  literarisch-künstlerisches 10, 12, 52, 89, 94, 147, 200
  öffentliches 88, 94, 100–101, 104, 117, 130–132, 133, 138–139
  personales (persönliches) 10, 12, 18, 43, 94, 100, 122, 139, 183, 198
  poetisches 13, 87, 89, 92, 94–96, 105, 133
  privates 101, 130–132
  transaktionales 13, 87, 92, 94–96, 104, 133
Schreiben als
  Bedürfnisbefriedigung 15, 23, 37, 43, 45–46, 60, 87, 89, 95, 133, 135, 150, 167
  (Lern-) Medium 12, 51, 61, 96, 103, 116, 122, 136, 139, 141, 150, 153, 169
  (Lern-) Prozeß 12, 15–16, 18, 26, 45, 51, 53–54, 57, 61–62, 71, 84, 96–97, 101, 115–116, 131, 133–134, 143, 150, 158, 166, 178, 185, 192
  Produkt 10, 12, 15–16, 18, 88, 94, 118–119, 143
Schreibenlernen 53–54, 61–62, 81, 143, 170, 183
Schulen ans Netz 166–167, 175–176
Sehen 35, 59, 72, 118, 165
service learning 189–190, 200
Singen 75–78, 80, 88–89
Sinnstiften (schöpfen) 15, 22–23, 26, 29, 65, 78, 80
Spiel(en) (mit Sprache, mit dem Text) 15, 22–24, 26, 29, 68–69, 79, 81–82, 193
Sprechen 15, 19, 30–31, 35, 49, 71, 74, 88, 94, 96–97, 99, 101, 120, 142, 147, 209
Stille 25, 78, 148, 163
Stimme (*voice*) im Schreiben, im Text 23, 25, 46, 48, 64, 70, 72–73, 75–77, 80, 88, 92, 96, 98–100, 134, 144, 160, 167, 184

Tagebuchschreiben 44, 53, 101, 132
team teaching 142
Theorie-Praxis-Lernen 13, 130, 188–191, 194
Tutorium (Schreibberatung) 13, 116, 130, 141, 144–146, 149–151

Überarbeiten 19–20, 46, 81, 86, 123, 126, 131, 170, 172

Vorstellen, sich (bildliches) 15, 21, 24, 26, 29, 59

webpage 167, 188–189, 195
whole language learning 53, 114
World Wide Web 10, 176
Writing Across the Curriculum (WAC) 115–117, 134, 144, 169–170, 199, 201

A

Abraham 119, 203
Adams 134, 140, 203
Adler-Kassner 195, 196, 203
Antinarella 202, 216
Antos 46, 50, 203
Arabi 140, 213
Aristoteles 52, 57, 203
Arndt 119, 203
Atwell 46, 50, 203
Aufenanger 168, 176

B

Baer 32, 203
Bartholomae 47, 50, 117, 118, 120, 121, 203
Bassnett 156, 165, 203
Baurmann 46, 50, 128, 129, 139, 203, 204, 211
Becker 119
Beisbart 139, 204, 211
Belanoff 47, 50, 178, 186, 204, 206
Bergh 57, 177, 207, 208, 209, 211, 212
Berke 80, 115, 120, 208
Berlin 31, 204
Berry 110, 111, 120, 204
Bishop 16, 30, 31, 32, 33, 125, 126, 127, 129, 151, 152, 159, 162, 165, 177, 204, 210, 231
Bitterlich 151
Blesi 41, 204
Blumensath 56, 58, 204
Boal 81, 86, 204
Boekaerts 186, 195, 204
Bogen 67, 204
Bohn 14, 204
Bothe 40, 41, 42, 215, 228
Boueke 74, 204
Brand 33, 46, 50, 204, 206, 212
Bräuer 31, 32, 42, 57, 67, 74, 102, 120, 151, 165, 176, 186, 202, 205
Bremerich-Vos 176, 195, 196, 205
Britton 92, 93, 94, 95, 101, 102, 105, 115, 119, 131, 133, 139, 205
Brooke 164, 205
Bruffee 145, 152, 205
Bruner 57, 205
Bünting 151, 152, 175, 176, 205, 213
Burgess 102
Burnett 120, 207
Bushmann 151, 205

221

Butler 57, 67, 206, 208
Bütow 67, 205, 206

C

Capacchione 135, 139, 140, 205
Capra 80, 205
Cary 59
Casanave 136, 140, 205
Cixous 9, 33, 205
Cleary 163, 165, 205
Cohn 165, 205
Couzijn 57, 177, 207, 208, 209, 211, 212
Crooks 195, 196, 203

D

D'Arcy 102
Dewey 191, 205
Dickson 50, 178, 186, 204, 206
Diebold 129, 203
Dixon 137, 140, 206, 215
Dobie 39, 42
Donath 168, 171, 176, 177
Donovan 31, 32, 206, 211
Drabe 169, 176

E

Eigenwald 119
Eigler 46, 50, 206
Elbow 25, 33, 39, 42, 46, 47, 49, 50, 102, 118, 119, 120, 121, 123, 124, 129, 171, 203, 206, 228
Emig 20, 31, 32, 54, 57, 62, 67, 74, 81, 86, 170, 177, 206
Evans 164, 165, 205, 206
Eykman 41, 206

F

Faigley 47, 50, 206
Fingerhut 56, 58, 207
Fischbach 176
Fischer 176, 207
Fletcher 132, 133, 139, 140, 207
Flower 46, 50, 67, 120, 207
Foehr 39, 42, 207
Fox 187, 207
Freud 24, 31, 34, 207
Friedrich 176, 195, 205, 207

Fritzsche 129, 207
Fröchling 46, 50, 102, 207
Fuchs 32, 203
Fulwiler 140, 213, 216

G

Gardner 57, 207
Geist 57, 207
Glatthorn 186
Goethe 32, 59, 176, 205, 208
Goodman 186, 187, 202, 207, 216
Goswamie 57, 67, 206, 208
Grappelli 51
Graves 33, 74, 180, 182, 186, 187, 204, 206, 208, 212, 233
Grimm 152, 208
Gruber 80
Grundy 165, 203
Grzesik 128, 129, 208

H

Hayes 46, 50, 67, 207
Heise 32, 208
Herzberg 195, 208
Hintze 41, 208
Hobson 151, 214
Hoffmann 119, 215
Hofmann 176, 208

I

Imgenberg 41, 139, 209

J

Jank 79, 80, 202, 209, 214
Johnson 197
Jurt 32, 203

K

Kafka 65, 66, 88, 89, 192, 193, 194, 229
Kail 152, 209
Kalamaras 46, 50, 78, 80, 209
Kasikova 177, 209
Kemper 130
Keseling 31, 46, 50, 209
Kiefer 177, 209

Kirsch 79
Kittler 14, 31, 177, 209
Koch 57, 75, 81, 86, 119, 151, 209, 213
Kohrt 31, 209
Kress 14, 209
Kroeger 120, 209
Kuhnert 14, 209
Kumpulainen 177, 209

L

Lange 66, 79, 210
Lanthaler 202, 210
Larson 202, 210
Laux 15, 130
Law 151, 152, 205, 209, 211, 216
Lecke 14, 119, 201, 210
Legutke 195, 196, 210
Lemos 120, 129, 210
Leverenz 177, 210
Lieber 74, 210, 212
Liebnau 57, 58, 164, 210
Lier 166, 170, 176, 210
Linke 176, 205
Ludwig 46, 50, 139, 203, 204, 211
Lützeler 37, 41, 210

M

Martin 102, 210
Mattenklott 41, 56, 58, 210
Mayher 125, 129, 210
McClelland 31, 32, 206, 211
McLeod 102, 151, 208
Merkelbach 128, 164, 210
Metzinger 86, 177, 210
Miller 43
Mirtz 164, 205
Mitchell 158, 165, 210
Moffett 46, 50, 87, 96, 97, 100, 101, 102, 211, 230
Morgan 165
Müller 86, 201
Müller-Holtz 119, 203
Müller-Michaels 14, 74, 119, 120, 128, 129, 176, 195, 202, 203, 207, 209, 210, 211, 213, 214
Mullin 196, 211
Murphy 151, 152, 205, 209, 211, 214, 216
Murray 21, 30, 32, 33, 46, 50, 122, 211, 228

N

Nachmanovitch 57, 211
Naef 202, 210
Newman 140, 211, 215
Newton 102
Norris 120, 207
North 139, 140, 145, 151, 152, 205, 211
Nussbaum 32, 128, 203, 211

O

Oomen-Welke 176, 205, 211
Ostrom 151, 204

P

Palmquist 177, 209
Parker 102
Patterson 195
Perl 26, 31, 32, 33, 46, 50, 67, 74, 207, 208, 212, 228
Petrosky 47, 50, 203
Piaget 57, 96, 212
Platon 52, 57, 212
Pogner 46, 50, 203
Pommerin 49, 195, 196, 212
Portmann 49, 109, 119, 120, 204, 206, 212
Pospiech 151
Posset 74, 210, 212
Prinz 74, 212
Prokop 188, 189

Q

Queneau 57, 212

R

Rabkin 66, 212
Reber-Wyss 32, 203
Reiss 176, 212
Reuen 176
Reyher 80, 202, 209, 214
Rico 46, 50, 60, 61, 62, 63, 64, 67, 71, 81, 87, 88, 89, 133, 212, 229, 231
Rijlaarsdam 57, 177, 207, 208, 209, 211, 212
Rogers, Carl 108, 119, 120
Rogers, Natalie 60, 64, 67, 81, 87, 107, 120, 149, 230
Rolfes 164, 213

Rosen 102
Ross 67, 213, 216
Rudloff 31, 57, 213
Ruhmann 144, 145, 151, 152, 213
Ruping 86, 213
Rupp 14, 74, 119, 120, 129, 176, 195, 201, 202, 203, 207, 209, 210, 211, 213, 214

S

Sahlberg 110, 111, 120, 204
Schalk 164, 213
Scheidt 41, 46, 49, 50, 157, 158, 165, 213,
Schiller 39, 42, 207
Schlemminger 186, 205
Schröter 176
Schubert 67
Schülein 74, 204
Schultz 71, 72, 74, 88, 213, 229
Schulze 68, 74, 213
Schuster 32, 41, 56, 58, 86, 102, 128, 129, 139, 213
Schütze 67
Scribner 57, 216
Selfe 140, 176, 208, 212, 213, 216
Shiflett 74
Sieber 109, 119, 120, 128, 211, 214, 230
Sieczka 80, 214
Silberman 134, 135, 140, 214
Simpson 151, 205
Smith 195, 212, 214
Söllinger 49, 50, 67, 210, 214
Sonnensegel, Galerie 66, 89, 229
Soven 151, 208, 210
Sperry 67, 214
Spinner 14, 56, 58, 80, 119, 124, 128, 129, 201, 214, 215
Spitta 151, 195, 214
Stay 151, 214
Steffen 177, 214
Stein 67
Streisand 79, 80, 214
Strickland 172, 175, 177, 214

U

Ueding 49, 215
Uhlig 86, 215
Unia 140, 215

V

Vaßen 86, 119, 213, 215

W

Waldmann 40, 41, 42, 56, 57, 58, 215, 228
Wallace 120, 196, 207, 211
Walvoord 176, 215
Wardetzky 79
Watters 195, 196, 203
Weiser 176, 186, 207, 216
Wellbery 41, 215
Werder 41, 46, 50, 119, 139, 215
Wermke 14, 80, 215
Wilbers 153, 165, 216
Wilcox 181, 187, 233
Wishöth 196, 216
Wolf 185, 186, 187, 216
Wolfe 202, 216
Woolbright 152, 216
Wrobel 31, 209
Wygotski 49, 54, 57, 81, 216

Y

Yancey 176, 186, 207, 216
Young 140, 176, 212, 213, 216

Z

Ziegler 132, 139, 216
Zopfi 67, 74, 216

Verzeichnis der Praxis-Teile

A (Aufgabe)
B (Beispiel)
Ü (Überblick)

1. Kapitel

Abb. 1 (Ü): sozialer Kontext des Schreibens 15
Abb. 2 (Ü): Schreibweisen 17
Schreib- und Lesemotivation (A) 18
Abb. 3 (Ü): Genres, Textsorten 18
Fragebogen: Schreibprozeß (A) 19
Traditionelles Schreibprozeßmodell (Ü) 19
Abb. 4 (Ü): nicht-lineares Schreibprozeßmodell 20
Aufspüren persönlich bedeutungsvoller Schreibanlässe (A) 20
Journal/Schreibanregungen (A) 21
Betätigen Sie sich als SchreibpädagogIn (A) 22
Schreibprozeß: Innehalten (A) 25
Konzentrationsübung (A) 25
Meditativer Schreibprozeß nach Sondra Perl (A) 26
Abb. 5 (Ü): Schreiben nach Donald Murray 30
„Schreiben ist wie..." (B) 30
Analogien (A) 31

2. Kapitel

Abb. 1 (Ü): Bestimmung des Schreiber-Standortes 34
Noch einmal: Schreibmotivation (A) 35
Individuelles Schreibverhalten (B) 36
Drei Perspektiven zur Autobiographie als SchreibendeR (A) 38
Magical writing (Ü) 40
Pädagogische Potenzen der Schreibbiographie (Ü) 40
Beschriebener Schreiber – beschriebenes Schreiben (Waldmann/Bothe) (A) 41

3. Kapitel

Positionsbestimmung (A) 44
Aufsteigendes Schreiben (A) 45
Absteigendes Schreiben (A) 46
Schreibprozeß nach Peter Elbow (A) 48

4. Kapitel

Whole language learning (B) 53
Imitieren, Adaptieren, Improvisieren (A) 54
Abb. 1 (Ü): Lernfelder des Schreibens 55
Imitations-, Adaptions- bzw. Improvisationsarbeit (A) 56

5. Kapitel

Körperempfinden (I) (A) 60
Körperempfinden (II) (A) 61
Schreibprozeß nach Gabriele Rico (A) 62
    doodling und Einrahmen 62
    word-sculpturing und Benennen 63
    clustering und Stammeln 63
    composing und Texten 64
Bildern (A) 65
StudentInnen im dritten Jahr Deutsch als Fremdsprache lesen Kafka.(B) 65
Schreiben und Bildlichkeit (A) 66
Galerie Sonnensegel (B) 66
Funktionen von Bildlichkeit für das Schreiben (Ü) 66

6. Kapitel

Kollaboratives Erzählen als Schreibanregung (A) 68
Fokusieren (A) 69
Erzählen und Nacherzählen als Mittel der Textentwicklung (I) (A) 70
Erzählen und Nacherzählen als Mittel der Textentwicklung (II) (A) 71
Story-Workshop (John Schultz): Ablauf (Ü) 71
Story-Workshop: Aufgabenstellungen (A) 72
    Anknüpfen und Phantasie anregen 72
    Phantasie vertiefen 72
    Erzählen 73
    Workshoppen 73
Funktionen von Mündlichkeit für das Schreiben (Ü) 73

7. Kapitel

Warm-up (Ü) 76
Von der Melodie zum Text (A) 77
Vom Einzelwort zum Text (A) 77
Lesen, Körperlichkeit, Schreiben: Multimediale Textarbeit (A) 79
Funktionen von Musikalität für das Schreiben (Ü) 80

8. Kapitel

Improvisieren von Schreibszenarien (A) 82
Individualisieren (A) 82
Verkörperlichen (A) 83
Experimentelle Rollenwechsel (A) 83
Eine Mitte finden und Brücken bauen (A) 84
Szenische Improvisation: Kopplung von Erfahrung und Erkenntnis (A) 84
Szenisches Verstehen (B/A) 85
Funktionen von Theatralität für das Schreiben (Ü) 86

9. Kapitel

Körperempfinden (I) (A) 91
Körperempfinden (II) (A) 91
Vorläufiges Resümee (A) 92
„Was machst du mit einem Aufsatz..." (B) 93
Abb. 1 (Ü): Formen schriftlicher Kommunikation 95
Reflexion zum Schreibprozeß (A) 96
Dialogisieren, Erzählen, Erkennen: Lernen durch Schreiben nach James Moffett (Ü) 97
Inneres Sprechen/Dialogisieren (A) 97
Vom Dialogisieren zum Erzählen (A) 99
Vom Erzählen zum Abstrahieren (A) 99
Vom Abstrahieren zum Theoretisieren (A) 100
Experimentieren mit dem eigenen Schreibprozeß (A) 100
Orientierungspunkte für persönlich bedeutsames Schreiben (Moffett) (Ü) 101
„Schreiben ist wie..." (A) 102

10. Kapitel

Aspekte des Lehrens (A) 105
Veränderungspotenzen für Lehren und Lernen (Ü) 105
Geführte Meditation: Über Lehrende und Lernende (A) 106
Rahmenbedingungen für Interaktion (nach Natalie Rogers) (Ü) 107
Verantwortungsbereiche für Lehrende und Lernende (nach N. Rogers) (Ü) 107
Credo-Spezifizierung (A) 108
Prinzipien für lernerzentriertes Lehren (Ü) 108
Rückkopplung (I) (A) 108
Grundlagen für erfolgreiches Lernen (Peter Sieber) (Ü) 109
Rückkopplung (II) (A) 109
„Lernen ist Arbeit..." (B) 110
„Lernen ist, daß der Lehrer..." (B) 110
Lernerprofil (Ü) 110
Ermittlung der Lernorientierung (A) 111
Lernen (Ü) 113
Hierarchieaufgabe (Ü) 114
Neudefinierung der Rolle/Funktion von Lehrenden und Lernenden (Ü) 114
Wachsende individuelle Bedeutsamkeit des Lernens (Ü) 114
Anerkennung des Lernprozesses (Ü) 114
Kooperation (Ü) 115
Ausprägung der Lernfähigkeit... (durch *writing across the curriculum*) (Ü) 116
Netzwerk *writing across the curriculum* (Ü) 116
Formen kollaborativen Arbeitens im *National Writing Project* (Ü) 116
Schreiben „mit" oder „ohne" (A) 118

Exkurs

„Jedes Mal, wenn wir eine Note erteilen...." (B) 123
„Selten erhält ein Schüler (durch Benotung) ..." (B) 124
„Ich habe im darauffolgenden Semester.." (Veränderung von Bewertungsmodalitäten) (B) 124
Vier Fragen für die Annäherung an einen neuen Unterrichtsgegenstand (Ü/A) 125
Grundlegende Bewertungsaspekte (nach Bishop) (Ü) 126

Zur Praxis des Kommentierens (A) 126
„Die StudentInnen werden beauftragt..." (zum reflektiven Beraten) 127
Grundsätze für Bewertung (Ü) 128

11. Kapitel

Abb. 1: Journale (Ü) 131
Verweis auf eine Übungsfolge im 1. Kapitel: „Aufspüren persönlich bedeutsamer Schreibanlässe"
    und „Journal/Schreibanregungen" (A) 132
Verweis auf die Übungsfolge nach Rico im 5. Kapitel (A) 133
Verweis auf die Übungen zum Schreiben in der ersten bzw. dritten Person im 6. Kapitel (A) 133
„Emotional Temperature Taking" (A) 134
Dialog-Journal (B/A) 136
Funktionale Aspekte des Journalschreibens (Ü) 138

12. Kapitel

„Stellen Sie sich eine Schule vor..." (schulisches Schreibzentrum) (A) 141
Grundstruktur für die Einrichtung eines Schreibzentrums (Ü) 141
    schulintern 142
    öffentlich 142
Ideen für ein Schreibzentrum (A) 143
Allgemeine Vorteile von Tutorien (Ü) 145
Grundformen Tutorien: Vor- und Nachteile (Ü) 146
Was heißt für mich Schreiben? (Ü/A) 147
AutorInnendiskussion (I) (A) 148
Was empfinde ich gegenüber dem Schreiben? (Ü/A) 148
AutorInnendiskussion (II) (A) 149
Credo lernerzentrierten Beratens (N. Rogers) (Ü) 149
Wohin möchte ich als SchreibendeR? (A) 150
Inhaltliche Schwerpunkte für Tutorien-Treffen (Ü) 150

13. Kapitel

Allgemeine Voraussetzungen für Workshop-Arbeit (Ü) 154
Grundregeln für den Workshop (Ü) 154
Workshop: Kennenlernen (I) (A) 155
Workshop: Kennenlernen (II) (A) 155
Schreiben in der Gruppe (I) (A) 157
Schreiben in der Gruppe (II) (A) 158
Töpfern: Kriterien für Textkritik finden (B/A) 159
Modell-Workshop (B/A) 159
Vorteile der Workshop-Arbeit (Ü) 160
Nachteile der Workshop-Arbeit (Ü) 160
Beachte für die Leitung von Workshops (Ü) 161
Vorschläge für Workshop-TeilnehmerInnen (Ü) 161
„Ich fühle mich nicht wohl..." (zur Format-Findung) (B) 162
Vorteile der Kleingruppenarbeit (Ü) 162
Nachteile der Kleingruppenarbeit (Ü) 162
Vorschläge für Kleingruppenmitglieder (Ü) 163

Lesen in der Gruppe (A/B) 163
Schreiben in der Gruppe (A/B) 163

14. Kapitel

Haupttendenzen im Gebrauch von Computern und Informationsnetzen (Ü) 167
Formen autonomen Lernens mit Computern (Ü) 168
Vorbereitungsschwerpunkte für die Vernetzung von Schulen (Ü) 169
Physische Voraussetzungen (im Klassenzimmer)
    für die Arbeit mit Computern (Ü) 170
Freewriting (A) 171
Nutshelling (A) 171
Brainstorming (A) 171
Clustering (A) 171
Pro und Contra (A) 171
Zwei Brillen (A) 172
Skelettieren (A) 172
Fenstern (A) 172
Sätze isolieren (A) 172
Sätze erweitern (A) 173
Binnenstrukturieren (A) 173
„Emory University in Atlanta (USA) hat ein Computernetzwerk eingerichtet..." (zur Arbeit mit lokalen Verbundnetzen) (B) 173
„Viel Positives im Umgang mit den offenen Netzen..." (B) 175

15. Kapitel

Funktionen des Portfolios (Ü) 180
Inhaltliche Bereiche des Portfolios (Graves) (Ü) 180
Inhaltliche Bereiche des Portfolios (Wilcox) (Ü) 181
Prinzipien für die Portfolio-Arbeit (Ü) 181
„Beginnen Sie Ihr eigenes Portfolio..." (A) 181
Portfolio-Start für Neulinge (A) 182
Portfolio-Inhalte (B) 183
„Ich möchte gemeinsam..." (B) 184
Portfolios für Lehrende (Ü) 184
Portfolio-Inhalte Lehrender (Ü) 185
Schreibpädagogische Konsequenzen der Portfolio-Arbeit (Ü) 185

16. Kapitel

Erprobung von Lernerautonomie (B) 188
Inhaltliche Schwerpunkte zum Schreiben in der *community* (Ü) 189
    Schreibspezifische Aufgaben (Ü/A) 190
Inhaltliche Schwerpunkte zum Schreiben im *language across the curriculum* (Ü) 190
    Schreibspezifische Aufgaben (Ü/A) 191
Schreiben in der Projektarbeit (I) (B) 192
Abb. 1: Zirkel für Erfahrungslernen nach Kolb (Ü) 193
Schreiben in der Projektarbeit (II) (B) 193
Schreiben in der Projektarbeit (III) (B) 194